重庆市出版专项资金资助

重庆近代报业图史初编
(1897—1949)

蔡斐 ◎著

重庆出版集团 重庆出版社

图书在版编目(CIP)数据

重庆近代报业图史初编(1897—1949)/蔡斐 著. —重庆:重庆出版社,2016.9

ISBN 978-7-229-11620-0

Ⅰ.①重… Ⅱ.①蔡… Ⅲ.①报业—新闻事业史—重庆—1897—1949—图集 Ⅳ.①G219.247.19-64

中国版本图书馆CIP数据核字(2016)第239153号

重庆近代报业图史初编(1897—1949)
CHONGQING JINDAI BAOYE TUSHI CHUBIAN(1897—1949)
蔡 斐 著

责任编辑:周显军
责任校对:何建云
装帧设计:卢晓鸣

重庆出版集团 出版
重庆出版社

重庆市南岸区南滨路162号1幢 邮编:400061 http://www.cqph.com
重庆出版集团艺术设计有限公司制版
重庆天旭印务有限责任公司印刷
重庆出版集团图书发行有限公司发行
E-MAIL:fxchu@cqph.com 邮购电话:023-61520646
全国新华书店经销

开本:787mm×1092mm 1/16 印张:19.5 字数:289千
2017年1月第1版 2017年1月第1次印刷
ISBN 978-7-229-11620-0
定价:39.00元

如有印装质量问题,请向本集团图书发行有限公司调换:023-61520678

版权所有 侵权必究

序　言

周　勇

　　新闻传播，是一个国家和城市变迁发展的历史记载，是一个区域的时代特征最生动的脚注。

　　重庆是一座具有悠久历史、灿烂文化和光荣传统的城市。20世纪后半叶以来，重庆的历史学有了长足的进步，出版了上千部著作，发表了上万篇文章，完成了一批国家和省市的重要项目。可以说，初步形成了重庆地方史研究体系，研究领域日益扩大并向纵深发展。特别是通史研究有突破性进展，专史研究不断深入，城市史研究取得了巨大成就，断代史研究尤其是抗日战争史研究成果丰硕，人物研究取得重要成果。但是，对近代重庆新闻传播历史的研究却缺乏重量级的成果，甚为遗憾。现在，《重庆近代新闻传播史稿(1897—1949)》与《重庆近代报业图史选编(1897—1949)》两本书的出版，将终结这一学术尴尬，具有奠基的意义，着实是一件值得庆贺的事情。

　　这两部著作于我个人而言，也有一点渊源。2010年，我在担任中共重庆市委宣传部常务副部长期间，就建议将《重庆新闻传播史》列入重庆市哲学社会科学规划重大招标项目，得到有关部门的同意。2011年，西南政法大学新闻传播学院赵中颉教授领衔的团队中标课题，开始了这一领域的研究。赵中颉教授是中国新闻史学会会员，也是西南政法大学新闻传播学院的创办人，在中国新闻史研究领域有着独特的建树。在西南政法大学当年举行的的项目开题会上,我提出"总体规划,抓好两手"的建议。我认为,《重庆新闻传播史》的立项即意味着这项研究正式提上了日程,从而开启了这项宏大的事业。作重庆新闻传播史的研究,不是简单地写一本书,而是要把重庆新闻传播史作为一个研究方向,一项可以终身从事的事业。因此,要按照一套多卷本的《重庆新闻传播史》的思路,进行总体规划,分步实施。这就需要"一手抓资料、一手抓队伍"。在项目实施的过程中,既出成果,又出人才。我还希望西南政法大学全球新闻传播学院把重庆新闻传播史的研究作为自己的特色和方向。

五年过去了,赵中颉教授圆满地完成了课题研究,我提出的建议,更是有了可喜的进展,我们已经看到了《重庆近代新闻传播史稿(1897—1949)》《重庆近代报业图史初编(1897—1949)》这两部著作。同时,新的研究队伍也成长起来了,这两本书的作者蔡斐就是其中的代表。

蔡斐同志,或者叫蔡斐同学更为恰当些,是赵中颉教授的硕士研究生,也是我正在西南大学指导的博士后研究人员。这种学缘,与前述课题的由来,好像是一种命运的安排——要让这位年轻人承担这样的历史使命。

蔡斐出生于江苏省东台市,那是中国新闻传播史奠基人戈公振先生的家乡,秉承着对戈公振先生的尊重和对新闻史的热爱,2001年,他考入西南政法大学新闻传播学院,来到重庆读书。重庆,这座中国新闻史上的重镇,为他的学术研究提供了成长的沃土,也使蔡斐一直致力于将新闻学与历史学进行深度融合研究。在赵中颉先生的指导下,蔡斐逐步登堂入室。2008年,蔡斐跨学科考入了西南政法大学的法学专业,在龙宗智教授门下攻读博士学位。他的博士论文《1903年:上海苏报案与清末司法转型》引起了我的注意。这篇文章是新闻学、历史学、法学的多学科交融的成果。其中,1903年上海苏报案的主角邹容,也是我多年研究的对象。1983年,家父周永林先生曾主编《邹容文集》一书,此后我也一直从事辛亥革命史研究。2011年我在家父《邹容文集》的基础上,将30年来新发现的邹容著作补入其中,编成《邹容集》。而这一时期蔡斐对邹容的研究也引人注目,他提出了一个全新的命题——邹容的社会主义信仰,这是他基于新发掘的苏报案庭审档案史料、新闻报道等综合考察得出的结论。蔡斐搜罗了存世的有关邹容与苏报案的大部分史料。后来,我们合作写过两篇论文,并将这批史料汇编为《邹容与苏报案档案史料汇编》(两卷,重庆出版社2011年出版),在学术界引起轰动。说来也巧,1983年我从四川大学本科毕业时,毕业论文就是《论〈渝报〉》(《社会科学研究》1983年第6期),这是我学术生涯的起点。没想到,今天《渝报》又成为蔡斐从事近代重庆新闻传播史的研究起点。

这种学术上的机缘契合,让我和蔡斐的关系进一步加深。2012年,他已经被深圳报业集团博士后流动站录用。在得知我在西南大学招收历史学博士后的消息后,他果断放弃了南方优厚的物质待遇,随我在西南大学中国抗战大后方研究中心潜心治学,研究方向为抗战大后方新闻史。

《重庆近代新闻传播史稿(1897—1949)》与《重庆近代报业图史初编(1897—1949)》,作为蔡斐同学前期的研究成果,加入了抗战时期重庆新闻传播活动的丰富内容。两部书的写作,前后耗费了整整五年的时间,他在资料收集与整理,历史分类、描述、归纳方面下了很大的功夫,给我们呈现出一个清晰的重庆近代新闻时空场域。虽然他谦虚地将本书命名为"史稿",而不是"史",但这两本书的意义却是值得总结的。

第一,《重庆近代新闻传播史稿(1897—1949)》是对1897年《渝报》创刊起来近代重庆新闻传播史的第一次系统深入的考察、全景式的梳理,他所概括的这一时期重庆新闻传播活动具有开端、发展、繁荣、调整四个阶段,具有原创性。19世纪末20世纪前期,重庆与时代同行,对中国历史作出了巨大的贡献——重庆历史上经过三次"直辖",在中国历史发展的关键时刻发挥着举世瞩目的作用;近代以来,在中国历史的若干重大时刻,重庆代表着中国,成为中国近代史上城市发展的一种类型;它被融入了世界历史发展进程,成为一座在近现代世界历史上扮演过重要角色的中国城市。因此在中国诸多大城市中,身处西部的重庆,它的历史与中国和世界历史紧紧相连。此前,《重庆文史资料》《重庆报史资料》《抗战时期重庆的新闻界》《重庆市志·报业志》等资料的出版,为本书的写作提供了不可或缺的资料基础。但是缺陷也是显而易见的,或零散、或陈旧、或偏于某个阶段、或只记述不论述,尤其缺乏对近代重庆新闻传播活动的整体性研究。我的研究方向是中国近现代史,此前在宣传主管部门工作,现在又担任重庆市新闻工作者协会主席、重庆市地方史研究会会长。我感到,不论从历史学还是从新闻学的角度来观察,学术界对重庆新闻史的研究是与重庆这座伟大城市的新闻传播活动在历史上的坐标是不相符的,这也是一直困扰我的问题。现在,这两部著作的出版,可以说是填补了研究的空白,也大大丰富了中国新闻传播史的内容。

第二,《重庆近代报业图史初编(1897—1949)》是第一部有关重庆近代报业的图像历史。中国史学有图史结合的传统,"图,经也;文,纬也。一经一纬,相错而成文。"[①]历史影像是近代以来记录人类社会历史的重要载体,也是历史研究的重要资料。近年来,历史影像的大量发掘,为传统史学研究提供了新的史料和新的方式,在深化历史研究、推动史学现代化的过程中,历史影像越来越发挥着不可或缺的作用,影像史学应运而生。在可以预测的将来,普遍运用影像资料来解读和研究历史,将与我们今天运用档案文献文物解读和研究历史一样,给古老的历史学提供新的研究方法,注入新的时代气息,从而让人们更加接近历史的真实,获得进一步深刻的认识。蔡斐的这部著作力求图史兼重,以图为史,让读者通过生动的图片和适当文字,形象地了解近代重庆报业的多元面孔。尽管只选编了不到200种报纸,但我知道蔡斐在史料搜集方面花费的巨大心血是难以言说的。重庆近代史上报纸众多,但不少只是昙花一现,存世量稀少,这对"图史"的编辑是很大的难题。为了让图史更加丰富,蔡斐先后与国

---

① (宋)郑樵《通志·图谱略》:"图,经也;书,纬也。一经一纬,相错而成文","古之学者为学有要,置图于左,置书于右,索象于图,索理于书"。

家图书馆、重庆图书馆、上海图书馆、四川图书馆等机构,与古玩藏家、网上卖家等个人取得联系,或复印,或购买,获得了不少稀缺资料,有些甚至是第一次与当代读者见面。本书的出版,既能形象展示历史,相信也会激发更多的读者产生对重庆近代报业活动的兴趣,是历史研究从书斋走向大众很重要的成果形式。

第三,《重庆近代新闻传播史稿(1897—1949)》与《重庆近代报业图史初编(1897—1949)》的写作,涉及多个时期、多种报刊、多元政治,综合性强,难度也大。对此,蔡斐同志坚持用唯物史观来认识和记述历史,尽最大努力把历史结论建立在翔实准确的史料支撑和深入细致的研究分析之上。他一方面以严谨的治学精神,通过点面结合、划段梳理,提炼不同时期重庆新闻传播事业的主要内容、典型代表、发展规律与基本特征,史观正确、史料翔实、史论恰当;另一方面又以开阔的学术视野,注重新闻传播活动与同时期政治、经济、文化、军事等诸领域的联系,力求用"历史上的报刊"来反映"报刊上的历史"。换言之,这两部著作对观察近代重庆的新闻传播事业有所裨益,对了解重庆这座城市的发展变迁也具有重要价值,对中国新闻史研究多有贡献,这也是全书重要的创新之处。

第四,更让我看重的是,《重庆近代新闻传播史稿(1897—1949)》与《重庆近代报业图史初编(1897—1949)》的出版,能让人看到重庆史学界沉心静气、严谨求实的治学精神与关照现实、指引未来的学术传统,正在薪火相传,更让人看到了青年学人踏踏实实探索前行的步伐。史学研究是一项冷板凳式的工作,容不得半点急躁。这两部著作,如果从项目立项起算,有6年时间;从蔡斐开始新闻史研究,已经10年有余;单就文稿修改,就耗时两年多。记得2014年5月,我就与杨清明教授、赵中颉教授、张瑾教授、黄晓东研究员、王志昆研究员、赵文丹副教授、刘大明博士等齐聚西南政法大学,专门研讨这两部书,大家都提出了不少好的意见,这些意见都体现到两书的多份修改稿中。其间,我还多次与蔡斐讨论过如何在这两部著作中体现和达到"中国立场、国际视野、学术标准、一流水平"的问题。现在看来，在一次次的修改补订中，蔡斐同学正向这个目标一步步靠近。

公允地说，这两本书作为系统研究重庆新闻史的起步之作，还存在着不少问题。一是史料有待进一步搜集。史学在很大程度上就是史料学，综观全书，尽管作者对重点报刊、重大事件、重要人物作出了分析评价，但许多重要的史料还是缺乏的。比如《巴蜀日报》《崇实报》《夔光报》《重庆四川日报》只有残件，《场期白话报》《团悟日报》《壁报》（创办人朱德）、《新社会日报》《建设日报》一直未能寻见实物。因此，两书的出版只能算是起点，希望作者坚持不懈地致力于近代重庆新闻传播史的研究，这是在研究对象上的要求。二是考察有待进一步深入。两书是对近代重庆新闻传播活动的宏观扫描，这也注定了对个案的研究未能深入。同时，即便能够仔细阅读新闻文本，其生产的逻辑也待进一步探寻。当然，这需要更多的档案史料来支撑。希望以这两本书为基础，分阶段对重点报刊作出再研究，有些报刊如《新蜀报》《华西教会新闻》甚至可以直接成为个案研究的对象，这种"挖深井"的做法，研究深度自然会拓展下去，研究的人才会真正地站立起来，这是在研究路径上的希望。三是创新有待进一步提升。蔡斐是一个很勤奋，能创新的年轻学者。在这两部书中，他注入了媒介生态学的因子，即注重新闻传播与城市社会多元因素之间的互动。不过，这一创新模式还有待进一步提升。从整体来看，这两部著作还没有脱离传统新闻事业史的研究范式。我希望在下一步的研究中，蔡斐能够在更宽广的社会历史背景下关照新闻史，体现出新闻与社会、理论与历史、新闻史与城市史的融合。这一方向，需要对近代重庆城市发展的多领域、多层面的理解，也需要多学科知识的融会贯通，难度很大。但这也是年青学人可以努力出彩的方向。

知易行难。我知道，上述的这些问题，蔡斐同学也曾努力过，甚至为了史学研究而放弃了很多迅速"成功"的机会。他个人兴趣广泛，在新媒体研究和司法制度研究方面均有很好的前期成果和发展潜力。但是，因扰他的问题不少，比如史料的查找，一些图书馆、一些档案馆就是不开放馆藏资料，一些报纸档案在上世纪八九十年代还有存载，现在却无法寻觅，这些因素制约了他相关研究的开展。

令人欣慰的是，蔡斐同学在研究重庆新闻传播史的研究上，努力开拓创新，坚定不移前行。他在这两本书的基础上又做了两项工作，一是主持整理了《近代重庆报纸提要》和《近代重庆期刊提要》，对重庆近代数千种报刊作出提要整理，这是一项庞大工程；二是开始清末重庆报刊（1897—1911）的阶段性研究，并从报刊与城市互动的角度开展大众传播、城市空间与现代性启蒙的综合考察，这是研究方法的继续创新。在我为他作序的时候，又传来他申报的《抗战大后方新闻史研究（1937—1945）》获得国家社科基金立项的好消息。

新闻是历史的现场，历史是新闻的背景。学术研究是一个继往开来的过程，需要时间的付出、精力的投入，更需要学人的坚守。无论是《重庆近代新闻传播史稿（1897—1949）》《重庆近代报业图史选编（1897—1949）》，还是随后将要出版的《近代重庆报纸提要》《近代重庆期刊提要》《大众传播、城市空间与现代性启蒙——以清末重庆报刊为中心的考察》（暂定名）、《中国抗战大后方新闻史》，我相信，这都只是蔡斐同学学术研究的阶段性成果，也只是重庆新闻史研究的来源之一。时代需要更多的好学者，学界需要更多的好成果，希望越来越多的"蔡斐们"投入到重庆新闻传播史的研究中来。

周　勇

2016年10月18日

编 例

一、《重庆近代报业图史初编(1897—1949)》收录了1897至1949年间在重庆区域出版的,且能够找到实物的报纸160种。

二、《重庆近代报业图史初编(1897—1949)》所收录报纸的范围以1997年直辖后的重庆市地域范围为准。

三、近代中国的新闻事业往往存在"报""刊"不分的现象。本书以"报"为主,部分新闻性的"刊"也收纳在内。

四、本书按照报纸创刊的时间为序编排,迁渝报纸以在重庆出版时间为准。

五、报纸在出版过程中,出现更名现象的,以"—"来标记。

六、报纸在出版过程中,出现新增子报、晚报、号外等的,以"+"来标记。

七、本书对收录的报纸尽可能客观介绍其创刊、停刊、创办人、出版社、开张、版面、宗旨、内容等基本信息。

八、本书对收录的报纸尽可能配发报纸版面、创办人及其他相关图片。

目　录

序言 ·· 周　勇 1
编例 ·· 1

1. 渝报（1897年） ·· 1
2. 华西教会新闻（1899年） ·· 7
3. 广益丛报（1903年） ··· 11
4. 重庆日报（1904年） ··· 15
5. 崇实报（1904年） ·· 18
6. 重庆商会公报（1905年） ·· 21
7. 皇汉大事记—国民报（1911年） ··· 25
8. 光复报（1911年） ·· 28
9. 商务报—重庆商务日报—商务日报（1914年） ························· 28
10. 重庆中校旅外同学总会会报—重庆联中旅外同学会会报（1918年）··· 36
11. 川东学生周刊—川东学生联合会周刊（1919年） ····················· 37
12. 新蜀报+新蜀夜报（1921年） ·· 38
13. 忠县旬刊—忠县报—忠报（1921年） ····································· 45
14. 大中华日报（1922年） ·· 47
15. 巴县留京学生会会报（1923年） ·· 50
16. 重庆四川日报（1923年） ··· 52
17. 长江日报（1924年） ··· 55
18. 合力周报（1924年） ··· 56
19. 新涪陵报（1926年） ··· 57
20. 合川日报（1927年） ··· 57
21. 重庆民报—重庆新民报（1927年） ··· 58

22. 嘉陵江报—嘉陵江日报—北碚日报（1928年）……………………60
23. 重庆晚报（1928年）………………………………………………66
24. 万县日报—万县商埠日报—万县市日报—万州日报—万州日报·川东日报联合版—万州日报·川东日报·川东快报联合版（1929年）……67
25. 四川晨报（1929年）………………………………………………72
26. 铜梁民报（1929年）………………………………………………73
27. 新社会日报（1929年）……………………………………………74
28. 新开县—开县公报—开县新闻—新开县报（1929年）…………77
29. 江北县政半周刊—江北县政月刊—江北县县政府公报（1929年）………………………………………………………………78
30. 四川盐务日报（1930年）…………………………………………79
31. 巴蜀日报（1929年）………………………………………………80
32. 璧山县县府公报（1930年）………………………………………82
33. 涪陵民报（1930年）………………………………………………83
34. 商舆捷报——四川晚报（1930年）………………………………84
35. 济川公报（1931年）………………………………………………85
36. 大江日报（1932年）………………………………………………88
37. 四川月报（1932年）………………………………………………89
38. 快报（1933年）……………………………………………………89
39. 商报（1933年）……………………………………………………90
40. 璧山县县政公报（1933年）………………………………………92
41. 丰都日报（1933年）………………………………………………93
42. 云阳日报—云阳公报（1933年）…………………………………94
43. 工商（1934年）……………………………………………………96
44. 枳江日报—人民日报—西南日报+西南日报晚刊（1935年）……96
45. 大足通讯社稿—大足三日刊（1935年）…………………………101
46. 川东日报（1935年）………………………………………………102
47. 合阳晚报—合阳·民兴·商报三报联合版（1935年）……………105

48. 大声日报—合川·大声两报联合版(1935年)··········106
49. 朝报(1935年)··········109
50. 津报—江津日报—新江津日报—江津日报·民言日报联合版—新江津·民言日报联合版(1936年)··········110
51. 合川县旬刊—合川县政旬镌—合川县政府公报(1936年)··········112
52. 梁山日报(1936年)··········113
53. 国民公报+国民公报晚刊(1936年)··········113
54. 星星报—星渝日报(1936年)··········119
55. 权衡报(1937年)··········121
56. 时事新报(1937年)··········122
57. 佛化新闻报(1937年)··········127
58. 抗敌导报(1938年)··········128
59. 重庆画报(1938年)··········129
60. 新民报+新民报晚刊(1938年)··········130
61. 南京晚报(1938年)··········135
62. 大陆晚报(1938年)··········137
63. 中央日报—陪都中央日报+中央晚报(1938年)··········138
64. 扫荡报—和平日报—扫荡报(1938年)··········147
65. 新华日报(1938年)··········152
66. 大公报+大公晚报(1938年)··········160
67. 自由西报(1939年)··········167
68. 重庆各报联合版(1939年)··········168
69. 敌伪经济汇报(1939年)··········175
70. 中央党务公报(1939年)··········176
71. 重庆市政府公报(1939年)··········177
72. 益世报(1940年)··········177
73. 民众小报(1940年)··········181

74. 国语千字报(1941年) ……182
75. 侨声报(1941年) ……183
76. 新闻类编(1941年) ……184
77. 正气日报(军中版)(1941年) ……185
78. 强者之报—强者报(1942年) ……186
79. 中央日报·扫荡报联合版(1942年) ……187
80. 联合画报(1942年) ……188
81. 世说—国际要闻周报—图画副刊(1942年) ……190
82. 时兆月报(1943年) ……192
83. 盟利通讯社社稿—盟利通讯(1943年) ……193
84. 战士月报(1943年) ……193
85. 中国评论报—中国评论报晚刊(1943年) ……195
86. 南川实验简报—南川日报—南川日报·南川民报联合版—南川民众日报—南川人民日报(1943年) ……196
87. 征信新闻(1943年) ……197
88. 士兵周报(1943年) ……198
89. 营中日报(1943年) ……199
90. 重庆舆论周报(1943年) ……199
91. 自由东方—自由导报(1943年) ……200
92. 夔光报(1944年) ……201
93. 戏报—天地报(1944年) ……203
94. 小旬报—小时报(1944年) ……203
95. 龙门学报(1944年) ……204
96. 金融导报(1944年) ……205
97. 民教导报(1944年) ……206
98. 艺声周报(1944年) ……206
99. 中国学生导报(1944年) ……207
100. 新闻周报(1944年) ……211

101. 艺新画报(1944年) …… 212
102. 铜营(1945年) …… 212
103. 国际新闻(1945年) …… 214
104. 人生画报(1945年) …… 215
105. 训练导报(1945年) …… 215
106. 中国儿童(1945年) …… 216
107. 星期快报(1945年) …… 217
108. 世界日报(1945年) …… 218
109. 民间报(1945年) …… 223
110. 中国国民党第六次全国代表大会日刊(1945年) …… 224
111. 中国星期报(1945年) …… 224
112. 民力周报(1945年) …… 226
113. 褒贬周报(1945年) …… 226
114. 农会导报(1945年) …… 228
115. 天文台(1945年) …… 228
116. 民主导报(1945年) …… 229
117. 义声周刊(1945年) …… 231
118. 奉节青年报—正声报(1946年) …… 232
119. 报报(1946年) …… 234
120. 民主日报(1946年) …… 235
121. 民主报(1946年) …… 237
122. 扫荡简报(涪陵版)(1946年) …… 240
123. 青年导报(1946年) …… 240
124. 民语(1946年) …… 241
125. 说文(1946年) …… 242
126. 文化新报(1946年) …… 242
127. 荣昌报(1946年) …… 243

128. 联合三日刊(1946年)……244
129. 自由报(1946年)……246
130. 新闻快讯—美国新闻处电讯稿(1946年)……247
131. 中国午报—中国夜报(1946年)……248
132. 中国民声报(1946年)……249
133. 陪都晚报(1946年)……250
134. 大同报—大同晚报(1946年)……251
135. 民联日报(1946年)……252
136. 白沙日报(1946年)……254
137. 文化导报(1946年)……256
138. 大中日报(1946年)……256
139. 童军周报(1946年)……259
140. 重庆人报晚刊(1946年)……260
141. 自治报(1946年)……261
142. 新华时报(1946年)……261
143. 凯旋报(1946年)……265
144. 蜀东报(1946年)……266
145. 中外春秋—春秋新闻(1946年)……266
146. 十日新闻(1947年)……268
147. 世界青年(1947年)……269
148. 学府导报(1947年)……270
149. 重庆夜报(1947年)……272
150. 巴县县政府公报(1947年)……273
151. 中工报(1947年)……273
152. 挺进报(1947年)……274
153. 綦江日报(1947年)……280
154. 新闻时报(1947年)……281

155. 大众报晚刊(1947年) ……………………………………282
156. 重庆日报(1948年) ……………………………………283
157. 巴渝晚报(1948年) ……………………………………285
158. 西南风晚报(1949年) …………………………………286
159. 黎明日报(1949年) ……………………………………287
160. 西南新华日报(1949年) ………………………………289

参考文献 ………………………………………………………293

1. 渝报(1897年)

1897年创刊,是重庆新闻传播史上第一家近代报刊,也是四川新闻传播史上第一家近代报刊。

图1　宋育仁(1857—1931)

《渝报》的创办人宋育仁,被称为四川历史上“睁眼看世界”第一人。宋育仁(1857—1931),字芸子,号芸岩,晚号复庵、道复,祖籍四川自贡(原属富顺县),光绪进士,授翰林院庶吉士。中国早期资产阶级改良主义思想家,重庆维新运动倡导者。1887年完成《时务论》,阐述变法主张。1894年任出使英法意比四国公使参赞,着意考察西方政治、经济、社会制度,著有《泰西各国采风记》。忧患意识强烈,积极策划维新大计。回国后,参加维新组织“强学会”,主讲“中国自强之学”,主张君主立宪。1896年经由翰林院编修张百熙上奏朝廷,保举回川兴办商务、矿务。1897年10月下旬,他在重庆集资约股创办了《渝报》。

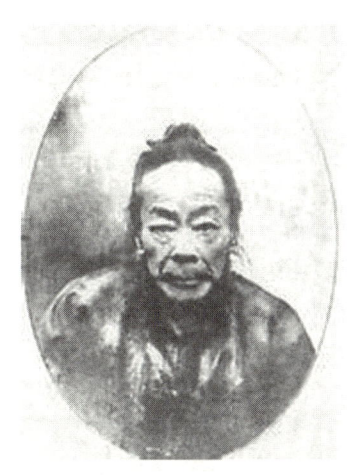

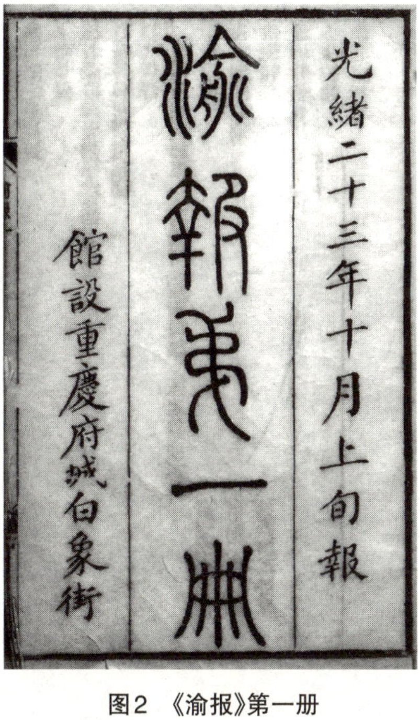
光緒二十三年十月上旬報
渝報第一冊
館設重慶府城白象街

图2　《渝报》第一册

《渝报》旬刊册装,每月出3期,每期出报二十余纸,订为一册,体积比新闻纸的10开本略大。川贡土白纸木板雕印,竖排,每期双面30余页,每页26行,每行23字。印报名、页码,用丝线装订成册,有中缝双鱼尾形和边线栏。

《渝报》馆最初设置在重庆白象街,后将馆址迁至夫子池来龙巷。由于印刷设备不能及时到重庆,最初计划的铅字排印被迫改为木印,一共出版16期。

《渝报》是典型的同人办报形式,系完全的民营,所需资金由同人捐集,并

根据捐助的份额给予阅报的优惠。"捐助百两以上者,每年送阅报五份;五十两以上者,每年送阅报三份;三十两者,每年送阅报一份。均无报费。"①考虑盈利分红及最初吸纳资金的需要,还规定"捐款一时无多,如愿照集股份例入银者,以一百两为一股,每股给息折一份,盖用本局图记,每两对年认官息一分,年终凭息折给付利银。"②

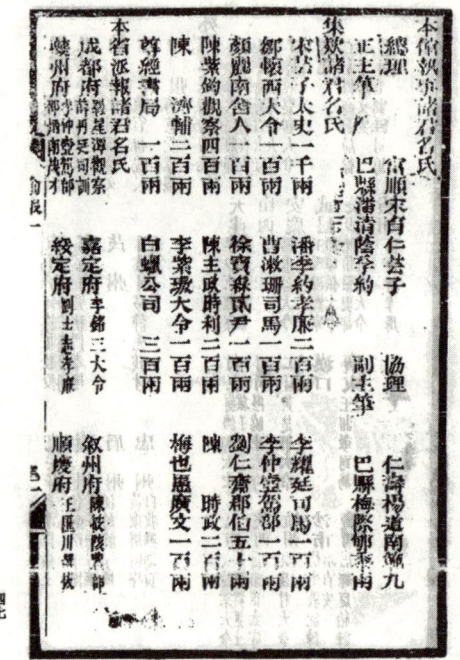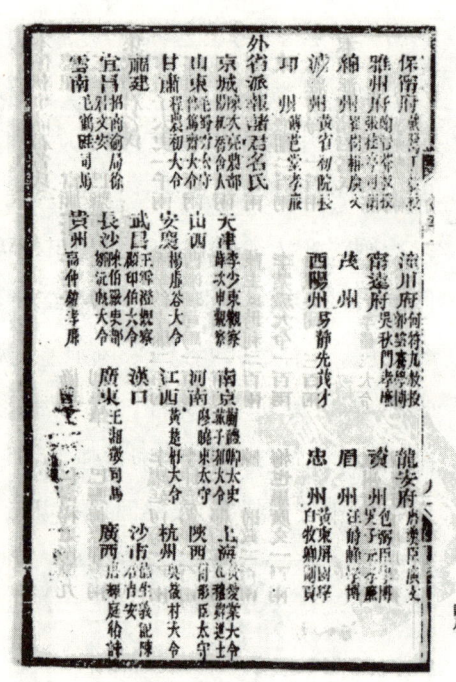

图3 《渝报》馆执事人员名单、捐助人员名单、省内外派报人员名单

《渝报》由宋育仁任总理,杨道南任协理,潘清荫、梅际郁任主笔,此外还聘有编纂、翻译、缮校、司账、排字等一应职工,均聘定足数,总理以下均有薪给,且所有人员的"办事程度……由总理拟定,以便照行"。③由此可见,《渝报》在组织管理上,自创办初期就形成了近代报馆的规模。

《渝报》在发行上不同于古代的"官报"内部送发,采取的是私费订阅的形式,只要有9钱银子,就可以买到一份《渝报》,不再是只有各级官吏才能拿到报纸。另外,报馆不仅零售,还接收订户,第1期刊登的《渝报章程》上明确规

---

① 《渝报章程》,《渝报》,第1期。
② 《渝报章程》,《渝报》,第1期。
③ 《渝报章程》,《渝报》,第1期。

定了其具体办法:"先交银十两者,送报五年;先交洋银十元者;送报三年;先交银三两者,送报一年;先阅后交银者,每年银两六钱,闰月照加。折购者每册九分。""先阅后交费者,本城满一月,外境送满三月,皆须收费,始行续送,以示限断。"

《渝报》的派报处在省内外均有。省内有成都、泸州、眉州、万县、叙州、绥定、顺庆、绵州、忠州、保宁、酉阳、长寿、龙安、雅州、富顺、潼川、宁远、资州、嘉定、邛州、夔州、合州、永川、涪州、江津、梁山26处;省外有京城、天津、上海、南京、山东、山西、河南、陕西、甘肃、江西、安庆、苏州、饶州、杭州、汉口、沙市、长沙、宜昌、遵义、福建、梧州、桂林、武昌、贵州、云南、广东26处,发行面遍及中国大部分重要城市。最高时《渝报》的派报处曾设有52处。

《渝报》经常在报纸上公布各代派处人员姓名和地址,以方便读者订阅。为求进一步扩大销售量,还给各地信局、工局、商店愿代派报者,"二十份以上只收费九成,五十份以上只收费八成"的优惠。

由于《渝报》本身的发行周期相对较长,再加上当时交通邮传不便,技术设备较为落后,报馆面临新闻不新、订报费居高不下等问题。最初,《渝报》曾征订十两银送五年报,结果发行起来很难。宋育仁为尽量争取订户,将订报

图4 《渝报》第6册

图5 《渝报》第7册

费改为三两订一年,后来再降为二两六钱订一年。

在样式上,《渝报》与当时流行的《时务报》类似,都为册装,虽处于古代报刊向近代报刊过渡的阶段,但其已经具有了十分明显的新闻特征。

《渝报》的主要任务是传播新闻,《渝报》副主笔梅际郁在《渝报》第1册《说渝报》中就著文阐明了这一观点:"四川僻在西南,重庆虽属通商巨镇,而山峻流塞",消息闭塞,京沪报纸邮寄逾月,并且很少登载四川消息,"于是则渝报之兴"。"重庆据长江之上游,通滇黔之孔道,见闻较确,采访非难。凡地方之肤膺,民气之嚣静,岁时之丰歉,市价之浮落,有关时务者,莫不博采舆情,快登报录,俾乡塾里肆咸知"。①此外,《渝报》还在全国和四川各地48处聘有特派员,"各就其地,托一友人,采访要见,按月函知"。②由此可见,《渝报》对新闻重要性的重视在创办之初就很明显。

在版面设计上,新闻不仅按地区分别编排归栏,并且从第3期开始,每条新闻都编辑有标题,后来基本固定为四字一题,其目的在于提示内容,如第13期外省新闻有"俄船窘况"、"教士受伤"、"整顿海防",本省新闻有"创设快轮"、"法增教堂"、"万州试事"、"学堂将开"等。新闻写作多以叙述性的平铺直叙形式进行。

新闻内容方面,2~15期的《渝报》共刊发新闻170条,仅有第1期没有刊发新闻,其中报道国内外和全省各地兴办新学、办厂等有关维新变法的新闻占整个报道的一半,达83条之多,还有65条是报道各帝国主义对我国的侵略动向及有关的新闻。

《渝报》报道本地新闻时擅长及时捕捉新闻重点,在追踪报道方面也做得比较到位,如整修云阳境内长江新滩。这里以在重庆近代化进程中具有重要意义的关于放足运动为例。《渝报》还关注和记载了重庆各个地方关于放足风气的点点滴滴:"天足渝会启:矜全同气斯谓深仁,渝除积习斯谓大勇。中国女子缠足之风,沿之为至千百年……今则运会将转,公理渐明,即闺阃亦悟其非,愈宜目势而广为利导,受约同志采近章可依据者订为简例十余条。(巴县

---

① 转引自何承朴:《四川第一家近代报刊——渝报》,《新闻研究资料》,1983年第2期。
② 《渝报章程》,《渝报》,第1期。

潘清荫撰)天足渝会简明章程:一、入会者女不得缠足,子不得娶缠足之妇。二、入会者女年十岁以上已缠足者愿否解放听其自便,十岁以下均一律放足……”(《渝报》第9册)“远人助会:渝中开天足会推广之初,华人尚意存观望。昨英牧师嘉立德将所刊放足歌百册,送局代为散布。”(《渝报》第14册)“会议天足:英商立德乐之夫人,外中国女子缠足一事,颇为感怀。于三月二十一日,招集伊国教士男女,及渝郡开会,诸绅董同至……俾众人皆明其理,庶风气当易于转移。”(《渝报》第15册)

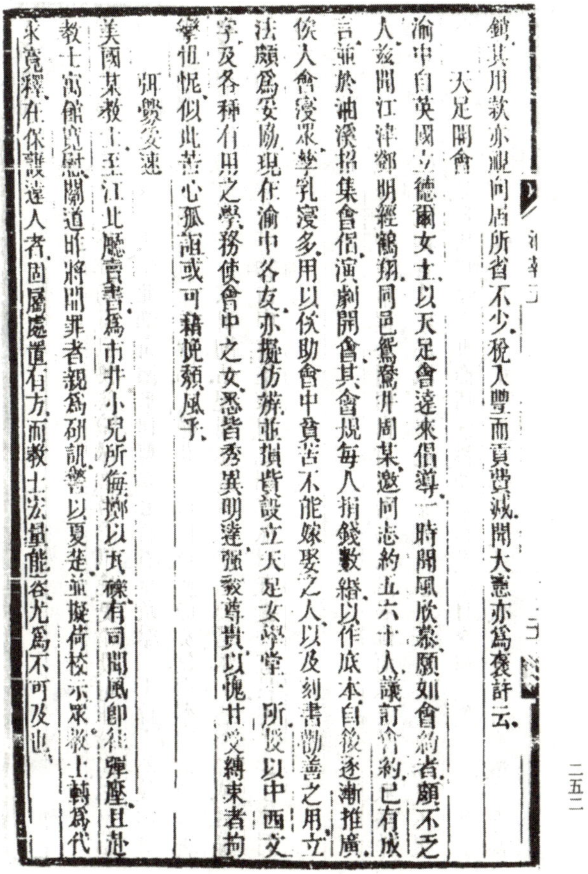
鎮其用款亦視向屆所省不少稅入豐而頁費減閘大憲亦爲褒許云
天足開會
渝中自英國立德爾女士以天足會遠來倡導一時開風欣慕願如會約者頗不乏人茲聞江津鄧明經鶴翔同邑龔鶯升周某邀同志約五六十人議訂會約已有成言並於油溪招集會侶演劇開會其會規每人捐錢數緡以作底本自後逐漸推廣俟入會寖衆學乳寖多用以佽助會中貧苦不能嫁娶之人以及刻書勸善之用立法頗爲妥協現在渝中各友亦擬仿辦並擬皆設立天足女學堂一所授以中西文字及各種有用之學務使會中之女悉皆秀異明達強毅尊貴以愧甘受縛束者拘攣但悢似此苦心孤詣或可藉挽頹風乎
弭釁妥速
美國某教士至江北廳賣書爲市井小兒所侮擲以瓦礫有司聞風即往彈壓且赴教士寓館慰問道昨將閙事者覩爲研訊着以夏楚並擬荷校示衆教士轉爲代求寬釋在保護遠人者固屬處置有方而教士法量能容尤爲不可及也
二五二

图6　《渝报》的新闻报道《天足开会》

此外,《渝报》为增强内容的贴近性,也注重选择与四川和重庆有关的内容。如第5期译载《日本领事论重庆现情》,第7期刊载了张百熙奏请筹办四川矿务商务的奏折,第8期刊载了四川总督鹿传霖筹办商务的奏折,第10、11期译载了《中法新汇报》的《重庆开埠情形》一文。值得一提的是,《渝报》的特色栏目“渝城物价表”,刊载关于川、渝两地的物价信息,方便读者掌握市场信息。

《渝报》还特别重视国外的新闻报道,设有“外国报择录”栏,遵循“但录原文,不参论断”的原则,选择有价值的外国新闻报道直接译成中文刊出,不添加任何导向性言论,为读者创造独立判断新闻事件的条件。不仅方便读者掌

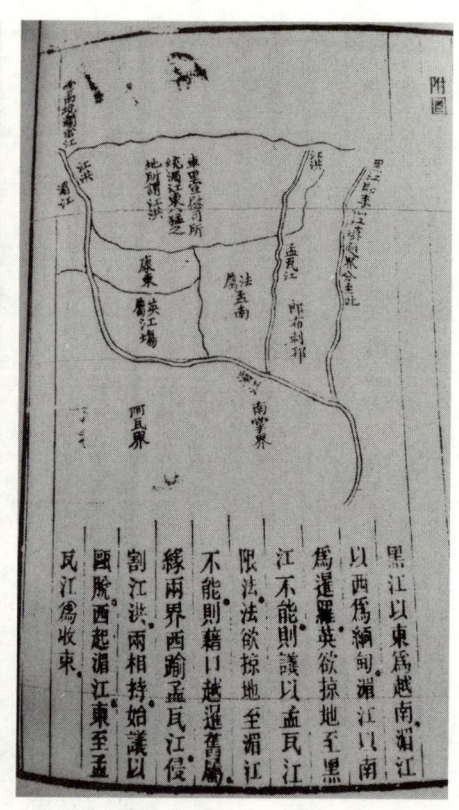

图7 《车里界议》第一次在新闻报道中应用了图片

握国外动向,更是对读者的一种尊重。

《渝报》还首次出现了图表的形式。第15期宋育仁撰写的《车里界议》一文,介绍了1894年中英滇缅界约签订以来英国进行一系列阴谋活动,建议清王朝应及早同英法两国谈判,文后专门附录了滇缅边界车里地段的地图。虽然是张木刻的地图,但却是当时四川新闻史上第一次有图文并茂的形式出现。

在编辑上,《渝报》"首谕旨恭录、宫门钞全录,次折奏摘要,次外国报择录,此后另页起首先列题,依题叙录本局新论时务一二篇,次录川省物价表,渝城物价表,次另页起,首附中西有关政务各书,并各种章程,以纸数为断,次届接续前篇"。①《渝报》第一册栏目有"谕旨恭录"、"折奏录要"、"译文摘录"、"渝城物价"。"所录折奏、洋报,但录原文,不参论断。凡当道姓名、地方琐屑,概不涉笔,以避毁誉之嫌,杜赇贿之弊"。第二册起,增加"蜀事近闻"栏。从

①《渝报章程》,《渝报》,第1期。

第三册起,增加"各省近闻"和"外国近闻"栏,"蜀事近闻"改为"本省近闻"。增加新闻,尤其是本地新闻的比重是其中最重要的变化。

《渝报》有四川维新派的舆论阵地之称。《渝报章程》中开宗明义,报纸创立的初衷是"为广见闻,开风气而设"。进一步明确说,以上的所有这些均是为了配合维新运动在四川地区的展开,主要是围绕以下几个问题来进行其内容。第一,鼓吹维新变法,提倡"托古改制";第二,揭露帝国主义对中国的侵略;第三,提倡兴学校办科学以启民智;第四,鼓励建立工厂开采矿藏以挽利权。

1898年4月下旬,因宋育仁受邀到成都任尊经书院山长,《渝报》停刊。同年5月,原主笔潘清荫在《渝报》基础上,改办《渝州新闻》,社址不变,依旧为原《渝报》馆址,"日出一小幅。寥寥数事,略具体而已"。①

2. 华西教会新闻(1899年)

1899年2月创刊,基督教在西南地区创办的第一份刊物,也是基督教在重庆乃至整个近代四川新闻史上出版年份最长的期刊。

1899年1月,基督教华西各差会召开首次宣教大会,讨论决定为传教士们出版一份新闻通讯类的杂志,杂志的编辑和发行工作由陶维新夫人负责。与此同时,各地传教站的编辑和通信者也接受任命,被要求给杂志提供当地的新闻。《华西教会新闻》就这样产生了。

《华西教会新闻》创办初始,编辑们就选择了基督教教父奥古斯丁的箴言"基于要事,统一;基于非要事,自由;基于所有事,仁爱",作为

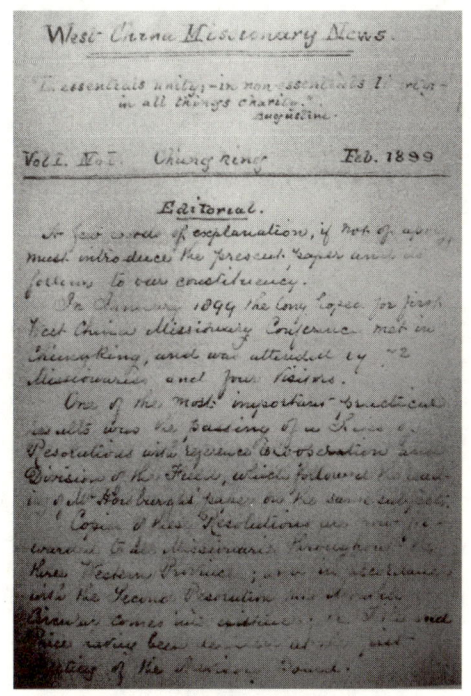

图8 《华西教会新闻》创刊号

---

① 《巴县志报馆》卷7,转引自《四川辛亥革命史料》(下),四川人民出版社,1981年版,第28页。

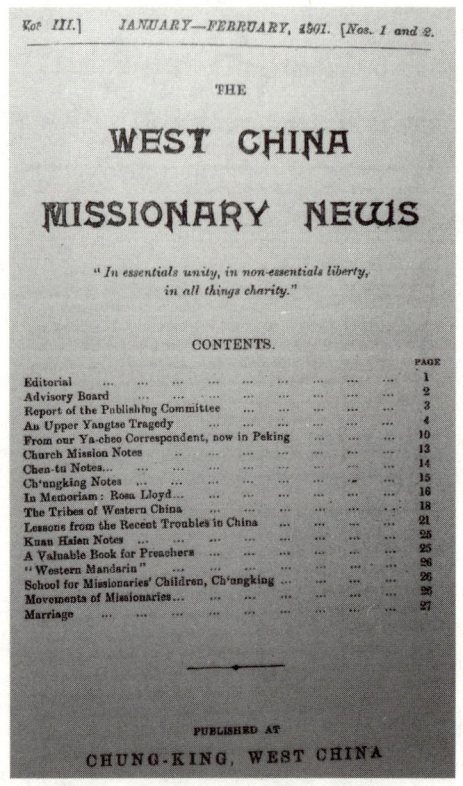

图9 1900年的《华西教会新闻》

杂志的基本原则。[①]在给全体订阅者的通告中,《华西教会新闻》的编辑们也清楚地表明杂志的根本目的在于促使华西传教士爱与同情的紧密结合,从而让传教士们感到他们并不是孤立的个体或松散的小团体,而是为"中华归主"而奋斗的统一体。[②]

1901年1月8日《华西教会新闻》出版委员会举行第一次会议,出版委员会内部为了分配日常工作,减轻编辑的负担,又划分为出版部、管理部、编辑部,给编辑们创造专心于该刊编辑工作的条件。出版工作由陶维新负责,商业管理由希斯罗普负责,陶维新夫人除继续担任主编外,还被授予委任各地编辑的权力,也负责编辑部总体工作。由于这一时期的《华西教会新闻》有大量涉及到教育、文学、青年等方面内容的文章,差会添设了五位专职编辑。但撰稿作者仍然是信息的来源渠道,专职编辑无法取而代之。由于《华西教会新闻》大部分都依靠在各传教站的编辑和通讯记者来采写时事消息,报纸的外地编辑和通讯记者均由各传教站的传教士担任。

1899年2月,《华西教会新闻》第1卷第1期在重庆出版。初期采用手写稿的形式。1900年,四川各地不断发生反洋教事件,华西传教事业遭遇到了历史上最为严重的危机,《华西教会新闻》约七八月前后迁至上海出版,1901年才又返回重庆出版。1906年5月,华西差会顾问部召开年会,会上作出将

---

① The West China Missionary News,The West China Missionary News,1917,No.6,p.6.

② To subscribers and friends,The West China Missionary News,1905,No.12,p.256.

《华西教会新闻》作为华西顾问部的机关刊物的决议。从此以后,《华西教会新闻》协调各差会之间利益及加强各差会相互协作的作用更为明显。所有与华西差会相关的重要通告和信息都通过《华西教会新闻》发布。1907年,成都开始成为华西传教的中心,同年1月,该刊又由重庆迁至成都出版,直至1943年底《华西教会新闻》因经费困难被迫停刊,前后共出版了长达45年之久。

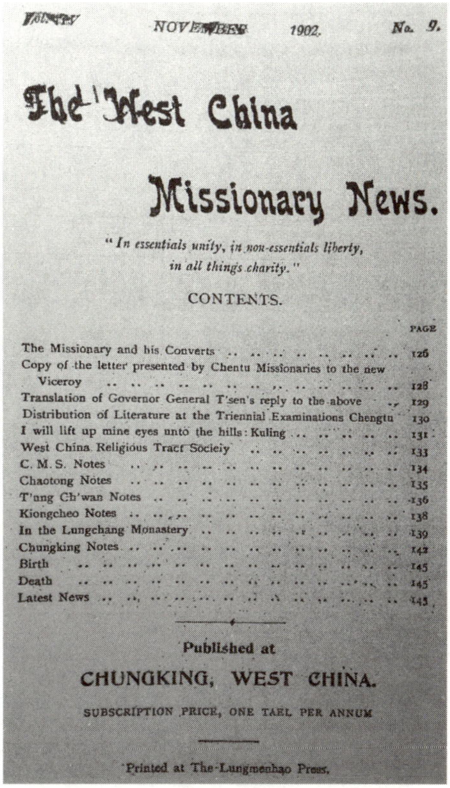

海外西方人士和在华基督教传教士是《华西教会新闻》的发行对象,由于该刊只在教会内部发行,所以发行量不大。1903年,杂志全年的发行量仅为222册,1904年为230册。1914年达到400册,但一直到40年代初每月的出版量基本保持在450册以内,而且发往国外的册数占了大多数。《华西教会新闻》工作费用最为重要的来源就是这大约450册的订购费用。因此,面对经费收入不足的困难,《华西教会新闻》为了补充经费收入迫于无奈只得依靠刊登广告和获得捐助这两种很有限的方式。

图10 1902年的《华西教会新闻》

《华西教会新闻》最初的宗旨是面向华西传教士出版、由传教士撰稿和管理、为传教士提供交流信息、交换观点的平台。随着时代的演变、刊物办报宗旨和方针从为传教士服务扩展到为中国基督教发展提供思想交流平台。[1]

《华西教会新闻》的报道包括各传教团体从事社会救济、兴办教育等方面的具体工作与详细活动,不仅讨论了福音传播、布道方法和传教方针等问题,

---

[1] 转引自白晓云、陈建明:《华西教会新闻》办刊宗旨的演变与四川基督教的本色化,《世界宗教研究》,2013年。

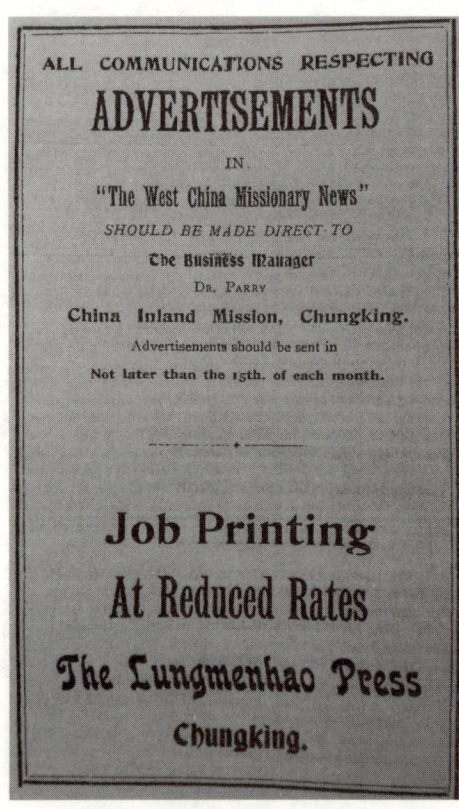

图11 《华西教会新闻》的广告　　图12 《华西教会新闻》关于重庆的报道

而且也表达了基督文化与东方传统文化汇通融合的努力。同时也包括西部中国的政治经济、风土人情、人文地理及社会状况等方面的内容。《华西教会新闻》称得上是时代的见证,每期都会设置一个较为固定的栏目来刊载各地的消息。报纸还曾对传教士的游记、四川的历史、丧葬习俗以及重庆、成都等地的工业和社会状况进行了大量刊载和系统介绍。

除开辟有相对固定的栏目介绍华西地区各地方的情况外,《华西教会新闻》还不定期刊载一些专论记录和讨论20世纪初以来西部地区的风俗与社会状况。其时传教士的大本营在华西协合大学,因此杂志刊载的此类文章也以介绍四川地区居多。

《华西教会新闻》刊载的消息在最初的一段时间里主要集中在重庆、成都、万县等大中城市,后来由于基督教势力的不断扩张,各个县镇的消息才渐次出现。这些消息的刊发大部分是通过传教士在当地眼见耳闻,再以书信的方式寄给编辑部来进行。这些消息来自中国西部,有些甚至来自底层,这对于西方人更深刻地了解、认识西部中国,沟通西部中国与世界极其有帮助。

3. 广益丛报(1903年)

1903年4月16日创刊,是近代重庆和四川历史上出刊时间最长、影响力最大的综合性刊物。

《广益丛报》最早由杨庶堪向正蒙公塾的商人建议而创刊。杨庶堪(1881—1942),字沧白,晚号邠斋,四川巴县(今重庆巴南区)人,中国民主革命的先驱,孙中山革命事业最重要的助手之一。曾先后任四川省省长、广东省省长、北京政府司法总长等要职。

《广益丛报》是一份旧线装书式的刊物,采用中国纸印刷,比三十二开本略大,双面印,每期一册,约数万字不等。有边栏线,中缝鱼尾形,并印有栏目、页码和"广益局排印"字样。栏目多样,初期分为上编、下编、外编、附编,从光绪三十一年四月三十日(1905年6月2日)出版的第三年第八号起,又分为上编、中编、下编、附编,即政事门、学问门、文章门、丛录门。其栏目上编"政事门"设有谕旨、章疏、粹论、文牍、国政、国计、国魂、萃评、纪闻(本国部、外国部)等栏;中编"学问门"设有哲徽、史髓、教铨、学案、女学、实业、法意、生理、地学、理科、医学等栏;下编"文章门",设有国风、小说、短品、来稿等栏;附编"丛录门"设有调查、专件、章程、杂录、图表、丛书等栏。①

图13　杨沧白(1881—1942)

《广益丛报》是一份很有影响力的综合性文摘刊物,发行量高达2000余份。一律订阅,概不零售。为旬刊,全年32册,定费四元六角,外埠加全年邮费七角。定费自1903年《广益丛报》创刊至1909年停刊均无变化。省内设代派处者有成都、泸州、嘉定府、叙州府、保宁府、顺庆府、西充县、自流井、合江、

---

① 王绿萍:《四川报刊五十年集成(1897—1949)》,四川大学出版社,2011年版,第10页。

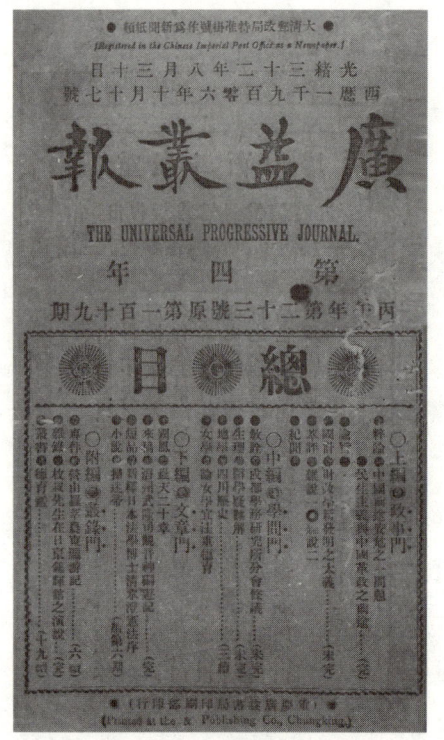

图14 《广益丛报》

潼川府、绥定府、遂宁县、忠州、中坝场、梁山、隆昌县、资州、广安、永宁、长寿县、大竹县、合州、涪州、万县、荣昌县、荣县、简州、江津、富顺、彭县、内江。省外设代派处的有山东济南、贵州安顺府等少数几处。最初刊物主要发行的区域是四川省内各县，出至第186号时，省内外代派处增加到74处，几乎遍及全国。与此同时，《广益丛报》还与各报刊联系密切，如该报代售《国粹学报》《政艺通报》《新民丛报》《东方杂志》《时报》《清议报》《中外日报》《教育世界》《绣像小说》等十余种省外报刊。《广益丛报》也刊登广告，雇主多为重庆富川造纸厂、

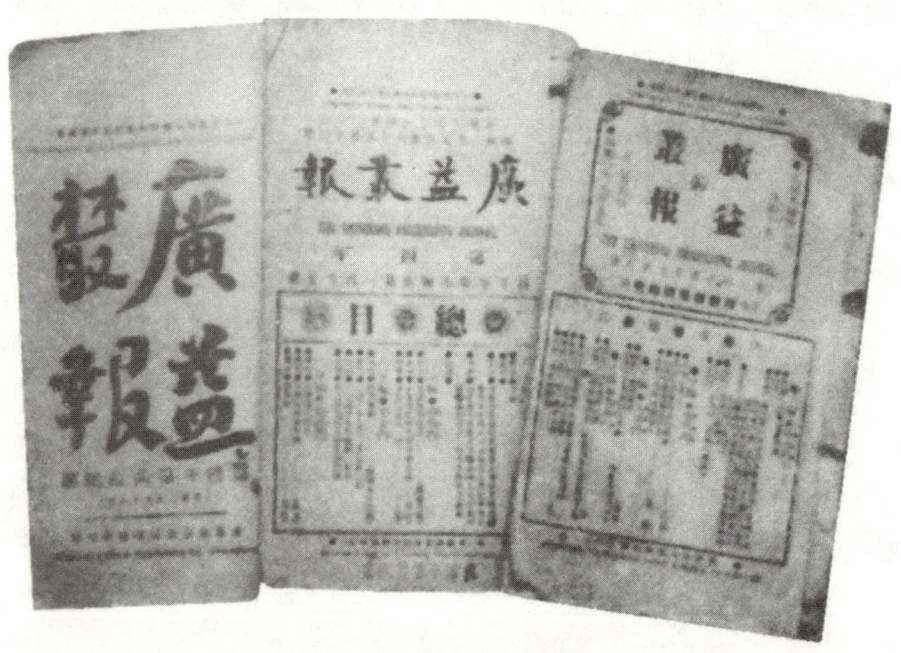

图15 不同时期的《广益丛报》

西药商店、人寿保险公司及英商李白洋行等工商企业。

《广益丛报》的读者主要是出身地主和工商业者家庭的知识分子、官吏、士绅,而以青年教师、学生和工商界人士较多。当时还处在清王朝的封建专制之下,这个刊物敢于一方面揭露清王朝腐朽的政局,衰败的世风,涣散的人心,低落的民气;一方面大力鼓吹改革维新、学习西方和日本,推行民主政治,振兴农工商业,挽回利权,强国富民。这些思想正是当时以杨庶堪为代表的有志青年所共同追求的目标,所以《广益丛报》吸引着较多的读者。1906年7月刊载的一封《读者来信》,称赞该刊"为救亡图存之先声,作振兴实业之号角,充新知博闻之传人,实各界民众之益友",这可以作为当时读者对该刊的评价。[1]

《广益丛报》内容丰富,以刊登学术、政治文章为主,也涉及时事、文艺等方面。因系集纳全国各报刊的精华的刊物,报纸一般不发表自己编辑部撰写的文章,其内容主要转载自对各地报刊上宣传维新变法以及西方科学、民主等方面的言论、新闻,鼓吹改革、振兴实业,反对君主专制,主张君主立宪;并撰写了许多揭露清政府黑暗腐败的评论,以及讽刺性的诗词、小品等,发表了许多立宪派的言论。[2]该报反对封建文化,提倡科学和白话文。《广益丛报》是四川最早提到社会主义和马克思名字的刊物,竭力宣传孙中山提出的"三民主义",大量介绍革命党的历史和革命党人的事迹。该报也是四川革命党人的重要舆论阵地,辛亥革命后,该报对四川革命党人的一系列活动、中国的政局等均有详细记载和评论,并揭露和抨击了袁世凯。该报还曾旗帜鲜明地支持保路运动,详细报道了四川各地运动发展情况。从它搜集登载的各类文章的内容,可以清楚地看出该报的编辑方针和政治倾向。

《广益丛报》的政论内容主要包括抨击清政府的内政外交政策,反对封建思想和封建文化,大力宣传资产阶级民主革命,支持保路运动,维护新生政权等几个方面。该报继承了《渝报》政论性强的特点,在其重头内容——政事门中,大多数都是忧国伤时的文章,既兼容中国资产阶级各个政治派别的观点,

---

[1] 转引自朱苏:《广益丛报和重庆日报简介》,《新闻与传播研究》,1983年第5期。
[2] 王绿萍:《四川报刊五十年集成(1897—1949)》,四川大学出版社,2011年版,第10页。

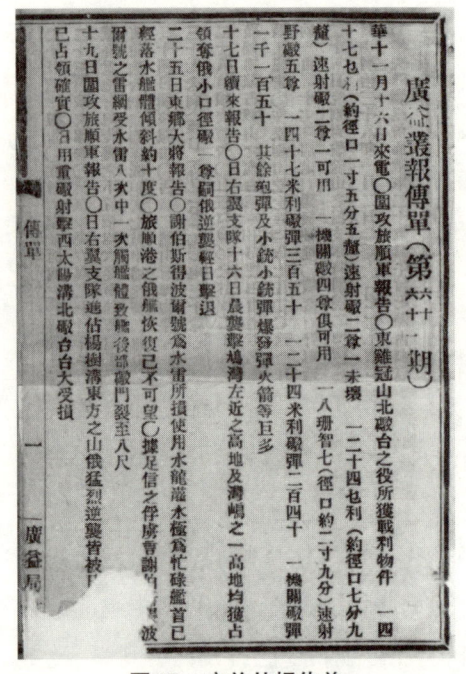

图16 广益丛报传单

同时又有较为明显的革命倾向,其革命倾向性在1906年同盟会重庆支部成立后更加明显。其政治倾向在辛亥革命后也更加明朗化,逐渐发展成为四川革命党人的喉舌。

《广益丛报》也致力于宣传科学思想、传播科学技术,刊载的和科学技术相关的论文不仅数量多,而且内容涵盖对综合性科学和综合性实业或工业、物理学、化学、生物学、地学、农学、医学,以及水能生火、空气成冰、显微新镜、火酒新制、海水电传、松制假棉、电光暖物、吸水机器等其他科技报道在内多个方面的论述,有利于重庆近代科学思想的养成和科技实务的发展。

从重庆近代文学发展的角度,《广益丛报》还开创了重庆报刊刊载小说之

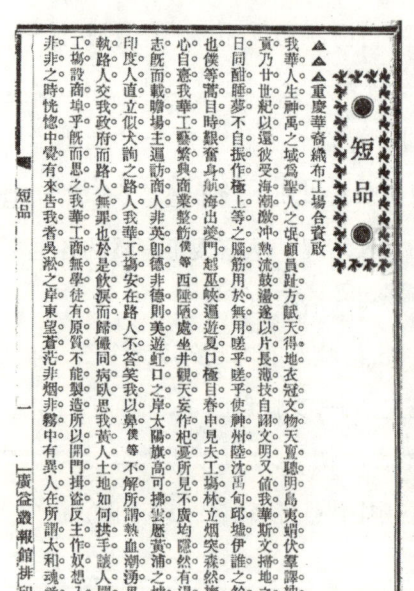

图17 短品:重庆华裔织布工场合资启

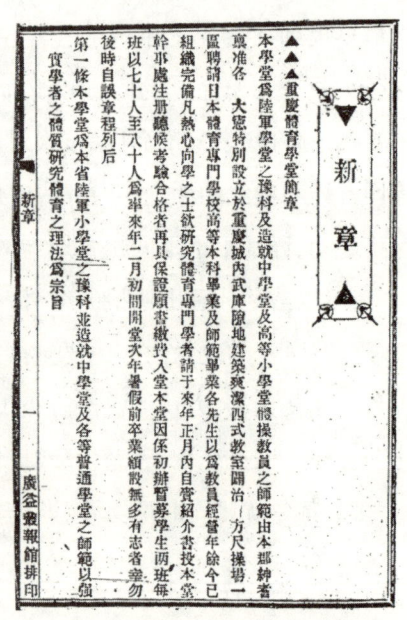

图18 新章:重庆体育学堂简章

先河。据不完全统计,《广益丛报》自1903年5月16日至1912年1月18日共刊载小说81种。相比《渝报》较为单一的政论说教和关于西方文明的有限的介绍,《广益丛报》在重庆城市现代化转变过程中,第一次以报刊的形式开拓了属于重庆的文学公共空间。给近代重庆人民带来了切身的新时代体验,带给了重庆现代气息,具有巨大的思想冲击力。

《广益丛报》从1903年创刊到1912年停刊,前后历时九年,出版了共二百期左右,是重庆早期报刊中出版时间最长的刊物之一,在整个四川地区也称得上是出版时间最长、内容最为丰富、影响最大的刊物。

4. 重庆日报(1904年)

1904年10月17日创刊,是重庆新闻传播史上最早的日报。

《重庆日报》的创办人卞小吾(1872—1908),重庆江津县人,本名卞鼒,字小吾,近代资产阶级民主革命宣传家、爱国实业家。卞小吾青年时期来到重庆,与杨庶堪、朱之洪、董宪章等同盟会党人结识并成为至交好友。1902年,他开始先后到北京、上海考察。1903年,上海发生《苏报》案,邹容、章太炎被捕入狱,卞小吾时在上海,曾三次去狱中探望,与邹、章秘密商讨革命,希望以实际行动推进革命活动。卞小吾深受《苏报》案中《苏报》馆主陈范捐产办报做法的影响,1904年他回重庆后,用变卖祖产筹得的6000多两白银作为办报经费,创办了《重庆日报》。

为了保证报纸的顺利出版,卞小吾聘请日本报人竹川藤太郎担任《重庆日报》的社长,以避免清政府对报纸出版的迫害。竹川藤太郎为

图19 卞小吾(1872—1908)

图20 竹川藤太郎
(1865—1911)

图21 《重庆日报》创刊号

日本山梨县人,曾在上海等地办过报纸,对中国国情了解,主张以改良的方式推进中国的进步。

《重庆日报》因采用的是一种极薄的土宣纸,只能进行单面印刷,约长65厘米,宽57.5厘米。《重庆日报》从第8期开始改为四开白纸活字印刷。每日出4小张,为4版,版面编排基本接近现代报纸。四个版面分别为论说与要闻、日俄战争消息、本埠新闻和国际国内新闻以及文化娱乐与广告。各版又分为上中下三批,每批自右至左竖排,版心外均用文武线作边框,第95号开始改为只用一条粗线。报纸采用4号或5号铅字进行排版,文字不标点,标点处用空白替代。报名为手写体"重庆日报"四个字,从右至左书写,因横排在版面上方的正中,显得十分醒目。报价印在右边报眼处,广告价目、报社主干竹川藤太郎,以及发行所、发卖所、账房地址则印在左边报眼处。

《重庆日报》的出现开创了重庆、四川地区报业现代化的先河,不仅完全摆脱了册的形态,已采用现代形式的报纸样式,在内容、编排、印刷等方面与自1897年《渝报》以来重庆和四川出版的所有报刊都有着质的区别,完整具备了新闻、言论、广告、副刊四大元素。

《重庆日报》的新闻报道主要有"中外汇报"和"巴蜀大观"两个新闻栏目,占据报纸一版至一版半的篇幅,报道国内外和四川以及重庆本地新闻。每天的新闻一事一条,刊发数从五六条、七八条至三十余条不等。但新闻报道通常忽略或无法完全交代清楚新闻要素,消息来源也大多没有交代。另外,由于当时新闻写作不够简练,一条消息长的可占据半个版面,短的则只有二三十字。刊登的新闻大多都有标题,也能制作出体现新闻内容的标题,简单明了。一些没有标题的新闻,则以在消息开头添加"○"或"●"的形式来表示是单独的一条。在初期还有新闻栏目"重庆市物价表",内容包括皮革、山货、药材、洋纱、布匹、毛呢等的价格。值得一提的是,报纸还独有"日本领事馆来电公报","世界奇闻"栏目。

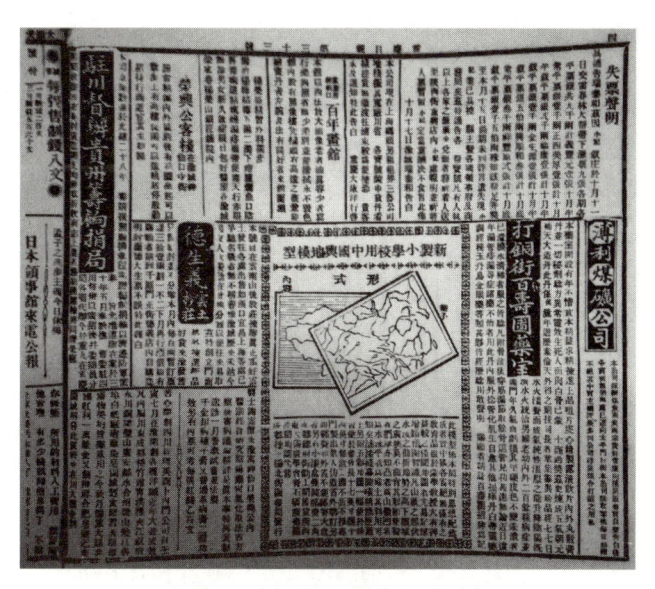

图22 《重庆日报》第四版广告版

现存的162期报纸中,有言论性文章共136篇,有的还连载八九期。这些言论观点鲜明,贯彻始终,是报纸的灵魂,也反映了办报人的立场。《重庆日报》在竹川藤太郎主持的5个多月中,为避免触怒清政府当局,言论总体比较温和,言论的内容较为偏重商业改革、妇女问题、教育改革、川汉铁路集款、日俄战争、发扬中华民族优良传统等方面。报纸在卞小吾主持的近两个月中,日益锋芒毕露,变得无所畏惧,言论日趋激烈,明显加强了政论,字里行间都带着煽动性,从反科举、剪发辫到言论自由,矛头直指清王朝,棱角和造反精神显现。

《重庆日报》从最初就十分重视广告客户的招揽工作。《重庆日报》的广告固定在报纸的第4版刊登,为使其与报纸上的其他文字相区别,报纸在广告前面冠有醒目的加了花框的"广告"二字。报纸还将专门为刊登广告而制订的详细具体办法每日刊登在报眼处,十分醒目。《重庆日报》上刊登的广告以文化教育和商行、客栈、照相、布庄、医馆等的广告为主,每天平均刊登八九条至十三四条。版面清晰规整,每条广告间用花线或黑线隔开。刊登的广告既有商业性的，也有很多非商业性、非营利性的。

《重庆日报》副刊性小栏目有很多，如"天声人语·谐乐园"、"诗丛"、"隐语·宿题"、"讽林"、"词林"、"明窗净几"、"笑话"、"时潮"、"动物界漫画"、"动物界杂话"、"百花丛"、"世界奇闻"、"杂俎"、"世界杂俎"、"文薮"、"寸铁"、"格言"、"怪怪奇奇"、"一家言"等。这些栏目以知识性、杂文性、文艺性、娱乐性的内容为主。这些栏目基本都刊登在第三版新闻的后面，出版时间并不是严格固定的，有的只出过一期，有的出三四期、五六期，也有的出十期左右，随意性较大。

《重庆日报》创刊之时，日发行量仅500份，到1905年4月，日发行量已增至3000多份，在重庆以外建立销售点共22个，包括北京、上海、宜昌和东京等地。在《重庆日报》的销售数量、影响力和作用都在日益加大的时候，报纸却因对民主革命的大肆宣传而惨遭摧残。1905年6月2日，四川地方当局以在街头拦截、绑架的方式，暗中逮捕卞小吾，将报纸查封。1908年6月13日深夜，四川地方当局指使人将卞小吾杀害于成都狱中，卞小吾是重庆地区近代报业中为办报而牺牲的第一人。《重庆日报》从创刊到被封，仅存活了8个多月，但被称赞为是"重庆的苏报"，是在重庆最早宣传民主革命的日报，深受群众欢迎。戈公振先生称赞《重庆日报》是"鼓吹革命之健者"。

5. 崇实报（1904年）

《崇实报》是天主教为在四川地区传教而创办于重庆的一份报刊，1904年创刊，1933年停刊。前后共29年的历史，是重庆地区创办于辛亥革命前的报纸中出版时间最长的一家，也是天主教在中国西南各教区中历史最久、影响最大、发行时间最长的报纸。

该报的创办者是法国传教士古洛东和雷龙山。1866年古洛东由巴黎外方会派至中国，在重庆从事传教，曾任重庆巴县水鸭宕小学修院院长和沙坪坝大修院院长等职务。在华传教期间，古洛东亲自主持《崇实报》的运转和发行，同时创办了圣家书局，用以承印刊发各种教会刊物。办报过程中，古洛东翻译了记叙天主教在川发展传播历史的《圣教入川记》。该书1918年由圣家书局出版，主要供川东地区的教徒阅读。1930年左右古洛东去世，葬于重庆南岸观音山。该报总编辑最早由中国神父唐若翰出任，后由古洛东亲自聘请、长期担任主笔的中国教士王泽溥接任。1930年王泽溥因调任万县主教而离开，总编辑一职由李树声继任。

《崇实报》的报馆设在曾家岩圣家书局内。该报以册装的形式出版，用宣纸或毛边纸铅印后线装。其版面设计和编排与同时期其他报纸相比有所不同，期数和页码等随报名印在中缝处，每页38行，每行41字，字号为小四宋，全文使用直排排列，全报无标题也无

图23 《崇实报》

标点，到了报纸后期才出现了简单的标题。起初每期四页八面，每周出刊，内容板块包括广告、谕旨恭录、社论、小言、时评、京师要闻、中外要闻、国外消息撷要、本埠新闻、渝埠见闻录、省抄、省内短简、西学、来函、重庆银元牌示等。分别使用中法两种文字出版，另有法文副刊。1924年以后开始扩大篇幅，最多时达到八页十六面，篇幅增加一倍。

《崇实报》的印刷质量在当时的报纸中是比较好的。这主要是因为天主教在四川的印刷业务开展较早且场所较多，早在1892年天主教川西教区就在下属的绵竹天主教堂设立了中文木刻场，这是外国教会在川的第一个印刷出版机构，除此以外天主教在川还有内设于重庆白果修院的印刷机构等数个印刷场所，这为教会刊物的印刷提供了较为丰富的经验。而且后来天主教川东教区从法国购进铅字印刷机，由传教士唐士在重庆沙坪坝成立印刷局，在1906年迁入了重庆城内曾家岩的圣家书局。坐拥先进的印刷设备也确保了

《崇实报》的刊印质量。

从报纸的经营上，《崇实报》一方面接受重庆教区的资助，一方面依靠报纸的销售。该报每年出刊50号，订阅费用为银五钱，需邮寄则要另加邮费二钱五分。1924年扩版后，售价增长为国内全年一元五角，国外三元七分。除了在重庆府新丰街行台衙门槛下瑞香轩直接出售外，该报凭借教会系统，让四川各府、厅、州、县的天主教堂均代为销售，使得当时在川的中外籍神父能够人手一册《崇实报》，且全国各省都有订阅。

作为一份西方势力以在华传教为名而创办的报纸，该报自称其办报主旨为："以开通人民智识，传递确实信息之用"以及"为社会服务，庶教内教外各界人士，得阅于心身有益之新闻，于世界及我国有关重要消息，以副阅报诸君之雅意。"

不过，通读该报，可知事实并不全然如此。《崇实报》的言论和文章主要分为三部分，第一是宗教部分，即对宗教教义和教务活动的报道，第二是政治部分，主要是对政治方面尤其是中国的政治事件和发展趋势的评论，第三是新闻部分，以国内外和四川省内各地的新闻为主。作为承担起其所谓"开启民智"重任的重要角色之一的"西学"板块却只有狭小的一栏，里面只有很少西方的天文历法和数学知识。

向国人传播天主教教义的内容占了《崇实报》很大比例，面对传统文化中树大根深的儒家思想，传教文章的作者习惯从经典中寻章摘句，然后把自己的理解硬加其上，编造天主教与儒教有相近之处的证据，以此便于传教。如该报曾称："（天主教）不是外国的教，实是天下万民的公教，人人都奉得，人人都该奉。考其由来，我们中国尧舜禹汤、文武周公、孔孟所奉的真儒教，都是与天主教同出一源。"并且更进一步，将儒家中所尊奉的内容进行曲解，再将自身教义中相关的部分与之强行扯上关系，然后以儒学为基础，拔高自己，从而赢得信众，如该报将孔子的"祭之以礼"解释为"孔子之意不是祭亡人，实是为亡人祭天主。因为献祭之礼，只可以享造物真主，造物主就是儒家的上帝"。以及称中国人敬祖宗和供牌位"都是虚妄或不合于理"，认为"当由父推公，由公推祖，辈辈推到人类启族一代，才算周全。请问人类从何而来呢？必是从造物主来的。造物主就是天主。我们的教友供天主牌,就算是供万代祖宗牌。敬祖宗,可有比天主教更敬得周全的吗?"

与政治相关的新闻和评论是《崇实报》除宗教外另一主要内容。该报十分热衷于刊登国内政治新闻,并使用大量的篇幅发表评论,常常以舆论干涉中国内政,甚至支持声援反动统治势力,敌视进步力量。如1911年8月的《成都警耗》中,该报污蔑群众请愿是"放火烧衙"。保路运动中,四川总督赵尔丰炮制血案,屠杀群众,却被该报轻描淡写为"兵民相斗两日,互有损伤"。当保路运动风起云涌,革命者接连取得成功时《崇实报》三缄其口保持沉默,而保路运动失败告终时,该报却全文刊登了重庆保路同志会停止活动的公告以示欢庆之态。

《崇实报》表面上是一份宗教报刊,实际上是反动统治者的舆论工具和帝国主义在华的代言机关。随着后期扩大篇幅,该报的宗教内容不断减少,政治相关的报道和评论持续增加,继续为帝国主义推行殖民政策铺设舆论之路。

6. 重庆商会公报(1905年)

1905年8月15日创刊,重庆商务总会的机关报,是四川第一家商业报刊。

重庆总商会是当时四川地区成立的第一个商会。重庆是长江上游的重要港口,是一座因商而兴的城市。重庆总商会于1904年10月在当地政府的推动下成立,选定三忠祠为重庆总商会公所,重庆最大票号"天顺祥"老板李耀廷担任总理。在李耀廷主持下,商会创办了《重庆商会公报》,大力宣传发展实业、抵制洋货、维护国家权益、振兴民族经济。

《重庆商务公报》每月三册,逢五出

图24 《重庆商会公报》

版,全年32册。第一年农历七月十五日起至腊月十五日(1905年8月15日至1906年1月9日)止,计半年,共出16册。

《重庆商务公报》编辑部设在重庆五忠祠商务总会内。1906年,报纸进行改良,外观变化较大,栏目增加到50个。自1907年第8号,总第56号起,更名为《商会公报》。从1908年第26号,总第106号起改为周报,每月四册。重庆广益书局印刷兼发行。1909年底,《重庆商会公报》停刊。

《重庆商会公报》初创时有阁抄、公牍、厘税、论说、商情、物价、采报、案件、录要、拾遗等供十一个栏目,次年改革后,所设的栏目有:阁抄、奏牍、公牍、上谕、厘税、论说、商情、商史、实业、物价、采报、案件、录要、拾遗、小说、余谈、文苑、科学、要件、调查、纪实、杂俎等。其中"科学"栏又分地理、格致、农工商矿、医学等类,"纪实"栏分为新闻界、商政界、商业界、商学界。1906年,报纸进行改良,编排上进行了改进,栏目加了花框,标题也多单独起行,或者在正文前,与正文空一字,以示区别。

作为总商会的机关报,《重庆商会公报》积极宣传发展资本主义工商业,但所刊载信息也非局限于工商领域方面信息的报道,而是用许多版面来宣传资产阶级改良主义政治主张,鼓吹实行君主立宪,揭露专制腐败,宣传民族资

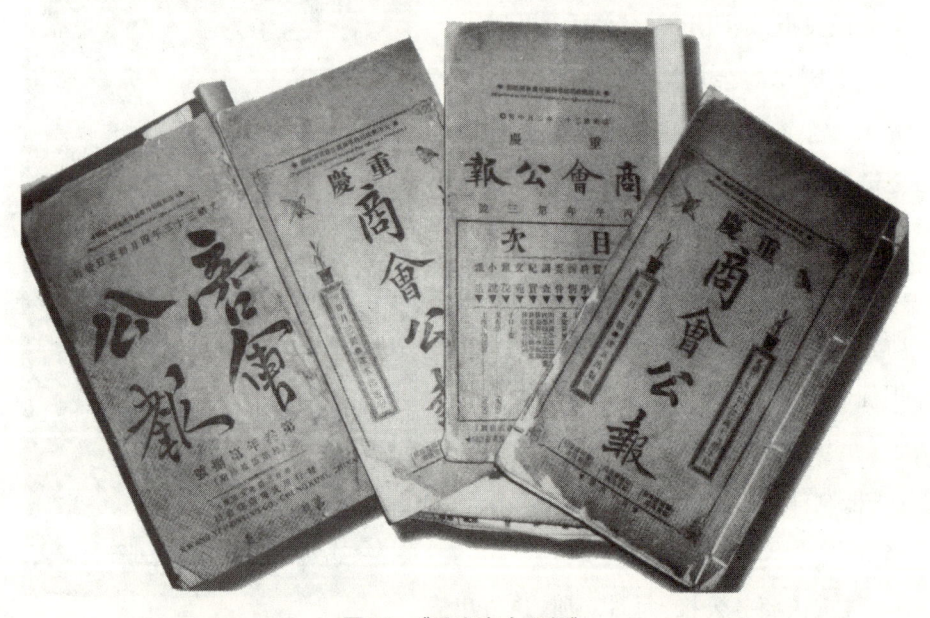

图25 《重庆商会公报》

产阶级上层利益和先进的科技,推动发展商业和实业,抵制洋货,宣扬爱国主义精神。

《重庆商会公报》首先在商言商,反对帝国主义的经济侵略,要求抵制洋货,努力发展资本主义工商业。如1906年3月9日丙午年第三号"论说"栏目发表《四川大宗土产急宜改良说》指出,"自五口通商以还,言兵战不利,言学战不利,言工战不利,即言商战亦更不利,渐至亚东互市之场,竟为白种人之外府,陆则据我之运道,水则侵我之航权,制器奇淫,日新月异,甚至羽毛骨角,日用纤维,无一非中国四万万人之漏,而为六七强邻之利薮也。变本至此,又奚怪每年出入比较之数,中国竟负至二万万之多。吾恐不及十年,地虽广,脂膏其能不竭乎?民虽众,生计其能不蹙乎?五行百产虽丰,其能视为养命之源而不受他人之奴隶乎?"真是"言者寒心,听者塞耳"。①《重庆商会公报》呼吁,中国人民要反对帝国主义的侵略,就应以"抵制洋货"、"振兴实业"为主要手段,"兴商为强国之基本",努力发展实业,以商战来对付帝国主义的商战。有论说指出:"今中国之所当握要图者,富强而已矣。商务者,古今中外强国之一大关键也……商兴则民富,民富则国强,富强之基础,我商人宜肩其责,盖商业无论巨细,皆与国家有密切之关系。能为外洋收回一分利权,即为国家增长一分势力,能于商界多占一分位置,即为国家多获一分光荣。"②《重庆商会公报》围绕发展资本主义工商业、抵制洋货反对帝国主义的经济侵略,刊发了许多文章,对促进重庆地区资本主义工商业的发展有积极的促进作用。

政治方面,由于《重庆商会公报》是清政府支持下创办的商会的机关报,也受到清政府的监督,因此总体思想趋于保守,支持清政府的新政,竭力主张实行改良。如1906年第1号的"论说"中,报纸提出"泰西数十百年以来,有新法,有新书,有新学,有新人,遂能阐发新理,鼓荡新机,而为我华人顿新其耳目"。"中国亦何独不能开五金之利则矿务一新,缩万里之程则铁路一新,新银钱则鼓铸遍于各埠,新制造则陶冶通于域中。农则新其种植,而东郊南亩有

---

① 《重庆商会公报》,丙午第三号"论说"。
② 《重庆商会公报》,丙午第三十二号"论说"。

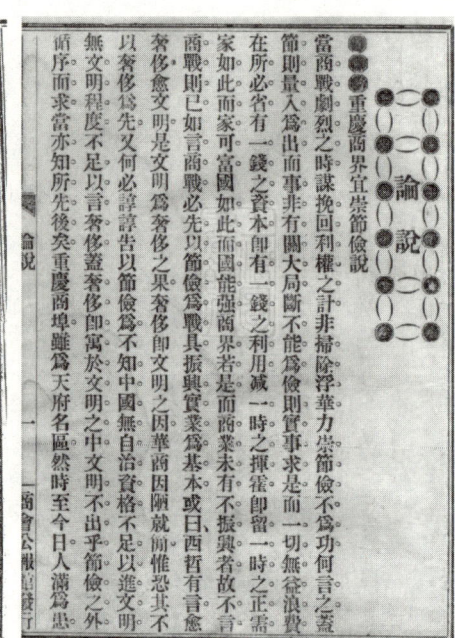

图26 重庆商会公报缘起　　图27 论说：重庆商界宜崇节俭说

象怀新，士则新其弦歌，而家塾党庠，知新温故；商则新其互市，而往来交易咸与维新；工则新其艺能，而组织文明，新其必创"。"立其宪政则国体新矣，删其法律则民命新矣，科举废则人才新，科学立则教法新，改官制则考绩新，练武技则戎行新"，"涤其旧污，新其国政"。1905年第15期"论说"中提到"此实千古非常罕见之盛举，为慈圣所独创，超越曩昔，信东亚帝史之先哉"。这些文字都很好地体出了《重庆商会公报》支持清政府的新政，竭力主张实行改良。

此外，《重庆商会公报》也十分重视学科技术方面的新发明新创造，以及对科学知识的介绍。如闪电原理、制蜜奇法、采棉与制棉新法、大显微镜、电气采矿、造皮妙法、自治中风门法、治疬新法等无所不包。

丙午第十一号还介绍了陈天华烈士的事迹，刊登了怀念烈士的诗词。

《重庆商会公报》自1905年8月15日创刊到1909年底停刊，出版发行共四年多，是近代四川第一家商业报刊。虽然是行业性刊物，但内容却十分广泛，也表现出较为强烈的政治倾向。《重庆商务公报》作为商会机关报，积极发声，宣传资本主义工商业，有利于促进重庆地区资本主义工商业发展。

7. 皇汉大事记—国民报(1911年)

1911年11月25日蜀军政府创办,同盟会在重庆建立的蜀军政府的机关报。1913年9月四川讨袁战争失败后于月底被拥袁反动势力查禁。

1911年10月,武昌起义成功,全国纷纷响应,各省独立之势愈发明显,辛亥革命步入高潮。11月5日,有日本留学经历的同盟会会员、合江人夏之时成功策动了四川龙泉驿的部分新军,起义参与推翻清政府的斗争。夏之时被众人推举为革命军总司令,率军从水道进发,直抵重庆浮图关,守关部队经革命党人的宣传鼓动后转向革命,开关迎接起义军。11月22日,蜀军政府作为同盟会重庆支部建立的省级革命政权在渝成立。

三天后,军政府创办报刊《皇汉大事记》,用以传播革命之声,并专门公布蜀军政府的政策和法令。该报创立之初由蜀军政府文书局长陶闿士主办,朱国琛(云湘)任主编,后由周文钦接任。

周文钦,字家桢,四川巴县人,曾在杨沧白主编的《广益丛报》任职。1912年接办广益书局,改组为启渝印刷公司,对发展文化和教育颇有促进。去世后,重庆新闻记者协会盛赞其为"重庆报坛之先进,以记者而终身。"1912年1月,时任《广益丛报》编辑的周文钦受蜀军政府邀请,接手《皇汉大事记》,将其改名为《国民报》,作为军政府的正式机关报。当时该报的编辑有文伯鲁、燕梓才(燕翼)等。

该报的报馆地址在重庆商业场,后迁至演武厅附近。版面编排上将全报文字直排,全篇不加标点,标题字号和文章一样大,每条新闻前加黑圆点一个,以免各条之间互相混同。栏目有论说、要电、记事、时评、专件、选录、译丛、文苑和告白等。该报除每周星期日

图28　国民报

或节令停刊以外，每日出两大张，定价20元，通过邮局发行，每日1500份至3600份左右。

《国民报》留存的内容并不是很多，主要是对重庆同盟会和蜀军政府被撤销后在渝国民党的相关活动的记叙报道，以及支持进步革命、抨击袁世凯及其走狗鹰犬的言论评述。翻开《国民报》，可见同盟会蜀军政府兴衰存亡的悲壮历史。按照革命形势的发展，其主要内容的变化可以划分为三个时间段。

第一阶段是军政府成立伊始。《国民报》的主要内容如下，首先是履行其机关报的责任，发布军政府的公告和政令，如1912年3月6日第二张一版的《专件》栏目，公布了蜀军政府暂定陆军惩罚令。其次为报道革命战争进展，发布胜利喜讯，如1912年3月8日第一张二版《要电》称："南京大总统、共和各省都督，成都尹罗都督、重庆夏都督鉴：民国统一，凡我同胞无不欢跃，培爵因为成渝合并赴省营次资州，谨率文武于江日庆祝，特此电贺，蜀军都督张培爵叩：冬印。"再者为对蜀军政府机构的组建和人事调动的报道，如1912年3月18日第一张一版刊登的成都来电："孙、黎正副总统，各省都督鉴：成渝两军政府合并于3月11日，尹昌衡任都督，张培爵任副都督……又公推夏之时都督为重庆镇抚府总长。"除此以外，该报还刊登一些军政府领袖的介绍，如1912年3月8日第一张一版的《代论》栏目里，有介绍夏之时的小传："夏之时，字亮工，四川合江人，性淳厚贞毅，有大志，然耻以言论自矜诩。"

第二阶段是袁世凯派遣自己的势力企图接收重庆之时。《国民报》主要报道蜀军政府与拥袁势力的斗争与拉锯。1912年3月，《国民报》第一张一版刊登成都来电："成都合并后，重庆镇抚总长一席，公推前任蜀军政府副都督夏之时就近接充，曾电达在案，兹据夏君迭次电请辞职，出洋游学以图深造，似此坚心学业，未便再事强留，从优议助游学经费3万金以酬。前劳所遗总长一席，已改委军团长胡景伊前往接任。"1912年4月1日，重庆蜀军政府撤销，重庆镇抚府成立，《国民报》第一张一版刊登成都来电："……查有胡景伊，堪以特任重庆镇抚府总长，仍兼全省军团长……特此电闻。成都正副都督尹昌衡、张培爵叩印。"

胡景伊，四川巴县人，曾留学日本，毕业于日本陆军士官学校，是袁世凯的心腹爪牙,极度仇视革命。此番受命于袁,与成都都督尹昌衡串通一气,带军队前来企图接收重庆这一辛亥革命的胜利成果。重庆的同盟会人士对其早已深有戒心,闻此消息,前副都督夏之时即刻任命身经百战的四川同盟会元老熊克武出任重庆镇抚府师长,企图以此来制约胡景伊,防其图谋不轨。而《国民报》也立即行动,在4月3日第一张第二版刊登文章,表明革命党人抵制胡景伊的鲜明立场:"镇抚府总长及各厅司先生留鉴:昨始开会,议镇抚府大纲……重庆重要职员不得更换,原有之练兵一镇,当然淘汰,不得遽行解散。将来镇抚府无论如何变更,其主治重庆之人,必须重庆各法团认可,方为有效……"然而由于强大的各方拥袁势力的不断施压,重庆同盟会不得不放弃立场,采取妥协。胡景伊于4月11日抵达,第二天发布任职通电。

第三阶段为重庆镇抚府被撤销,拥袁势力大增,同盟会策划并掀起反袁斗争,直至失败的过程。此阶段《国民报》的内容以声援其斗争为主。带兵进入重庆后,胡景伊于5月18日召集各方会议,在会上突然发难,蛮横要求撤销重庆镇抚府,受到与会代表的强烈抵制。几日后贼心不死的胡景伊使用手段,缩减了与会成员,将支持同盟会的代表排除出外后再次导演撤销闹剧,阴谋成功。6月10日,胡景伊电告袁世凯并通令全国,重庆镇抚府即日撤销。辛亥革命中同盟会在重庆的奋斗努力就此付诸东流。《国民报》旋即连发数篇文章,严正声讨袁世凯及其爪牙。

1912年8月7日,同盟会联合数个其他进步党派,改称国民党,以对抗袁世凯集团的倒行逆施。重庆蜀军政府被撤销后,原同盟会的国民党骨干坚持抗争,如同埋下的火种,使重庆成为四川反袁的中心。在这样的环境下,《国民报》始终坚持进步的政治倾向和代表重庆各民主革命派的利益。由于其立场和与同盟会的关系,国民党在渝的领袖就成为了《国民报》坚定的支持者。

遗憾的是,不久"二次革命"失败,轰轰烈烈的四川讨袁战斗也以失败告终。攻占重庆后,各路拥袁军阀开始疯狂抓捕国民党人,查封重庆各进步党派所办报纸,《国民报》首当其冲,1913年9月底以"横涉党祸"为由被下令查封。由于此前发表大量支持讨袁义军,斥责袁世凯派别的文章,主编周文钦,编辑燕子才也遭逮捕,以文字诽谤罪被下狱半年之久,后经企业家温鹤汀上下疏通奔走,方才疏通出狱。

8. 光复报（1911年）

1911年11月，重庆蜀军政府成立，郭又生停刊《商报》，改出《光复报》。

另1945年抗战胜利后在重庆也创刊过一份同名报纸，具体资料不详。1946年10月1日重庆市社会局以"未经登记或登记手续不完备"的理由禁止《光复报》发行，并通知警察将其取缔。次日，重庆市杂志界联谊会发表声明，表示抗议，并要求取消禁令。

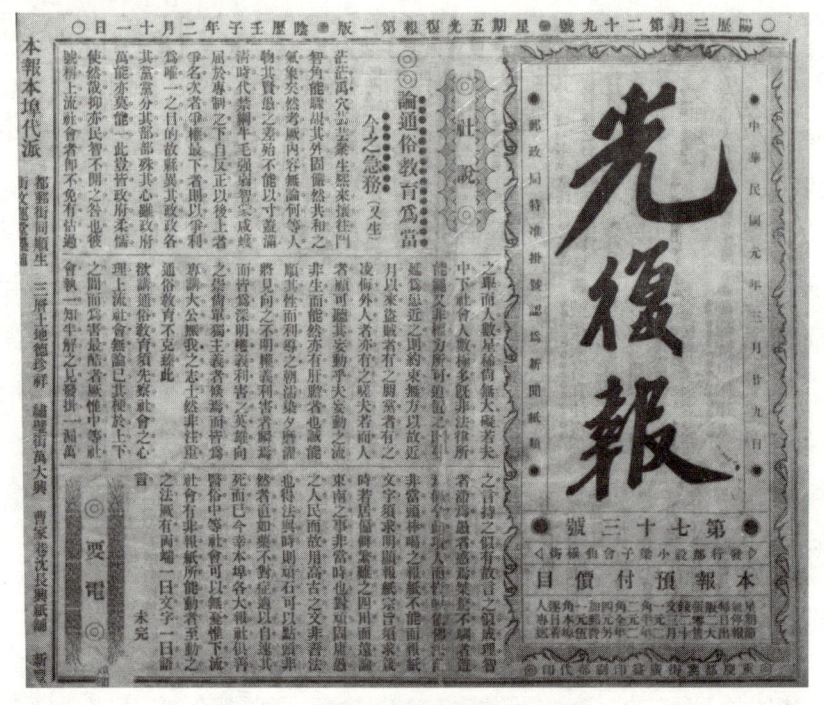

图29 《光复报》

9. 商务报—重庆商务日报—商务日报（1914年）

1914年4月25日创刊，是重庆总商会出资创办的报纸。社址在重庆市商业场总商会内。初名为《商务报》，1916年改名为《重庆商务日报》，1938年又改为《商务日报》，是重庆商办报纸的典型。

《商务日报》首任社长周文钦。周文钦，名家桢，四川巴县人。曾在辛亥革命后参与过《皇汉大事记》《国民报》的编撰工作，周文钦热心社会活动和文化教育事业，曾任巴县教育会会长，创立重庆孤儿院、巴县图书馆，建立重庆

图30 《重庆商务日报》　　　　图31 《商务日报》

南温泉公园。他励精图治,彰著于教育,是一位学识渊博,品德高尚的老报人、教育家。周文钦主持《重庆商务日报》直到1920年,他热爱新闻工作,为报纸呕心沥血,为报社的发展奠定了基础。周文钦逝世时,《商务日报》发出号外"本报创始人周文钦君于十九日晚十二时逝世",重庆各界纷纷举行公祭。

创刊时的《商务日报》委托印刷厂代为印刷,之后,总商会发动各帮集资开办渝商印书馆负责《商务日报》的印刷工作。1935年商会主席兼报社社长温少鹤将渝商印书馆并入报社作为印刷部,同时印刷部的设备也不断地充实,报纸印刷质量与效率都得到显著提高。

《商务日报》最初的经费由商会提供,第一年垫出四千余元。随着报纸内容的丰富,销量的增加,《商务日报》的广告收入也不断地上升,1924年结算时,结余四千余元,达到自给自余。①

《商务日报》创刊后,周文钦以"贞"为笔名写的《发刊词》中提出办报方针:"以消息灵通为第一;注重报德,一切记载,惟尚简要;凡有伤风教,无关劝

---

① 熊明宣:《商务日报的回忆》,《新闻研究资料》,1983年第5期。

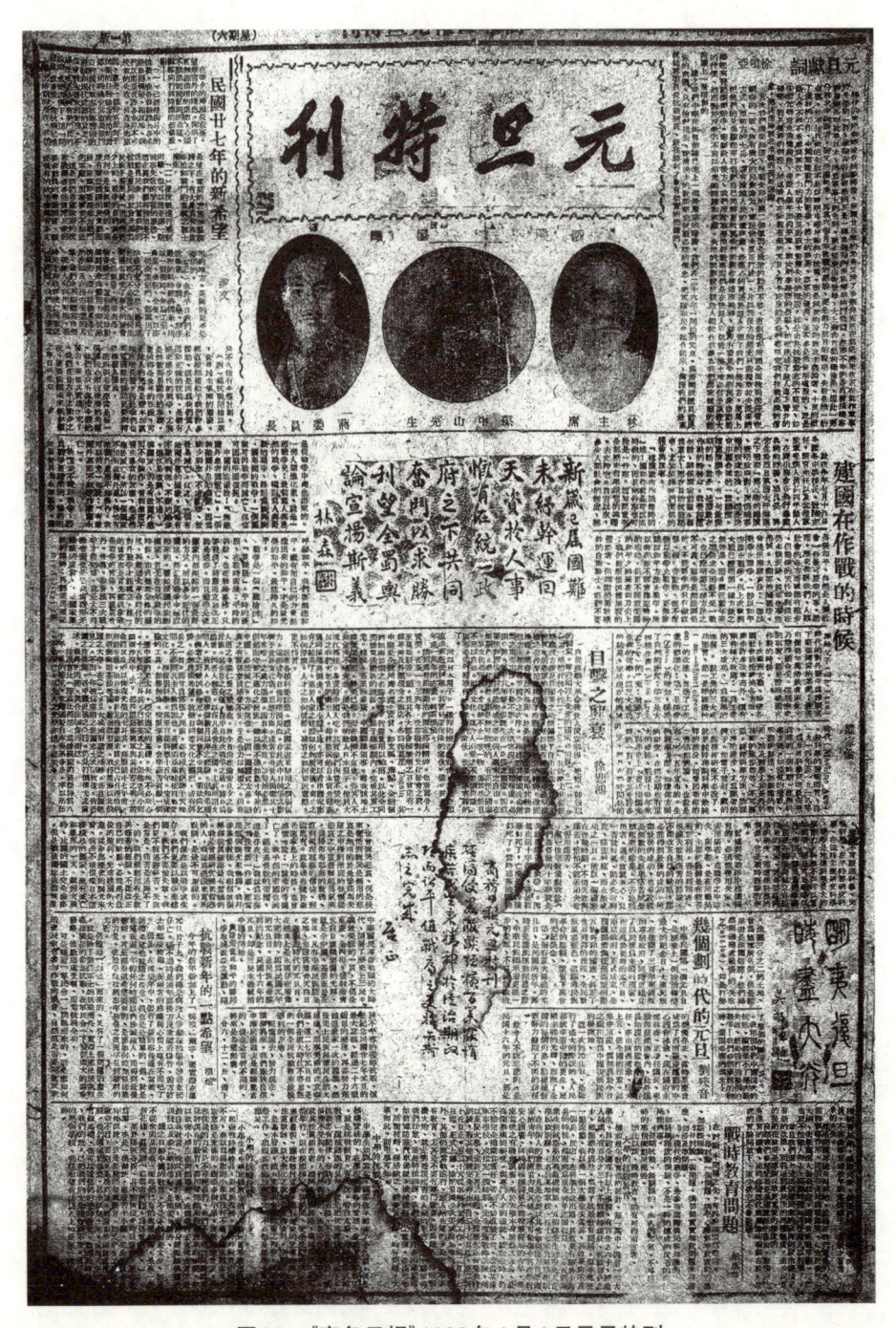

图32 《商务日报》1938年1月1日元旦特刊

惩者，概摒不载；对于国群问题，非重大者不著笔，不发言；商事虽特注重，然不苟抑扬，时寓利导整齐之意，总期达福国善群之职志。"并特别强调"注重商业消息,此本报唯一之任命也"。"命意立言,不涉党派,不尚偏激。"《商务日报》在之后的办报过程中也努力坚持这些观念,在周文钦《十二年纪》一文中也提到"报界流品,异常猥杂,致令文菽清高之业,给人轻视。钦常引以为耻,以是力主矫正,非以鸣高,以报有转移之大力"。"常私拟报馆为都察院,而主笔则御史台也"。"前代御史,弹劾只及于朝堂;今之新闻记者,弹劾偏于朝野。如善慎用其锋,乱臣贼子,虽不全惧,而政治风俗潜移默易之效,一时虽浑若不觉,久之自彰明显著"。正是由于有这些理念,《商务日报》直言时政时,不滥用其锋,也不允许出现谩骂的言语,也获得了"卫生报"之称。

尽管努力保持中立态度,《商务日报》在涉及国家和民族利益的事情上,态度却十分鲜明,坚决站在爱国的立场上,反对军阀的卖国行为,反对帝国主义的侵略,为国家和民族的未来考虑,也常刊发出表现作者冷静的分析与理智的思考的文章。如袁世凯复辟、五四运动、五卅运动、"三·三一"惨案、九一八事变等都有体现。

1915年袁世凯称帝时,《商务日报》坚决反对复辟丑剧,最后主动停刊予以抗争。护国战争爆发后,袁世凯派曹锟率部入川镇压护国军,曹锟入川后住在重庆,以金钱收买和武力威胁要各报为之鼓吹。《商务日报》拒收金钱,并依然对袁世凯的帝制自为行为冷嘲热讽,还鼓动群众反抗,触怒曹锟,遭其两次查办,为避免遭受残酷迫害,迫不得已,《商务日报》在年底主动停刊,以示抵制。直到1916年袁世凯退位,护国战争胜利,才又出版,并由《商报》更名为《重庆商务日报》。

五四运动期间,《商务日报》反对北洋政府对帝国主义的屈从行为,在得知北京学生示威被镇压后,积极发声支援,在周文钦催促下,重庆商界由总商会发电声援。《商务日报》联系重庆各学校学生成立学生会,行动起来,组织了商学两届声援北京学生的运动。6月6日,商学联合会宣告成立,周文钦和商界赵资生任联合会会长,通电全国声讨北洋军阀政府。

1925年5月30日上海爆发了震惊中外的五卅惨案。《重庆商务日报》于6月3日在重庆最先报道这一事件,并发表了社评《英人之横蛮,大家快起来吧》。此后又接连发表议论,如《英人之横蛮如此其极,国人将如何对待》《上

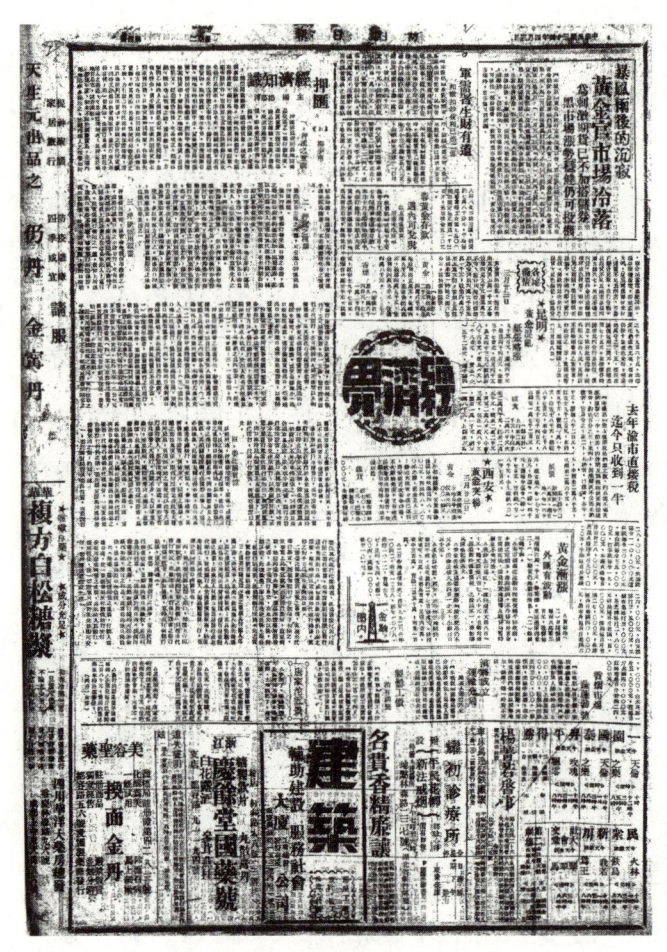

图33 《商务日报》专栏《经济知识》

海英租界捕杀学生案和重庆商人应具有的态度》等。"商余互助"栏目中也有不少关于五卅惨案的议论,如《当这内忧外患时代我国民应具的思想》《国民外交应注意之一端》《实行抵制英国货品进行方法之讨论》《论经济绝交》《经济绝交之本意》等等。

1927年,"三三一"惨案发生后,《商务日报》在面对驻军对报纸、电报、信件等严格检查,掩盖事实的情况下,积极研究对策,以刊发上海蜀商公益会的快邮代电,对重庆驻军残杀革命群众的罪行予以揭露和抨击,打破驻军对消息的封锁。

"九·一八"事变及"一·二八"事变发生后,《商务日报》抨击国民政府向学生提出的"救国读书"谬论,发表驳斥阻碍学生抗日救亡运动的谬论的文章,批评一些不支持学生运动的学校当局为"上层分子"、"一切都带有奴性"等等,并积极推动学生参加抗日救亡运动,鼓励学生既要参加斗争也要努力学习。

同时,《商务日报》的言论对涉及国计民生、百姓疾苦等重要问题也十分关注。善于发现、追踪公众关心的事件与问题,准确设定言论议题。如,20世纪二三十年代的重庆深受战乱之苦,政治黑暗经济凋敝,币制混乱,物价腾飞。民众负担沉重,生活苦不堪言。《商务日报》便发表《值得注意的铸造银币事件》《团练也能抽捐吗》《反对声中之铜元局改铸银币问题》《昨日之重庆城裁撤苛捐口号弥漫全城》《一网打尽之贫民政策》《重庆的食米问题》《政府与治安》《提高小学教师待遇》等诸多议论文章。

全面抗战爆发后,随着重庆成为战时陪都,不管是政治、经济还是文化领域,国民党官方势力在重庆都更进一步地渗透。重庆工商界也发生着变化,总商会的人事也发生了重大变化,以"中央"势力为后盾的周懋植和仇秀敷取代了以地方军政势力为后盾的潘昌猷。随之作为总商会机关报《商务日报》在人事上也发生着变化,国民党"中央"系统的办报班子陆续接管并改组了《商务日报》。高允斌任社长,牟欧平任总编辑,刘光炎任主笔,从采、写、编、评到人事、财务、发行、广告等,都被官方所掌握。这一系列的变化也带来了《商务日报》报风的改变,1940年前后反共言论充斥版面。1943年共产国际宣告解散时,《商务日报》刊出社论《共产国

图34 《商务日报》副刊《茶座》

际宣告解散》说:"共产国际的解散,是证明所谓的阶级斗争,所谓的世界革命路线之根本错误","为响应此热烈号召,别党私有之武力,亟应交出其军权,贡献为国家所用;一党割据之地盘,亟应交出其政权,贡献为国家所治……",此时的《商务日报》变得更像是国民党的"党报",随之报纸质量下降,发行量下跌,也使得《商务日报》较长一段时间处于落寞。

面对困境,高允斌决定打开大门不问应聘者政治倾向引进人才。利用这一有利时机,徐亦安、杨培新等中共地下人员相继潜入该报,与先期已潜入的地下人员徐淡庐会合,逐渐掌握了采、写、编、评及经营等事务,并最终在报社内形成了一个地下支部,从实质上控制了《商务日报》。《商务日报》基本上回复到"在商言商"的定位上来,寓政治于经济,对官僚资本垄断导致通货膨胀、财政部直接署署长高秉坊舞弊事件、军政部所属军需处土布加工厂舞弊事件等都进行了批评。后来《商务日报》也刊发过一些突破寓政治于经济的文章,直接论政,如陶行知的《迎接民主年》、林伯渠的《废除国民党一党专制建立联合政府》,也引起了国民党当局的严密关注。

抗战胜利后,1946年的"较场口事件"中,《商务日报》刊发题为"政协成功庆祝未成。暴徒行凶,搅乱会场"的文章,揭露事实真相。因此也触怒当局,遭国民党中宣部下令停刊三日。1947年发生"六·一"事件,国民党特务机关逮捕30名重庆新闻记者,其中《商务日报》共有6人,后被营救出狱。重庆解放后,《商务日报》继续出版,直至1951年1月16日停刊。

作为一份商务报纸《商务日报》也有着自己的特色,着重点总体上放在对经济方面的关注上,服务商界、引导本地商发展。

《商务日报》有专门版面报道各地政情商情调查,各行业商业活动情况的统计、报告、总结,各地各方面商业发展趋势之类的文章,以开阔商民眼界,为其寻求商机、作出决策提供科学准确的依据。调查文章的内容涉及各地之商情、矿产、行业状况、进出口、赋税、劳工情况等方面。如1923年3月,该报就发表了《中国在朝鲜之贸易》《川省战争与重庆商场之损失》《民国十年夏松茂汶三县矿产调查》《上海公债之趋势》《一年中之丝市经过情形》等文章。同时,《商务日报》也注重保护商界权益、改善商界生存环境,《渝泸间关卡重重》

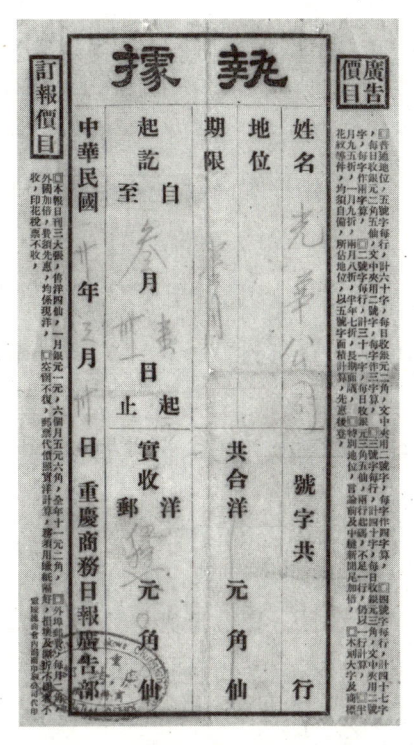

图35 重庆商务日报订报收据 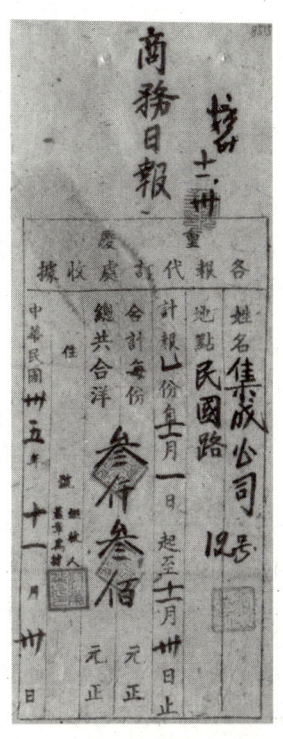　　图36 重庆商务日报订报收据

《究竟是兵欤匪欤》《全城商人罢市请愿详情》《商帮反苛捐之进一步主张》《商护各费验纳标准》《刘湘分别裁减税捐之布告》《裁撤苛捐之要义》《长寿县苛捐表》等文章的刊发就是很好的体现。《商务日报》主打专栏"经济界",在积极刊发经济信息的同时,也常以独立的视角对国民政府经济政策进行批评,也赢得了较好的社会声誉。

抗战时期,《商务日报》也围绕抗战主题,立足经济问题进行评析和报道。"如对国民政府实施的花纱布、桐油、猪鬃、生丝等民生和战略物质的统购统销政策,也适当地进行了批评;在报道战时重庆及大后方民间工商业的艰难处境时,也不忘进行适度呼吁;在报道官僚资本垄断导致通货膨胀的危厄时,也出于报人良知进行适当的抨击。"①

在版面设计上也体现着《商务日报》商办报刊的特色,广告内容特别多,报纸也十分注重广告版面的安排设计。以1925年7月6日—1926年8月20

---

① 张育仁:《重庆抗战新闻与文化传播史》,重庆出版社,2009年版,第124页。

日期间版面为例,《商务日报》为日出对开纸三张,12版。一版为各大商行启事,广告(主要是银行业的),二、三版为国内外、政论文章,四、五版为文教生活类广告,六、七版为时事要闻,集中于本省、本埠,间有时政杂谈等理论性分析文章,八版仍为广告,集中于布庄、建筑、军用地图、药品等较特殊行业,九版广告,主要为化妆品、饮料等日用品,间或夹有电影预告,十版为短讯录要和各类杂评,十一版是关于商业动态的报道及一些经济分析文章,十二版为广告,内容驳杂,涉及启事、房屋出租、药品、案件审理启事、一些名人演讲稿等。

10. 重庆中校旅外同学总会会报—重庆联中旅外同学会会报（1918年）

1918年创刊。该报以"交换同学智识,传达同学消息"为宗旨。先后担任会长的有何学海、舒启元,编辑主任舒启元、孔庆宗,编辑员李喧荣、孔庆宗、杨璇玉、徐孝忠、周伦超、官玉淮、封岳松、陈铭德、张璜、杨代馥等,会计主任牟凝、罗荣。内容有著述、调查、小说、文艺、杂剧以及会员通讯、会员消息等。编辑处设在北京,由北京重庆中校旅外同学总会编辑部编辑,北京重庆中校旅外同学总会发行,重庆中校旅外同学京津分会、上海分会、日本分会、

图37 《重庆中校旅外同学总会会报》

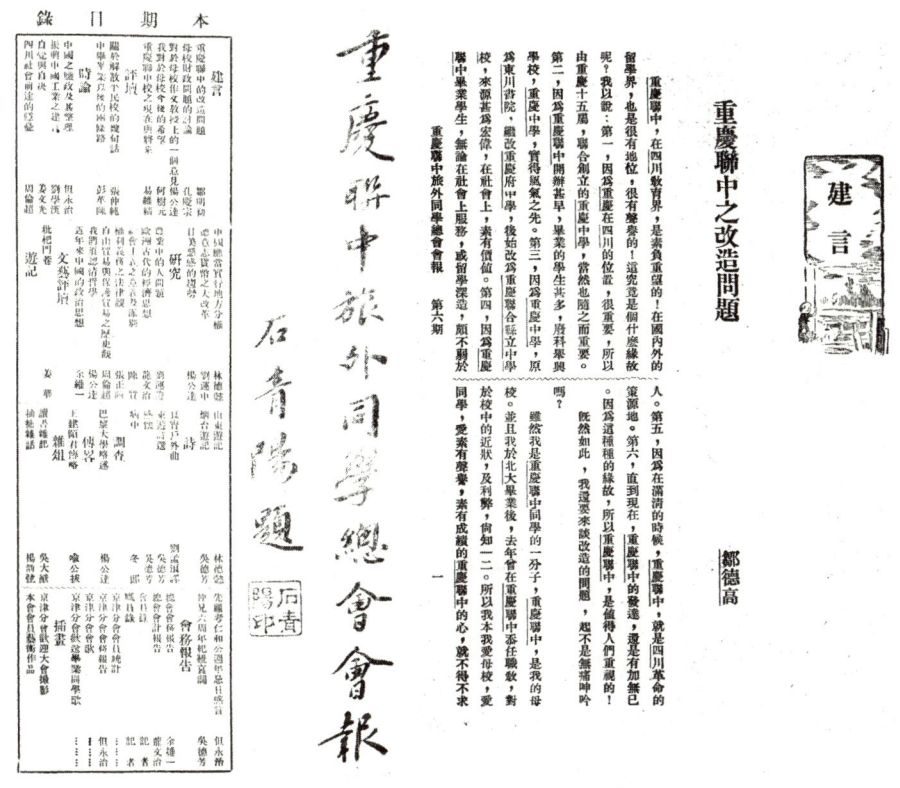

图38 《重庆联中旅外同学会会报》

成都分会、重庆联合县立中学校同学会均为分发处。第5/6期分别于1923年10月10日和1924年10月10日出版,并改名为《重庆联中旅外同学会会报》,由北京重庆中外旅同学总会编辑发行,北京前门外虎坊桥京华印刷厂印刷。内容增加特载、建言、评论、研究等栏目。

11. 川东学生周刊—川东学生联合会周刊(1919年)

1919年12月21日创办,4开4版,是川东学生联合会机关刊物,以"主张公理,排斥强权,研究学术,改良社会"为宗旨。1921年6月改名为《川东学生联合会周刊》,编辑处和川东联合办事处均设在巴县图书馆。该刊在"五四"时期对川东学生运动有很大影响,登载了大量抨击军阀混战的文章。

《川东学生联合会周刊》的诞生,也拉开了百年渝刊的壮丽篇章。

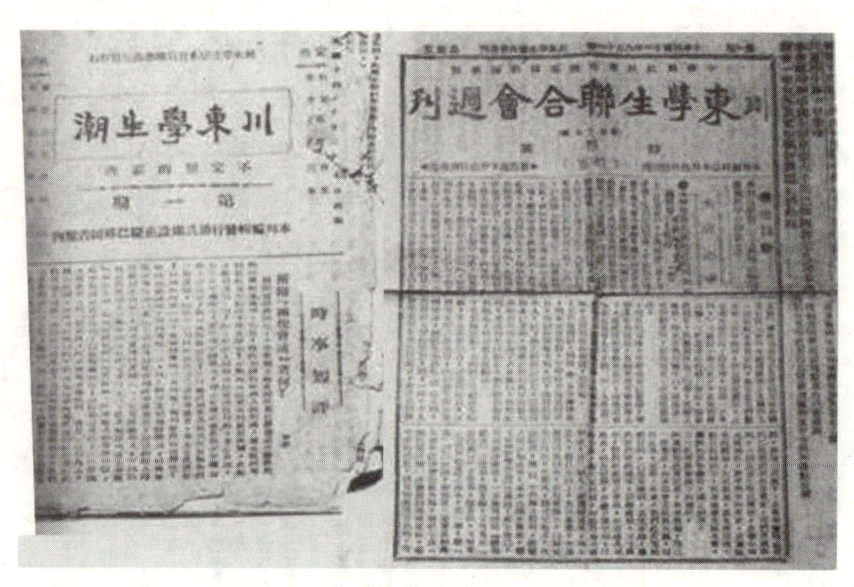

图39 《川东学生联合会周刊》和《川东学生潮》

12. 新蜀报+新蜀夜报（1921年）

1921年2月1日出版，创办人陈愚生，并任首任社长。

陈愚生，四川泸州人，1911年参加四川保路运动，民国初年赴日留学就读于早稻田大学经济系。在1919年7月1日与李大钊、王光祈等人发起成立了少年中国学会，并任少年中国学会执行部副主任、主任，《少年中国》月刊经理。1920年底，受川东道尹叶秉丞的邀请，任川东道尹公署教育科长，建议创办新蜀报，宣传新文化。

创刊时的《新蜀报》，土纸竖排单面印刷，后改为新闻纸，发行最高时近两万份。《新蜀报》馆设置在重庆商业场白象街。

《新蜀报》最初所需经费由陈愚生回川后，约集刘湘部21军高级将领鲜英、袁承武、罗仪等筹集。集资万余元，成立新文化印刷社，并于1921年1月向当局呈请立案，立案人彭大年。鲜英后来较长一段时间任

图40 《新蜀报》首任社长陈愚生

《新蜀报》社长,利用自己的关系和影响,在经济、社会等方面给予了《新蜀报》很大的支持。周钦岳接任《新蜀报》总经理后,曾请川盐银行董事长吴受彤、川康银行总经理宁芷邨、通惠银行董事长邓华民等投资,并由吴受彤、宁芷邨先后任《新蜀报》董事长。① 到全面抗战爆发前,《新蜀报》实现了很好的市场效益。

创刊后《新蜀报》坚持"输入新文化,交流新知识"的宗旨,支持学生抵制日货的爱国行为,并连续刊文支持学生的这一行为,最终触怒反对当局,报社遭到查封。后经四川社会名流张澜等人疏通,得以复刊,继续出版发行。复刊后,新派文人沈与白经张澜推荐担任报社社长兼总编,宋南轩任经理,并聘请陈毅、周钦岳作主笔。1922年秋,沈与白北上任刘湘驻北京代表,周钦岳接任报社总编。

周钦岳(1899—1984),重庆巴县人。1918年考入北京大学理科预科。1919年10月赴法

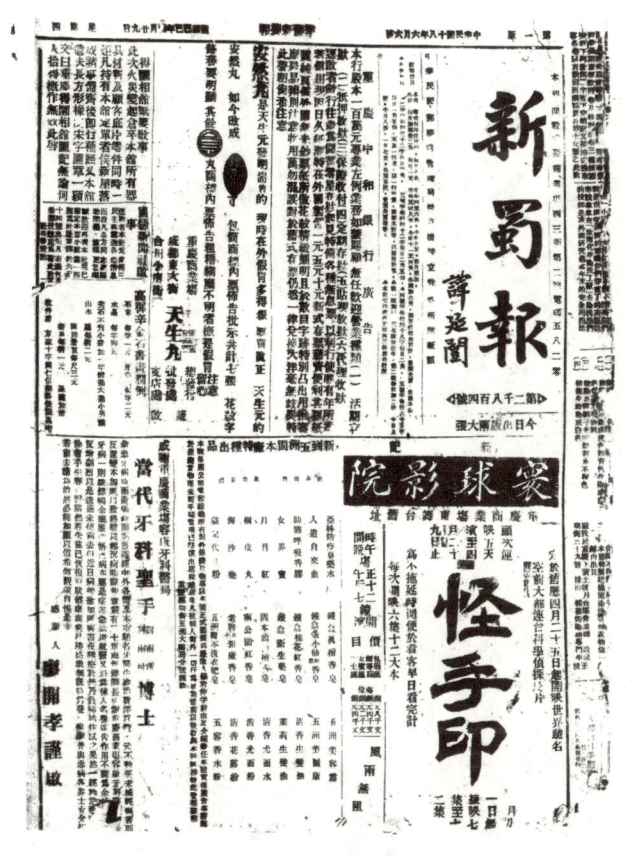

图41 《新蜀报》

图42 《新蜀报》前总编辑周钦岳

① 王文彬:《中国现代报史资料汇编》,重庆出版社,1996年版,第370页。

图43　萧楚女
（1819—1927）

图44　1922年，陈毅（右二）在重庆《新蜀报》任主笔期间的合影

国勤工俭学。1922年春回到重庆，出任重庆《新蜀报》主笔、总编、总经理、社长等职。1925年，经刘成辉介绍加入中国共产党。重庆"三·三一"惨案后离开重庆

图45　1933年《新蜀报》全体职员

到武汉，任国民革命军第11军第26师政治部主任。后流亡上海、日本等地，参加工人运动和抗日救亡运动。1935年秋返回重庆，续任《新蜀报》总经理、社长。1949年11月赴北京参加政协会第一届全体会议和开国大典。重庆解放后，历任西南军政委员会委员兼副秘书长、重庆市文化局长、重庆市副市长、重庆市人大常委会副主任、四川省政协副主席、全国人民代表大会代表。

办报初期，《新蜀报》有3个主要笔杆子：陈毅、萧楚女、漆南薰。陈毅是总编辑周钦岳挚友，又同是四川人，也一同被聘作《新蜀报》主笔。陈毅一直

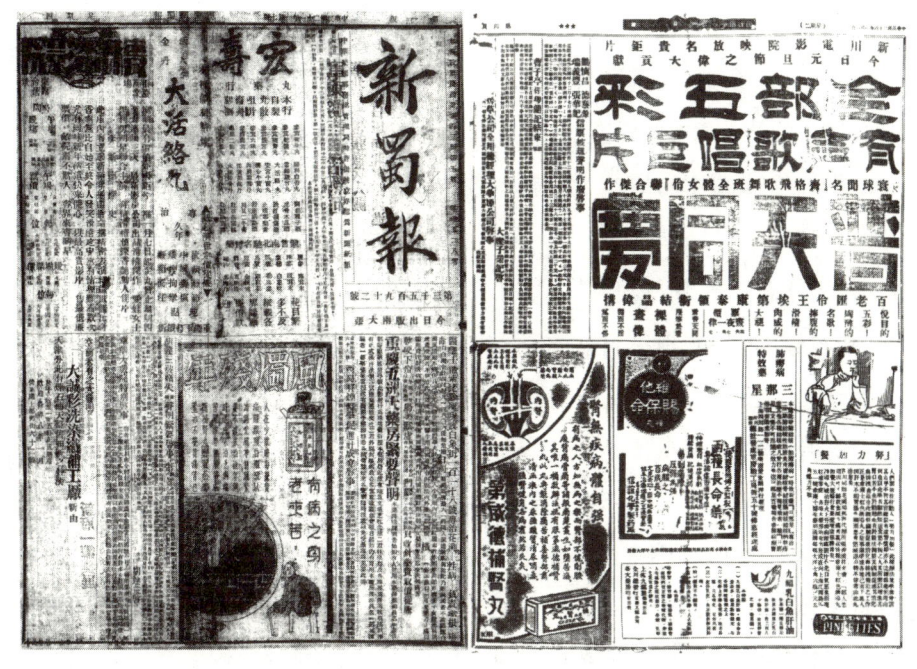

图46 《新蜀报》　　　　　图47 《新蜀报》广告版

很支持周钦岳,在1923年至1926年的三年间,陈毅无论在四川还是去北京,都一直寄稿给他,除时评外还有短篇小说、白话诗和杂作等共10多万字。陈毅文笔生动,思想新颖,文章深受读者欢迎。①

萧楚女作为党的特派员来到四川。1923年初,经友人介绍到《新蜀报》担任主笔。萧楚女到《新蜀报》后,开辟"社会青年问答"专栏,解答青年中的各种问题,宣传革命思想。1924年"德阳丸事件"时,萧楚女在国民大会会场散发赶印的《新蜀报对德阳丸案所见疑点》,揭露官方媚外谎言,抨击其丧权辱国的行为,被当局下令禁刊萧楚女文章。萧楚女被迫离渝。萧楚女在《新蜀报》期间,充分利用这块阵地,撰写了大量宣传反帝反封建思想的文章。1933年的"新蜀报四千号"发行纪念册上称萧楚女为《新蜀报》"第一个功臣"。

1925年春,报社又聘请著名经济学家漆南薰继任主笔。漆南薰同萧楚女一样,坚持每日写一篇社论。社论内容多侧重反帝斗争,对封建军阀的抨击也很深刻。漆南薰有留学日本的经历,对中日关系有较为深入的研究,他在

---

① 肖鸣锵:《周钦岳与新蜀报》,《新闻研究资料》,1987年第4期。

《新蜀报》刊发的《帝国主义铁蹄下的中国》一文有很大的影响力。1927年"三·三一"惨案中,漆南薰惨遭国民党反动派杀害。周钦岳因在《新蜀报》刊文揭露"三·三一"惨案真相,触怒当局,也被迫离开了《新蜀报》。

报社优秀人才的离开,使得《新蜀报》元气大伤,陷入较长时间的困顿状态。1935年秋,经《新蜀报》社长袁丞武和报社同人专函催促,周钦岳回到《新蜀报》担任总经理,不久兼任报社社长。二进《新蜀报》的周钦岳,积极革新人事,辞退庸人,整顿报纸,任命杨丙初为总编、漆鲁鱼(漆南薰的侄子)为副总编、萨空了为经理,周钦岳留法勤工俭学时的同学金满成担任报纸主笔,重组了《新蜀报》班底,推动《新蜀报》再次走向辉煌。

全面抗战爆发后,《新蜀报》拥护抗日民族统一战线主张,积极投身到抗日救亡运动中去。组织、策划宣传抗战的报道,积极参与捐款捐物,推动民间抗日团体如"救国会"、"义救会"等的成立,不少采编人员也在这些团体中担任领导职务。随着抗战形势的发展,重庆成为战时陪都,国民党中宣部迁渝后,实行"新闻专制",力图控制新闻界,这使得《新蜀报》遇到不少困难。如,1939年一天,国民党中宣部部长叶楚伧打电话给周钦岳,到他家中去谈话。谈话的内容是说服漆鲁鱼、葛乔、邝抱斋、赵铭彝四人有政治问题,应调离报社。随后三番五次催办,还要派人打入报馆,控制版面。周钦岳采取"去一、调一、留二"的斗智方案,即将赵铭彝调沙坪坝区女职校教书,葛乔调经理部任经理,漆鲁鱼和邝抱斋仍留编辑部。直到1941年"皖南事变"后,漆鲁鱼才秘密离开。①

1938年10月25日武汉沦陷,《新华日报》当日即迁到山城重庆并奇迹般出刊。作为《新华日报》的友报,《新蜀报》积极与《新华日报》配合,并相互支持。《新华日报》迁渝前夕,周恩来曾对周钦岳说:"前方军事不利,武汉又将失守,《新华日报》决迁重庆继续出版。你主办《新蜀报》,又是本地人,要全力协助。"②《新蜀报》为《新华日报》的在渝出版发行提供了许多有利条件。在《新华日报》被封锁、故意捣乱时,经常帮忙印刷。同样,《新蜀报》遇到困难时《新

---

① 肖鸣锵:周钦岳与新蜀报,新闻研究资料,1987,(11)。
② 肖鸣锵:周钦岳与新蜀报,新闻研究资料,1987,(12)。

华日报》也积极帮忙,1941年5月27日《新蜀报》化龙桥印刷厂着火,设备受损,附近的《新华日报》印刷厂大力协助,短期代印。

作为地方民间报纸,在战时新闻统制政策和国共摩擦的复杂情况下,也常面临"左右为难"的窘境。如,1941年1月"皖南事变"发生后,国民党宣传部门见《新蜀报》一周都没发表评论,便派中宣部新闻管理处处长彭革陈找周钦岳说:"委员长问,《新蜀报》怎么没有言论表示?"迫于压力,《新蜀报》以"相忍为国"为题,泛泛地谈,不提"事变",写了三百字,登在第三版国外要闻之后和广告之间,用"小评"栏名,三号题目,应付过去。[①]1941年1月21日刊发的言论文章《肃军与抗战》中说:"新四军叛变事件,全国人民无不痛心!军事当局尤其痛心!希望这种痛心的事件,今后永远绝迹。"24日社论《再论新四军事件》中继续说道:"政

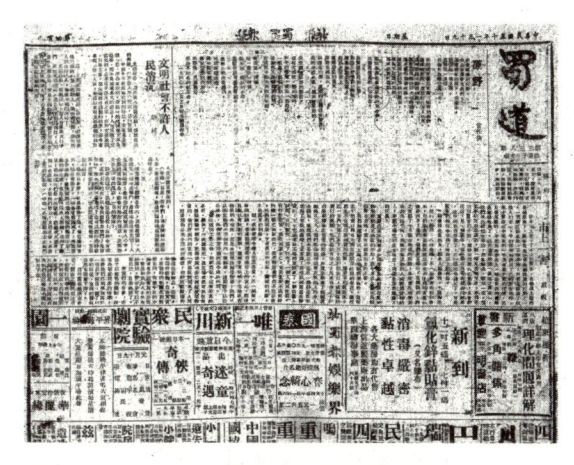

图48 《新蜀报》《蜀道》副刊

图49 《新蜀报》《新蜀锦副刊》

---

① 肖鸣锵:周钦岳与新蜀报,新闻研究资料,1987,(12)。

府制裁新四军,纯是为了军纪之整饬……过去部队长官因违犯军纪判处死刑的有韩复榘、李服膺、石友三。"这也多少影响到了《新蜀报》与《新华日报》的感情,也凸显了《新蜀报》"左右为难"的窘境。

抗战期间,《新蜀报》积极派出战地记者,报道前方战事,为帮助读者认识抗战形势,报纸还经常刊出《抗战形势图》。同时《新蜀报》也借助自己的言论优势,积极刊发言论文章宣传抗日,如1937年9月8日的《懦夫——请以此为榜样》中说:"我驾驶员阎海文在作战失利时误堕敌人阵地,敌人立刻包围他,阎海文即出手枪向敌人射击,当场击毙敌人数人,直至最后一粒子弹向自己的太阳穴自击殉国,其悲壮牺牲的勇气,使敌人亦为钦佩,称此真正抗敌健儿也。"这些新闻和言论都引起社会的广泛关注。为革新言论面貌,1942年冬,周钦岳还特地聘请了具有民主主义倾向的文化人高天为主持编务。

《新蜀报》的副刊也在抗战中发挥着积极的作用,副刊也是《新蜀报》的一大特色。最初,副刊名为"文峰"后改为"蜀道"。邝抱斋、金满成、沈起予、姚蓬子等都主持过副刊。抗战期间,《新蜀报》副刊开辟的"金刚钻"、"新副闲话"栏目倍受读者喜爱。他们把"一钻日本帝国主义,二钻勾结敌人之汉奸,三钻贩卖仇货之奸商,……十钻一切不合理的语言行为"作为自己的目标和策略。"金刚钻"每天用二三百字嬉笑怒骂的短文,揭发抨击一人或一事。

图50 《新蜀夜报》

"新副闲话"专栏始终不与旧的、不合理的社会妥协。"蜀道"还因展开过关于"文艺的民族形式"问题的讨论，受到文艺界的注目。

《新蜀夜报》是重庆《新蜀报》的晚刊，何时创刊不详。1946年4月复刊，发行人由《新蜀报》总编辑杨丙初担任，日出四开纸一张。此时，《新蜀报》已经落入国民党人之手，《新蜀夜报》的政治立场和《新蜀报》一样，也成为国民党的喉舌，大肆鼓吹"戡乱"。较场口事件发生后，"《新蜀夜报》当天抢先刊登了市农会、市教育会、市商会等团体的声明，诬指中国劳动协会、育才学校是凶犯"。《新蜀夜报》没有社论和短评，却有以"金刚钻"为名的小言论。这实际上假借此前金满成主持的《新蜀报》"金刚钻"

图51 《新蜀报》董事会收到申蓉纱厂补助的收据

专刊来混淆视听。《新蜀夜报》后来维持不下去，便出版《新蜀报·新蜀夜报联合版》，实际上是两张报纸变成了一张报。

接近抗战胜利时期，《新蜀报》内部人员混杂。1945年6月初，特务张俊以会议的形式，由武装特务到场，接管《新蜀报》报社。周钦岳状告张俊等败诉，被迫登报辞职离去。此后的《新蜀报》，改变了民间报纸主持社会正义的进步立场，开始为国民党反动派大肆鼓吹。

《新蜀报》勉强维持到重庆解放，由重庆军管会接管。自1921年2月1日正式出版到1950年1月7日停刊，《新蜀报》在重庆发行出版近29年，共出10579号，是重庆近代史上一份颇具影响力的大报。

13. 忠县旬刊—忠县报—忠报（1921年）

1921年秦伯卿（正树）、马仁庵从日本留学归来，在家乡忠县创办《忠县旬

图52 《忠报》头版

图53 《忠报》副刊

刊》。这是忠县最早的刊物，由盛禹九主管，石印，经费由忠县劝学所拨支，社址即在劝学所内。1925年改为周刊。1927年国民党忠县县党部接办。1930年改为三日刊，并更名为《忠县报》。1935年报社迁帝王宫，购置4开平板机等设备，改石印为铅印。

1938年1月10日起改为双日刊，7月1日改日刊并改名为《忠报》。同时向国家内政部申请备案发给登记证，中宣部批准成立忠报社务委员会，由县政府、县党部、县商会各派一人组成，并购置收音机一部。1939年2月8日为躲避日机轰炸，迁罺屏山。1940年又添置铸字机一部。1941年8月因连续遭日机轰炸，印刷机械被毁，被迫停刊。1942年1月，忠县政府、商会、县党部筹资2400元，在重庆购置各号铜模，添铸新字，修理机械，《忠报》于1943年2月迁县党部内，并于3月复刊。

14. 大中华日报（1922年）

1922年创刊，社址设在重庆商业场永龄巷9号。日出对开8版，发行1000余份。出版一年多后停刊，1925年陈学池曾重新申请立案出版，得到川军师长王陵基的资助，1930年冬终刊。

总主笔为巴中县恩阳河人王鳌溪，王鳌溪1925年在成都从事新闻工作，因发表文章反对其故乡巴中驻军横征暴敛，被军方追捕，逃至重庆，曾任《团悟日报》总主笔，1929年去上海办《大陆报》，因坚持反蒋态度被捕，1932年被杀害于南京雨花台。先后任该报社长、经理和总编辑的还有何北衡、刘航琛、陈学池、谢明霄等。

《大中华日报》的主要立场是维护四川封建军阀的统治地位，对工农革命持反对的态度。该报设有"公布栏"，专门用来公布二十一军司令部、江巴卫戍司令部和川康团务委员会的批示和广告等。经常以"时论"和"社论"的形式发表文章，如蒋介石的《北伐完成后最重要的工作》《各军应从速联合扑灭邝继勋》等。

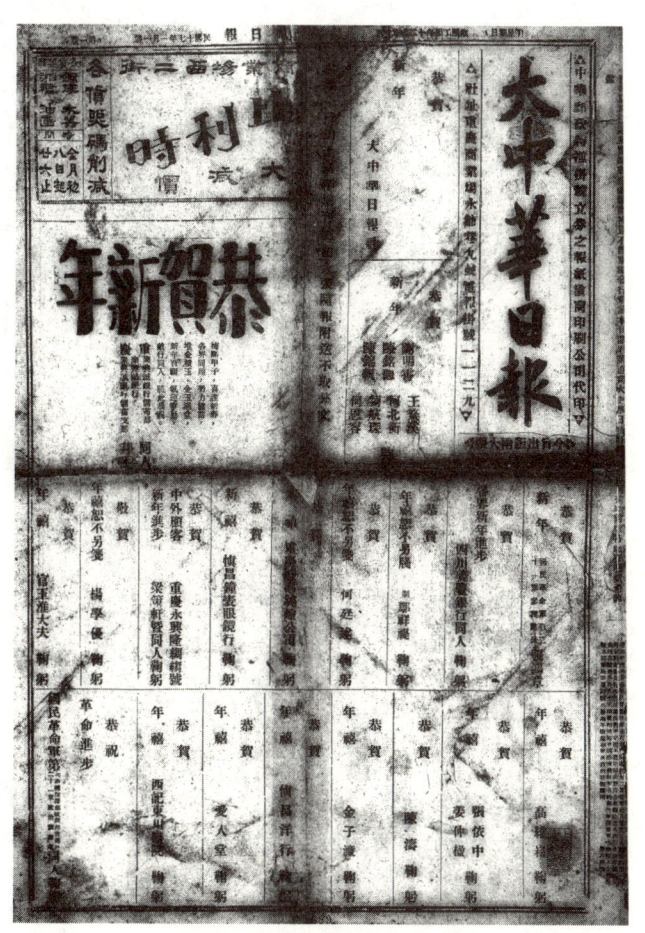

图54　《大中华日报》头版

图55 《大中华日报》二版的暂停出报启事

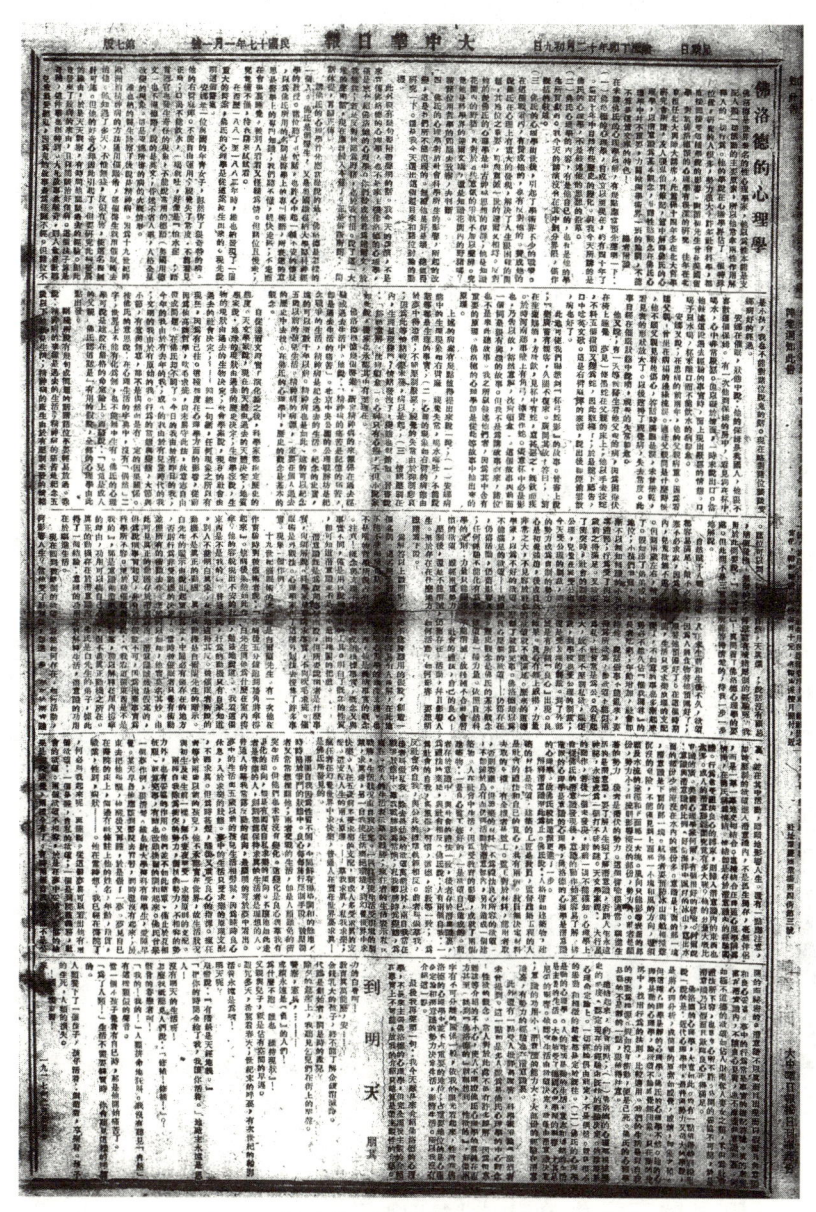

图56 《大中华日报》介绍"弗洛伊德心理学"

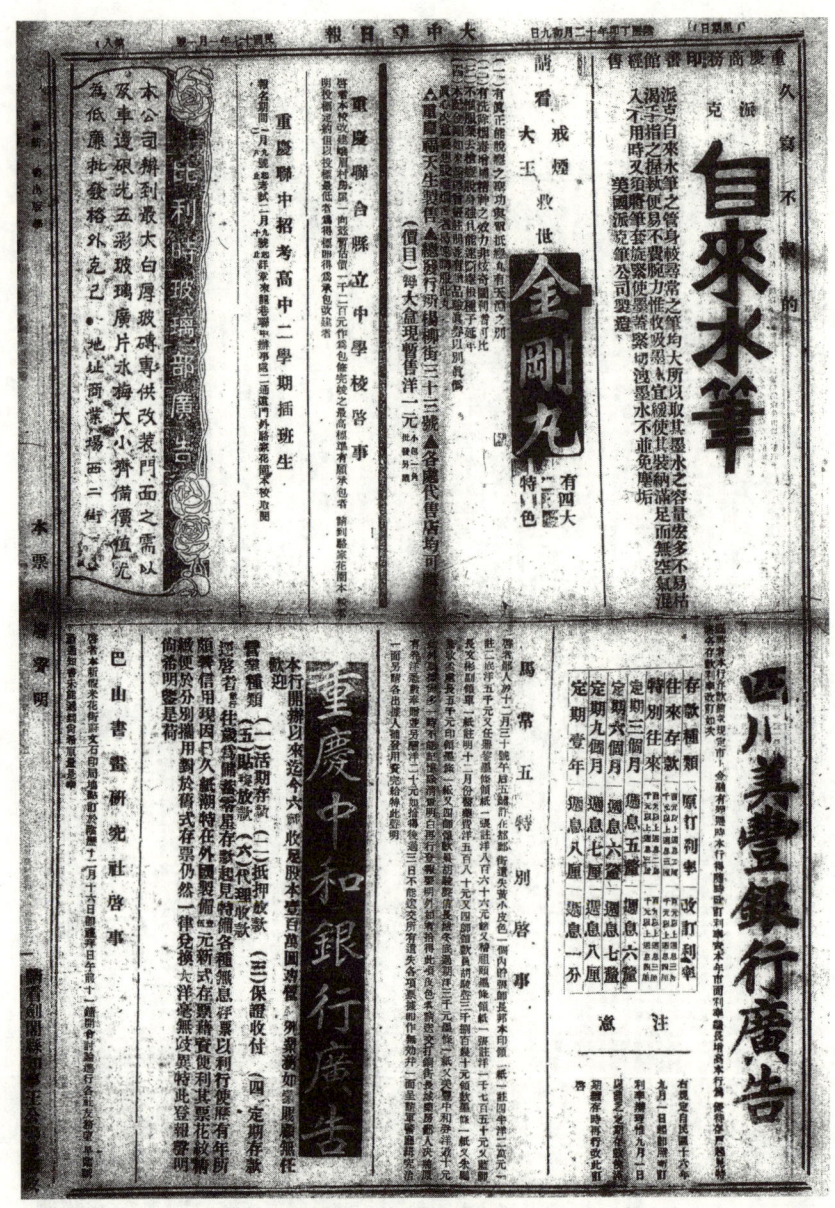

图57 《大中华日报》广告版

15. 巴县留京学生会会报（1923年）

1923年8月创刊，16开本，铅印。巴县留京学生会编辑发行，社址在北京米市胡同重庆会馆内。

该刊《发刊词》中说,"以谋故乡的福利为宗旨","因为故乡的地方自治没有实行,所以需要促进自治的文字;因为故乡的教育太窳坏了,所以需要改革的文字;因为故乡的实业不发达,所以需要提倡实业的文字;因为故乡的市政

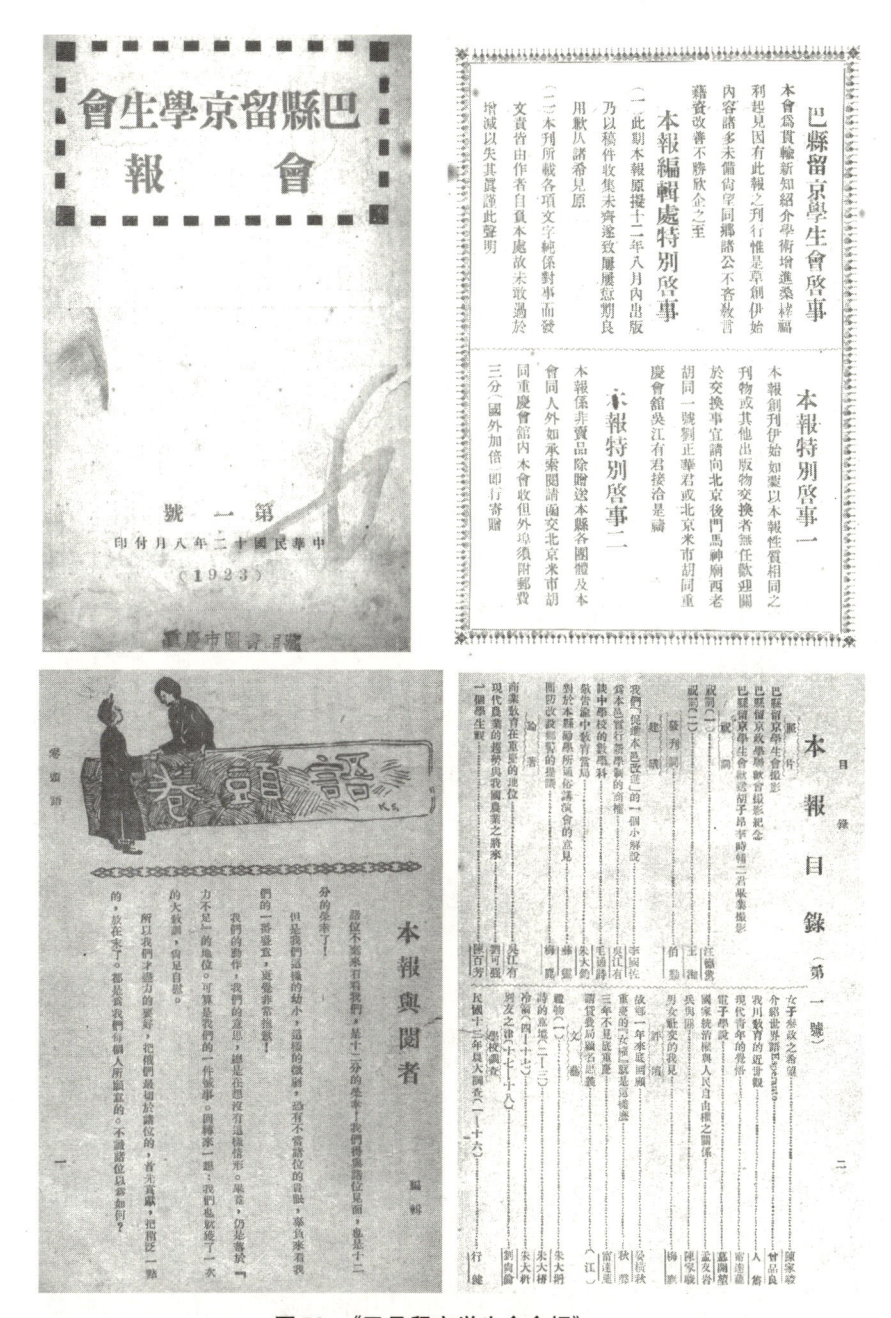

图58 《巴县留京学生会会报》

太废弛了,所以需要计划市政的文字;因为故乡的人们脑筋多幼稚,尚迷信,多盲从,所以需要科学的常识灌输;因为故乡文坛太沉寂,评判和赏鉴力太薄弱,所以需要文艺作品的培养;因为故乡的青年有出外升学的必要,所以需要学校的介绍和考试题目的指导"。

内容有建议、论著、评坛、文艺、学校调查、特载、杂件、来件、会务报告、本会会员等。

16. 重庆四川日报(1923年)

1923年8月在重庆创办,是由周敌凉、范天笃、罗绍洲等归国后的留学生创办的报纸,立案人是周敌凉,报社社址位于米花街。报头为标注该报创刊于重庆,特地标明"重庆四川日报"六个大字。

重庆《四川日报》创刊初期,正值国民党召开第一次全国代表大会。改组后的国民党制定了"联俄、联共、扶助农工"三大政策,革命形势趋于高涨,周敌凉、范天笃等这批大多经历过"五·四"运动,看过军阀割据给中国带来严重损害的留学生看到希望,很想把报纸作为革命的宣传喉舌,并把国民党一大的宣言作为的办报指导思想。

但创办之初的重庆《四川日报》办报经费十分困难,不得不靠军队将领接济,然而当时内战频繁,军队调动又大,经费接济时常中断,常使报社工作处于困境之中。为了寻求支持,使报纸能更好地发展,报社邀请黄子谷担参加办报。黄子谷(1897—1984)别名黄壁,四川华阳人,是二十八军邓锡侯部的江防军司令黄稳之弟,本人曾任二十八军政治部主任,1933年加入共产党,1952年任四川省人民政府参事室参事。

黄子谷受邀参与办报后,通过他和川军密切关系,报社经常得到二十八军军长邓锡侯的津贴支持,利用邓锡侯和黄稳在重庆的关系,募集到四五万元。由黄子谷、吕一峰、罗绍先、范天笃、冷杰生、李家模组成董事会,黄子谷任董事长,吕一峰任社长,后改由范天笃任社长。同时,报社利用募捐所得,接收了"蔚文"印刷所印刷报纸。

不久,黄子谷又与武汉国民党主办的《国民时报》沟通信息,取得联系,改聘吴自伟担任社长,中共党员杨闇公(中共重庆地委书记)、熊子骏(国民党左派党部秘书)担任主笔。吴自伟担任社长,杨闇公、熊子骏担任主笔后,重庆《四川日报》出现了前所未有的新气象,销路由原400份增至3000份,重庆《四川日报》办得信息量大、生气勃勃,使重庆《四川日报》出现了前所未有的新气象。

1925年,黄子谷将重庆《四川日报》交中共四川省委负责人吴玉章接办,报纸的思想言论更趋革命。吴玉章(1878—1966),四川荣县人,与董必武、徐特立、谢觉哉、林伯渠一起被尊称为"延安五老"。吴玉章从参加同盟会到参加中国共产党,从参加孙中山先生领导的旧民主主义革命到参加中国共产党领导的新民主主义革命、社会主义革命,为社会进步、民族解放和社会主义建设、党的事业奋斗一生。吴玉章是中共六届、七届、八届中央委员。中华人民共和国成立后,被选为第一、二、三届全国人民代表大会常务委员。任中国人民大学校长十七年,兼任国务院文字改革委员会主任、全国教育工会主席、中国自然科学普及协会主席等职。

图59 青年时期的吴玉章 (1878—1966)

1926年,牟炼先担任重庆《四川日报》总编辑,杨闇公、童庸生(共青团重庆地委书记)发展他加入共产党和国民党莲花池省党部党员。他根据吴玉章、杨闇公、童庸生的要求,迅速抓住重庆《四川日报》转向的有利时机,将原有和邓锡侯的关系转为与国民党左派莲花池省党部(实际上是中共重庆地委的公开机构,也是与共产党合作的国民党左派的指挥机关)发生关系,重庆《四川日报》办成了国民党左派和共产党合作的机关报。

1926年,重庆有两个国民党四川省党部,一个是以上海中央党部派的朱叔痴、唐德安、张赤文、黄计宣、陈敬修、谢宝珊、郭云楼、宋绍增、黄季陆等为筹备委员会组成的,设在总土地,即是右派党部;另一个是受命于广东方面的,设立在莲花池,即左派党部,以杨闇公、李筱亭、刘伯承、邓劼刚、熊子骏、

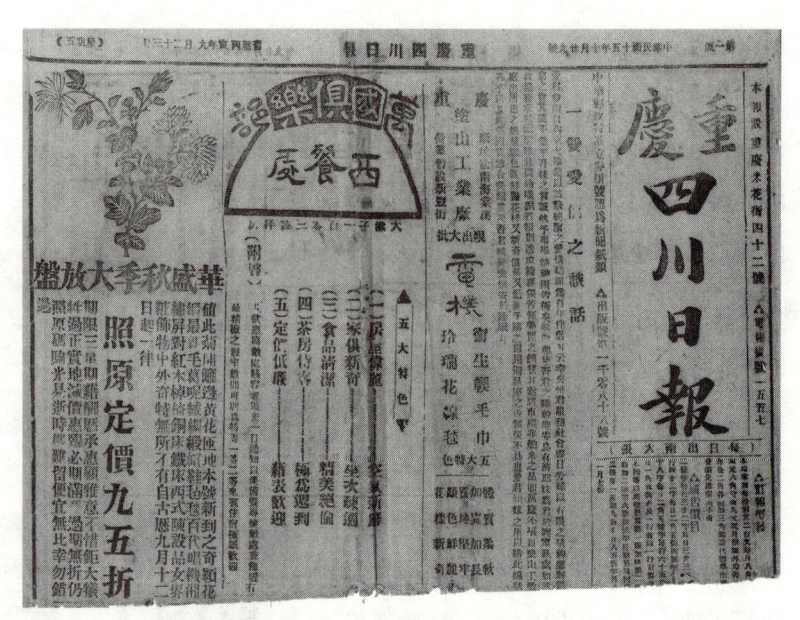

图60　重庆《四川日报》

刘公潜、吴匡时、朱德、杨吉甫为执行委员,向时俊、李嘉仲、傅双无、吴剑秋为监察委员。

新闻内容上,重庆《四川日报》完全按照莲花池省党部的部署,凡是莲花池党部发来的稿件都照登,同时热情讴歌共产党的主张,积极维护莲花池省党部的革命权威,深刻揭露国民党右派和青年党分子的反动行为,革命旗帜鲜明。重庆《四川日报》也宣传革命的三民主义和阐发反帝反封建的主张,如1925年7月14日五版上的部分小标题:"英人真横暴极矣太古轮无辜枪击拨米船"、"渝后援会主张武力对英日"、"渝后援会请当局派兵监视英人"、"救国雪耻之根本方法其速提倡国货"、"除暴安良治军严明"。此外,重庆《四川日报》还积极配合《新蜀报》,一起报道"四二五凶殴案"真相。1926年4月25日,"总土地"雇佣流氓袍哥打伤"莲花池"省党部派上街去作工作宣传的宣传队员,还打伤川东学生联合会主席兼重庆学生联合会主席邓锡畴,引起社会人士公愤。"四二五凶殴案",激起各进步团体一致抗议。重庆《四川日报》及时进行报道,揭露真相,用大篇幅痛打"狮子狗"(国家主义派办有刊物《醒狮》,当时四川人便称他们为"狮子狗")。"总土地"的右派省党部不得不向"莲花池"省党部道歉。萧楚女也曾一度调重庆《四川日报》担任主笔。重庆二女师在实行"严格教育"中,曾逼得一个女生自杀,校方还发出"自杀者开除"的不合理通告,为此报纸写了抨击文章,萧楚女对此专门写文章批评。

1927年"三三一"惨案发生,杨闇公被捕并惨遭杀害,莲花池党部被捣毁,"蔚文"印刷厂被强制没收,牟炼先、吴自伟出逃武汉,重庆《四川日报》也被国民党右派捣毁,不得不停刊。

重庆《四川日报》自1923年创刊到1927年"三三一"惨案发生后停刊,历时三年多的时间。重庆《四川日报》在很长一段时间内,是中国共产党在重庆掌握新闻武器之一,充分发挥舆论导向作用。土地革命时期前后中国共产党中央的机密刊物《中央政治通讯》上曾载有中共重庆市委委员兼团地位书记童庸生向中央报告时说:"就连四川的宣传喉舌《新蜀报》、重庆《四川日报》,表面上是军阀们的官办新闻机构,但两报编辑皆落入我们之手。"体现了"军阀出钱,共产党办报"的特点。

另1936年8月7日重庆曾出版一份同名重庆《四川日报》,对开4版。毛畅熙任董事长,陈远光任社长兼总编辑,主笔蒲剑秋。1937年3月中旬停刊。

17. 长江日报(1924年)

1924年初,卢作孚在重庆创办,宣称"本报立论以拥护正义提倡爱国为主,取材以不分党派,传达真相为准"。1927年初被刘湘封闭。

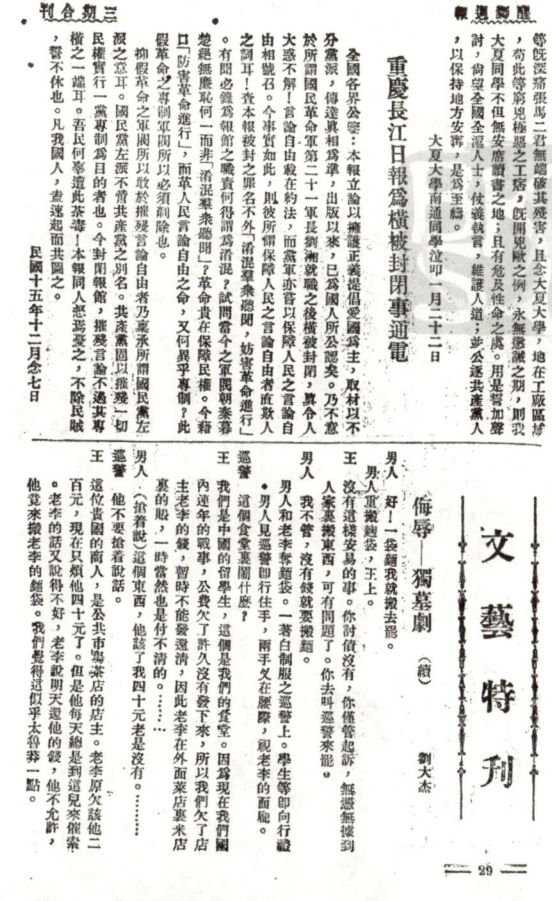

图61 《醒狮周刊》1926年12月第121—123合期刊载的《重庆长江日报为横被封闭事通电》

18. 合力周报(1924年)

1924年1月创刊，每周出版一张，社址在重庆老街。"以发扬民治、宣传文化为宗旨"，反帝反军阀，主张国民革命。创办《合力周报》，就是为了"完完全全作一个自由的人"，"排除地方对自己不正当的支配和侵害。有时力量单薄，须得联合许许多多的同志，来作同一运动，抵抗势力较大的压迫"，"团结起来，将主权收回自己处理"。

该报初创时发行500份，最高达1400份。主笔刘蔚芊，曾在报上抨击张闻天、萧楚女，反对孙中山的三大政策。

图62　《合力周报》第50期首页

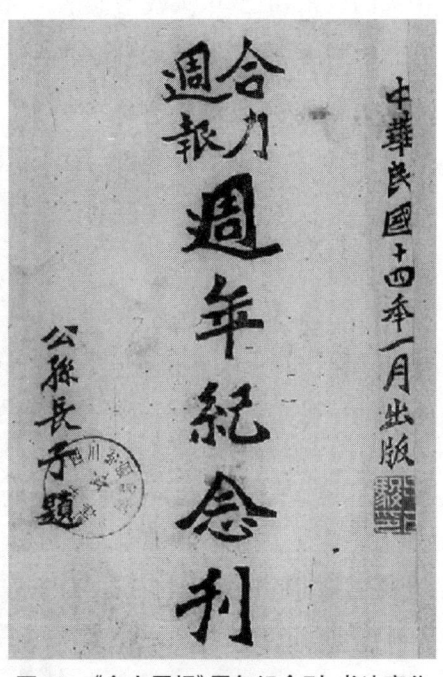

图63　《合力周报》周年纪念刊，书法家公孙长子题写报名

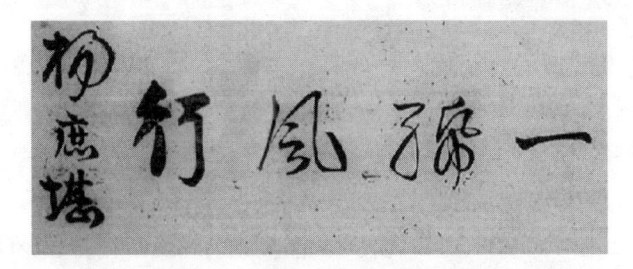

图64　杨庶堪为《合力周报》题写的"一纸风行"

19. 新涪陵报（1926年）

约1926年创刊，在涪陵出版。《新涪声报》停刊以后，共青团涪陵支部负责人鞠雪芹为了反击国民党右派，与周笙竺、杨宏学商量，决定出版《新涪陵报》。周报，4开纸石印。鞠雪芹、周笙竺负责编辑工作，经费由杨宏学、胡孟慈开设的合作书店筹集，社址在涪陵太平街，后迁到龙王庙。

1927年初，重庆地委书记杨闇公派秦治敦到涪陵工作。秦到涪陵后，即参加该报的编辑工作，并以此为公开职业开展党的活动。报纸新闻来源主要是武汉《民国时报》和《新闻简报》的摘要，还经常发表涪陵国民党县党部（左派）主任委员兼农运部长李蔚如（中共党员）的文章。报纸除少数私人订阅外，均赠送各机关、学校，并寄往丰都、长寿、重庆等地。最初发行百余份，后增至二百多份。当时重庆地委曾打算把报社作为川东联络站。不久因"四一二"事件发生，大革命失败，党的活动转入地下，《新涪陵报》停刊。

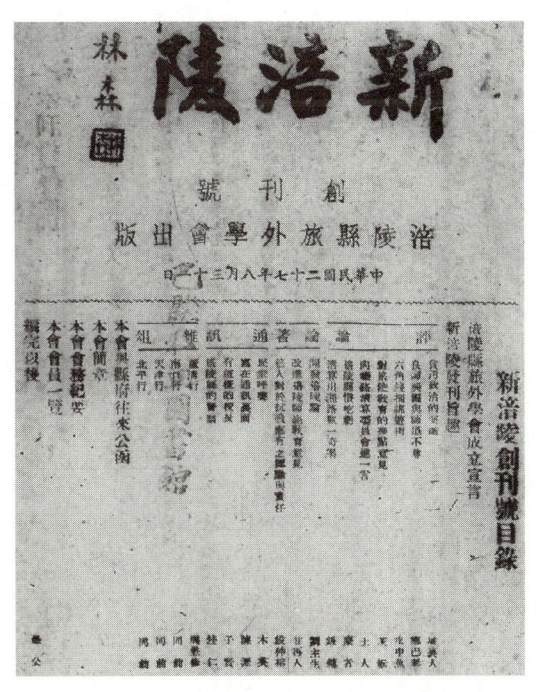

图65 《新涪陵》1938年创刊号目录

另有资料称，秦治敦于1926年9月即受杨闇公派遣到涪陵，并被推举为创办《新涪陵报》的出版负责人。

20. 合川日报（1927年）

1927年创刊，每日一大张，社址在合川瑞山公园内，后迁柏树上街。社长易朝珠，后为刘叔瑜，主笔王君亮、周松云，编辑董国云、胡四孔。该报以"灌输文化及教建防知识"为宗旨，发行约2500份。

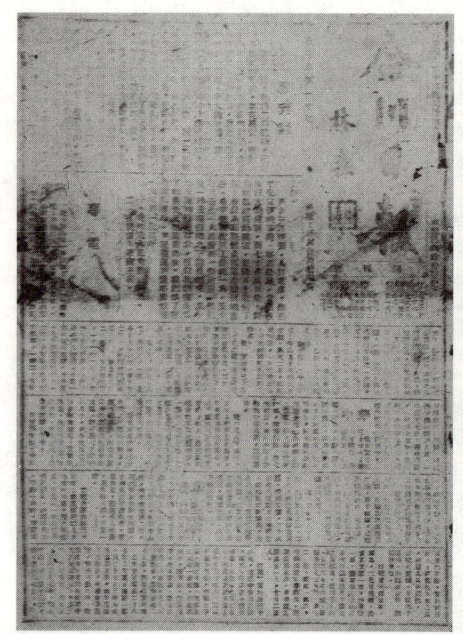

图66　1939年版《合川日报》创刊号　　图67　国民政府主席林森给《合川日报》的题字

另1939年2月1日合川也曾出版过一份《合川日报》。该报是合川县政府机关报，刘叔瑜任社长，黄肇纪任主笔，周远侯任总编辑，罗曦轪主编副刊《火网》，孙开围编第二、三版。自1939年9月起，该报与《大声日报》出联合版，报纸的经理部设在合川日报社，编辑部设在大声日报社，联合版1941年初停刊。《合川日报》继续发行，直至1949年12月终刊。

21. 重庆民报—重庆新民报（1927年）

1927年9月1日创刊，每日出版对开8版，地址为重庆商业场西四街，后迁左营街瞰江旅社内。社长刘翌叔，总编辑傅圣希，主笔程道南，编辑朱笑鸿、葛师孔、潘啸仙、周纪辰，记者陈云夫、龚永涛。1928年6月23日，曾被某餐馆老板率众捣毁，殃及编辑、广告、庶务、发行各部。1929年曾开辟"民众花园"副刊，主持人石江。

1930年9月30日因"蓄意反动"被查封。重庆报协会于10月9日发出宣言说："《重庆民报》因误刊一条党联处的消息，被当局遵奉中央命令封了。……误刊的党联处消息，系根据蓉报所载，编辑一时采稿疏忽，未能详加审核,这倒是不可讳言的。'疏忽致误'绝不是定民报反动的证据。""'疏忽致误'与'蓄意反动'是两个问题,处理也不能一样。"决不能"因一笔之误便告断绝"。

《重庆民报》被查封以后,10月9日改出《重庆新民报》。仍是对开8版,社址在重庆商业场西三街,后迁三圣殿街第4号院内。刊号从1001号算起。

在复刊的《发刊词》中,作者阐述了报名中"新民"之意,"书曰旧染污秽,咸与维新,礼曰大学之道,在明明德,在新民。而生理学家且谓凡一切生物,胥以新陈代谢为其作用,是则新之一字乃革命之含义,乃人类社会之进化律。今请以中华民族言之。民国成立于今十又九年,然而军阀之专横如故,封建思想之坚守如故,社会习惯之因仍悉如故。此何为者?曰组成中华民国者乃中华民国之四万万分子,彼分子而不新其头脑,不新其思想,不新其行动,不新其耳目,换言之,徒具新国之名,而无新民之实。因之分子复杂,团体废坏,狡黠者且盗窃而弄国,纯良者亦遑随而听命。间亦有执笔能书放口欲言者,则檐前椽子,富道必注目其较长之一根,于是舆论危矣,于是杀记者封报馆之不幸现象层出而迭见矣!究其症结,实由于无新民之故。若果中华民族大多数皆——新其头脑,新其思想,新其行动,新其耳目,则新的力量必较大于旧的势力十百千倍。然后言论自由,是非不爽,革命可告成功,三民主义乃得实现于青白旗帜之下。本报之所以定名曰'新民'者此谊是也。"

图68 《重庆民报》第一版

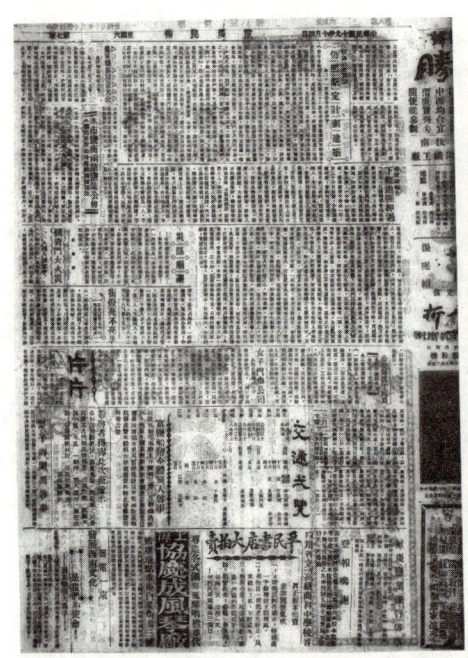

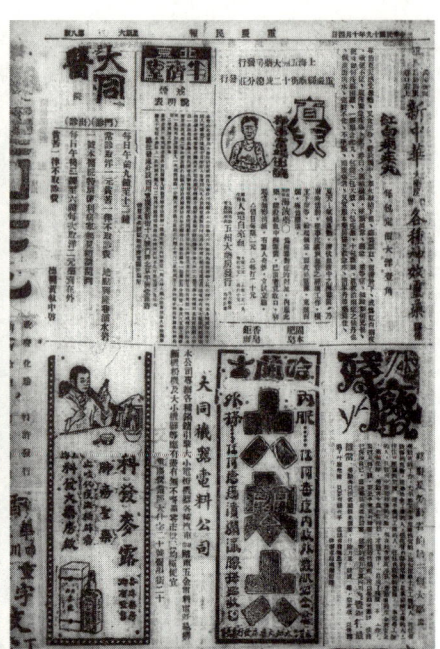

图69 《重庆民报》本地新闻版　　图70 《重庆民报》广告版

1932年3月29日《成都快报》第3版有报道称,"年前刘(翌叔)赴万县任财政局长,即由潘(啸仙)负责。现潘以事务繁多,不能兼顾,有放弃之说。县人石荣廷、李奎安等,当愿接办。闻另组董事会,仍推潘负责一部分,内部略加改组,照常出版。"该报于1933年停刊。

另谭治安、李香龄等人也发起组织过一份同名报纸,1924年10月1日在重庆出版。重庆团学绅商非法会议也曾出版过机关报,1927年5月5日创刊,同年6月7日被国民革命军21军政治部查封。

22. 嘉陵江报—嘉陵江日报—北碚日报(1928年)

1928年3月4日创刊,石印三日刊,8开4版,报头题名位于版面右上角,竖排楷体,同时附出《新生命画报》。报社几经易址,社址初设北碚场关圣庙内,后迁北平路23号,又迁新华路,报纸前后办约20年。

创办人卢作孚自任报社社长主持社务工作。卢作孚早年曾在成都《群报》《川报》担任记者、编辑、主笔,对报纸在建设事业中先导作用体会深刻,故

图71 卢作孚
（1893—1952）

倡导报纸服务社会，服务于民众。卢作孚先生是中国著名的爱国实业家、教育家、社会活动家，也是民生轮船公司（现民生集团的前身）的创办者。他青年时便提出教育救国，并为之奋斗。卢作孚以北碚为基地，从事乡村建设的理论探索和社会实践，这是他通过国家和乡村的现代化建设实现救国理想的手段，卢作孚将所有的社会理想都浓缩到北碚这块土地上，获得成功。

1928年10月《嘉陵江报》改为双日刊，两年后《新生命画报》停刊。1931年1月1日，为顺应扩大发展及谋求经费独立的需要，报纸更名为《嘉陵江日报》，改两日刊为日报，日发行500份。1934年5、6月份，《嘉陵江日报》宣布独立经营，改石印为铅印，日出一中张，8开4版，发行700份，由北碚铅印公司承印。

《嘉陵江报》的发刊文章《介绍嘉陵江》由卢作孚亲自撰写，文章署名为"努力的同人"。发刊词写到，"嘉陵江是经过我们这块地方的一条大河，我们介绍的却是一个小朋友。两天出版一次的一个小报……嘉陵江的命有好长，这个报纸的生命也好长。所以竟叫这个小报也为嘉陵江……简直可以从这个小嘉陵江里面，看穿四川、中国乃至五大洲——全世界……我们很关心各位朋友，家庭好吗？职业好吗？居住的地方好吗？身体健康吗？精神快乐吗？……"[①]发刊词里，卢作孚对《嘉陵江报》的期望可见一斑，另本报的定位也很明确。

为了办一张大众化的报纸，卢作孚对报纸提出6项规定：(1)白话字句很浅，只要读过一两年的书都可以看；(2)编法简要，比看别的报少费时间；(3)新闻丰富，与重庆、成都有名的报纸一样；(4)派人专送，不用邮寄，比报馆迅速（以峡区为限）；(5)有娱乐材料可以消遣；(6)有常识材料可以帮助大家职业和生活。

《嘉陵江日报》的创办任务一开始便很明确，"一是告诉民众应该知道的

---

①《嘉陵江报二十年》转引自《北碚志》，《重庆报史资料》，第五辑。

事；二、帮助民众说出想要说的话。"版面设置上，第一版为国内国际新闻，第二版为地方新闻，另外还设有"余闲"、"随便谈笑"、"专载"和"游记"等各种专栏和专版，报道和评说的范畴广泛内容丰富。

创刊至1934年报纸宣布独立经营前，为《嘉陵江日报》的初创雏形期，版面很少，无论是版面编排还是内容选择都简单随意，缺少特定规划。1931年至1934年7月，报纸几乎被峡区内新闻和峡区事业报告占

图72 《嘉陵江报》

满，值得一提的是1931年"九·一八"事变后，《嘉陵江日报》开辟《倭寇新闻索引》专版。1934年7月后报纸由石印改为铅印后，信息量大增，新闻有明确的栏目名称，上下八栏，分割齐整，其中第三版为专刊和副刊版，一直到1938年3月都保持该状态，这一时期为报纸的探索发展期。1938年3月至1945年11月，是报纸的繁荣活跃期，报纸立足于读者群体，每日改变，发展方向有两个，一个是民众抗日宣传，一个是群众日常生活休闲，信息更多来源于收音机接收到的最新消息。版面安排上有了明显变化，报头在正上方正中位置，左右两端均有报眼。1946至1948年，报纸进入稳定中兴期，报纸报眼的位置替换成报纸订阅和广告价目，一版为整版广告，报纸在版面和内容上较为稳定。①

在采编方针上，《嘉陵江日报》的革新手段除使用语体外，在内容上则反对陈词滥调，着眼于实事求是。对峡区内事业报道上，强调叙述事实，鲜有着眼领导的报道。对国内、省内情况报道，不夸张，耸人听闻。另外一点革新便

---

①高瑜：《基于现代化视野的北碚乡村建设传播实践研究——以〈嘉陵江日报〉为例》，重庆大学2010硕士研究生论文。

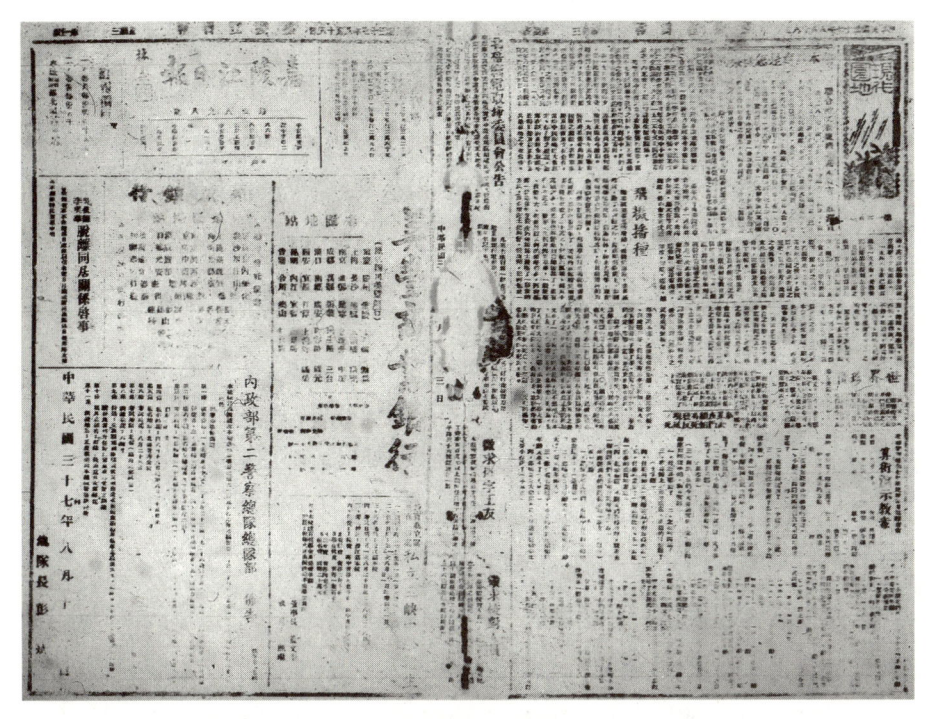

图73 《嘉陵江日报》

是本报支持社会改革的态度鲜明,经常发表一些代表地方政府和革新的小新闻,专门设立"来函照登"和"小先生园地"等栏目鼓励民众参与。

该报实际发行人姓名从未见报,其实"峡防区时期"实际发行人为卢作孚,"乡建实验区到北碚管理局时期"为卢子英。卢作孚被视为北碚的开拓者,而卢子英便是实现卢作孚为北碚设计蓝图的践行者,几十年他们兄弟为北碚人民做出的贡献,有口皆碑。

《嘉陵江日报》除社长卢作孚外,设有主任、编辑及会计各一。20多年里,该报纸的人事变动频繁,历年的主要负责人还有熊宴洁、黄子裳、叶镜涵、李洪兰、汪伦、周叔享、高孟先、罗中典等,加上在该报工作过的编辑、记者,先后总共不到30人。

《嘉陵江日报》初期多为赠阅,极少数人订

图74 卢子英
(1905—1944)

阅本报。当时主要由峡防局安排人分送峡区所辖48场以及在主要的街道张贴。1936年4月峡防区该改组为实验区，发行范围缩小为北碚所属5个乡镇及临近各县。该报的发行量不大，1928年至1929年仅300份，1930年至1939年发行量在400~600份之间，1940年至1942年曾超过1000份，1943年以后逐年下降，由800份降至600份。1940年至1942年间的激增，主要是因为北碚划为陪都的迁建区，号称"陪都中的陪都"，大量机关、单位和学术机构的迁入，本报销量有所提高，发行量增至每日1000份。

《嘉陵江日报》最初由区署统一划拨经费和人员，很长一段时间都入不敷出，难以独立经营，他们的经费除实验区补助外，还有峡区各实业机构的津贴和捐助，而卢作孚的个人魅力和他广泛建立起来的社会关系为大大推动了捐助工作的开展。1930年《嘉陵江日报》开始谋求经费独立，1934年后开始有广告专版，经费上并无太大问题，"三峡煤球厂"曾一度成为《嘉陵江日报》的主要赞助商。除重庆大轰炸时期报纸收入入不敷出，被迫缩减版面，广告量下降，只剩下不到半个版面。虽然从1938年报纸就开始重视订户的作用，但结合报纸的发展来看，广告收入应该是支撑报社的主要渠道。

副刊编辑方面，1937年7月始，报纸由对开一小张改为对开四版，其中第三版为副刊。最早的副刊是排在第三版的《图书馆》（中国西部科学院编辑），主要介绍峡区图书馆情况，仅办三期。当月15日，严格意义上的副刊《现代园地》诞生，介绍现代人如何生活。1938年以后，外来单位增多，报纸无法应对社会的复杂性，编辑为转移视听，增排副刊，最多时副刊达十多种，诸如《北碚青年》（三青团主编）、《国民教育》（管理局教育科编）、《北碚小志》（北碚修志委员会编）、《北碚卫生》、《嘉陵副刊》、《现代园地》、《北碚农民》、《小先生园地》、《农业周刊》，中间临时推出过《夏令卫生特刊》。

1945年11月，《嘉陵江日报》第四版刊载了一则消息：《本报聘请胡弗主持编辑工作》，具体内容为"（本报讯）名画家兼作家胡弗氏，近应本报之聘，主持编辑工作。胡氏已于昨日（二十二日）到职视事"。以此为导火索导致《嘉陵江日报》停刊，且时间长达1年又1个月之久，1944年9月本报曾因整顿社务停刊一个月。究其原因主要是北碚改为三峡乡建实验区和北碚管理局后，

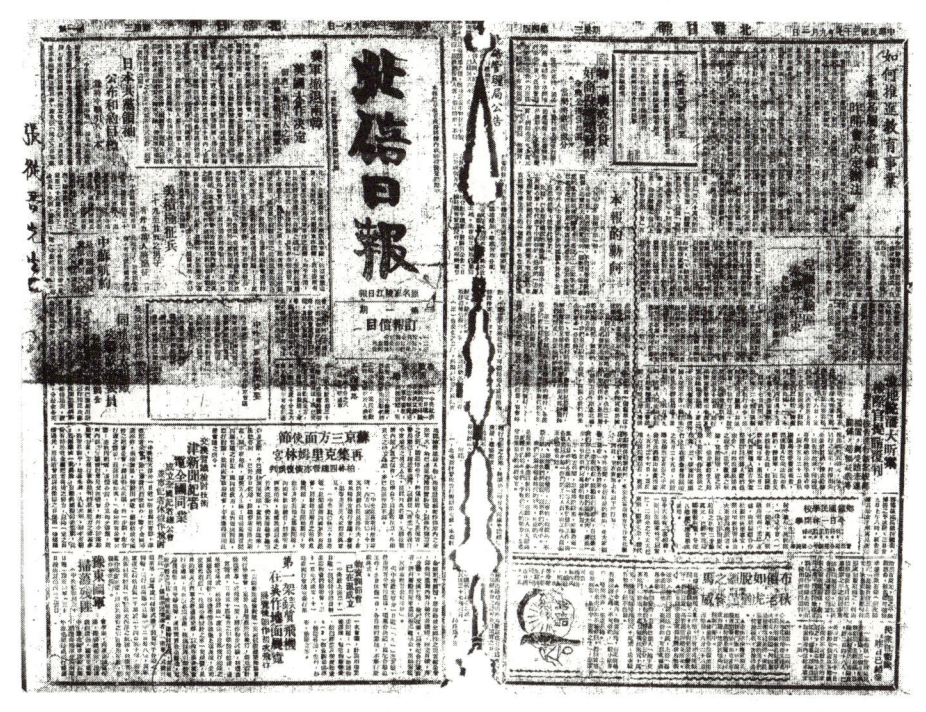

图75 《北碚日报》

报纸由卢子英负责,他起用不少共产党员和进步人士,《嘉陵江日报》的办报方向和政治态度倾向进步。进入《嘉陵江日报》的胡弗,大肆进行反共宣传,报纸销量锐减。卢子英无法掌控局势,便以经费拮据为由出至1946年8月31日(一说为8月30日)第5635号停刊。

1947年11月1日《嘉陵江日报》复刊,复刊后发行量无显著增加,副刊以《现代园地》为主,报纸由陈治谟负责,主编为罗中典,记者广泛采访,内容充实,报纸具备了地方小报的特色。1948年8月18日出至第5898号又停刊。9月1日再复刊并改名为《北碚日报》,到1949年12月15日终刊。该报发行量始终在400至1000份之间,维持出版长达20余年,保存不少史料。

《嘉陵江日报》作为北碚乡建运动中的乡村媒体,提供了一个乡村公共空间平台,为传统农民生活和生产方式向现代化思维转变,尤其是在抗日战争时期,做了很多宣传工作,在启迪民智方面发挥了不容忽视的作用。

23. 重庆晚报(1928年)

1928年10月20日出版,社址在重庆三牌坊,后迁米花街,陈伯坚任发行人。1930年春,陈将报纸转让给他的同学赖健君,由赖申请变更登记,赖本人任发行人兼社长,社址仍在重庆米花街(保安路)酒帮公所。每天出4开4版。

《重庆晚报》内容上经常为刘湘21军、邓锡侯28军、田颂尧29军歌功颂德。三军按月发给报社津贴,因此经费充足。

赖健君接办《重庆晚报》后,主笔陈远光,写"街谈巷议"栏短评,主要是议论重庆市政建设和当天报纸的重要社会新闻。总编辑朱典常,主编第一版;第二版编辑先后有刘苍佛、丁孟牧、邱闻天;外勤记者毛通普、王藏园;"夜之花"副刊主编覃惜田,后覃继陈远光任主笔,副刊主编由刘玉声担任。

该报的特点是每天在第二版有一篇六七百字的"重晚特稿"专栏,写当时重庆形形色色的社会万象,除编辑撰稿外,还聘有特约撰述。副刊的稿件多是投稿和各地通讯员来稿。该报的印刷较好;是由当时重庆设备最好的馀庆印书馆代印。原用新闻纸、抗日战争爆发后,改用嘉乐纸和夹江纸。

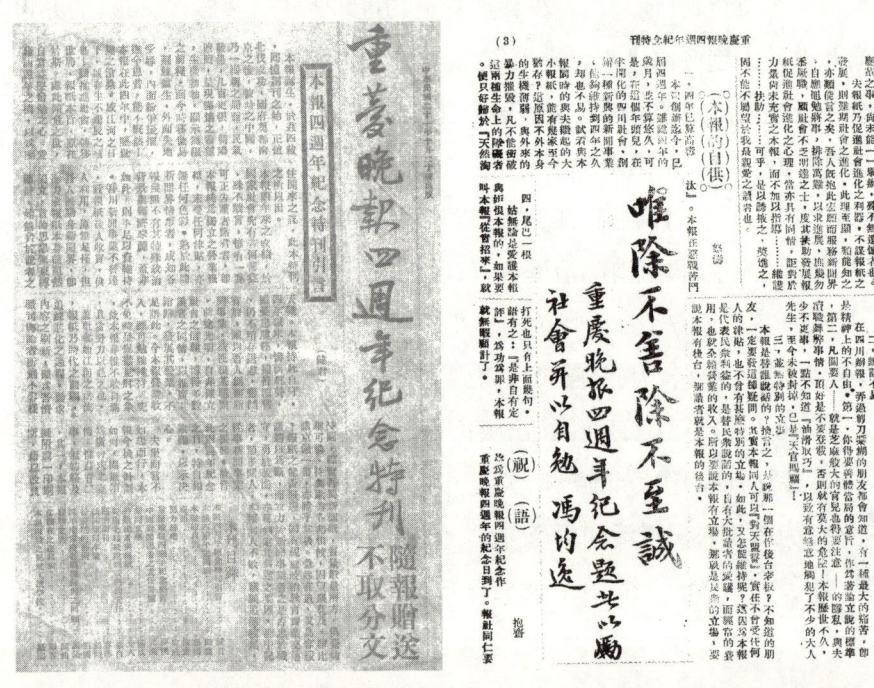

图76 《重庆晚报四周年纪念特刊》　　图77 时任巴县县长冯均逸给《重庆晚报》的题字

该报还办了一所儿童工读学校,招收三四十名儿童,免费就读。书籍、笔墨、纸张全由报社供给,但每个学生每天义务销售10—20份报纸,超额多销部分可得六成的提成奖励。这使得该报连同基本订户每天发行3500份以上,最高时达到4000多份。

《重庆晚报》1933年上半年时还办有一8开"小报",是朱典常创办的综合性周刊。

朱典常任社长兼主编,编辑有覃惜田、刘玉声、丁孟牧。内容短小精悍,偏重新闻性和趣味性,均是报社内的人写稿。由于朱典常与党政头面人物有交往,常有新闻先于各报之前发布。每期还有漫画,用彩色油墨印刷,是大众喜爱的小报,发行量最高时达3500份。后因朱典常事务繁忙,出版不到一年就停刊了。

1935年至1939年间,"重晚特稿"专栏每月在餐馆举行文会一次,由朱典常召集,全体采编人员和特约撰述参加,以联络感情。1939年5月,重庆被日机狂轰滥炸,报社被毁,报纸就此终刊。

另有资料称,陈伯坚的前任社长为南岸市政管理处处长陈星民。

24. 万县日报—万县商埠日报—万县市日报—万州日报—万州日报·川东日报联合版—万州日报·川东日报·川东快报联合版(1929年)

1924年创刊,创办人鲁静渊,4开4版,民营小报纸。

1926年驻万县军阀杨森以"国家主义分子"的名义将鲁静渊逮捕,并接管《万县日报》。当时正值国共第一次合作时期,杨森遂派他的副秘书长中共党员秦正树任《万县日报》社长,秦又聘请中共万县地区党组负责人周伯仕负责编辑工作。该报的新闻大多是从上海、武汉、成都等地报纸上剪摘加以修改,作为本报电讯刊登,每天发行约七八百份。1926年英国军舰炮击万县居民,制造了震惊中外的"九五"惨案。《万县日报》发表文章愤怒声讨帝国主义的暴行,并发动群众组织"反英大同盟",通电全国各报社,揭露英国军舰横行川江,侵犯中国主权,蓄意制造事端的罪行,呼吁"全国人士一致愤起","组织全

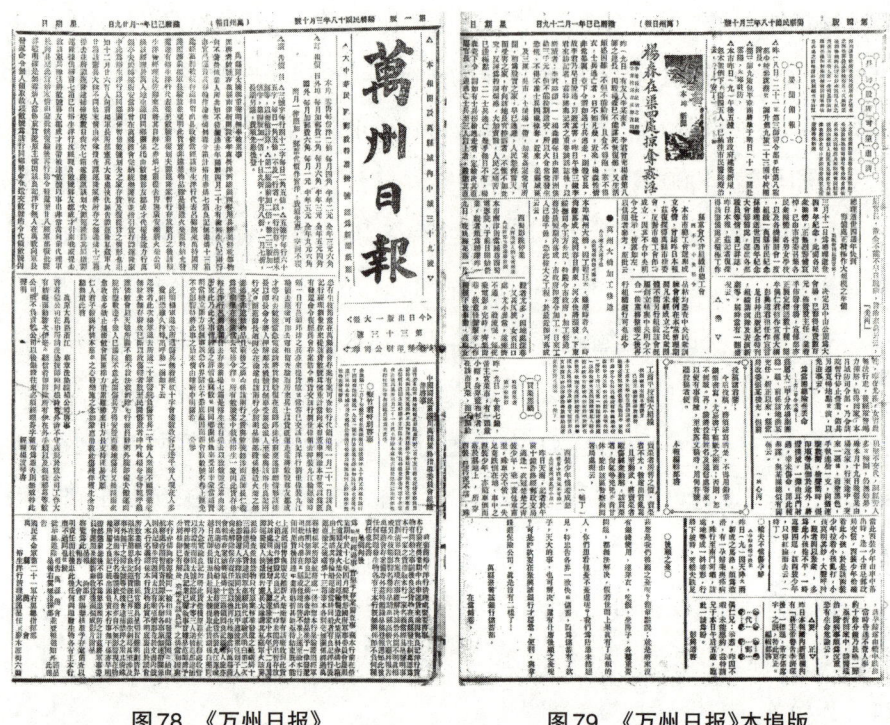

图78 《万州日报》　　图79 《万州日报》本埠版

国抗英大同盟,不购英货,不为英人服役,不供给英人食料,完全对英绝交,收回英人在华内河航行权,取消中英间一切不平等条约,责令赔偿此次生命财产之损失",掀起一股反帝浪潮。

1928年,因川东苏维埃暴动失败,秦正树逃往忠县,报纸被杨森交由他的秘书章锡祥整顿报社。因得到万县商埠局的支持,《万县日报》于6月14日停刊,改名《万县商埠日报》出版。数月后,杨森兵败撤离万州。《万县商埠日报》也在此时停刊。继由万县学术界人王作禹、彭安南、李景星等出面改组,更名为《万县市日报》。

1928年底,刘湘21军第二师师长王陵基进驻万县,接管《万县市日报》,将其易名为《万州日报》,该报于1929年2月6日创刊。每月由万县市财政补贴一千大洋,故该报有"王三师机关报"之称,成为刘湘在下川东地区的喉舌。

报纸出版时对开4版,第一版广告,第二版国际、国内新闻,第三版本省新闻和副刊,第四版本市新闻。发行量在800至1000份,同年7月改为4开3中张12版,到了次年1月,又改为对开两大张8版。报纸创刊时的主要人员有：社长何北衡，总编辑彭兴道，主笔王显舟，经理邹正朝，编辑吴叔英、牟欧平。编辑部地址设在万县中城路万县公立图书馆内，报纸是由石琴印刷厂印刷。报纸用三号老宋字排版，大标题木刻，小标题以及一般消息、本市新闻均用三号老宋字加花框。

到了1929年7月，何北衡调任至重庆航务管理处，在这段期间，报纸掌握在军阀手中，常常借此平台发布反共文章。报社的社长先后由王陵基的表弟、万县市社会局局长陈宦湘及谢明霄、石完成、邓佩如等担任。报纸自同年7月23日起改为4开12版，万县地方人士程伯泉、彭星北以及工商人士牟尊三等人筹资从上海购回圆盘印刷机、4开印刷机以及铜模等印刷设备，以石琴印刷厂为基础，又成立了华盛印务公司。自8月1日起，《万州日报》改由华盛印务公司印刷，并改用大五号老宋字排版。

1930年1月，报纸又改版为对开8版，第一版为广告，第二版国内新闻，第三版国际新闻，第四版、第五版为广告，第六版要闻简报和本省新闻，第七版本市新闻、副刊，第八版广告。其中，副刊版每天都换取版面：星期一"教育周刊"，星期二"卫生周刊"，星期三"万花筒"，星期四"妇女周刊"，星期五"儿童周刊"，星期六"文艺周刊"。

同年6月，21军军部任命谢明霄为万县县长，《万州日报》报社领导更迭。陈宦湘不再兼任社长，10月21日起谢勉生就任该报社长。1932年，王陵基调离万县，报社交由地方人士掌管，绅界、商界推举王作禹任社长，王朴欧任总编辑，程鲁丁任主笔兼经理，编辑有李朋、郭凤笙，记者张元树，并聘请一批访员。商界还推送何梦九、刘荃九负责联系。到了1933年10月，21军独立二旅旅长杨国桢任万县警备司令，并接管《万州日报》，报社的领导班子又发生了调整，委任北京朝阳大学毕业生石完成担任社长，欧洋介光任总编辑，编辑有李朋、欧阳孔绥、程鲁丁。报纸发行约1300份，每月开支1800余元，除广告费和报纸销售的收入外，不足部分由军政当局补贴。

1936年10月，刘湘委任其叔刘光瑜担任万县警备司令兼《万州日报》的社长，刘任他的老师李春雅担任总编辑。李春雅曾经信仰国家主义派，反对共产主义，在大革命末期，与国家主义决裂，声明不再反共。担任《万州日报》

总编辑后,李春雅支持抗日,并先后接纳中共万县县委书记欧阳克明、万县救国会总干事陶敬之为编辑。除此之外,编辑孙慕萍、郭祖烈、杨吉顺均为中共地下党员。抗日战争爆发后,欧阳克明积极主动团结李春雅,由李出面,对编辑部的人员进行了一些撤换,并安排了一些共产党员和进步青年做采编工作,建立了报社支部,这样一来,报纸完全掌握在共产党组织的手中。

由于受到中共地下组织的影响,报纸力求革新,以宣传抗日为主要内容,将报纸由先前的两大张扩版为两大张又一中张,共十个版,发行量增至1800份。到了1937年2月1日以后,日出两大张8个版,新闻容量增多,新闻内容逐渐增多。该报换用四川省政府秘书长邓汉祥题写的报头,并改由万县新成立的瑞华印刷厂用新五号字排版印刷。次年9月,报纸又增加了社论、评论、特约专论、一周战况述评、特写和访问记。第一版由广告改为抗日消息及评论。副刊安排除星期日为文艺外,星期一"大家"、星期二"灯塔"、星期三"妇女园地"、星期四"学生园地"、星期五"店员园地"、星期六"马达"。此外还编辑出版各种纪念专辑,曾举办"万县一日"征文活动。新闻主要发表抗日言论,还转载一些进步的文章,毛泽东的《论持久战》就曾经被转载。报纸的销量一度突破到2000份,成为下川东一家颇有影响力的报纸。

1938年底,冯玉祥以国民政府军事委员会副委员长的身份,从重庆来到万县,接受了《万州日报》的采访,还为该报题写了隶书体报名,从1939年1月1日启用。由于土纸供应不上,报纸从对开8版改为

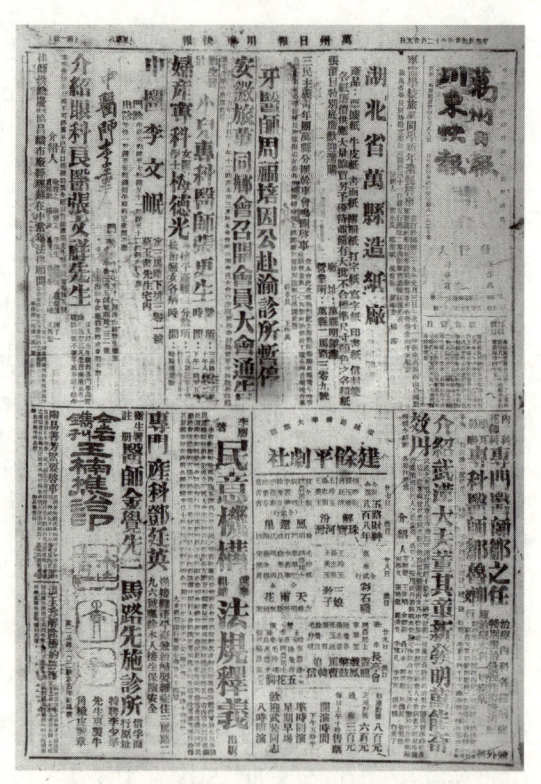

图80 《万州日报川东快报联合版》

对开4版。为躲避日军频繁的轰炸,报社迁到一马路,后又迁到太白岩纯阳洞。这一时期的《万州日报》除宣传抗日之外,还组织各界群众开展抗日活动,报社举办义卖,在印刷工人中秘密发展党员。该报发行遍及下川东及成、渝、宜宾、武汉等地,发行量最高时达五万余份。在李春雅主持笔政时期,报纸名义上是军阀主办,实际上乃是掌握在共产党人的手中,内容上也是主要宣传抗日救国。

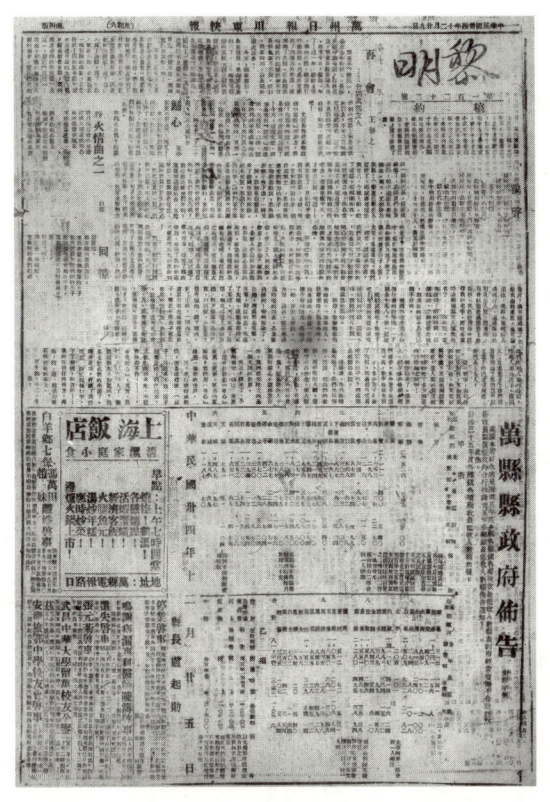

图81 《万州日报川东快报联合版》副刊《黎明》

1939年下半年,国民党加强对舆论的控制,李春雅在这种情况下被迫辞职,刘光瑜派军官陈居奇任社长,警备司令部秘书张士先兼总编辑,主笔为孙幕萍。由于欧阳克明和刘光瑜是同乡,利用这层关系,仍留在社内担任编辑。陈、张二人缺乏办报经验,意见产生分歧,报纸处于停滞状态。三个月后,张士先辞职,刘光瑜又派其侄刘聚源以警备部政训员的身份兼任报社社长。在这段时期,由于编辑部的大权仍掌握在共产党人的手中,报纸的主要内容还是倾向进步的。

抗战中期,四川地方势力遭到国民党当局的排挤。1940年,刘聚源随刘光瑜调离万县。第九行政督察区专员闵永濂支持地方实力派王作禹担任《万州日报》的发行人,姚从化担任总编辑。不过,这段时间的《万州日报》发行量一直处于下降之中,随时有停刊的可能。

1942年期间,当时万县县党部的机关报《川东日报》也处于经费困难之中,于是两报达成联合出版协议,并成立总管理处,由《川东日报》社长秦子健任主任，程树芬为联合办总编辑，秦凯切为主笔，张笑生任采访。《万州日报》发行人王作禹任副主任，姚从化为副总编辑，程齐宣为编辑，邹达夫任采访。《万州日报·川东日报联合版》于1943年11月正式发刊。不过，这次联合并没有解决报纸经费的问题，联合版仍处于停刊的边缘。在这种情况下，联合版又与万县三青团机关报《川东快报》联合出版《万州日报·川东日报川东快报联合版》。自王作禹接办该报到1946年期间，报纸主要是为万县地方士绅服务的，是地方党团斗争、地方各派势力斗争的工具，在当地有较大的影响。

1946年7月，共产党叛徒、国民党特务牟欧平（原名牟偶仁）回万县定居，并组织成立《万州日报》股份有限公司，担任董事长兼主笔，王作禹为发行人。

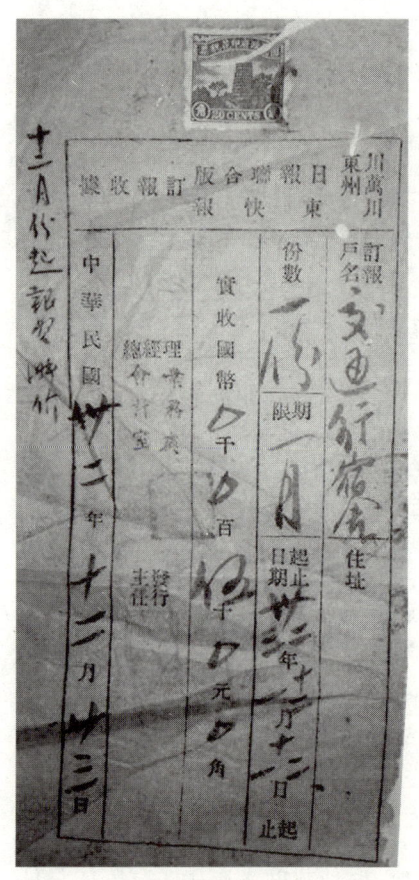

图82 《川东日报万州日报川东快报联合版》收据

1947年之后，王作禹因病休养，牟欧平事实上掌握了报社的人事、经济大权。他以国民党省党部督导员身份先后介绍了报社的几名记者加入特务组织，担任开县、梁平、石柱、忠县、云阳等特委会秘书或情报组长，《万州日报》完全落入了特务的手中，成为反共反人民、大肆迫害报社内进步人士的工具。由于报纸内容反动，到了1949年报纸销量降至800至1000份，为创刊以来的最低谷。万县解放后，1949年12月30日，《万州日报》被勒令停刊。

25. 四川晨报（1929年）

1929年1月10日创刊于成都，4开8版，国民党四川省党务指导委员会主办。同年1月9日的重庆《商务日报》这样介绍道："新省指委吴谈人、徐中齐等人，以省指委会一时不能成立，对于四川党务既不能指导，而于中央德威无以宣传，于是决定办一小报，以发抒其意见。此小报已组织就绪，定名为《四川晨报》，总编辑一职由周开庆担任。"

周开庆，重庆江津人。北平师范大学、中央训练团党政高级班毕业。1927年参加汉口《中央日报》，其后主编湖北《民国日报》，创办《四川晨报》，并历任党务、军队政治工作。

图83　周开庆
(1904—1987)

同年秋天，《四川晨报》随国民党省党务指导委员会迁至重庆，社址在商业场西三街20号，之后又迁至长安寺后街佛学社右侧边，再后迁劝工局街90号，于1931年1月22日复刊。田倬之担任总编辑，龚一维、叶楚材担任编辑，陈立夫题写报名。对开8版，第一、四、五版为广告，其他各版刊载国内外新闻、本省新闻。言论版包括社论、时论、小言论。副刊版设有"晨光"、"国际"、"友声"等，多为文艺性内容。发行量由初刊时几百份增至两千余份。

报纸于1933年5月3日第二版发表题为《今后本报的态度》的社论，并强调，"今后本报的言论，当从积极的建议方向进行，而不愿为消极的空论。"1934年9月，与《东方夜报》合并，报纸仍保留《四川晨报》一名，原《四川晨报》经理周开庆和《东方夜报》社长曾述道二人担任主笔。经理为曾剑鸣，编辑主任为李伯鸣。

1934年末，刘湘担任四川省政府主席，由重庆移驻成都，国民党四川省党务指导委员会也随之迁至成都。《四川晨报》1935年在重庆停刊。

26. 铜梁民报(1929年)

1929年1月，由当地驻军旅长游广居令铜梁县长张开运(子文)创办，同时兼任社长，编辑为周景陶，录事为邓洪畴、陈学圣。先为周报，石印，4开4版。辟有《国内外时事》《县内新闻简讯》《社会评论》等栏目。后改为三日刊，1930年更名为《铜梁政务公报》，内容包括军政、县政、司法、教育、建设、财政、

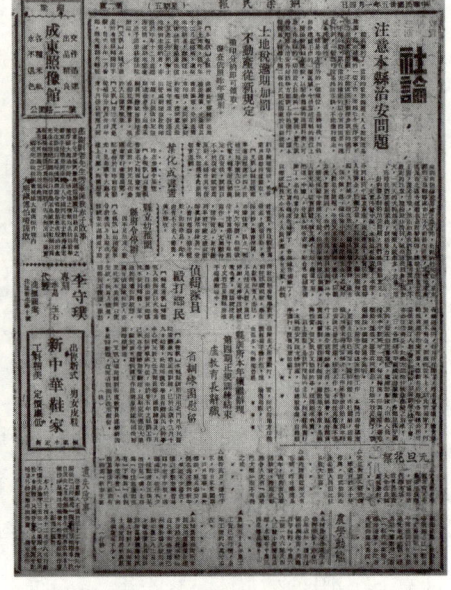

图84 《铜梁民报》   图85 《铜梁民报》社论

公安、团务、特载等。1931年因游广居部撤离铜梁而停刊。

1945年,国民党铜梁县党部筹办地方报纸,几经计议,决定仍名《铜梁民报》,由铜梁县参议会出面主办,并建立了铜梁民报社,社址设在县参议会内。报社开支由县财政拨款。县参议长刘代芹兼任报社社长,委国民党县党部秘书长黄承曦任主编,先后聘请黄定文、雷汝维、田乐为采编或特约撰稿人,还在全县各乡、镇聘了通讯采访员一人。报纸发行人雷筱龙。1945年12月13日,由巴川印务局承印,出版了《铜梁民报》第一期,四开四版,周刊。辟有《国内外时事》《本县新闻》《经济短波》等栏目,并刊登广告。从1946年4月17日第19期起,改为三日刊。1948年春,因县财政据拮,无法支持报社开支而停刊。

另有资料称,1939年4月1日还曾出版一份同名报纸,具体情况不详。

27. 新社会日报(1929年)

1929年4月1日创刊,是中共四川省委军委主办的报纸。另有一说是中共四川省委和川东特委联合主办的进步报刊,是中国共产党在重庆出版的一份有较大影响的进步报刊。

《新社会日报》主办人张志和（1894—1975）原名清平，字志和，1914年入保定陆军军官学校二期，1916年毕业。1921年离川前往北京清河镇陆军第一预备学校学习，与刘文辉、邓锡侯是同学。历任连、营、团长。1925年应刘文辉邀请担任川军总司令部参谋，执掌刘的机要。创办《新社会日报》时张志和公开身份是川军第24军刘文辉部的师长，实系中共地下党员。

《新社会日报》社长兼总编辑是罗承烈，罗承烈

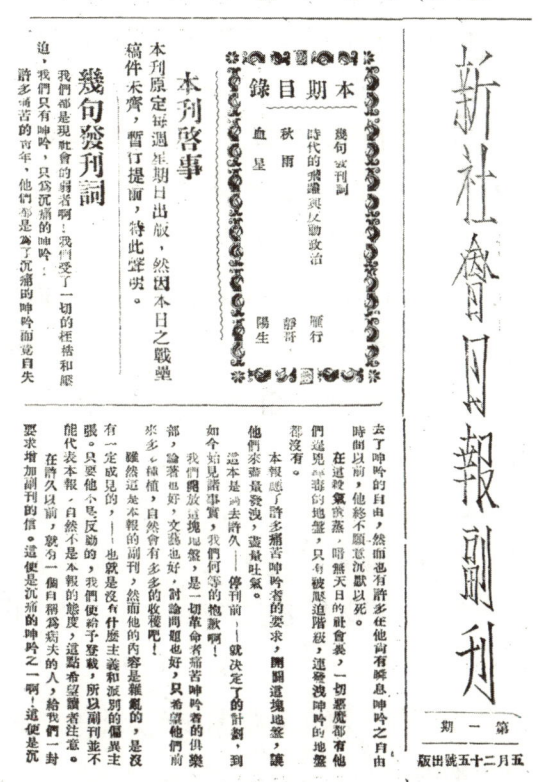

图86 《新社会日报副刊：光明周刊》1929年第1期

（1899—1989），重庆涪陵人，1922年毕业于中国大学政治经济系。曾任川军刘文辉部军部秘书、重庆《新民报》总主笔，国民党四川省政府参议会参议员。中华人民共和国成立后，历任西南军政委员会文教委员会委员，四川省教育厅副厅长、省第三至五届政协副主席，民革中央常委、四川省委副主任委员。是第三、五、六届全国人大代表。

《新社会日报》宣传内容，着重反帝、反封建、反军阀，揭露腐朽黑暗统治，强调对青年学生和一般市民进行宣传。社址在商业场新大街一号，日出对开报纸两张，由商务日报印刷厂代印。

发行方面，《新社会日报》因为深受群众的欢迎和支持，创刊之初就有较大的发行量，"除各处函索购买外，每日尚可捆售一千数百份，实为渝报界未有之现象。"另有资料称，最初计划每天出两千份，后来扩大到五千份，仍供不

应求。

在版面设计上,《新社会日报》美化版面,排版新颖醒目。采访部主任罗静予还亲自用仿宋字体书写标题(当时重庆尚无仿宋字铜模可供浇铸),木版雕刻,还特约上海、汉口专电,扩充新闻来源,重视体育新闻。另外,还辟有《新社会日报》副刊《战垒》和反映妇女问题的周刊,使它"在一般腐朽的新闻市场中,这算是辟出一个巨大的新纪元"。

报纸发刊后,按照报纸在创刊宣言中声明提出的要"抱着大无畏的精神,站在时代的前头",成为"被压迫民众痛苦呼援的总机关"精神办报,猛烈抨击蒋介石集团的劣迹,还向国家主义派展开斗争,这也引起了当局的注意。当时蒋介石曾派他的"十三太保"之一的曾扩情到重庆拉拢四川军阀刘湘,某些政客趋之若鹜,赠其四川特产绣花被面,《新社会日报》以《绣花被面的曾特派员》为题加以揭露讽刺,引发曾的极度不满。1929年5月13日国民党中央秘书处专门发函要求查封《新社会日报》,"据中央宣传部呈称:查四川省《新社会日报》本年四月二十三日、二十四、二十五等日,满篇记载公然诋毁党国,侮谩中央委员,且复造作蜚语,希图分化革命势力,显是反动分子刊发之报纸。"报纸被迫停刊。

停刊后,读者纷纷要求《新社会日报》复刊。重庆市总工会专门提出三项援助办法:一、发出宣言,援助该报复刊;二、电蒋介石不能无故摧残舆论;三、联合各界向刘甫澄(刘湘)请愿。此时刘文辉致电罗承烈要求"兼程赴省,有要事相嘱",罗随即离开报社。在各方声援下,《新社会日报》在停刊18天后,于5月20日复刊。复刊行为仍旧引发当局不满。国民党中央秘书处1929年6月13日再次发函要求查封《新社会日报》,"查重庆《新社会日报》,言论悖谬,诋毁中央委员,迭经呈请钧会函致国民政府令饬四川省政府查封该报,并拘捕主持人罗成烈在案。兹据确息及《重庆民报》载称:该报于五月二十日复版,并发表宣言,肆意诋毁中央,宣称'让统治阶级说复刊的《新社会日报》比过去还要反动些'等语。查该报……竟敢抗命复刊,复妄出谰言,诋毁党国,实属反动已极。"再次电令地方当局"严行查封该报,并惩处其主持人"。6月25日,重庆公安局以"蓄意挑拨多混淆视听"的罪名,再次查封报纸。

《新社会日报》出版时间不长,仅有两个多月,但影响却很大。有评论说,"(该报)在暮气沉沉的社会中,别开生面,独树一帜,似有皎士不群之慨。"《新社会日报》的《复刊宣言》中也表示:"本着过去奋斗的精神,继续向敌人冲去。

28. 新开县—开县公报—开县新闻—新开县报(1929年)

《新开县报》是中国国民党四川省开县执行委员会的机关报,是开县历年创办的《新开县》《开县公报》《开县通讯》和《开县新闻》等报改组更名而来。

最早的《新开县》,创刊于1929年,社址在开县内西街模范学校内。为石印三日刊,每期四开四版,开县维新图书石印局印。

1932年5月改名为《开县公报》,石印,4开4版,三日刊,社址在开县民众教育馆内。该报受国民党开县执委会领导。并由执委会干事魏宇白兼任总编辑。

1940年9月18日,开县国民党县党部将《开县公报》改名为《开县新闻》,仍为石印,8开2版,逢双日出版。1943年又改为三日刊,逢三、六、九出一小张,发行人潘化成,编辑主任杨艺乙,外勤记者吕公望。社址在开县内西街文庙,后迁开县外西街县党部内。

《新开县报》是由《开县新闻》改组更名而来,于1944年2月19日创刊,社址在开县外西街县党部内。《新开县报》的主要任务是宣传三民主义,传达国家政

图87 《新开县》

令，反映全国情况，报导地方消息，并以"宣传正确民意，判断实际是非，使中枢国策树大信于民间，社会实情得上闻于政府"为其宗旨。当时开县县长刘炳中任该报名誉社长，县党部书记长唐荣浦任社长兼发行人，三青团干事长彭九渊及唐定伯任副社长，由肖洪九、张没白、陈宝田、王世芬、潘化成、李叔康、刘聚星、韦安之等九人组成社务委员会。社务委员会下设编辑部和经理部。

该报为石印三日刊，逢一、四、七出报，四开四版。四个版面的大致内容是：一版社论，国内外重要新闻，二版小言及县内新闻，三版地方消息及副刊、特刊，四版公布代令、启事、广告等。两版均以地方新闻为主，有时一版也刊登一些国内外时事，二版也组编一些副刊。

《新开县报》没有基金，也无财政拨软，全凭销售报纸，以报养报。1948年10月7日起，因经费困难，精减人员，改出一小张，八开两版，以刊登地方新闻为主，每期发行一千份。1949年12月4日终刊。

29. 江北县政半周刊—江北县政月刊—江北县县政府公报（1929年）

《江北县政半周刊》约1929年秋创办，创办人为江北县时任县长王伯安。1934年5月31日改名为《江北县政月刊》，新闻纸铅印，16开本，月刊编辑处编印。编辑内容包括法规、公牍、专载、清共、附载等，前后共出版19

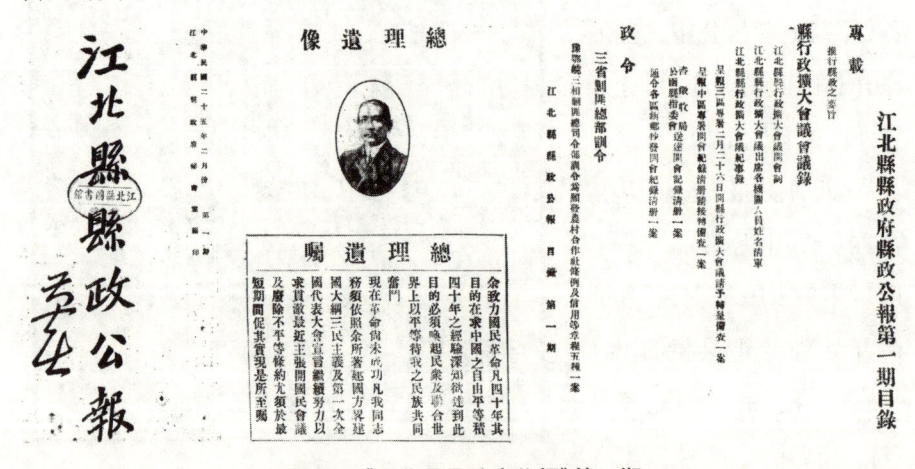

图88 《江北县县政府公报》第一期

期。1936年2月26日改名为《江北县县政府公报》出版，江北县政府秘书室编撰。内容有命令、论说、法规、公牍等。期数另起，1936年11月为第1卷第1期，1937年时仍从1卷1期编号。

30. 四川盐务日报（1930年）

1930年11月18日在重庆创刊，由四川盐务总局编辑出版，"藉以报告盐务消息，引起各方热心改良川盐人士宏文伟著，贡献邦人，协力研究"。每日出一中张，由盐业公会聘请《团悟日报》的前主笔萧大荣主办，社址在重庆市陕西街余家巷，第一、四版为广告，第二、三版为国内外和市内外新闻。通常情况下，每期都有盐业消息。

另外四川盐运使署1917年7月在重庆还出版有一份《四川盐务公报》，内容分图画、命令、法规、部署公牍、本署公牍、表册、杂录共七类。1927年后停刊。

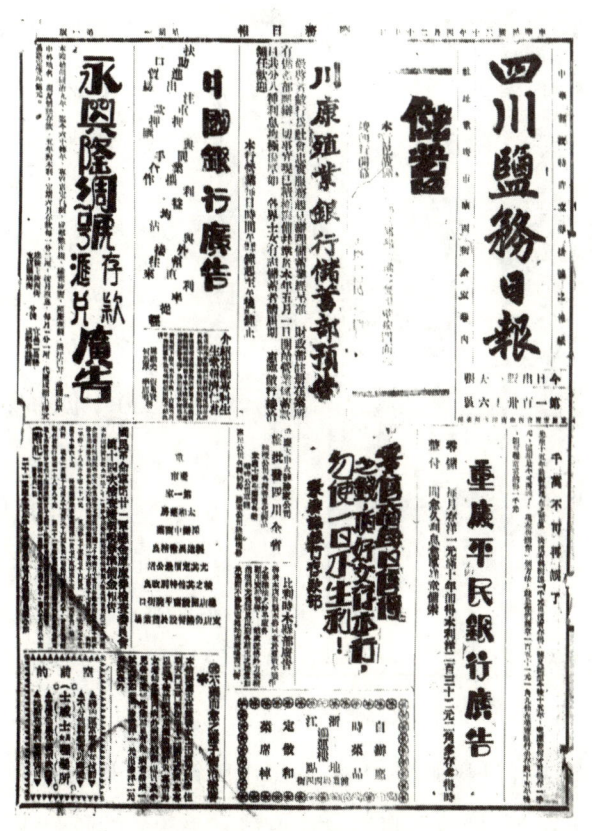

图89 《四川盐务日报》

31. 巴蜀日报(1929年)

图90 王缵绪(1886—1960)

1929年11月21日在重庆市创刊,主要创办人为刘湘部21军师长王缵绪。以后,他又邀请唐式遵、潘文华、范绍增几位师长共同出资办报。创刊前期,报纸的经费较为充足。王、潘、唐、范每月各出资280元用于报纸的各项支出。

王缵绪(1885—1960)字治易,别号至园居士,四川西充人,生于1885年5月9日。幼年受业于举人,考取秀才。爱好收藏,喜好书法,善作绝律。曾参加辛亥革命和"四川保路同志军"。1908年考入四川陆军速成学堂,与刘湘、杨森同窗。毕业后从事军政40年,先后任排长、连长、营长、团长、旅长、师长、军长,1928年任四川盐运使兼四川盐运缉私局长;1929年11月在重庆创办《巴蜀日报》,1930年创办重庆私立巴蜀学校。

图91 《巴蜀日报》的副刊《巴蜀副刊》

报社的总编辑是黄绶(元贡),编辑为蒋阆仙、邓宰平、江疑九、何效华,主笔为江子愚、罗一龙、王国源,经理郭松年。原社址在商业场西三街,后来迁址杨柳街72号,报纸出版每天对开八版,除了出版新闻,还刊载副刊,并特设"盐政消息"一栏,专载有关盐务的政令或消息。创刊初期社论不多,但常有短评。消息采用专电和通讯社稿,或转载外地报纸,也有特约通讯和访员投稿。大约一年后,黄元贲到外地任盐务官,熊介藩继任总编辑。熊继任后,对新闻办报既不了解也没兴趣,他原是留学德国的兵工专家,在报社拖了一年多后卸任。恰逢黄元贲盐务官一职卸任,又重返了《巴蜀日报》任总编辑。

报纸在创办初期时常有短评,但是社论并不多。消息内容上采用通讯社稿和专电,有时也会转载外地报纸的内容,或是通过访员和特约通讯员的投稿。该报的特色之处就在于它设有《盐政消息》一栏,刊载有关盐务消息的相关新闻和政令,在盐业界有着很多的受众人群。

1930年初,报纸言论触犯当局,国民党中央秘书处在当年2月14日专门致函要求查封《巴蜀日报》,并认为该报"乘机潜伏,极尽诋毁煽惑之能事"。

1931年"九一八"事变后,《巴蜀日报》加强了对抗日内容的宣传。担任主笔的罗一龙自筹费用北上抗日。报社拟聘原《团悟日报》主笔王鳌溪先生担任主笔。但王由于言论触犯当局,被迫离开重庆,未能就任。报社又改聘万县邹文奎担任主笔,邹是中共地下党员,言辞犀利,切中时弊,由其担任报社主笔。一年多以后,邹不幸被叛徒告密被捕,判刑三年。为了营救邹,报社多方营救,可惜未果,但报社仍然将薪水定期送至监

图92 《巴蜀日报》

狱。报社后又聘请当时在上海活动的老报人毛一波任主笔。毛在重庆每天都撰写社论，其内容大多都是宣传抗日的题材，也有对当时政治时局的批评意见。到了1933年初，报社购收音机一部，可直接收听中外各地的重要消息，时为重庆第一家安装无线电设备的报社。

《巴蜀日报》的出版过程一直较为顺利，但后期由于出资办报人觉得报纸并未能带来多大的好处，在一定程度上还存在着一定的经济压力，到了后来只有王缵绪、潘文华还按月出资。最后王的份额改为重庆盐业公会每月支付500元，潘的那一部分也难以按时支付了。再加上报纸自身经营出现困难，广告收入微薄，报纸销路不畅，难以维持运营。为了挽救报纸，王缵绪曾想与刘湘部的另外一位师长鲜英出资创办的《新蜀报》合并，以此来解决残局，但最终无疾而终。《巴蜀日报》勉强拖到了1934年春节停刊，前后共出版了四年零三个月。

32. 璧山县县府公报（1930年）

由璧山县政府于1930年8月主办，半月刊，主要内容是法令、训令、会议、公文。第一、二合期上有"发刊词"，表明该报出版的目的是"政府办理一切政务，也应随时报告群众……为了打倒'民可使由之不可使知之'的旧口号，引导人民行使直接民权"。川军师长陈鼎勋撰写了创刊纪念祝文。

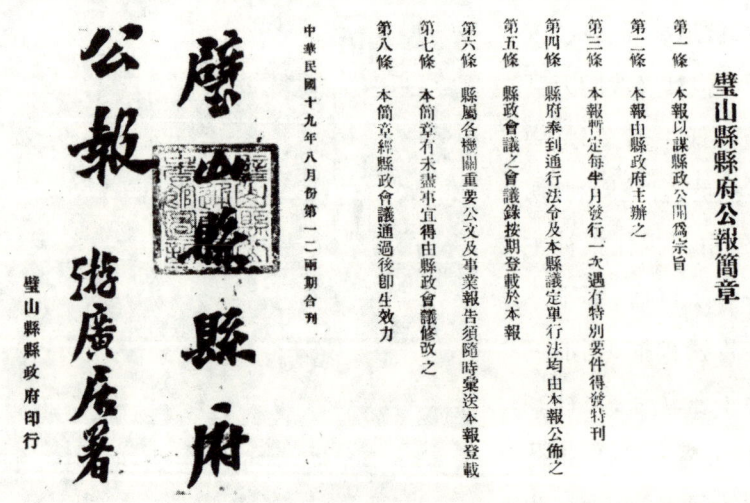

图93 《璧山县县府公报》

33. 涪陵民报（1930年）

国民党涪陵县党部的机关报。1930年10月创办，社址原在涪陵县党部内，后改为涪陵文庙内。石印，4开4版。第一版国际新闻，第二版国内新闻，第三版国内新闻及本县新闻，第四版副刊，有时第三、四版均为副刊。该报副刊较多，先后出有《民报副刊》《白塔》《晨钟周刊》《夜灯周刊》《课余月刊》，均为文艺性副刊。另外还有《女声》旬刊，号召妇女起来抗日，《波爱石》（Boys）儿童副刊，以及反映学生生活的《学生生活》。该报为间日刊。1933年夏，因"创办者不力，而经费来源罄绝，无形瓦解"经费困难停刊两月，复刊不久即改为三日刊。1935年7月1日又改为间日刊。同年10月10日改组，国民党县党部专员杨启霖任社长，总编辑李中庸，编辑蒲师竹、魏向坰，经理向柏龄。1936年3月13日第820号第一版刊登"本报停刊启事"："因改组内部，自15日起暂行停刊。"

另有资料称，该报于1936年3月12日立案，并领有内政部警字第7466号登记证，社长李中庸，编辑蒲师竹、刘砚一、张楚伧。至1942年9月停刊；1943年1月10日复刊，后又因"印刷问题未得解决暂停"；1935年6月21日再度复刊，直至1949年11月终刊。该报是解放前涪陵出版时间最长的报纸。

图94 《涪陵民报》

34. 商舆捷报——四川晚报（1930年）

1930年11月创刊，每日出一中张。赵暮归、叶楚材等主办。1931年1月，"为顺应时势，大事刷新，于年假期间内容完全改组，每日仍出版一中张，所有内容务求精当。推定聂佛鸿在筹备期间负责主办一切"。

改组后更名为《四川晚报》，社址在重庆劝工局街105号，社长兼总编辑叶楚材。1934年8月14日，重庆警备部以"捏造事实，有伤风化"为由查封该报。重庆报界协会开临时会进行援助，并派出代表陈明事实真相，才得以启封继续出版。1935年时，发行量约1000份。1936年4月3日重庆新闻编译社报道说：该报"为改进报面，充实内容起见，已于昨日更改版式。中外栏内，每日增刊'匕首'短评文一项；本省栏内，每日增'吗啡针'数行；副刊栏内，亦增刊短小而且新奇有趣之作品。已增聘陈德乘担任董事，刘铸凡总主笔，陈德尊、吕次文任编辑，刘玉生任特约记者，并增约本省市特约访问"。约1937年停刊。

另重庆约在1931年上半年出版一份同名报纸，1935年8月曾进行改组，

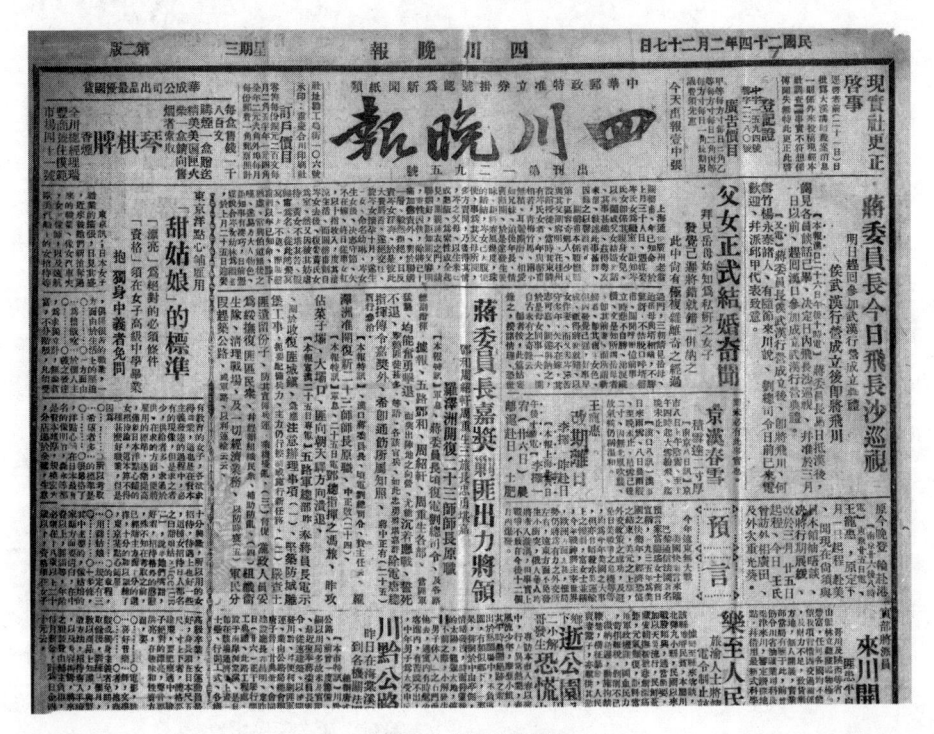

图95 《四川晚报》

毛畅熙代理社长,赵慕归为总编辑,编辑刘铸凡,主笔蒲剑秋、陈远光、冯雪樵。

35. 济川公报(1931年)

1931年,四川军阀、21军军长刘湘为巩固自身势力,在自己的军队系统中以提倡"武德"为名,建立起核心组织"武德励进会"(也有资料显示是"武德学友会"),将全军所有的军官都纳入"武德励进会",刘湘亲自担任会长。为控制舆论统治四川,当年的1月11日,该会以"对川事有利,为川民有福"为名,在重庆创办了《济川公报》。

图96 刘湘(1888—1938)

《济川公报》社址设在重庆公园路,社长由21军第一师副师长彭光琦担任,聘请军部高等顾问郭澄坞担任总编辑,编辑有赵慕归、胡善权等人。报纸日刊两大张8版,文字竖排印刷,第一版为广告。报纸的内容分为社论、时评、电讯、国内要闻、国际要闻、本省政情、社会现状、武学求新、文艺奏雅、评论等10个栏目。后又增加《济川副刊》《公众话刊》《毛锥子》,副刊多由爱好文学之青年写作。该报主要由合川印刷社、启文印刷局承印,报纸印数一般

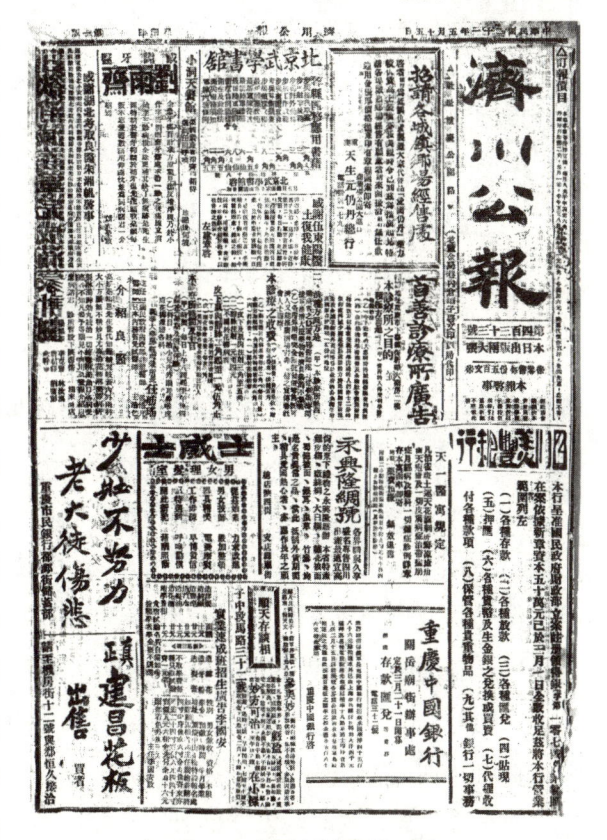

图97 《济川公报》第一版

图98 《济川公报》有关抗战新闻的报道

在2000份左右,印数最高时达到3600多份。为了在军中扩大舆论影响,该报在很长一段时间内对部队多系赠阅。

报纸在创刊初期,正值刘文辉刘湘叔侄争霸四川之时,由于得到蒋介石的支持,刘湘打败刘文辉称霸四川。《济川公报》对此事大幅报道,宣传二十一军的战绩,为之呐喊鼓气,该报成为了鼓吹刘湘政治合法化以及配合其军事行动的宣传喉舌。该报当时主要是免费发送到各部队营地,在社会上的销量并不多,内容上也不外乎宣传刘湘的文治武功,新闻报道侧重于军事,尤其是刘湘的战绩消息,并刊载在显要位置。

1934年后,中央势力渗入四川,严重影响刘湘在四川的统治,《济川公报》以"妥善处理中央和地方的关系"为编辑方针,凡是不利于刘湘的消息不发。抗战爆发后,刘湘与《济川公报》重心转到抗日救亡上来。随着刘湘担任四川省主席,该报也改组成为省政府机关报,省政府秘书长邓汉祥继任社长。

1936年7月14日的改版社论写道:"本报的历史使命,在发扬'武德',当年以此义相期许者。所谓'武德',亦须立于国家利益的基点上,发挥民族道德。本报同人愿以数年辛苦之收获,作全川民众播音公器。上下同心,共赴一的,以期负'济川'之实,无忝'公报'之名。"改版后的《济川公报》几乎每天都在报纸的第一版上刊载一篇宣传抗日的社论,约占版面的1/4。经费由省政府供给。

抗日战争爆发后,《济川公报》发表了许多文章和言论支持抗日。1937年8月25日,刘湘亲自率军出川抗日,该报对此大造声势。但次年1月20日刘湘在汉口病逝,在刘的遗物中发现所留遗嘱,仍勉励出征的川军。《济川公报》在1938年1月21日的要闻版上刊载了遗嘱全文。称:"余此次奉命出师抗日,志在躬赴前敌,为民族争生存,为四川争光荣,以尽军人之天职,不意宿病复发,未竟所愿。今后惟希我全国军民,在中央政府及最高领袖蒋委员长领导之下,继续抗战到底。尤望我川中袍泽,一本此志,始终不渝。即敌军一日不退出国境,川军则一日誓不还乡,以争取抗战最后之胜利,以求达我中华民族独立自由之目的"。

之后,王缵绪继任四川省主席,对实际主持政务仍代表四川地方势力的省府秘书长邓汉祥有成见,遂取消省政府给报社的拨款。虽经邓多方筹借,报社勉强维持了一段时间,但最终仍因入不敷出,于1939年3月停刊。另有资料称1939年5月下旬,日机轰炸重庆,《济川公报》损失严重,后拟迁小龙坎新址建馆未果,故停刊。

《济川公报》在出

图99 《济川公报》有关日本方面的报道

版的8年时间里,后期能够顺应时代,为抗日斗争奉献自己的舆论力量,鲜明地提出"保卫中国领土之完整","准备牺牲,争取我们的民族生存,保卫我们国家的安全"。在"毛锥子"专栏中,它针砭时弊,批评报道一些社会的阴暗面,表达了一定的正义感。在《济川副刊》中还设有"公众话匣"、"毛锥子"小栏。其他还有各种专栏,如《小贡献》旬刊,《野茨》三日刊,《无名》旬刊,《孩语》周刊等,报纸反映了该段时期内四川的政治状况。

36. 大江日报(1932年)

《大江日报》在1932年12月21日创刊于重庆公园路19号,报纸每天出对开8版,共5种副刊,期发量2500余份。社长李星枢,总编辑聂佛鸿,主笔叶楚材,主要的编辑人员还有聂智先、黄干卿、刁知惑、陈定宇。

《大江日报》创刊初期,每月可以得到来自江津粮税项下的附加经费500元,而后由于江津人民的反对,一年以后被停拨。1934年6月,经社长李星枢多方活动,又一次性从江津县政府申请到4400元的拨款作为办报经费。

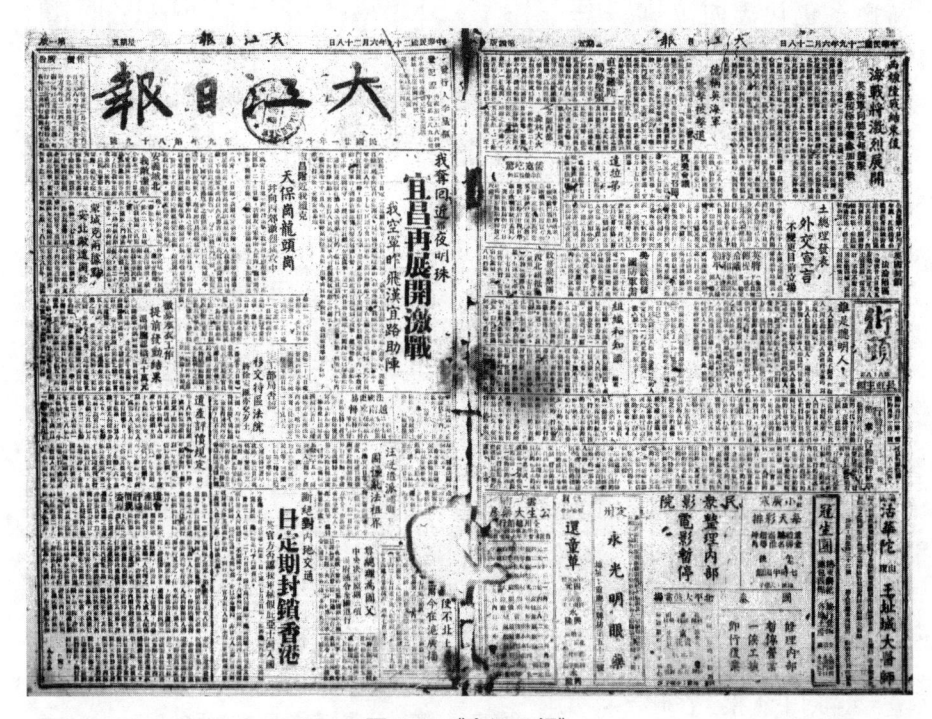

图100 《大江日报》

该报初为对开8版,1935年4月缩减篇幅一半,1936年4月又恢复两大张,后又因印刷障碍而停刊。1939年4月1日正式复刊,出版"第九年第一号",改为四开四版。根据现有资料,最后一期报纸为1940年6月28日出版的"第九年第89号"。另有资料显示终刊日期为1938年6月。

抗战期间,熊明宣曾担任该报采访部主任,编辑人员有张公牧、蒲仰峦等人。到了1935年时,曾计划增加专电充实内容,开辟"经济生活"栏和"短评"栏。

37. 四川月报(1932年)

1932年7月创刊,32开本,铅印。重庆中国银行编辑发行。据创刊号介绍,该报认为"四川地大物博,足供研究之社会情事甚多,能示其概括之鸟瞰者,尚不多见。致外省欲知川中情形者,更苦无探索"。因此,创办该报。所有材料"纯据逐日各报之记载,分类编成,绝无主观之掺杂及客观之评衡"。

《四川月报》每6期为1卷,每期设有专载,计有财政:田赋税、捐税、附录;金融:银钱业、货币、公债、附录;商业:进口业、出口业、其他业、各县市况;产业:农村调查、土产调查、农业、制造业、水电业、矿业;交通:公路、川江、邮电、铁路、航空;社会一瞥:市县、教育、团务、匪祸;川边:屯区、宁属各地、西康、康藏事件;时事:时事日志、各军情形等栏目。

图101 《四川月报》创刊号

38. 快报(1933年)

陈伯坚创办,约1933年春出版。社址在重庆后伺坡仓坝子。每日出版,初为4开2版,竖排。第一版新闻;第二版副刊。启文印刷厂代印。总编辑邓

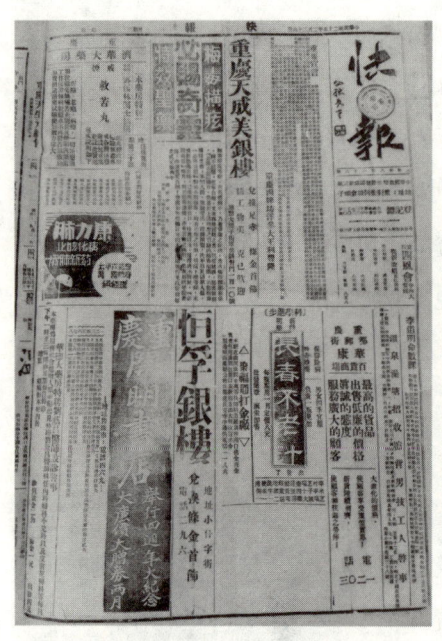

图102 《快报》　　　　图103 《快报》新闻版

云庆负责副刊和写短评。编辑冯人敬编发本市新闻。发行人陈伯坚曾任《重庆晚报》社社长,负责编辑《快报》的中外和本市新闻。当时国民党四川省党部经常发生内讧,陈伯坚常去采访党务消息,立论和新闻均不过激,内讧双方均能接受,因而双方都给予该报津贴,后改为对开8版。第一、二、八版为广告;第三版和第四版为国内外新闻;第五版上半版是省内新闻,下半版为广告;第六版是本市新闻和"经济情报"、"轮船往来";第七版上半版是梅痴主编的文艺副刊《快乐园》,下半版为广告。1938年初,社内进行调整,社长王嘉谋,陈伯坚副之,并兼总编辑,报纸新辟法律、经济、医药专栏,聘请专家主编,医药专栏由中央国医馆负责。

39. 商报(1933年)

《商报》创刊于1933年5月,合川大陆药房老板萧鲁瞻创办,并任发行人兼社长。地址在合川县丁市街,后迁小南街。总编辑萧竹勳,编辑萧俊生、萧志于、朱自立、汪娴君、萧开浚。初为8开2版,后扩为4开4版。该报的内容主要是商业行情,改进商业的意见等,有少量新闻报道,还有一些关于农村经济状况和民间疾苦的报道,被称为"川东唯一商场之报纸"。出版过程中时出时停,到1939年停刊。

此外,郭又生(湛)曾创办一份同名《商报》,约1911年3月在重庆出版,是一份小型报纸,出版时间也不长,约于同年11月停刊。

图104 《商报》

图105 《商报副刊》　　图106 《商报》复刊号

40. 璧山县县政公报(1933年)

1933年5月出版,第22期璧山县行政会议专刊。主要内容是按照会议议程,记录具体报告、提议。

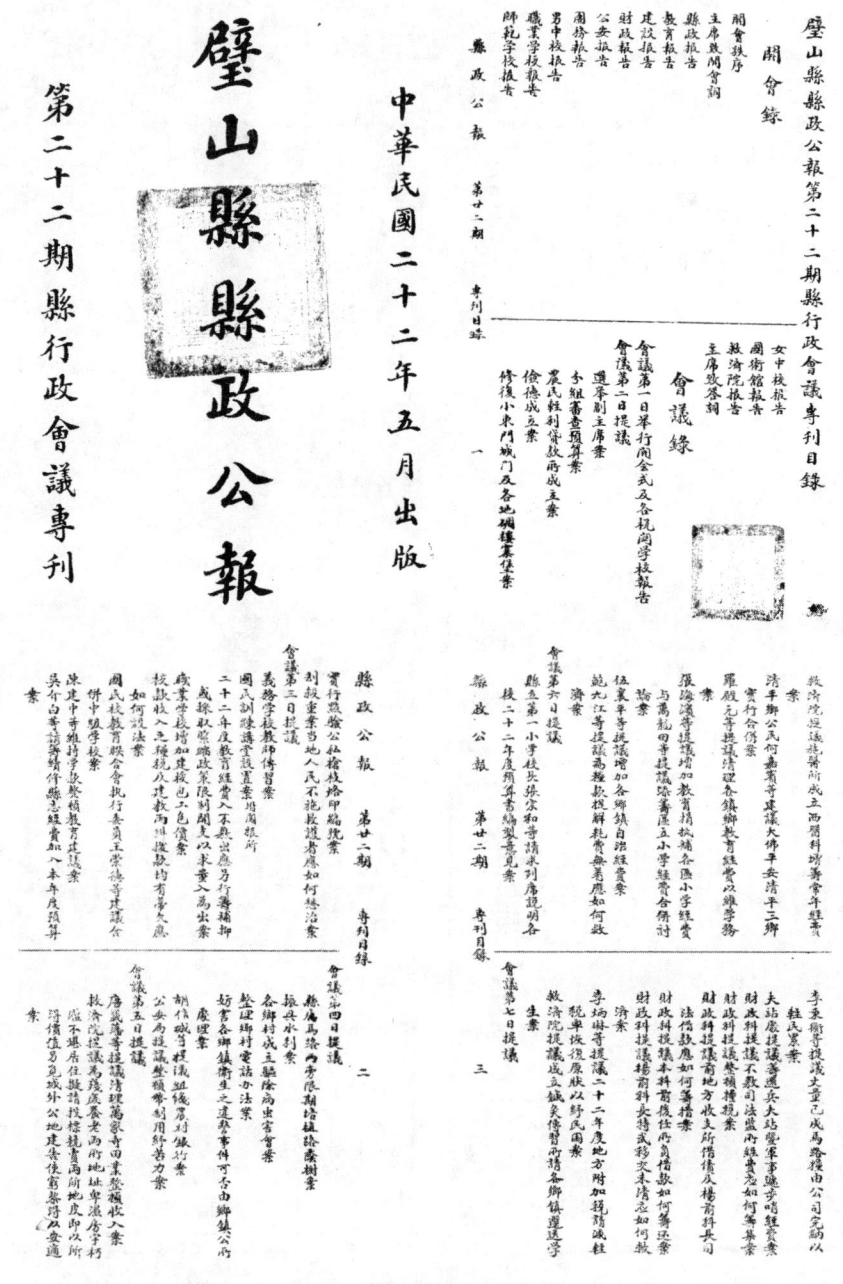

图107 《璧山县县政公报特刊》

41. 丰都日报(1933年)

1933年8月1日创刊,社址在丰都统一路,4开4版。该报成立有董事会,常务董事谭继刚、邓汝锡、林梅荪。社长兼总编辑为陈炳勋,当时任丰都县党务指导委员会委员、20军3师师部军法官,主笔为徐庆陶。

1934年,《丰都日报》报社用收音机收听新闻,在新闻栏刊出。1938至1941年间,易国杞

图108 《丰都日报》

任总编辑。该报"以提倡生产,鼓吹建设,灌输文化为宗旨",主要刊登地方要事,及转载国民党大报的时事政治新闻。自1942年5月1日起,该报转载的时事新闻主要源于县政府收音室记录的中央电台战时广播新闻。发行千余份,靠向各镇、乡、保派销。该报因逾期未换证,1949年8月29日停刊。

另有资料记载,据1940年代初期在丰都县名山镇、平都镇任职的人员回忆,镇、保的办公费由县里支拨数极微,每月大概是:镇公所16元(法币,下同),保办公处8元。时在名山镇公所办事的代某某称:"当时上级每月拨给保办公处的办公费9元,全数抵交了《丰都日报》费,该报每月报费5角,每保订报16份,包括每甲1份,共约8元"。

42. 云阳日报—云阳公报(1933年)

1933年由《县政周刊》扩充而成。社长涂伊臣,主编柳子达,社址在云阳

图109 《云阳日报》

县立图书馆内。每期约发行1000份。该报曾报道红军胜利的消息。1933年10月24日发表社论《谣言与恐慌》,26日发表短评《希望》,29日又发表社论《同情》。这些文章被指控为"宣扬共产","希望剿匪军失败","对于外轮允许运输剿匪军队加以讥评,对县政府加以攻击,对匪人则加以声援",并且"报上素不称匪"等。于是11月间,21军驻万县第3师师长王陵基下令云阳县政府,以"为异党张目"为由,将该报主笔杨嗣宗,编辑刘勃然、陈季孟、冉贞淳4人逮捕,报纸遂停刊。后经改组,于1934年1月1日复刊,成为国民党云阳县党部的机关报。

1936年1月1日改名为《云阳公报》,初为周刊,是年6月1日改为日报,4开4版,第一版国内要闻;第二版省县新闻;第三版国际新闻、副刊;第四版经济消息和启事。负责人汪保之,社址在国民党云阳县党务整理委员会内。1949年12月停刊。

另有资料称,1930年夏天,国民党云阳县执行委员会创办其机关报《云阳公报》,主要宣传国民党的政治主张,同时也刊登一些抗战消息、经济消息和

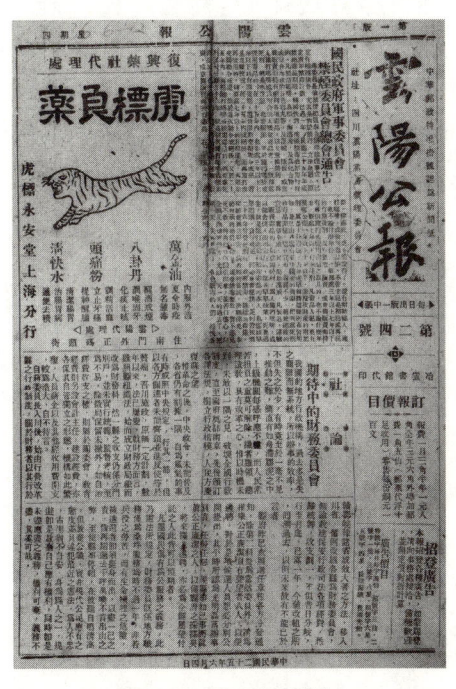

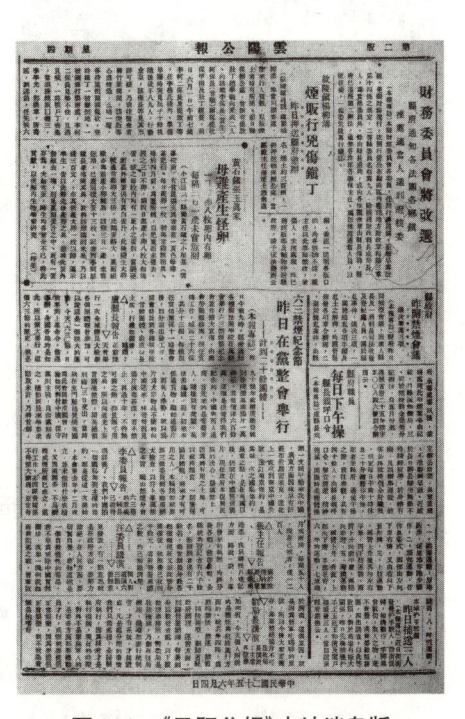

图110 《云阳公报》　　　　图111 《云阳公报》本地消息版

商业广告,有时还划出版面刊登文艺作品等。《云阳公报》主要发行到各区党部、乡分部和部分国民党员以及各乡、保、机关、学校等单位和个人。

43. 工商(1934年)

1934年6月在重庆创刊,4开4版,三日刊,社址在小梁子53号。社长李俊逸,主笔林志康,编辑李士逸、李樵逸、曹正鹄、曹明洲。内容主要是关于商业的论著、法规,还有小说、游记、杂记、杂感、随笔等。该刊旨在"灌输工、商两届新知识,发扬民族精神"。第3期上头版刊有评论《复兴农村之呼声:望当局查禁要点》,还刊有《本市工人团体调查》《重庆市商人团体调查》。

图112 《工商》

44. 枳江日报—人民日报—西南日报+西南日报晚刊(1935年)

《枳江日报》于1935年5月21日创刊。报名"枳江"是因为报纸在涪陵登记。枳,是涪陵古代的称谓,江,即指涪陵县濒临的乌江。虽然报刊创刊名为《枳江日报》,但是报纸却是在重庆市内编辑和印刷,报纸出刊后,一半的报纸在重庆地面销售,另一半运往涪陵。事实上,《枳江日报》完全可以算得上是重庆的一份地方性报纸。

这份报纸是由四川军阀刘湘"反省院"中释放出来的共产党员梁佐华、任廉儒等人为了寻找党组织而共同筹办策划的。梁出狱后,到涪陵去找时任县府民政科长赵斐亚,他俩曾是同乡同学,经赵介绍,梁又认识了县长李子仪和秘书冯均琏。在爱国主义思想和抗敌救亡的热情下,他们在一起商量办报。

《枳江日报》报社编辑部设在重庆方家什字街,印刷则是在私营的新新印刷厂。董事长由李子仪担任,冯均琏任社长,梁佐华担任主编,任廉儒任主笔兼编辑。还有同牢中出狱的共产党员黄士芳、陈良分任编辑。报纸四开四版,分国际、国内、本省、本市各版。李子仪题字"东北沦陷,河山破碎,抗战救亡,还我河山",并裱成条幅,挂在编辑部的墙上,作为《枳江日报》的办报宗旨。

报纸的经费主要由李子仪、冯均琏筹措,报纸每日发行2000多份,销路主要由李子仪以县长身份在涪陵推销,由县政府分配各保甲订阅,在一定程度上可以说,《枳江日报》已成为涪陵当地政府的喉舌。由于《枳江日报》经常刊载抗敌救亡,主持正义,抨击时弊的内容,内容不和当局的口味,出版4个月后,于9月初报馆被捣毁。

《枳江日报》被迫停刊后,1935年11月1日李子仪、冯均琏将《枳江日报》改名为《人民日报》出版,报纸扩大为对开4版,报社的社址改在重庆市中区苍坪街。梁佐华利用其社会关系,聘请时任军事委员会重庆行辕的少将参议雷清尘担任社长,冯均琏为副社长,梁佐华任总编辑。参加编辑、记者、校对工作的还有任廉儒、陈良、严纪陵、龚慰农、黄士芳、李伏伽、罗彬、陈翰屏,均为中共党员。

雷清尘曾是黄埔军校的学生,与复兴社的头目康泽是同学,且交际较深。利用这层关系,报社每月得到来自"别动队"的500元补助,也使报纸得到了一把保护伞。由于社长雷清尘和康泽的社会背景,国民党新闻检查所对该报的监管较松,有些稿件甚至未送检也刊登了。借此夹缝,报纸刊载了许多进步的文章,甚至采用塔斯社的稿件,宣传俄国十月革命和苏联社会主义的成就。梁佐华甚至还在暗中邀请正在反省院中服刑的四川省委代理书记

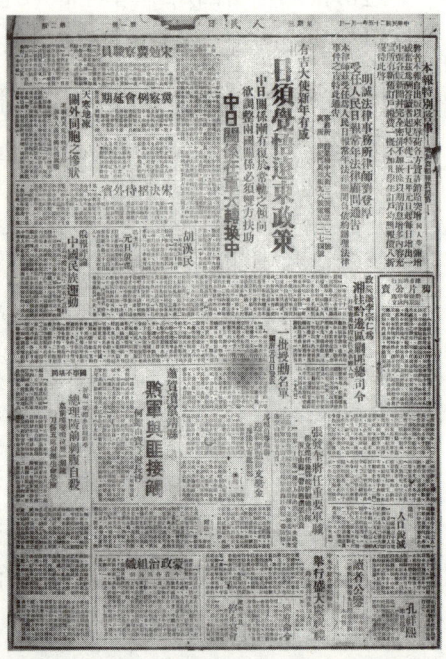

图113 《人民日报》

张秀熟(笔名"畸零")和同狱的原重庆市委书记廖福源(寒非)给该报写稿。

张、廖二人的文章大多是抗敌救亡和抨击时弊的内容。稿件被新闻检查所删改得面目全非，无法登出，采用的塔斯社稿也引起了当局的注意。不久，国民党当局以"牢中出来的犯人把持了编辑部"为名，改组《人民日报》，由复兴社接任过去，改名为《西南日报》。

1938年5月21日，《西南日报》出版，社址在《人民日报》的苍坪街原址。此时，复兴社已撤销，三青团已成立。《西南日报》的主要负责人也以三青团的人员为主。发行人杨平章，社长汪观之，总主笔雷啸吟，总编辑谢崇周。报社以民间报纸的姿态出现，实则鼓吹"一个领袖、一个政府、一个主义"，这个期间，该报也列入陪都"十大日报"行列。

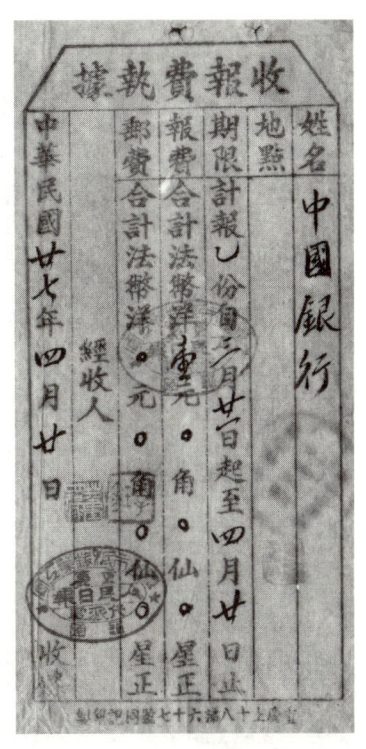

图114 《人民日报》订单收据

1939年5月，《西南日报》在日本飞机轰炸重庆时被毁，无奈参加《重庆各报联合版》。此后，报纸印刷厂迁至燕喜洞1号，几次试图复刊，但都短命夭折。

为了应对这种局面，三青团重庆支团部筹备主任毛嘉谋被安排负责报纸复刊工作，

图115 《西南日报》

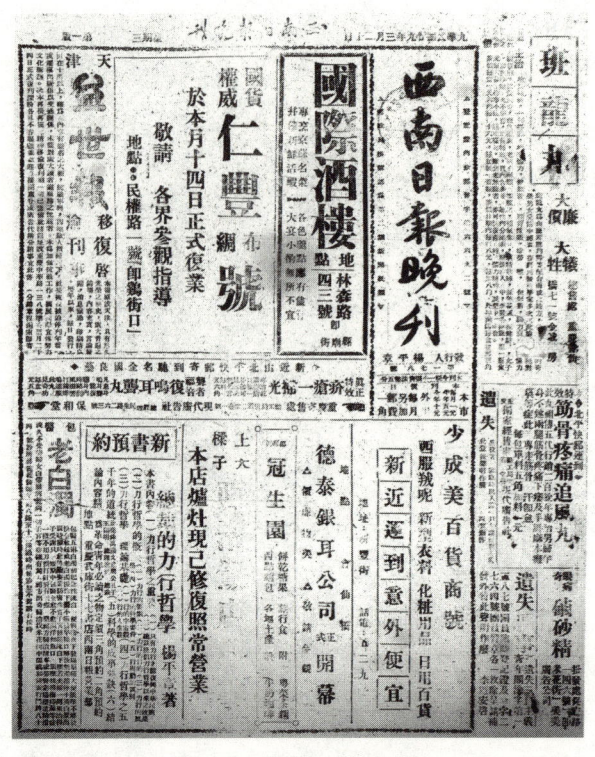

图116 《西南日报晚刊》

原总编辑谢崇周出任重庆市党部书记长,离开报社。毛嘉谋聘老报人许君远继任总编辑,冯均琏为经理,出版4开4版的《西南日报晚刊》。营业部在重庆武库街78号,编辑部在康宁路14号,由商务日报社代印。《本报发行晚刊之旨趣》中说:"全市尚无晚报……助以晚报,以报道当天日报截稿后之重要新闻。""本报既非普通之晚报,而为日报改为晚刊,故篇幅较前缩小,但仍尽力保持大报之格调,且力求完成本报对西南各省之特殊使命。"但由于缺乏经费,报纸勉强维持到1941年冬停刊。

1945年国共和谈期间,四川地方财团何北衡、吴晋航等人,拟发起创办一张报纸,以在民主运动中争得一席之地。但新报登记很难,乃推动当时任三青团重庆支部的干事长陈介生出面,恢复出版《西南日报》,以胡子昂为董事长,陈介生为社长,张廷蛟为发行人兼总经理,聘请张兆麟为总编辑。张原在昆明《扫荡报》任主笔,为中共地下党员,1946年2月来重庆,经组织批准,以编辑部人员必须由他提出聘请作条件,答应就任。张于4月初组成一个主要由共产党员、民盟盟员和进步人士组成的编辑部班子,即在4月14日正式出报。

在张兆麟的主持下,《西南日报》的编辑方针是:尽可能排除国民党方面塞进的稿件和新闻;在注意文字技巧的前提下,围绕国内和平、民主、和谈等问题发表言论和主张,不得已时保持沉默或中立;以CC为主攻对象,以"合法"方式予以揭露抨击,扩大复兴社与CC的矛盾;使报纸带有深厚的地方色彩,为四川人民、知识分子、民族工商业者讲话。

后来,陈介生以"当选"立法委员的交换条件,让出三青团支部干事长和《西南日报》。在这种情况下,张兆麟等人分批离开报社,《西南日报》重新被三青团掌握。报纸发行人改为张廷蛟,经理又由曾为《人民日报》经理部冯均琏担任。到了1948年,冯均琏鉴于报纸销路日益萎缩,辞去报社经理职务。报纸随后不久停刊。

图117 《西南日报晚刊》副刊"晚霞"

45. 大足通讯社稿—大足三日刊(1935年)

1935年5月创刊,国民党大足县党务指导委员创办。该通讯稿为土纸单面油印,比8开纸略大,间日出版。内容除收摘的广播消息外,以报道大足县内新闻为主,多是抗日活动。1941年改名为《大足三日刊》。停刊时间不详。

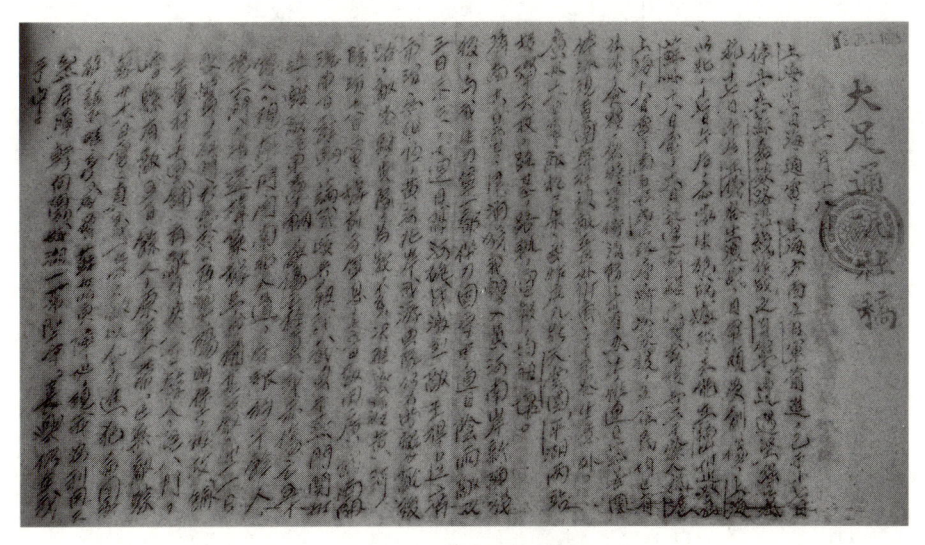

图118 大足通讯社稿

46. 川东日报（1935年）

《川东日报》是国民党万县县党部的机关报，1935年9月9日创刊，1949年12月万县解放后被万县市军管会依法接收。该报存续的14年间，人事变动极其复杂与频繁。虽然名义上该报一直是国民党的地方党报，但其舆论方向和思想倾向却经常随办报的核心人员的去留变化而来回摇摆。

创办伊始，《川东日报》社长为钟震之，此人既是国民党万县党部的督导员，又是CC系分子。总编辑是王作禹，经理为国民党万县指导委员会主任秦竹如，编辑有易孝思、王宗萍、李达生。当时报纸由华盛印务公司代印。

1935年末钟震之离开报社后，秦竹如兼任社长，并将报纸改为对开4版。其弟秦子健任总编辑，王作禹改任主笔，聘程树芬任采访。此时王作禹和易孝思听闻秦竹如和秦子健在吸食鸦片，于是便向专署举报密告，秦氏兄弟二人闻讯即刻出逃，一时间万县党部和《川东日报》群龙无首无人负责，只得由王作禹代党部主任委员兼报社社长，王寄萍任总编辑。

1937年冬，共产党员何其芳和进步人士杨吉甫等人接手了该报副刊《川东文艺》，将其更名为《长城》。在这抗战的关键时期，他们把这份为国民党发声的国民党党报的副刊办成了主要宣传抗日和揭露国民党当局黑暗的进步杂志。然而时间不长，在1938年前，这些共产党员和进步人士由于各种原因被迫离开报社，之后《川东日报》完全就成了一家反共报纸。

约从1938年六七月开始，万县的党部主任欧阳杰出任《川东日报》发行人，掌握了报社大权。由秦凯切任总编辑，林一森、程其寅任编辑，李景芳（李朋）任采访。1939年初，秦凯切改任主笔，程树芬升任总编辑。数月后，林一森辞职从教。这一年由于日机频频轰炸，报社不得不迁至西山公园体育馆左半侧。后体育馆房屋被炸，该报又迁至坎下印刷厂内。

1943年由于物价上涨货币贬值，报纸销售情况一直不好的报社经济更加困难，不得不和《万州日报》出刊联合版。1944年3月两家又联合《川东快报》出三报联合版。由于内部矛盾加剧冲突不断，1945年4月前后三报联合版彻底告终，《川东日报》被迫暂停。不久，欧阳杰又恢复了《川东日报》的出版，为4开4版，但销路一直不好。

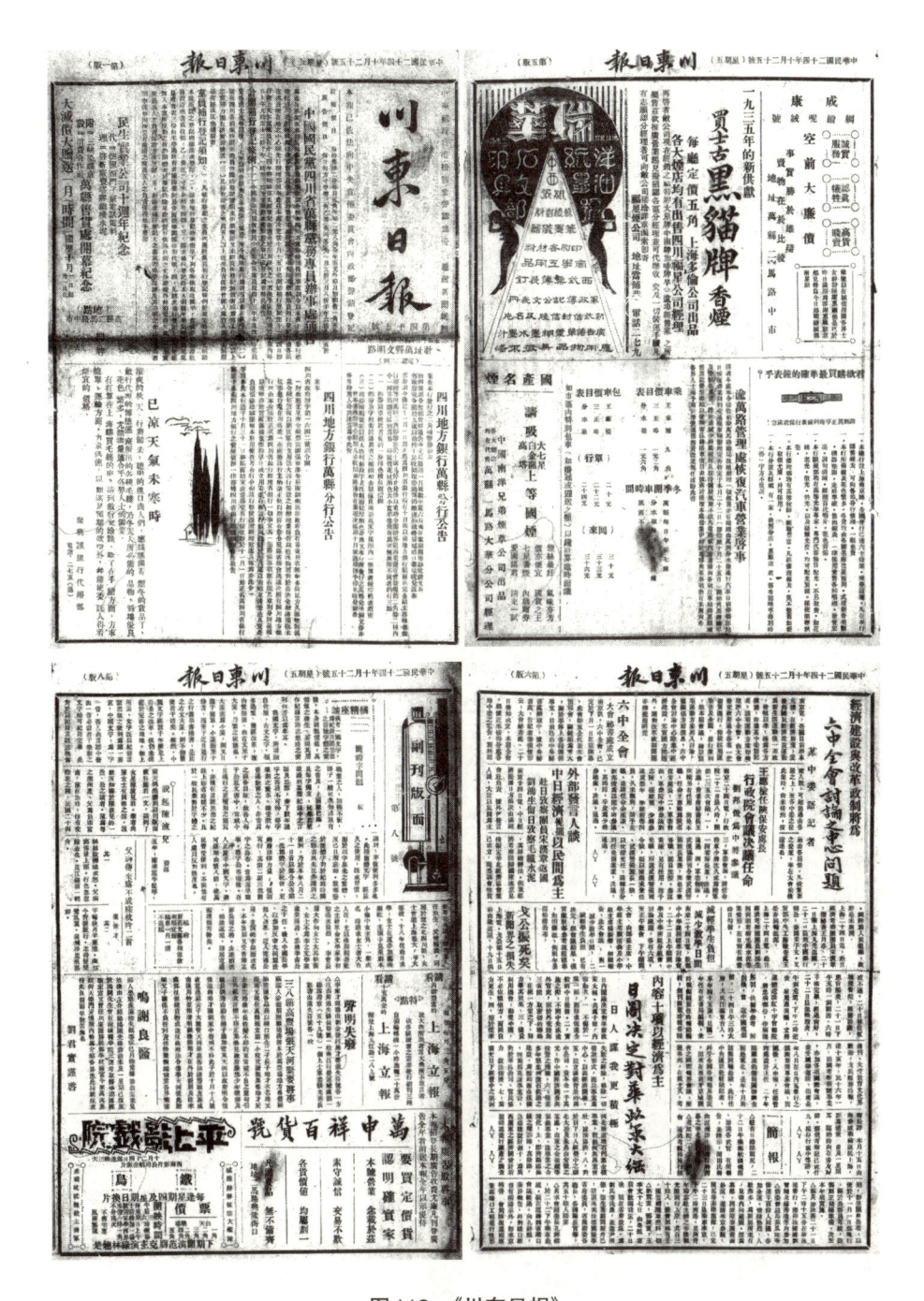

图119 《川东日报》

1945年8月以后，万县文具商人陈德明加入报社，被聘为报社社长，主管经济和人事大权。陈德明为了适应报纸要求，又添了一套新5号铜模，使印出的报纸与《万州日报》一样。当时都是日出对开一张，用二元纸印刷。当时的万州《川东日报》《万州日报》两报竞争激烈，《川东日报》常占优势，发行量曾达2000余份。

抗战胜利后欧阳杰被选为四川省参议员，《川东日报》发行人由新任县党部书记刘庭槐兼任，总编辑变更为程树芬，主笔为秦凯切，采访主任宋达人。报纸改为对开4版，编辑部迁到和祥街印刷厂内。

1946年6月，该报专门呈请县政府，希望政府能下令让所属乡镇保甲学校订阅，并协助推销。县长王良隆专门批示："除分令外，合行令仰遵照，予以协助推销为要。"

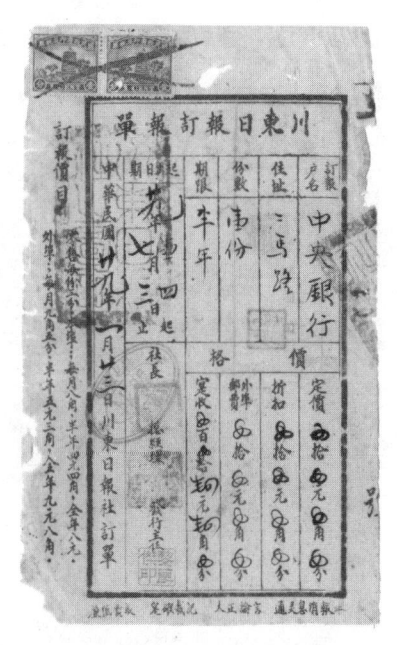

图120 《川东日报》订报单

但由于内容反动保守，政府的推销收效甚微，该报销量仍维持在七八百份。

陈德明虽然身为国民党地方党报的社长，但在政治上对蒋介石十分不满，而又与教育界进步人士杨吉甫、熊道光、周季文、向云鹄等过从甚密。于是在1947年，杨吉甫通过陈德明的关系，将中共地下党员和进步青年刘立平、万均平、徐鸣基、冯秋、李明五人介绍进《川东日报》工作。刘立平和万均平出任编辑，另三人任外勤记者，从而削减了国民党方面的

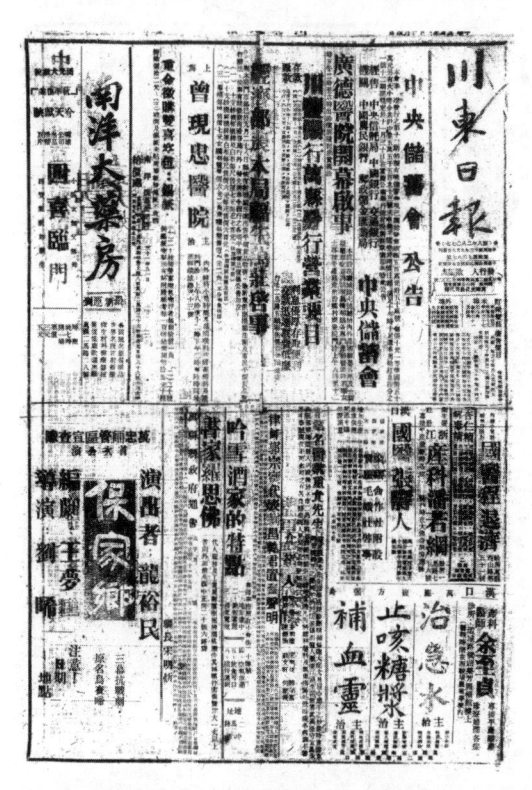

图121 改版后的《川东日报》

总编辑程树芬等人的职权。

1948年,陈德明购置了一台旧收音机,白天把喇叭挂在厂门口,大放国民党"中央广播电台"的节目掩人耳目,晚间却又请谭才楠和汪某两位速记员抄收共产党新华社的广播,修改后在该报的《本报专电》栏目上刊出。这些消息比国民党的"中央社"提供的更加迅速,且更加真实,所以广受读者欢迎。

1949年12月万县解放后,万县市军管会依法接管该报。

清末有一同名报纸《川东日报》,但未见实物。《通俗日报》于宣统元年六月十四日(1909年7月30日)"文苑"栏发表署名粿公写的诗,称颂当时出版的报纸,对《川东日报》是这样写的:"为输新智牖屯蒙,又发晨钟警蜀东。字水汇流文化远,涂山耸峙内容丰。繁华里巷传巴曲,次第辌轩载土风。若与蓉城论纸价,三分报界日称雄。"其中的"字水"、"涂山"均在重庆,故知该报在重庆出版,创刊时间不会晚于1909年7月30日。①

47. 合阳晚报—合阳·民兴·商报三报联合版(1935年)

《合阳晚报》1935年6月1日创刊,合川大记进新印刷公司经理潘香林筹资出版,断断续续出至1944年3月后停刊。《商报》1939年5月创刊。《民兴》即《民兴日报》,具体内容不详。三家报纸曾在1940年代出版"三报联合版"。

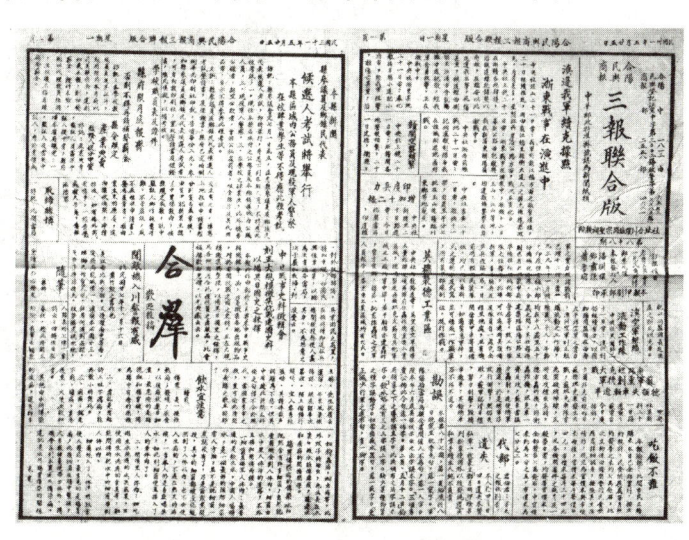

图122 《合阳·民兴·商报三报联合版》

---

①《四川报刊五十年集成》,第24页。

48. 大声日报—合川·大声两报联合版(1935年)

《大声日报》1935年10月16日在合川创刊,该报是国民党合川县党部机关报,4开4版。版面安排上,第一版刊登要闻内容,第二版为省内新闻及社评,第三版为本地新闻及小评,第四版刊登副刊《疾呼》,报纸中缝位置刊出广告内容,日发行量约600份。报社在合川县塔耳门内61号内。《大声日报》曾在1937年秋停刊,约半年时间又复刊。提及《大声日报》,需要注意的是1930

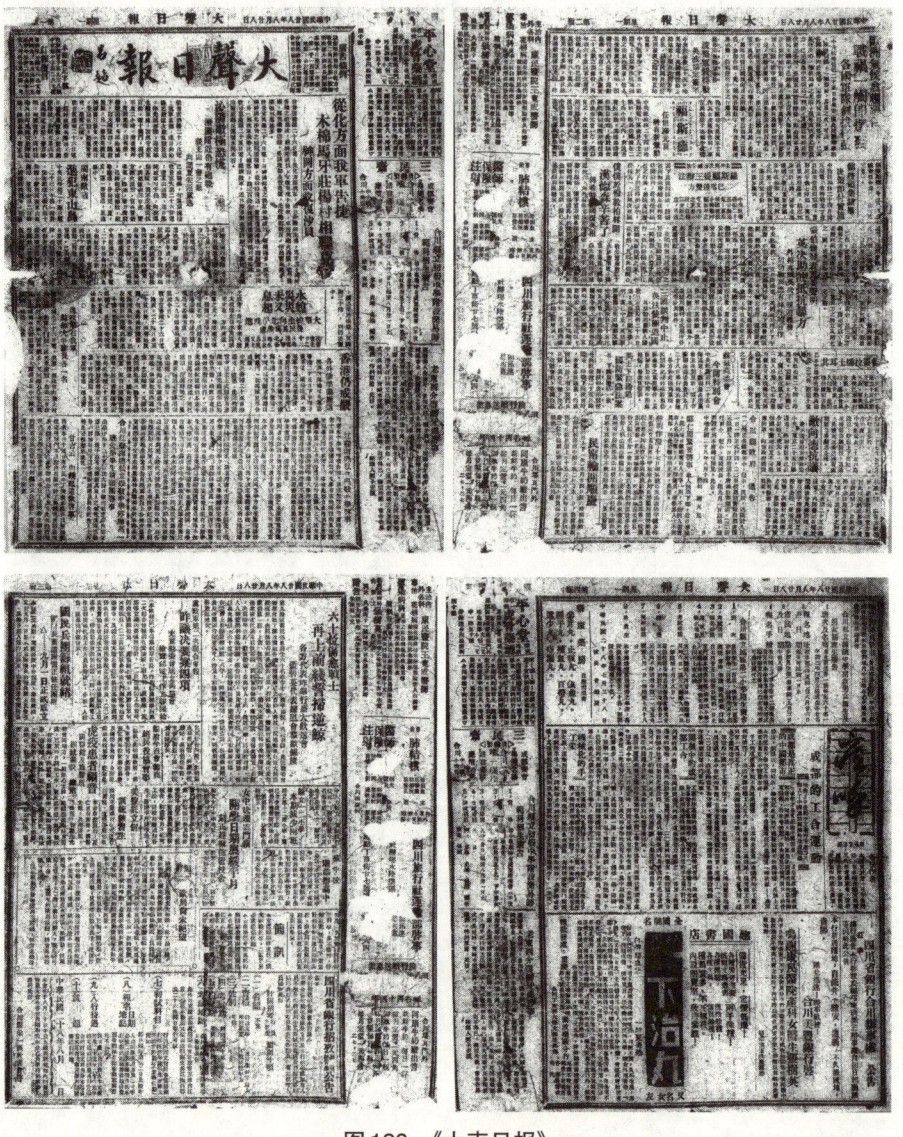

图123 《大声日报》

年9月7日在重庆方家什字马路侧有一份同名的报纸创刊。

报名中的"大声"二字和副刊"疾呼"的名字,取自韩愈的《后十九日复上宰相书》中的"将有介于其侧者,虽其所憎怨,苟不至乎欲其死者,则将大其声疾呼而望其仁之也"。故《大声日报》提出"不说违心话,不作肉麻词,不为大人先生们捧场。纯站在国家民族的立场,为穷苦无依靠的大众说公道话,说老实话。为国家危亡大声疾呼,为民族性的堕落大声疾呼,为世界被压迫的民族大声疾呼"的口号。

《大声日报》的第一任社长是闵剑梅,总编辑为蒋树勋,之后分别由王止敬和潘涤华继任。周年时,该报曾举行纪念会,并套红出了纪念特刊,特刊上发表了潘涤华写的《一年来的本报》一文,文章对《大声日报》作了介绍。该报以"阐扬党义,宣传文化,灵通消息,增进民智"为目的,报社的主要人员全是党部工作人员兼代,义务劳动,不支取薪水,校对工作由党部人员轮流承担。

1938年下半年,时任《大声日报》报社负责人、副刊编辑兼县党部书记长的陈季质,到成都省党部集训,这为《合川日报》的创办提供契机。当时,合川的一些地方势力刘叔瑜、刘雅卿、胡南先等人与陈季质之间存在矛盾,他们想办报纸来扩大自己在地方的影响,中共合川县委积极支持他们办报,希望能为我党所用,从而打破国民党对合川舆论的单一控制。经中共地下党合川县委书记黄肇纪和刘叔瑜二人协商,报纸取名为《合川日报》,并得到县长张瑞征的同意。

《合川日报》创刊于1939年2月1日,与此前创刊的《合川日报》并不相干。该报为合川县政府机关报,刘叔瑜任社长,黄肇纪任主笔,周远侯任总编辑,罗曦轵主编副刊《火网》,孙开围编第二、三版。

《合川日报》报社的主要成员除刘叔瑜外,均是中共地下党员。他们力求增强报纸的抗日气氛,增加民主色彩,宣传好党的抗日方针政策。在这一思想指导下,报纸大量报道群众的抗日活动,并且直接组织和参与活动,使报纸宣传与群众活动紧密结合起来。为了使报纸更适合群众的需要,该报注重多登载地方新闻,办好副刊。副刊《火网》在罗曦轵主编下,办得有声有色,曾召开过三次读者座谈会,分别讨论了如何推动战时地方文化、取材的标准问题及文艺如何发挥其战斗武器的作用等。并在该版面上先后办了五个定期专刊，即《山野》《铸魂》《教育通讯》《五月》和《挺进》。其中《五月》以合川妇女慰劳分会的名义出版，主编是中共地下党员黄素影。

图124 《合川·大声两报联合报》

此时,《大声日报》也悄然发生变化。中共地下党员罗曦轸进入报社,并担任副刊《疾呼》主编。原已在报社担任记者的中共党员周远侯,又担任了时事版的编辑。他们根据中共合川县委的指示,为报纸确立了"要尽量抑制他的反动性,增强抗日气氛,增加民主色彩,力争宣传好我党的抗日方针政策,抗日民族统一战线政策"的目标,同时发展进步青年王意诚入党,这样中国共产党基本上掌握了报纸的方向。

关于副刊方面,1938年11月25日《大声日报》的第四版副刊上,刊出《抗战妇女》周刊,此周刊根据县委之意创办,负责编辑的是莫淑容和秦伯林,两人均为共产党员,办妇女周刊在合川还是第一次。接着又于1939年1月23日办了《号角》周刊,由北碚"复旦大学抗战文艺习作会"主编,这是一个文艺周刊。与此同时进一步加强原有的《哨兵》《商讯》两个周刊。又在副刊内新辟了"边区来鸿"小专栏,选登张德碧的延安来信,还发表不少有关八路军的文章和消息,引起社会关注。

1939年3月,陈季质返回合川,对报社进行了整顿,调整了报纸版式,取消副刊上的四个周刊,大量刊登蒋介石的"训示"。同时把矛头对准报社和群众的抗日运动,禁止学生进行抗日宣传,解散他们的宣传团体,限制他们的活动,使群众运动受到挫折。这时国民党已掀起第一次反共高潮。为了保住这块舆论阵地,党组织决定黄肇纪和罗曦轸必须转移,并提出两报合并的意见。

《合川·大声两报联合版》自1939年9月起出版,为4开4版,报纸的经理部设在合川日报社,编辑部设在大声日报社,联合版1941年初停刊。《合川日报》继续发行,直至1949年12月终刊。

49. 朝报(1935年)

1934年11月17日创刊,社址在重庆莲花池前街3号刘家院内,4开2版。第一版要闻,第二版省内和本市新闻。每天都是"剿赤"方面的报道。逢星期日出"朝报星期评论"及"星期文艺"一张,8开2版。《朝报》社长刘仲子,发行人兼总编辑刘训煦。刘仲子与日本特务机关("重庆日商永亨洋行")有所联系,按月领取津贴。该报鼓吹华北自治,为日本侵华政策服务,专门转载

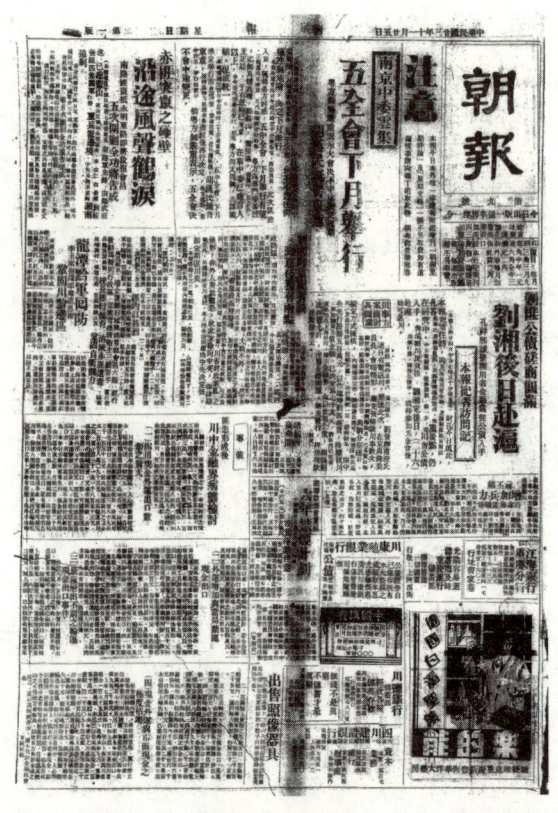

图 125 《朝报》

亲日、《平报》《京报》《实言报》等汉奸言论。

1935年刘训煦因事曾被警备司令部拘禁,编辑事务由《工商夜报》的曹正鹄代理。《朝报》有可能在此时被封。刘训煦后来到成都大同影片公司工作。1936年8月,日本不顾各界反对,要在成都设领事馆,一行11人到达成都,便是由刘训煦安排在骡马市街大川饭店下榻。成都随即爆发了一场反日爱国运动,愤怒的群众冲进大川饭店,刘动手与群众冲突,被愤怒的群众打伤,后被刘湘派人秘密处决。史称"大川事件"。

50. 津报—江津日报—新江津日报—江津日报·民言日报联合版—新江津·民言日报联合版(1936年)

《津报》1936年元旦创刊,三日刊,由江津县政府主办,由江津县民众教育馆馆长、县党部委员刁之鲜任社长,报社在民众教育馆内。1941年12月24日报人张西洛从重庆到江津,征得县长罗宗文同意,把报名改为《江津日报》,于右任题写刊名,并迁出民众教育馆,报社设在江津县大什字街36号。刁之鲜任社长,张西洛任副社长兼总经理,主笔涂志印,总编辑王野晴,采访主任陈兰荪,副刊编辑彭成全,该报实际上为中共地下党员所控制,成为宣传抗日的阵地。报纸4开4版,铅印,布市街黎金茂印刷社印刷,日销2000余份。

1943年9月间,重庆卫戍司令部到江津捕人,报社几个党员被捕,张西洛因病在乡间幸免,但很快也离开报社。刁之鲜便将报社转让给国民党江津县党部书记长谢维平。但谢是外行,报纸业务实际由谢的姨侄朱虎庄包揽。朱是中共地下党员,他聘请吴芳吉之子吴汉骥为总编辑。吴汉骥思想进步,曾积极组织抗日救亡宣传活动。副刊编辑先后有赖镜、刘荣耀,记者梁绿野,均系义务。报纸交给印刷商黎隆星印刷,但因报社拖欠印刷费,致黎亏损,便于1945年12月停印《江津日报》。黎隆星接着自办《民言日报》,与《江津日报》形成对立,前者支持江津新派,言论比较开明,业务也呈压倒之势,但销路不畅。后者支持江津老派,言论倾向国民党。于是《江津日报》社长刁之鲜利用县党部委员之权,向县政府检举《民言日报》社任用共产党人,言论"左倾"。县政府给予《民言日报》报社警告处分,并责令撤换总编辑。继又以言论"左倾",未经中宣部审核,无许可证为由,于1946年2月初查封了。后经黎隆星等人多方疏通关系,才恢复出版。

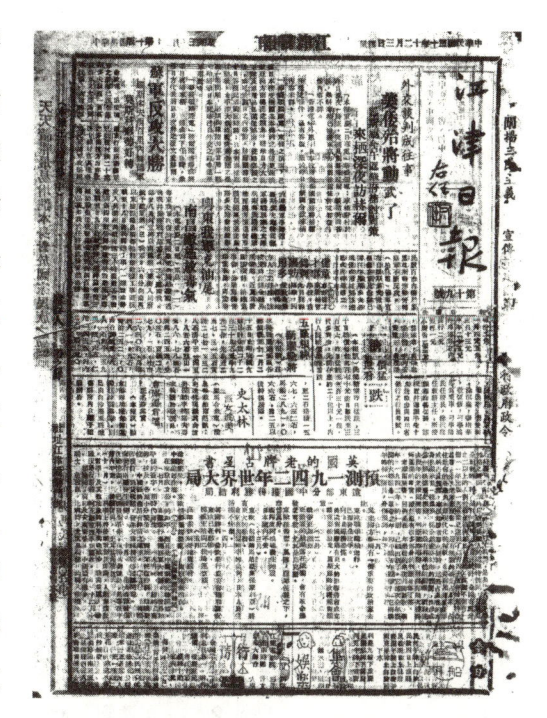

图126 《江津日报》

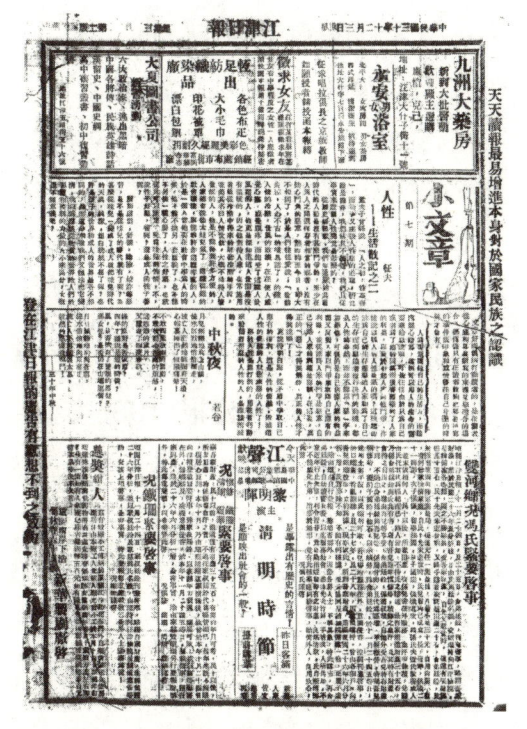

图127 《江津日报》第二版

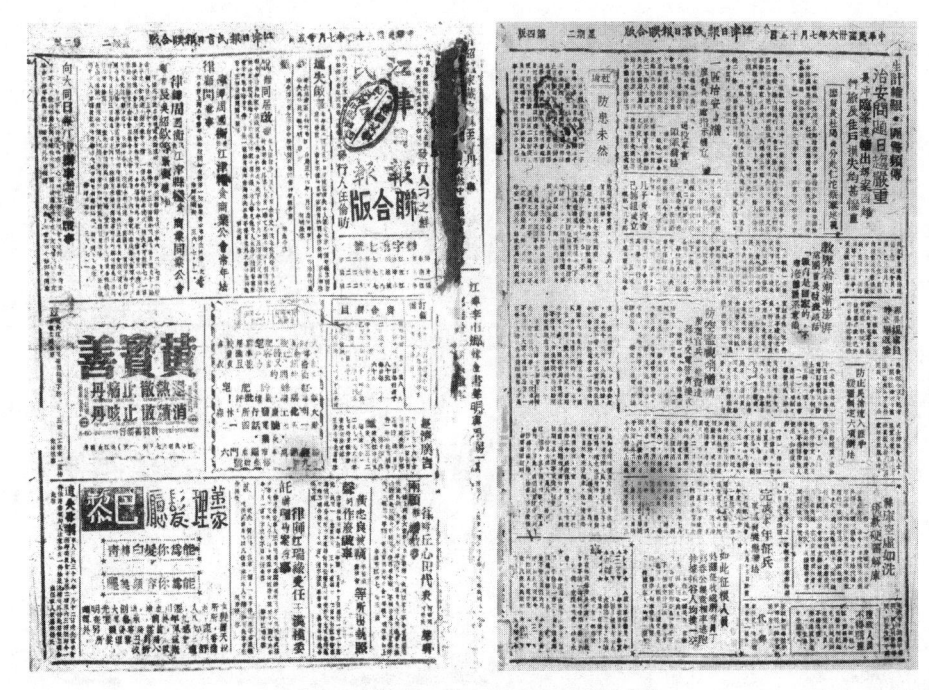

图128 《江津日报·民言日报联合版》

《江津日报》停印后,刁之鲜只好从重庆买回一台旧的四开机,招收几个工人,自己印刷。这时的主编为彭孟群,编辑何业银。1947年7月,《江津日报》与《民言日报》合出联合版。1948年2月《江津日报》更名为《新江津日报》,联合版于3月2日随之更名为《新江津·民言日报联合版》,编务工作由刁之鲜掌握,直到临解放时停刊。

51. 合川县旬刊—合川县政旬镌—合川县政府公报(1936年)

1936年1月10日发刊,逢十出版,"为合川县政府传达及公布一切政令与宣扬政情之机关报"。不知从何期起名为《合川县政旬镌》,1936年9月15日又改名为《合川县政府公报》,合川县政府编辑组编印,半月刊。后因经费核减,自1937年1月1日起,改为单页

图129 《合川县政旬刊》

式,每旬日出版一张。

52. 梁山日报(1936年)

1936年6月创刊,社长曹敏之,副社长罗文洁,总编辑梁忠国,编辑许明安、李鹤龄。该报是国民党梁山县党部的机关报,熊克武、黄季陆等先后题写报名。每日出4开4版,发行千余份。主要"宣传政令,发扬党义",并转载国内外新闻,副刊为《梁园》。1949年10月停刊。

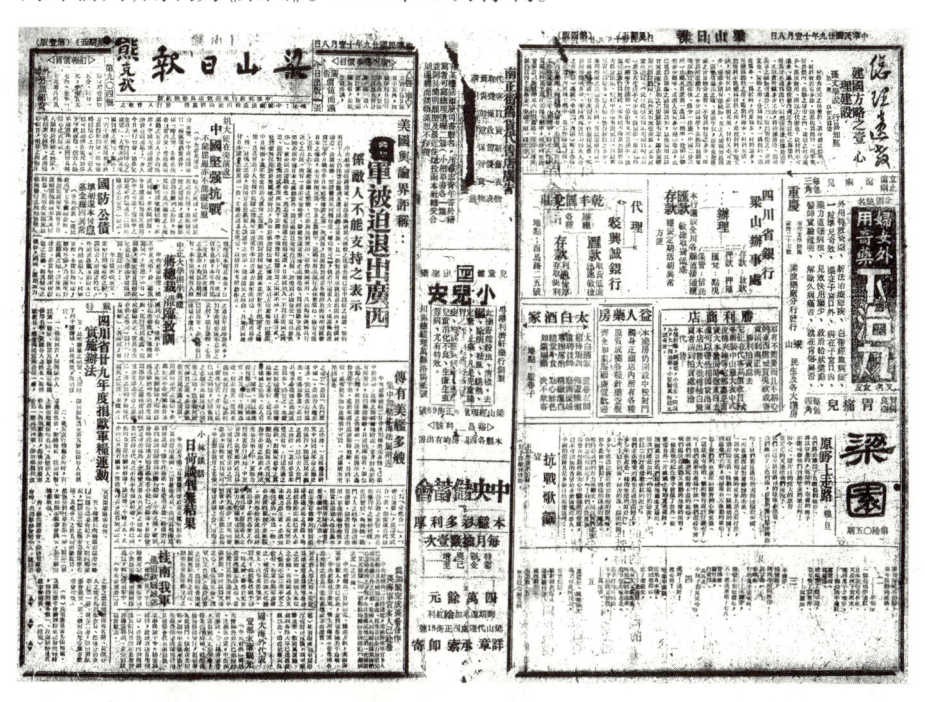

图130 《梁山日报》

53. 国民公报+国民公报晚刊(1936年)

《国民公报》1914年4月22日在成都发刊,1936年8月1日迁渝复刊。

《国民公报》的诞生之始要追溯到辛亥革命。当时四川保路风潮声势浩大,清朝最后一任四川总督赵尔丰被杀,四川宣布独立,成立大汉军政府。此时,为拥护共和,倡行民主,李澄波、汪象荪、谢翌某、杨叔樵、陈湘荪、康心之等六个有志青年,自行集资七百元,于1912年创办《大汉国民报》。几个月后,成都的大汉军政府与重庆蜀军政府合并,四川统一,报名遂改为《中华国民报》。同年4月22日,又与《四川公报》合并,分择"国民"和"公报"两词组合,取报名为《国民公报》,汪象荪任社长,陈少松、沈峰任编辑,经理由谢翼谋、向竹贤担任,发行人为谢翼谋。

成都时期的《国民公报》两经查封。1913年8月29日,因发表反袁文章,被四川当局查封,11月9日启封,查封期间,曾易名《国民日报》出版。1915年1月23日,该报二版左下角刊登袁世凯亲信陈宧入川消息,惹怒当局,二次被封,停刊至8月4日复刊,当日《国民公报》便以4个版套红,在头版刊登《本报二次复活之宣言》,在《本报二次被封记》讲述了被封的原因。从创刊至1935年,该报发行工作由李澄波一人独立支撑,时间长达24年之久。同时面对《新新新闻》《华西日报》等同行竞争,1935年5月15日,该报第7925号,刊登停刊启事。①以上为成都时期《国民公报》简况。

同年,同为创刊人的康心之,在重庆金融界崭露头角,正想办报纸,获知《国民公报》停办的消息,便去函李澄波表示愿意将《国民公报》移渝复刊,鉴于既有渊源,两人一拍即合。《国民公报》迁渝后租售珠市街一座宽大西式楼房为社址(今民生路),是何北衡出租给报社的。"重庆大轰炸"惨案发生后,报纸迁市郊化龙桥龙隐路出版,并参加十家报纸联合版。1946年迁至市中区两路口人和大厦,1948年又迁至中兴路直至停刊。

《国民公报》日出对开一大张,设四个版面,分别是要闻版、本市新闻版、经济新闻版及各地通讯版,在排版上有时用套色或木刻大字标题,配合新闻,附载清晰的铜版图像等,比较活泼醒目。

《国民公报》形式上的最高权力机构是董事会,负责社务之责的是社长,但报纸的董事会章程及董事人选并不明确。《国民公报》的第一任董事长是刘湘的心腹何北衡,康心之担任社长,总编辑是杜协民,杜在1936年初以《大公报》特派记者来川,经张季鸾推荐,被聘为总编辑。

因和《大公报》关系密切,《国民公报》在办报倾向上与其基本相同,发表言论向《大公报》学习,但同时坚持报纸一开始便提出的"经济新闻纸"的定位,未成为"言论纸"。"经济新闻纸"的定位由本报的资金筹集决定。该报运

---

① 蔡贵俊:《国民报与国民公报》,《重庆报史资料》,第十辑。

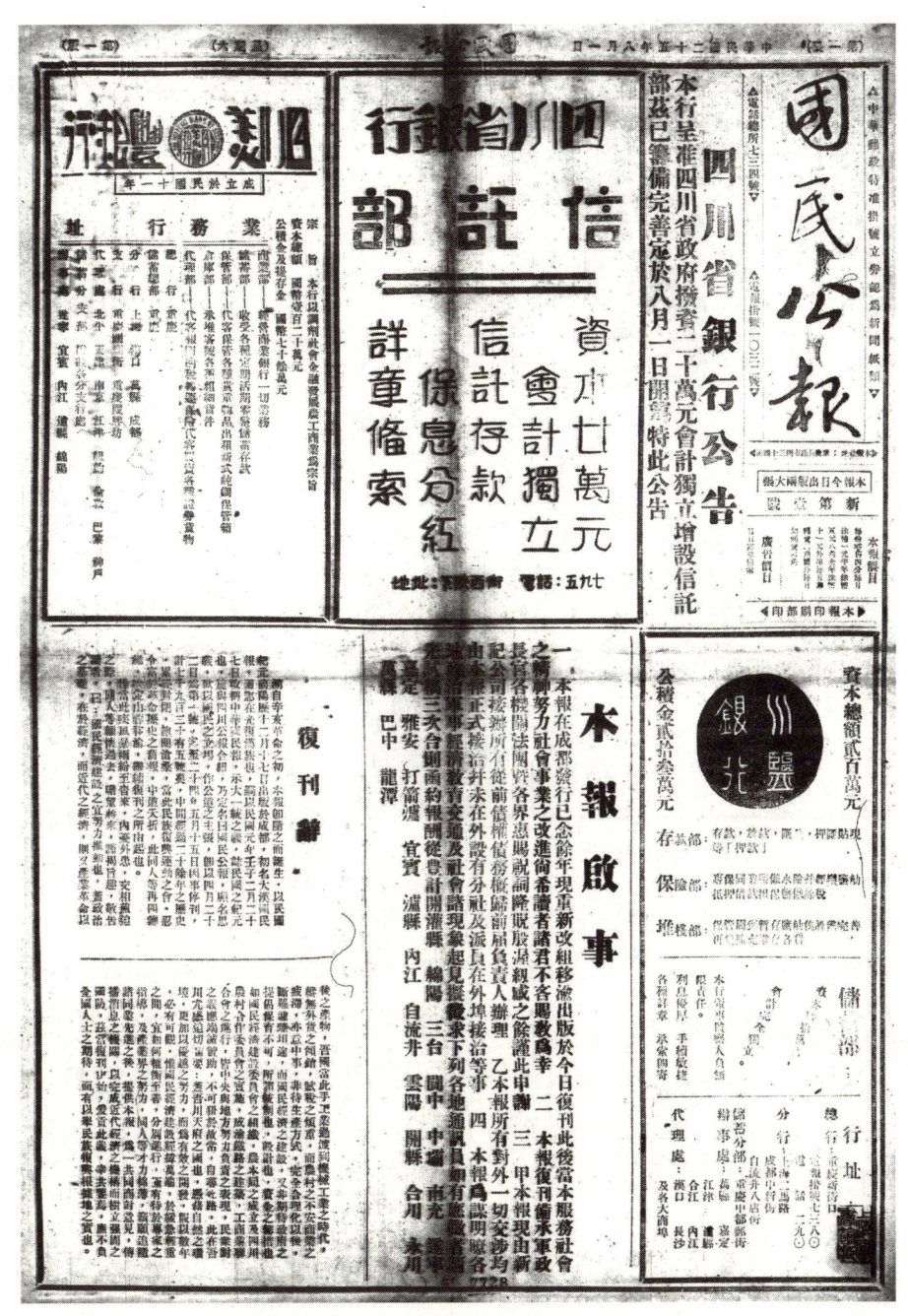

图131 《国民公报》迁渝第一期

转资金由康心之出面筹集,四川省银行出资二万,美丰、聚兴诚、川康、川盐等新式银行各出五千,和成钱庄、民生公司、华懋公司、四川丝业公司等有关企

图132 《国民公报星期增刊》

业均认有部分股本，资本共5万元。除社址和机器设备等大项目，由董事会拨款外，《国民公报》其日常经费，纯依靠自身的发行保费、广告费、承印费等收入来维持，原则上自负盈亏、以收抵支的企业性报纸。重庆"大轰炸"惨案后，《国民公报》经历通货膨胀和物价飞涨，陷入经济困境，康心之一方面向银行透支，另一方面会约集股东增持股份以度过特殊时期。报纸发行量最高时超20000份，同时还代印《重庆夜报》《大众晚报》《南京晚报》《巴渝晚报》《中国夜报》等五家晚报。[①]

《国民公报》在内容方面偏重金融和有关经济消息的报道，创刊初期便开辟"经济专栏"，每日发表市场行情和经济动态及相关的评论内容，迎合工商界人士的口味，这是《国民公报》在内容上表现出的一大特色。报纸初期以刊发重庆及四川各县区的经济信息为主，关注国内大城市及商埠的经济信息，后因读者市场的扩大，对国内国际经济信息报道的力度加大。

八年抗战时期，该报一直坚持抗战，反对妥协求和，大肆挞伐汉奸，该报在抗战救国的大问题上是坚定的，言论上保持民族正义感，对抗日救国的宣传从未放松，刊登诸如成都打死日本人的消息、救国会"七君子"的《国事感言》、川军出川参加抗战的消息、教亡戏剧和田汉的诗以及反对汉奸卖国的言

[①] 艾白水：《难忘两年岁月稠——琐忆解放前夕的重庆国民公报》，《重庆报史资料》，第十三辑。

论等。

但该报自称在政治上站在中立立场，不左不右，坚守"两面不开罪"的原则，1945年前后，总编辑制定的"两面不开罪"的界限因为中共地下党以及进步人士不断进入报社，逐渐突破。总编辑由社长曾通一的侄子曾俊修（共产党员，后自动脱党）继任后，不少中共地下党员和进步人士，先后进入报社主持笔政，或参与经济管理，有陶敬之、温田丰、杨正南、刘金绪（柳哲）、陈荷夫、姚北桦、文履平、姜

图133 《国民公报》"抗战胜利举国同庆专刊"

龚伟、李光儒、李忠禄等。陶敬之以襄理的身份，与进步文化界认识沟通，组织过不少很有分量的文章在报纸上发表，对提高报纸的舆论导向作用大有裨益。陈野平以《新华日报》记者的公开身份，与温田丰、杨正南组成一个在《国民公报》的地下党支部，研究与安排报纸的言论和报道，在一定程度上掌握着报纸版面。这些都促使报纸的政治态度，逐步由中立走向进步立场。

抗战时期，沦陷区的学术界和文艺界人士纷纷迁渝，《国民公报》在要闻版增辟星期论文和不定期的专论专栏，为来自沦陷区的文人志士提供抒发情怀的园地。诸如马寅初的《政府非常时期工矿奖助办法之要点》（1938年12月7日）、范长江的《论五原攻略战》（1940年4月15日）和《欧战中我们所应学习的》（1940年5月29日）、史丹忱的《民主政治下的人民发言权》（1943年3月16日）等。

《国民公报》多样的副刊也是其特色。以报名冠名的副刊有两个，分别是

图134 《国民公报晚刊》创刊号

《国民副刊》和《国民文苑》两种。《国民副刊》的内容有一段时间以国际时事为主,后来发展成为以文艺为主。社长曾通一主编的《国民文苑》的内容则以旧体诗文为主。文学性质的副刊还有1943年创刊的《文学副页》和1946年晚刊上的副刊《山城》。

1946年6月1日,《国民公报》出版晚刊,4开4版,时任《国民公报》总编辑的曾俊修对晚刊提出"报纸杂志化、新闻趣味化"的要求,内容上强调"包罗万象、图文并茂"。杨正南编要闻版,新闻内容主要刊载通讯社下午发稿,省内新闻大部分由日报采访部提供,外地新闻由驻地特派记者或特派记者供稿。为了不使政治气氛过于浓厚,晚报会刊登一些长篇连载,如沙汀的《母子间》和《林檎狗》,偶尔也会刊登一些言情小说和外国侦探小说。温田丰负责文字副刊《山城》(其他副刊还有《艺海》《海外风》《锦囊》等),茅盾、沈起予、沙汀、艾芜、邵子南、李亚群等经常为之撰稿。他们写的短杂文,多对社会动态,国民党在政治倒行逆施,经济上的困境,笔锋尖锐的刺中要害。晚报追求版面美化,为此专门约请汪子美、高龙生等为晚报作漫画。《国民公报晚刊》于1947年10月停刊,对于停刊原因并不清楚,"看来恐怕还是报纸创刊不久,作用和影响还不够广泛深入,报纸栏目较多,版面花哨,分散了一些读者注意力的缘故。但也不排除报纸已经引出'麻烦',问题提到康心之或曾通一那里。"①

《国民公报》1946年8月还在长春试出长春版《国民公报》,但很快停刊。1948年夏,康心之整顿报社,以不违反三民主义,也不骂共产党作为办报方针,力求办成代表金融界的报纸,但该报仍受到国民党当局的迫害,只能请出国民党元老李伯申担任社长,才得以支撑下去。

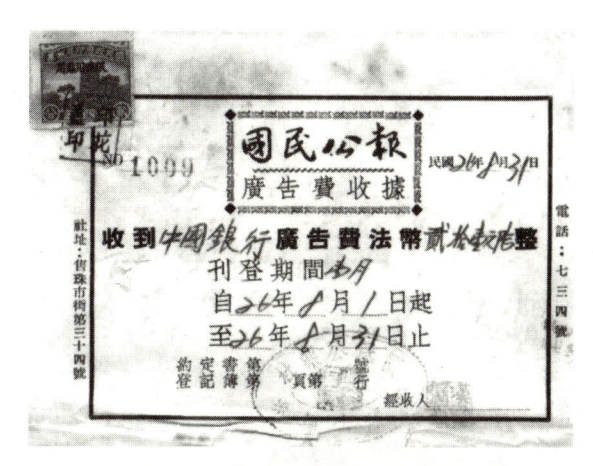

图135 《国民公报》广告费收据

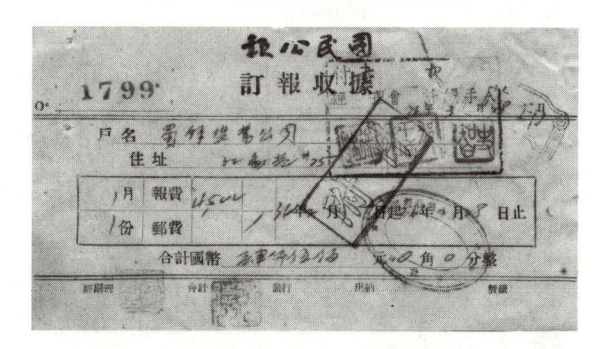

图136 《国民公报》订报收据

重庆解放后,《国民公报》仍继续出报,但报纸销量锐减,报社难以维持。1950年初,报纸在市区的发行量不足一千份,报社提出停刊申请后,董事会决定停刊,将所有资产捐献国家。

《国民公报》成渝时期前后共存在37年零10个月,是四川地区出版时间最长的报纸。

54. 星星报—星渝日报(1936年)

《星星报》于1936年8月10日创刊,创办人为"万金油大王"、"中文报业巨子"胡文虎。该报4开4版,社址在重庆商业场西四街2号。吴顺清任社长兼总经理,总编辑傅锡藩,并编国内外新闻,省市新闻编辑陈志明,编辑还有

---

① 杨正南:《国民公报晚刊》始末,《重庆报史资料》,第五辑。

李伏伽,外勤记者张公牧。该报内容和编排都仿效大报,新闻大多采用中央社电讯稿,或剪辑其他报纸,只有本市新闻是张公牧采写的,因此出版后没有什么反响,仅发行五六百份,限于市区。

抗日战争爆发后,为适应抗战宣传的需要,《星星报》于1938年2月21日改为对开4版的大报,并更名为《星渝日报》,期号另起,林森书写报名。

当时该报提出六大任务,即:贯彻抗敌言论,巩固统一战线,唤起民众救亡,暴露社会黑暗,研讨战时问题,传递正确信息。第一版广告;第二版国内新闻,以抗战消息为主;第三版国际新闻和"时事与专论",该版内容包括抗战史料,前线特写,救亡通讯,政经专著,外论介绍等;第四版是渝市新闻和副刊《前哨》。

图137　胡文虎(1882—1954)

在1938年3月20日星期增刊第4号上,发表了毛泽东写的《为保卫陕甘而战》。在"人物志"栏,以《八路军中的文胆》为题,介绍了博古,第5号里介绍了林彪。在《星渝日报》4月6日第二三版发表了陈克寒的《从西安到延安》,史沫特莱的《为西北战士呼吁》,在"时事与专论"栏刊登了《陕甘宁边区的民众动员》通讯。

图138　《星渝日报》

该报于1938年8月停刊,设备全部转让给《新华日报》。有资料称该报转让给《新华日报》的原因和方式,至今仍是未解之谜。

55. 权衡报(1937年)

1937年1月15日出版,社址在重庆西一街21号。4开8版。第一版设有

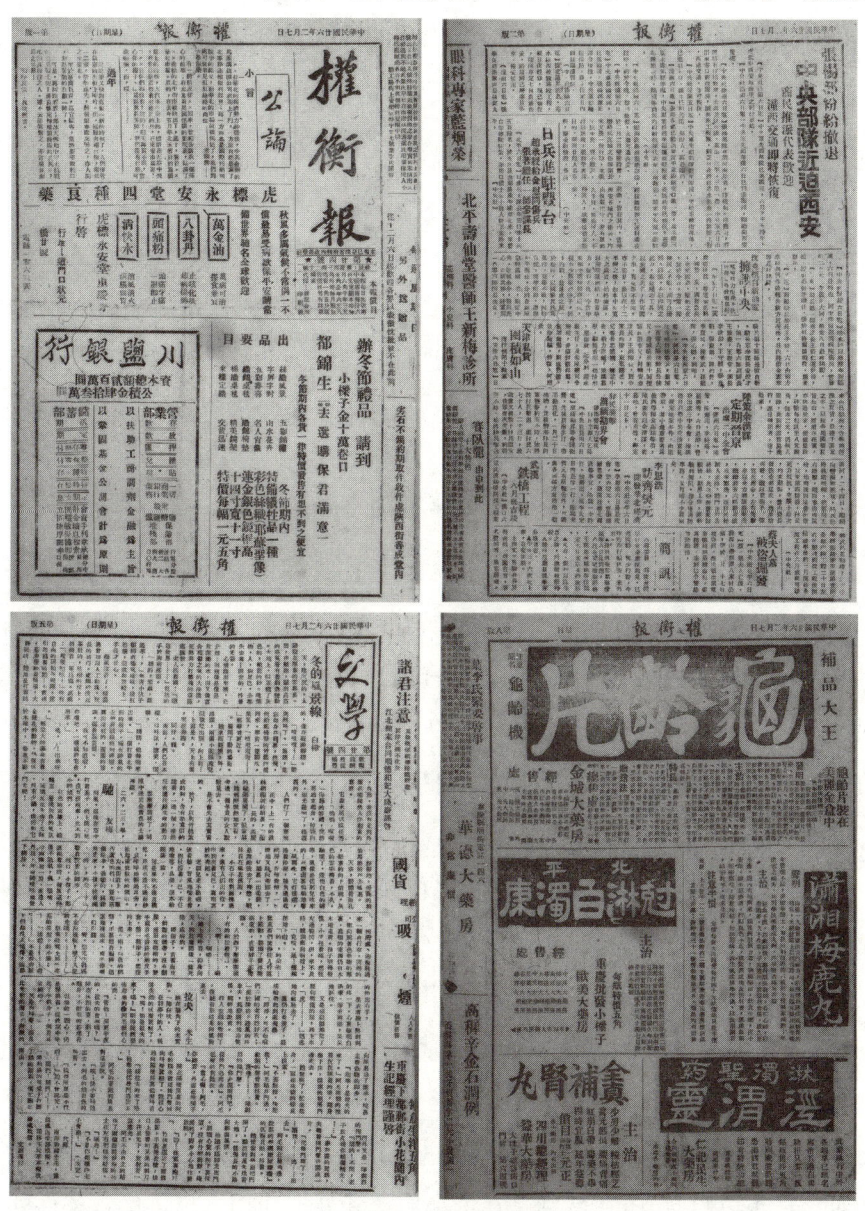

图139 《权衡报》

"公论"的言论专栏,第五版为"文学"副刊,广告内容占到全报的四分之一以上,其余内容为国内外新闻。

56. 时事新报(1937年)

《时事新报》创刊于上海,原名《舆论时事报》,是由1907年12月5日创刊的《时事报》和1908年2月29日创刊的《舆论日报》合并而来。1911年5月18日正式改名为《时事新报》。与《新闻报》《申报》齐名,合称上海三大报纸。

清末时,《时事新报》是资产阶级改良派报纸;辛亥革命后,成为进步党的报纸;后来又成为研究系的机关报。1928年,张竹平、汪英宾等收购该报。1934年,因政治关系,报纸转卖给当时独揽全国经济命脉的显赫人物孔祥熙,因此,逐渐成为全国性的金融财政方面的报纸。

1937年11月26日,《时事新报》迁往重庆,次年4月27日正式复刊。《时事新报》初到重庆时,崔唯吾任总经理,黄天鹏任主编。1938年12月9日,社论《本报三十一周年的今后》写

图140 孔祥熙(1880—1967)

到,"当长期抗战的今天,本报自信是以公平和平的国民立场,拥护政府贤明的国策,接受正确领导之余,竭我们的良能,论事评人,督促建议,以期臻于完善。"表明该报政治立场。

复刊后的《时事新报》,政治文化底色并无大变,仍以报道抗战信息,反映和引导抗战舆论、传播民主宪政意识为基本内容,但其更着力于经济新闻的报道与评析。这也是它能很快在读者市场中打开局面的一大优势和特色。

《时事新报》的经济评述文章对读者很有吸引力。它一方面对国民政府颁布的战时金融政策,能从政略和战略的高度进行细致深入的解读;另一方面也随时对这些政策和措施中的不足进行直接,甚至尖锐的批评。孔祥熙除了对该报予以财政支持,特别是在资金周转和外汇使用上提供优越条件外,

对其办报宗旨和舆论指向，并无甚干涉。由于有孔氏财团这个后盾，财政部的全部公告均以广告形式刊登在该报上，对各行各业的广告也具有一定的招徕作用，因此在资金周转和外汇使用上，比其他各民营报纸有着较为优越的条件。

1939年5月至8月重庆遭到大轰炸期间，《时事新报》扮演着一个重要的角色。在各报社址遭到破坏损失惨重的情况下，由于该报的印

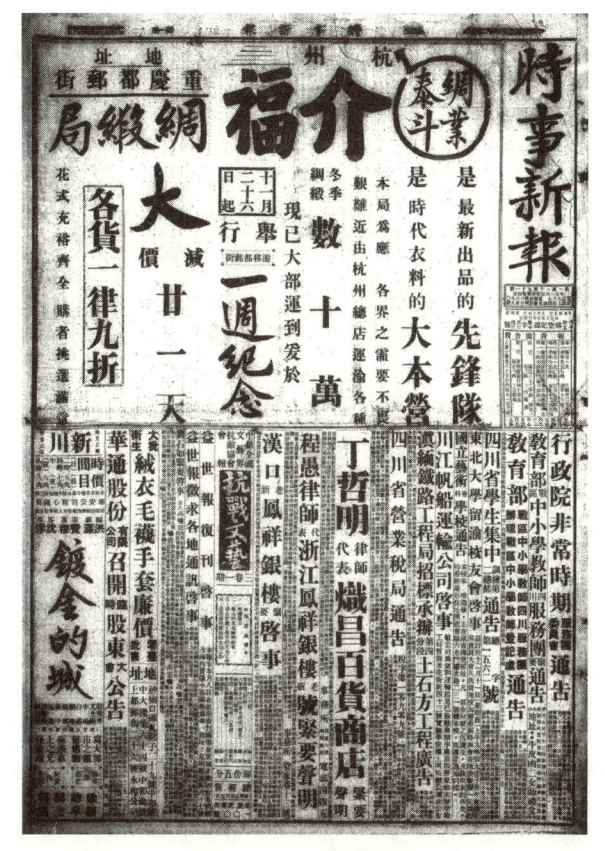

图141 《时事新报》

刷器材较当时的其他报社先进，因此承担了"联合版"的编辑、印刷、发行等重要工作。

《时事新报》迁渝时的董事长是交通银行总经理徐新六，后徐因飞机失事身亡，改由傅汝霖继任，担任常务董事的是财政部参事李毓万，社内总经理是崔唯吾、总编辑黄天鹏，主笔薛农山。这个班子在维持一年后因内部意见不合而导致全部更换。其间更是发生报社印刷厂罢工、报纸改出半张和短暂停刊等事故。[①]此后，原中央银行人事处处长张万里继任总经理职务。

张万里上任后对报社的人事进行了大调整，他找来谢友兰任总编辑，张友渔任总主笔，另外还有崔敬伯、孙起孟两个主笔。由崔写经济方面的社论，

[①] 具体过程可参见黄卓明、俞振基：《关于时事新报的所见所闻》，《新闻与传播研究》，1983年第3期。

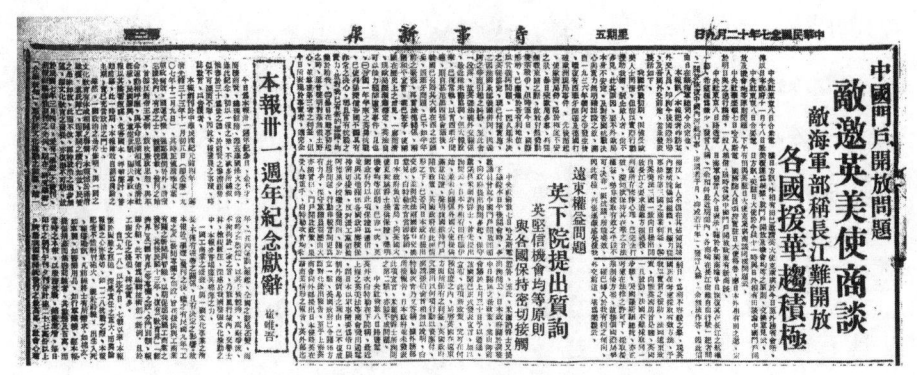

图142 《时事新报》创刊31周年纪念辞

孙写政治、思想等方面的社论,张负责写民主宪政以及日本问题等方面的文章,并审核其他主笔写的社论。张友渔来自中共南方局,以一贯宣扬抗日主张的言论被人称道。他任总主笔期间,有时一周写四五篇社论,宣传我党的主张。另外,还有彭平(彭友今)、陈翰伯等中共秘密党员,相继进入报社担任编辑,他们利用《时事新报》宣传国共合作、团结抗战。

事实上,张万里的管理与崔唯吾不同。崔着重抓编辑部,张则着重抓发行、广告、财务等企业管理以及从事社外活动,极少过问编辑部的工作或是到编辑部去。总编辑谢友兰、盛世强也基本上不过问部门的工作情况。他们虽然都坐夜班、看大样、签字付印,但对主笔叫来的社论或文章,以及各版编辑编发的国内、国际和本市报道,基本上是阅后照发的。

因此,改组后的《时事新报》和《中央日报》有所不同,宣传团结、民主、抗战的色彩较为明显。除了有人事上的改组使得进步人士进入报社,也由于当时国共合作、团结抗战的政治形势使然。孔祥熙对此不加干涉,是因为他认为报纸这样宣传利于他提高自己在社会上的声誉,从而加强他在国民党派系斗争中的政治力量。在张万里主持期间,《时事新报》也发表过很多鼓吹国民党财政金融政策的文章,作为孔系报纸的色彩,较崔唯吾主持期间更为突出。

在报道方面,该报曾保持两个特点:一是报社有一台短波收报机,派专人收听来自国外的广播,随听随译,以"本报特讯"的形式发表。当时报界的国际新闻主要依靠外国通讯社,除塔斯社外,合众社和路透社的电讯都是经由国民党"中央通讯社"转发的。因而《时事新报》根据外国广播编成的"本报特讯",在时效上抢了先,又突破了"中央社"的垄断,报纸办得有声有色。1941年12月9日美国对日宣战,该报在收到广播后,立即出版了号外,成为最先报道这一新闻的独家报纸。1943年1月7日,美国总统罗斯福发表了向华运送物资,中美共同作战的演说,《时事新报》连夜赶出新闻,改组报纸版面,次日于头条显著刊出,轰动重庆政界和报界。另外,崔唯吾主持期间,曾创办过一个栏目《一周国内国际局势述要》,在张万里期间一度中断过,后来由陈伯翰和张维令执笔恢复,以"本报资料室"的名义继续发表,广受同行称道。虽然题为"局势述要",实则为一周时事述评。

《时事新报》的副刊《学灯》历史悠久,影响较大。《学灯》几经易名、停刊、复刊,重庆时期,《学灯》名为《星期学灯》。该刊宗旨为:"内载关于学术之社会问题之提倡,评论思潮研究论坛,以谈名著,述议新文艺,学术

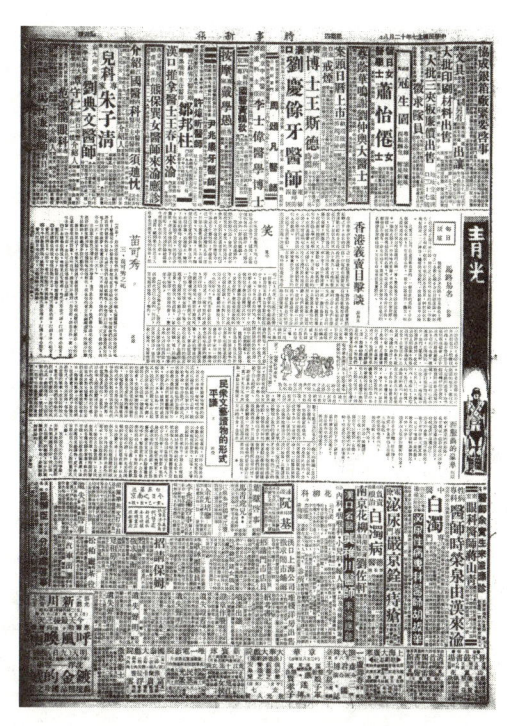

图143 《时事新报》《青光副刊》

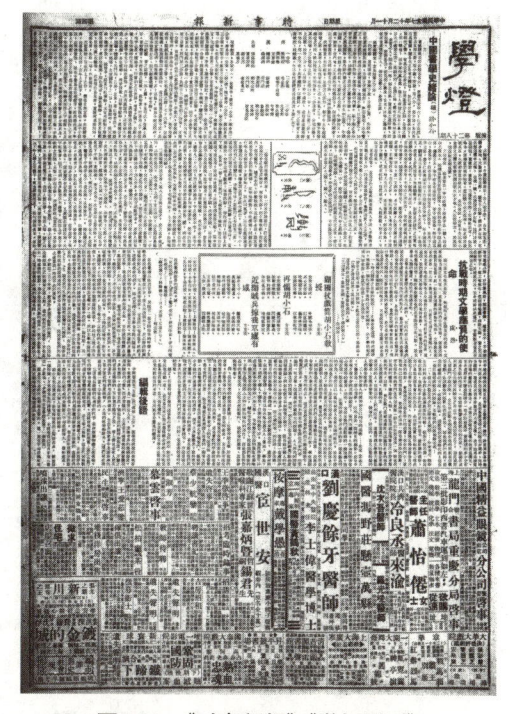

图144 《时事新报》《学灯副刊》

界消息及讨论,通讯诸门,借以革新思想,促进文化。"《学灯》周日出一期,刊载内容有较多学术论文,撰稿人多是中央大学教授,在学术界很有分量。

1939年12月10日,《时事新报》创办美术副刊——《漫画周刊》,两期后改名为《漫画两周刊》,直至1940年6月23日,一共14期。《漫画周刊》版式安排均衡,图文并茂,不定期刊登漫画界消息供读者参阅。虽名为"漫画",但从作品类别来看,既有漫画又有木刻;从作品形式来看,既有单幅又有连环漫画或木刻;从作品内容来看,既有反映前方战况又有反映后方民众生活。理论文章涵盖范围广泛,漫画与其他美术文论并存,涉及漫画技艺、漫画作品、漫画今后发展形式以及国内外画家

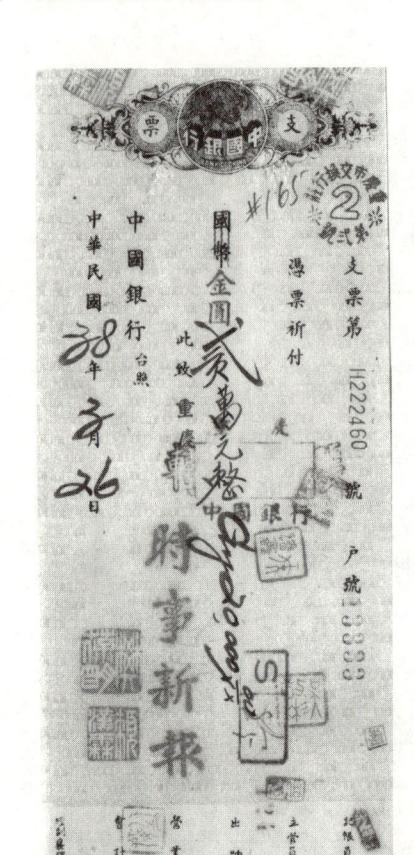

图145 《时事新报》金融单据

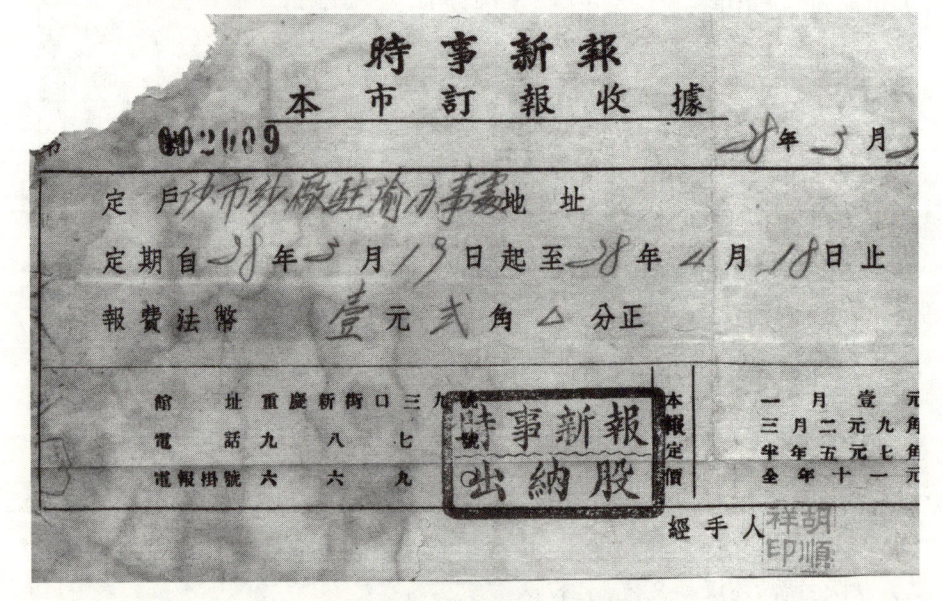

图146 《时事新报》订报单据

介绍等方面。有关漫画运动的文章主要针对战时漫画运动的开展和战时漫画的任务。如,第七期刊登的《西北的漫画运动》和第十期刊登的《仍须讽刺》等文章。

《时事新报》在张万里接办期间,发行量为5000多份。1943年,《时事新报》出现了经营上的高峰,发行量由最初的五千份上升到一万四千分。由于《时事新报》具有财政部机关报的身份,有关财政金融方面的广告较多;又由于发行量仅次于当时的《大公报》,并可与《新民报》相竞争,对商业广告和启事广告起到一定的招徕作用,因此该报广告业务是较好的。1943年更是出现了高峰,辛亥革命纪念日出版了四大张,元旦出版了八张半,且就以广告所占篇幅为主,在抗战后期物质匮乏的重庆,尤为不易。

到抗战胜利前夕,国民党内部派系互相倾轧愈演愈烈,孔祥熙也受到冲击,《时事新报》随之也受到影响。抗战胜利后,《时事新报》总社迁回上海,渝馆继续出版,但因内容平平毫无特色,报纸销路每况愈下,报社经济日窘,不得不在1948年宣布停刊。

57. 佛化新闻报(1937年)

1937年6月16日创刊,主编许止烦,发行人许了一,编辑许戒瞋。地址在重庆白龙池口25号,发行部在重庆长安寺佛学社内。该报是当时四川地区唯一的佛教报纸,每期发行3000份,重庆新民印书馆代印。该报开始每周一刊,初为四版,后改二版。创刊时由太虚大师题写报名,后来又由章嘉活佛题写报名,并在报纸边栏专门提示,"请勿用本报包裹物品,请勿用本报搽抹器物,请勿将本报任意抛弃"。后改名《佛化新闻》,并增出《佛化评论》。该报当时在抗战大后方宗教界影响力很大,最高时销量达万份。1939年5月,因遭日机轰炸,损失惨重,出版第96期后停刊。1940年迁成都桂花巷12号继续出版,但始终没有扭转恢复到原有的局面。1942年10月,因经费不足停办。

该报主要报道各地佛教活动,从佛教角度宣传抗战,还有一些知识性和劝人从善的文章。第4版为副刊《佛光》。透过这份报纸可以看出抗战时期中国佛教界在反对外国侵略者的斗争中,所做出的不懈努力,特别是这份报

图147 《佛化新闻报》

纸里面报道了大量佛教界对抗战的态度与事实，表明了佛教界爱国爱教的鲜明态度。

58. 抗敌导报（1938年）

1938年1月创刊，16开本，旬刊，重庆市各界抗敌后援会宣传组主编，辟有短论、抗敌讲座、战争述要、专论、抗敌情报、抗战史料、时事述评、文艺、速写、读者同地等栏。该刊主要阐述国民党的政策、法令，并辩护国民党压制民主社团的行为。同时，也报道了各地的抗日宣传及其所组织的活动，包括不少的

图148 《抗敌导报》

战地通讯和特写。

出至10月3日第33期因故暂停。后改为半月刊,不久再次停刊。

59. 重庆画报(1938年)

1938年1月,重庆开明书店出版,具体内容不详。

另有资料显示,《重庆画报》杂志社也曾出版一份同名报纸,创刊时间不详,1946年4月1日出版《抗战胜利纪念第四号》。《重庆画报》杂志社社长贡学渭,发行人刘缄三,社址重庆市南岸玄坛庙施家坡37号吴家花园。《重庆画报》在天津设立华北销售处,并在成都、兰州、贵州、昆明、上海、西安、缅甸、加拿大有特约经销处。

图149 《重庆画报》

图150 《重庆画报》有关重庆各报的文章

60. 新民报+新民报晚刊(1938年)

图151 左陈铭德(1897—1989)
右邓季惺(1907—1995)

《新民报》1929年9月9日在南京创刊,社址在洪武街。主要发起人为陈铭德。创刊初期,报纸在经济上依赖当时四川省主席刘湘的资助。

抗战爆发后,《新民报》西迁重庆,1938年1月15日以4开小型报的形式和读者见面,成为抗战中迁渝出版的第一张报纸。该报第一版为要闻,第二版为国内新闻社评,第三版为本市新闻、广告,第四版为国际新闻及副刊,中缝投放广告。

当时的《新民报》一方面挂出"中央化"的招牌,以求得报纸的自由的发展,如聘请国民党中央社社长萧同兹为董事长,国民党中宣部新闻处处长彭革陈、立法院秘书长梁寒操、南京市政府秘书长王潄芳等为常务董事;另一方面又以重庆中下层公职人员、教师、学生及城市市民为主要读者对象,主抓社会新闻,着力办好副刊,以吸引读者。最重要的是,《新民报》在重庆复杂的政治形势下采取了"中间偏左、遇礁即避"的言论编辑方针,这一方针既进步,又灵活,是"四事"方针的实际做法。1938年7月7日,周恩来为《新民报》题词:"全民团结,持久斗争,抗战必胜,建国必成。"

重庆时期的《新民报》一改南京旧姿态,竭力地以新面貌示人。当时,早期曾资助过《新民报》的四川军阀刘湘已经去世,报纸的经济逐渐独立,从那时起,《新民报》逐渐发展成一份不折不扣的民间报纸。在重庆的八年间,报纸发生了划时代的变化:

一是约集顶尖新闻文化人才加盟编者和作者队伍,扩大报社影响。迁渝不久后,陈铭德与张恨水以及一度离开《新民报》的张友鸾取得了联系,约请两位人士参加《新民报》的编辑策划工作。稍后,张慧剑和赵超构也相继加盟进来。"三张一赵"的会师不仅壮大了《新民报》的办报力量，而且还标志着一个自由主义者群体的全新组合与登台亮相。张恨水的小说连载、《上下古今谈》，张友鸾的《曲线新闻》《山城夜曲》，张慧剑的《山楼一百话》《世象杂收》，赵超构的《今日论语》《新闻圈外》等副刊、专栏都脍炙人口，深得读者喜爱。同时，《新民报》广泛结交文化界人士，以自由主义的

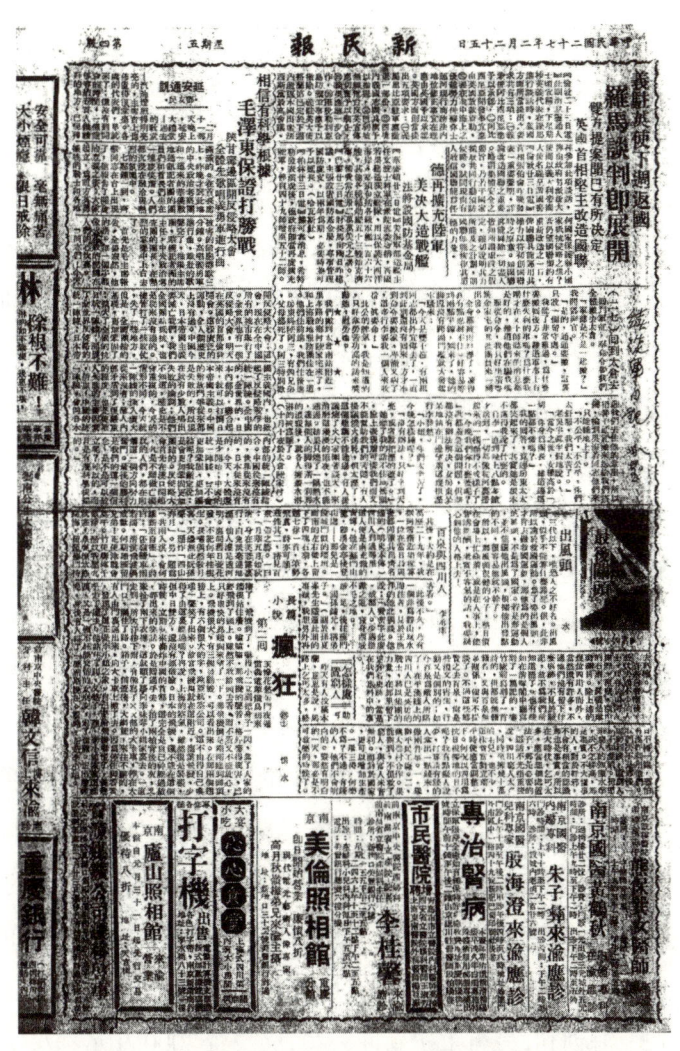

图152 《新民报》的"延安通讯"《相信毛泽东打胜仗》

兼容并包气度壮大了作者群体，积极而真诚地约请他们写稿。其中重要的有：章士钊、陈寅恪、吴宓、孙伏园、顾颉刚、朱伯商、黄炎培、崔敬伯、卢冀野、老舍、巴金、朱自清、叶圣陶……基本上涵盖了抗战期间西迁重庆的所有文化界知名人。

二是不断吸引人才采编队伍，形成有"百剑相随惟一盾（邓）"①的盛况。抗战期间，先后担任过《新民报》副刊主笔或编辑的有夏衍、凤子、沈起予、李

---

① 所谓"百剑相随惟一盾（邓）"中的（邓），是指《新民报》的女主人邓季惺女士。

兰、张恨水、张慧剑、吴祖光、孙伏园、谢冰莹、王楷元、施白芜、黄苗子、郁风、陈白尘、聂绀弩、陈迩冬、张白山等。担任新闻编辑和记者的先后有：张友鸾、程大千、赵纯继、陈理源、方奈何、胡乃琨、郑拾风、张林岚、王志俊、方白非、张十方、张先畴、王达仁、浦熙修、张西洛、周亚君、李廷瑛、廖毓泉、高汾、何鸿钧、姚江屏、邓蜀生、韩辛茹、胡作霖、程海帆、曾梦生、何明光、张天授等。从这样一份庞杂的名单可以看出，《新民报》对于采编人员的政治立场并没有清晰的要求，涵盖了左、中、右各种思想倾向的人才。《新民报》的主持人邓季惺解释说："铭德曾想学蔡元培办北京大学的作风，把各人物都网罗进来，只要对报纸的发展有利，实行兼收并蓄。"[①]实际上，这种局面更多源于邓季惺在罗织人才方面的大胆。为了激发采编人员的积极性，《新民报》在报社实行"明星制"，对于名记者或文化名流，就给以主笔名义受任报社。他们有的写个小专栏，有的写小说，有的并不怎么动笔。但是，名人的"明星效应"很大程度上提高了报社的知名度和权威性，扩大了对读者的吸引力，直接推动了报纸的发展。

三是在抗战中逐渐建立健全的财会、人事、广告、发行、印刷等方面的制度，推进报社走上企业化经营的道路。迁渝不久后，刘湘病逝，《新民报》转为向以卢作孚、刘航琛、胡子昂、吴晋航、古耕虞等为代表的四川的民族资产阶级。1937年7月1日，《新民报》股份公司集资5万元宣布成立。1944年5月增资为1200万元，1945年3月再增为2000万元。1945年6月为准备胜利后在上海创刊，另组重庆新闻公司，又集资3000万元。八年中，先后投资《新民报》的就有：民生实业公司、四川畜产公司、宝源煤矿公司、四川丝业公司、华西兴业公司、华懋公司、重庆电力公司、自来水公司、轮渡公司、重庆牛奶公司、和成银行、美丰银行、川康银行、川盐银行、华康银行、和通银行、成都济康银行、怡益银号等，几乎将大后方著名的"川帮"工商企业和银行都囊括了进来——与民间企业的股份制合作，充分保证了报纸经济独立于党派之外这一自由主义的根本优势，并最终使之发展壮大成为了拥有"五报八版"的大报业系统。

[①] 陈铭德、邓季惺：《〈新民报〉春秋》，重庆出版社，1987年版，第28页。

除了这些革新,《新民报》还积极顺应读者的需要,做好发行和广告工作。在渝出刊后,四川人认为《新民报》是四川人办的报纸,迁渝的下江人又认为《新民报》是从下江迁来的报纸,对《新民报》都具有感情,订报者络绎不绝。广告方面,也从一开始就拥有全市影剧院、主要公司行号和商店的广告,经营业务得到不断发展。

1941年6月7日的大轰炸中,《新民报》七星岗社址四层楼房及莲花池职工宿舍被炸毁,包括移置防空洞的纸张、器材、文件、账册及多年合订本亦被毁,在大轰炸中,先后殉难者有编辑谢云鹏、排字工人王金才和挑水工人杨青白。报纸仍坚持出版,并发表社评《为新民晚报总社被毁告国人书》,表明奋力抗战到底,争取胜利的决心。

图153 《新民报》报馆

同年,《新民报》为打开销路,发挥潜力,决定增出晚报。晚报于1941年11月1日出版,发行量最多时达四万份,是重庆各家晚报发行量最大的。《新民报晚刊》的成功,

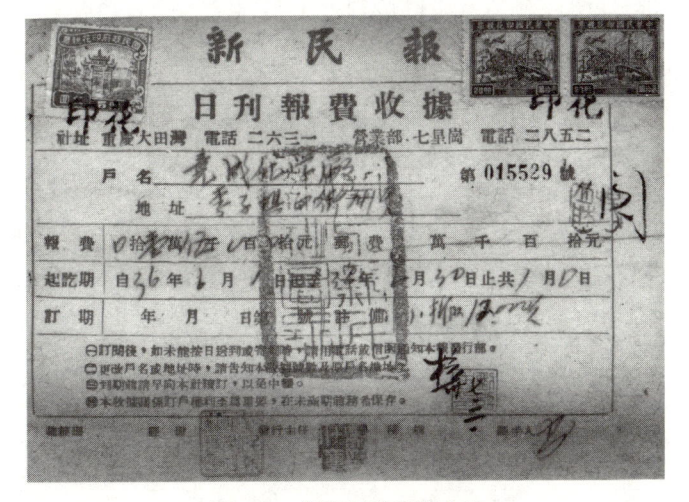

图154 《新民报》报费收据

迅速扭转了《新民报》严峻经济局面,并为抗战胜利后报社的发展储备了人才,积累了资金。晚刊发行,是《新民报》发展史上的一个里程碑,改变了《新民报》发展的方向。从此,《新民报》确定了着重发展晚刊的经营路线。

1944年5月,国民党组织中外记者西北参观团,主笔赵超构参加,归来写成访问记《延安一月》,较为系统地报道了毛泽东和中共其他领导人的言行和边区各方面情况。从7月30日起,在成、渝两版同时发表,引起巨大轰

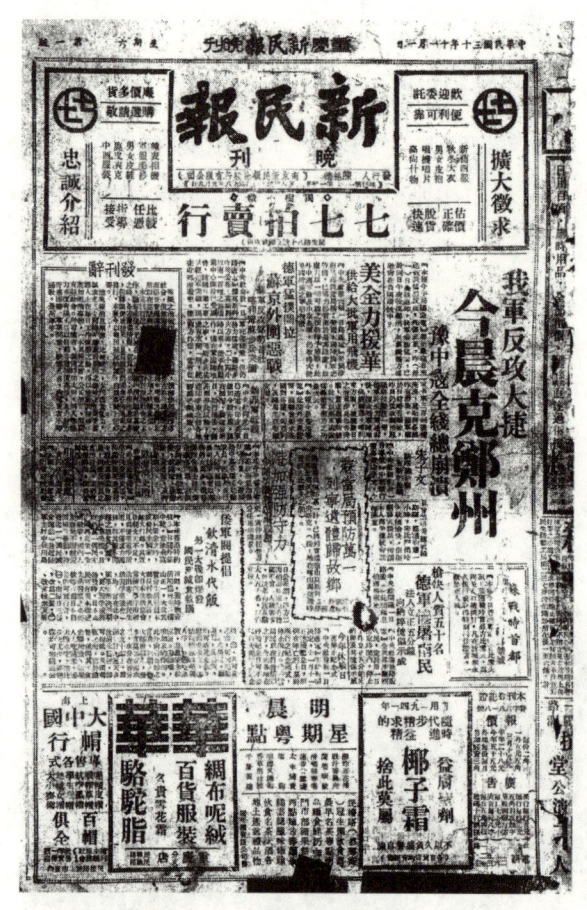

图155 《新民报晚刊》创刊号

动。11月,《延安一月》单行本出版,陈铭德亲自写序言,重申客观、公正和自由批评的原则。

国共和谈期间《新民报》首先在晚刊《西方夜谭》上登出毛泽东的《沁园春·雪》,编者吴祖光给该词加了按语:"毛润之氏能诗词,似鲜为人知。客有抄得其《沁园春》咏雪一词者,风调独绝,文情并茂,而气魄之大乃不可及。据氏自称则游戏之作,殊不足为青年法,尤不足为外人道也。"[1]并由此引起轩然大波,受到国民党中宣部警告。

抗战胜利后,《新民报》分赴南京、上海、北京三地,筹备南京日晚刊的复刊和上海晚刊、北京日刊的开办工作,由此创立了"五社八版"的恢宏局面。

---

[1] 吴祖光:《话说〈沁园春·雪〉》,《重庆报史资料》,第十六期。

1947年6月1日,国民党开始对报社人员进行大搜捕。1948年7月8日,国民党当局以"立法院军事泄密案"的借口,说南京《新民报》"为匪宣传",勒令永久停刊,同时密令各地方政府借故查封《新民报》各分社。1949年7月23日,成都《新民报》被武装查封。为免遭灭顶之灾,渝版报纸负责人罗承烈、刘正华决定聘请时任国民党四川省党部主任委员,并为报社董事之一的曾扩情为发行人兼社长。将"新民报重庆社"改为"重庆新民报社",并于8月6日登报声明独立经营,与原《新民社》总管理处脱离关系。这样才逃过一劫。12月1日,发行人改为新民报职工会。

重庆解放后,《新民报》得到人民政府的扶持继续出版。但由于经费等自身问题,1952年1月10日,重庆《新民报》终刊。

61. 南京晚报(1938年)

《南京晚报》创刊于1929年5月16日,是当时国民政府首都南京出版最早的晚报。抗日战争爆发后停刊。1938年8月1日在重庆复刊,发行人张友鹤,日出4开纸一张。初期因财力不足,多由其他报社代印。读者多半是江

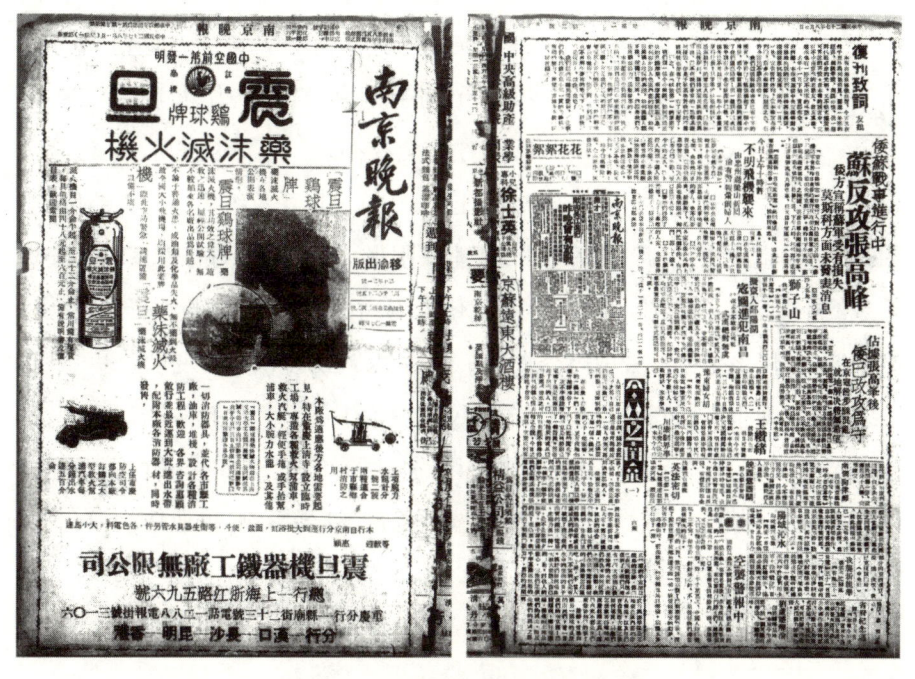

图156 《南京晚报》移渝出版第一期

苏、浙江、安徽等省市来渝避难的同胞。1939年"五三"、"五四"日机轰炸时,该报一度停刊,不久复刊。

该报总编辑刘自勒,经理吴仲撰,记者先后有王孚庆、成文辉、陈礴甫、于拳达等。报纸分设"今日南京"、"四川见闻"等栏。该报副刊《巴山月》经常连续发表一些"美国兵的外国妻"、"女间谍的归来"、"重庆三百六十行"一类的文章。张友鹤的主要倾向是"为办报而办报,为新闻而新闻",也经常宣称"没有政治背景,应该超越党派,争取新闻自由"。该报发表过一些态度鲜明,坚持抗战的文章。国共和谈期间,也发表过一些中共领导人的言论与新闻,在重庆名声大振。当国民党施加压力时,它又退缩甚至作些反共宣传。

抗战胜利后,张友鹤赴南京复刊《南京晚报》,重庆的《南京晚报》作为"重庆版"交由经理吴仲撰全权办理。不久被解宗元、洪晓薇合资接办。解宗元任发行人,洪晓薇任社长,伍长青任总编辑,采访主任胡必明,副刊编辑施白无,漫画高龙生,撰述欧阳平,各类稿件均与南京总社交流转载。不久,解、洪发生矛盾,解宗元、伍长青离开报社,洪晓薇独资经营。人事的变更,使该报在读者中声誉大减。此后,又经历多次人事变动。

《南京晚报》近20年的存在,在国民党统治下的首都南京和陪都重庆,都有一定的影响力。"若从中国新闻史研讨的角度看,这家始终坚持民营独立性的小型晚报,其历史背景、办报方向、编写特色、社会影响、报业贡献,自有其全面、详实、公正研讨的价值。"①

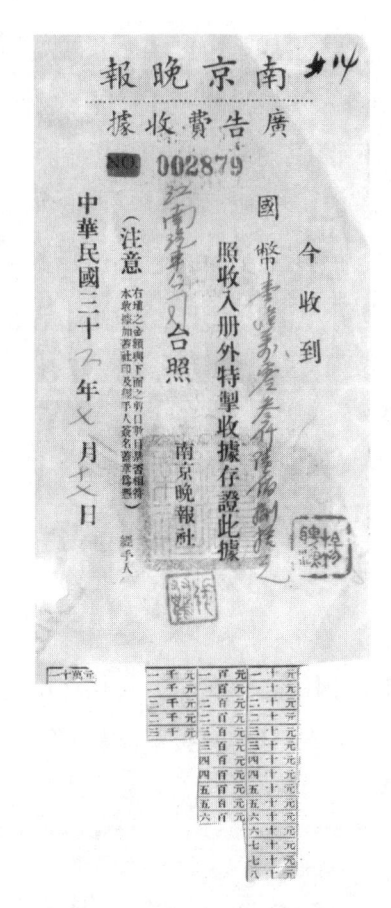

图157 《南京晚报》广告费收据

---

① 《〈南京晚报〉史略》,《重庆报史资料》,第16辑。

62. 大陆晚报(1938年)

李琢仁创办,创刊于1938年8月10日,创刊时报名由汪兆铭(精卫)书写。地址在重庆较场口黄土坡2号。在商务日报社印刷,4开4版。第一面国内要闻;第二版国际新闻、广告;第三版省市新闻及"服务版","服务版"内有"常识问答"、"法律问答"、"职业介绍"等;第四版综合性副刊《新大陆》、广告。中缝广告。1939年初版面分工有所变化,主要是第一版为"论坛"或"短

图158 《大陆晚报》

评",下半部是广告,第二版增加通讯报道,第三版取消"服务版"。4月时第一版为广告,第二版是国内外要闻、"论坛"或"社论"。1939年5月停刊。

63. 中央日报—陪都中央日报+中央晚报(1938年)

中国国民党中央机关报,是国民党大陆统治时期的最大党报,在整个国民党党报体系中处于核心党报位置,因此一直是国民党"最高言论机关"。

《中央日报》作为国民党机关报,为维护蒋介石集团的独裁专制统治,发表过大量诋毁中国共产党、破坏国共合作的新闻消息和社评社论。但在抗日战争时期,《中央日报》也对宣传抗日起到过一定的积极作用。

1928年,国民党出资五万买下上海《商报》资产,创办《中央日报》,其时发刊词公开表示:"本报为代表本党之言论机关,一切言论,自以本党之主义政策为依归。"①由于时局动荡,11月宣告停刊。1929年2月1日,移驻南京重新出版发行。

尽管具有优越的政治优势和充足的资金,但最初的《中央日报》一直发展得不够顺利。1932年3月1日,《中央日报》实行社长制,与中央社同时成为独立经营的新闻单位,社长一职由程沧波担任。程在职期间,对报纸进行大幅改革,提出"经理部要充分营业化;编辑部要充分学术化;整个事业要制度化和效率化"的工作方针。

1938年,由于华南局势日趋紧张,9月15日,《中央日报》移驻重庆,设址会仙桥,1939年迁到中正路。在八年的抗战中,《中央日报》因为没有准确传播蒋介石的意图,特别是不能发挥与共产党《新华日报》相抗衡的作用而多次被蒋介石责骂。而究其最重要的原因则在于国民党力求构建新闻统制,钳制舆论,压制与自身相悖的言论,意图促成利于国民党统治天下的党营传媒。而作为报人,一方面要坚持新闻专业

图159 程沧波(1903—1990)

---

① 何应钦:《本报的责任》,《中央日报》,1928年2月1日。

主义办报，另一方面也无法准确地领会蒋介石的意图。在重庆七年间，报纸进行了五次改组，前后更换了五任社长。

第一次改组发生在1938年，改组结果为：社长程沧波，总编辑张客年，总主笔周邦式，总经理贺壮予。程沧波根据此前经营民营报纸《时事新报》的经验，创造了将党报的"党性"和民营报提倡的"人民性"相结合的办报方法，声称《中央日报》也是"人民的喉舌"。他在该报《敬告读者》的社论中公然告

图160 《中央日报》

示"人民利益即党之利益，为人民利益而言，即为党之利益而言。故本报为党之喉舌，即为人民之喉舌"[①]。程沧波具有丰富的办报经验，但缺乏政客的圆滑，加上为《大公报》具有自由主义色彩的"星期论文"撰稿，引来政客的嫉恨，被告到蒋介石处。1940年，程沧波辞职。

不久，国民党军事委员会政治部副部长何浩若接任社长，聘请刘光炎任总编辑，中央政治学校教授、外交系主任陈石孚任总主笔。何浩若十分重视新闻报道和言论把关，但没过多久，他发现这张报纸名义上隶属国民党中宣部，实际上直接听命于蒋介石，发表新闻和言论动辄获罪，而且报纸经费短缺。勉强待了三个月后，何便辞职离开。

其后，蒋介石不得不再亲自点将，让中央通讯社社长萧同兹把陈博生借出来整顿《中央日报》，陈于是将其原在北京《晨报》的人员带到了《中央日

[①] 曾宪明，《中国百年报人之路》。上海：远方出版社。

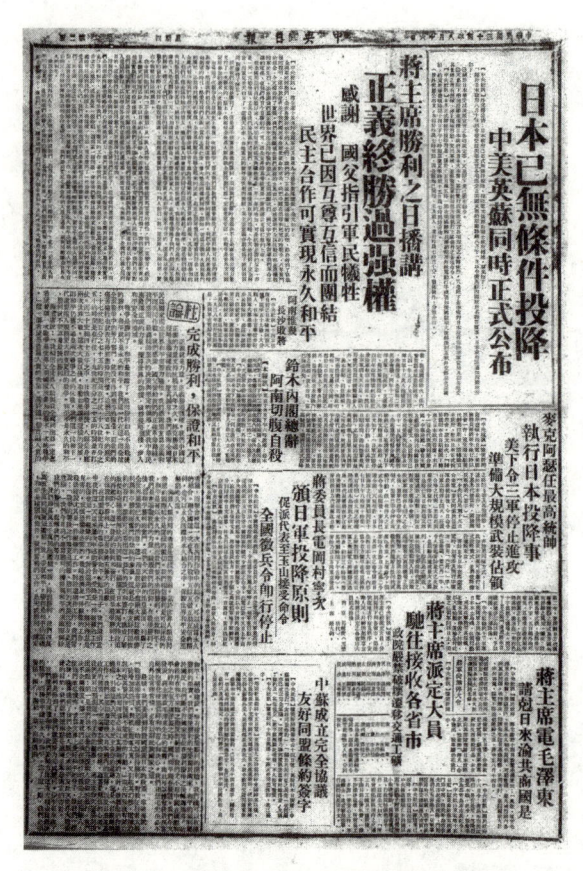

图161 《中央日报》关于日本投降的报道

报》。此次改组后的总编辑詹辱生,副总编辑许君远,总经理张明炜,副刊主编孙伏园,采访主任刘尊棋,都是办报能手。但接手过后,陈博生发现《中央日报》财务上严重亏空,经常遇到版模已经上机、纸张却无钱购买的情况,无奈之下,只好到《新华日报》去借。后来,蒋介石发现了两报互通有无,十分恼怒,狠狠训斥萧同兹和陈博生。有一次,采访主任赵效沂写了一篇蒋介石在民众会上致辞的报道,没有用蒋介石事后加上了文字的中央社稿,被蒋介石训斥。面对中宣部长王世杰和侍从室主任陈布雷的质问,陈博生不愿多作解释,立即辞职,他带来的部分编辑也跟着引咎辞职。

1942年进行的第四次改组选定陶百川为社长,因为创办过《中央周刊》,陶积累了丰富的办报经验。他上任后,一改《中央日报》重言论、轻报道的传统,力主将"言论纸"改作"新闻纸"。他身体力行,鼓励记者编辑做"独家新闻"。但他却不知道蒋介石与英美关系的内幕,刊出的新闻常常不合蒋的心意。12月,报纸因刊发《中美中英新约明年元旦正式公布》的"独家新闻",被控"泄露外交机密",总编辑袁业裕被撤换。随后钱沧硕、陈德徵先后任报社总编、顾问,但皆因故离开报社。之后,陶百川日渐感到难以实现自己的雄心壮志,于1943年11月辞职。

第五任社长为《东南日报》社长胡健中,陈布雷邀请当时恰好到重庆开会的胡健中担任《中央日报》社长,胡一开始坚辞不就,但耐不住陈立夫、陈果夫、陈布雷的再三苦劝,而且又受到蒋介石的亲自劝勉,勉强就任。但他向蒋介石提出两个要求,一是继续兼任《东南日报》社长,二是由他亲自挑选报社领导班子。在他的亲自指定下,几位与国民党上层人物密切相关的人组成了报社的领导班子。在其主政期间,巧妙处理和规避了党内派系矛盾,没有惹出麻烦。但从另一方面讲,过分地追求安稳也使得报纸毫无起色。

《中央日报》在重庆的时期,正是抗战全面爆发后。由于民族矛盾上升为国内的主要矛盾,在全民抗战的大背景下,《中央日报》的宣传策略从维护国民党的"攘外必先安内"转向以抗日救国为主调,在版面和篇幅上,有关抗战内容的宣传报道占绝大多数,从抗战爆发到抗战胜利结束,《中央日报》几乎从来没有间断过对抗战的报道。

一是对正面战场的宣传:《中央日报》对正面战场的新闻报道数量非常多。在抗战期间,几乎每个要闻版都将中日战事进展作为头条新闻报道。为全面报道中国军队英勇抗击日寇的情况,从抗战一开始,《中央日报》就特别开辟了"各地通讯"专版。其中既有描述平津军民与敌人浴血奋战的场面,也有我军在上海前线痛歼敌寇的情景;既有国民党军队抗战守国的战讯,也有共产党军队出奇制胜的捷报。①豫南会战后,《中央日报》报道:"我军之胜利:一在统帅预料敌人之行动而先已决定取胜之策略;二在避实击虚探取后退反包围的新战术;三在将领之服膺命令如指臂相使,乃能智慧如意动合权宜;四在军官士兵勇敢牺牲,故能以劣势之装备挫折优势之敌人……将士兵民之团结一致,为此次胜利之主要因素。"②这类报道不仅宣传抗战之胜利,更对抗战胜利的原因进行理性分析,具有指导意义。因为党报身份,《中央日报》能较其他报获得更加迅速而全面的战事信息,成为当时战事资讯的前沿。其对正面战场的大力宣传,对国民党政府抗战决心的传达,向国际社会展现了中国不畏强敌、英勇抗战的姿态。但从另一方面看,其所报道的新闻往往报喜不报忧,这种报道方式在一定程度上削弱了新闻的真实性。

---

① 黎宁:《抗战时期〈中央日报〉的新闻宣传研究》,湖南师范大学2009年硕士研究生论文。
② 《豫南会战之胜利》,《中央日报》,1941年2月15日。

二是揭露日寇野蛮暴行的宣传。对于日军犯下的滔天罪行,《中央日报》给予了强烈谴责:"平津两地三日来的现象,轰炸、烧杀、屠戮、阴谋,各幕话剧同时表演,这是中国近百年来极大的创痛,也是黄种人毁灭文明的开始。"①1944年4月25日《中央日报》发表了题为《敌寇罪行的调查》的评论,通过调查揭示了日寇的罪行不可饶恕:"敌寇的残酷和暴虐,远超出文明国国民想象所能及的程度以上,日本军阀自战争开始以来,凡是足以毁灭我们民众的人间性和民族性的行为,他们无不尽力的实施。"②

抗战期间《中央日报》通过消息、通讯、评论和文学作品等多种形式,报道了日寇的残酷暴行。这些报道内容具体而数据翔实,真实再现了日寇铁蹄下的中国,点燃了千千万万有血性的中国人胸中的怒火,坚定了中国人民为了民族独立斗争到底的决心。

三是反对日本奴化教育的宣传。1941年太平洋战争爆发后,日本侵略者在占领区和游击区宣传所谓"大东亚共荣圈"、"日中亲善"等奴化思想。妄图以奴化教育腐蚀国人的民族意识,消灭民族的爱国思想,摧残民族意志。为揭露日本帝国主义实行的奴化教育,揭露敌人的欺骗宣传,《中央日报》刊载了多篇文章,宣扬殖民主义教育的内容及危害,揭露日本和西方操纵东北教育的险恶用心。如《敌寇罪行的调查》一文写道:"他们不仅破坏我们民众的经济生活,并且摧残我们民众的文化生活。而其对于文化方面的罪行,比其他罪行更为毒辣。希望前线的军民同胞,对战地寇军的罪行,搜集材料,作成记录,陈述于敌人罪行调查委员会,以为将来惩处敌人罪行的参考和佐证。"③

除了对抗战的宣传,《中央日报》作为机关报,不能摆脱的使命是为国民党进行宣传。一方面,《中央日报》要凸显其喉舌功能,因此,始终围绕国民党中央的方针政策开展宣传活动,时刻不忘维护国民党政权;另一方面,《中央日报》竭力宣扬领袖至上。对抗战期间《中央日报》的新闻关键词统计排名,出现次数在前15位的词汇依次是抗战、胜利、中国、侵略、世界、建国、国家、民族、领袖、敌人、革命、经济、民众、自由、国际。"领袖"一词非常靠前,如1939

---

① 《平津浩劫中之国民》,《中央日报》,1937年8月1日。
② 《敌寇罪行的调查》,《中央日报》,1944年4月25日。
③ 《敌寇罪行的调查》,《中央日报》,1944年4月25日。

年《抗战两周年》一文"中国国民党的主义与精神,集中在我们领袖的身上,领袖秉着党的主义领导全民族对日抗战,领袖深信我们的抗战必定得到最后的胜利,我们最后的胜利就已经在望了"。还有诸如"领袖的英断"、"领袖的贤明"、"伟大的观察家"、"天才军事家"……从这些溢美之词可以看出,抗战时期《中央日报》对于国民党领袖——蒋介石的宣传是不遗余力的。

在抗战相持阶段及抗战后期,随着国共斗争不断升级,国民党新闻政策恢复到以党政为中心的本质,《中央日报》在宣传持久战的同时,开始出现一些反共宣传。皖南事变发生后,蒋介石污称新四军"叛变"。1月18日,《中央日报》首次在国内要闻版刊登了《新四军抗命叛变,全部解散番号撤销》的新闻,全文大肆污蔑新四军叛变。宣称"国民革命军新编第四军抗命叛变,攻击友军,已紧急处置,将该军全部解散"。①同时刊登的《军委会通令》宣称"新四军抗命令不遵调遣,自上月以来,在江南地区集中全军蓄意扰乱战局、破坏抗战阵线,密谋不轨,已非一日,本月初,自泾县向南移,于四日胆敢明目进攻我前方抗日军队阵地,危害民族,为敌作伥,丧心病狂莫此为甚,我前方各部队若不忍痛反击,不仅前线各军将士无以自卫,而且抗战之国策亦必被其破坏无余,瞻念前途,痛恨无已。我为应付危急,伸张纲纪,不得不紧急处置……"《中央日报》对皖南事变的报道,不断污蔑新四军"叛变""蓄意扰乱战局""攻击友军"和"破坏抗战阵线"。而对新四军将士的伤亡却只字不提,只是将强调的重点放在当局是如何"痛心""惋惜"之上,最后将皖南事变定性为绝无任何政治性质的"整肃军纪"问题。

《中央日报》在抗战时期也十分重视对外宣传。《中央日报》对外宣传具体表现在一方面报道日寇在华侵略行径呼吁海外物资支持;另一方面阐明利害关系,鼓动中立国参战,制日援华。"若对日本军阀不能制裁,对中国抗战不能切实有效迅速的援助,和平不可得,法律也不会统治世界。这一要义,更愿英美两国当局进一步知之,进一步行之。"②此类报道的一再强调,使英美的注意力聚焦于太平洋,并认识到其在太平洋的切身利益正在受威胁,从而参与到

---

① 《新四军抗命叛变 全部解散番号撤销》,《中央日报》,1941年1月18日。
② 《英美共鸣与远东》,《中央日报》,1938年1月11日。

支援中国、联合抗日的行动中。

但在抗战后期，《中央日报》的态度随着国民党政策的转变而转变，在国民党一系列限制言论自由的法律法规重新颁布后，《中央日报》为限制言论自由寻找理由，加以辩解，破坏了新闻界抗日宣传的统一阵线。除此之外，报纸还发表了大量坚决反共的言论，大力鼓吹建立领袖独裁的政治体制，充分体现其反动立场。

《中央日报》有几个特色评论栏目。其一，借鉴《大公报》的经验，1940年3月《中央日报》将星期日的社论改为"每周专论"。该栏目特聘专业人士撰写，对时下的问题和现象进行深度分析；第二，针对国际战场风云变幻的局势，《中央日报》开设"本报资料室"，编辑了大量有关世界战局的背景性文章，介绍各国发展概况，翻译了许多关于其他国家战局的文章，不仅充实了报纸的内容，也为读者更好地了解世界、了解世界人民的反法西斯战争提供了丰富的素材；其三，从1940年10月起，于每周星期日开设国际述评栏目——"国际周观"，深度解析一周内的国际战争局势以及各国政治、外交关系。"国际周观"的文章较长，一般分为上下篇，在周日及次周星期一发表；其四，《中央日报》于1942年开设"美国一周舆论"栏目，特派记者常驻国外，刊发国际最新舆论动态，使报纸的新闻性得到增强。《中央日报》还经常整版刊登党内领导人及同盟国领导人的讲话稿、广播稿，使读者对于国内外形势政策有了更为直观的了解。

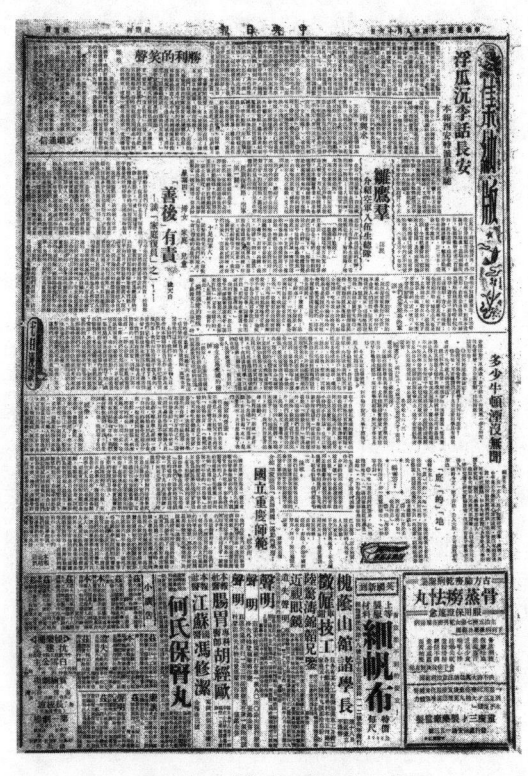

图162 《中央日报》集纳版

《中央日报》的版面频繁调

整，副刊种类众多。据统计，仅在抗战时期《中央日报》共出特刊、专刊达100多种。从政治经济军事到社会科学文化艺术均有涉及。在重庆时期，出刊时间较长、影响较大的副刊有"平民副刊"、"中央副刊"。

1941年3月5日《中央日报》第四版刊登"中央副刊"发刊词，"中央副刊"正式出刊，每周出三期。1942年6月1日，《中央日报》与《扫荡报》出联合版，"中央副刊"停刊，取而代之的是"艺林"、"学海"专刊。1943年11月14日"中央副刊"复刊，每逢星期日出刊。内容可以看作是以前"学海"、"艺林"、"平民"三种期刊性质的综合。每周出刊的次数虽减少了，但是文章所占的篇幅却增加了。

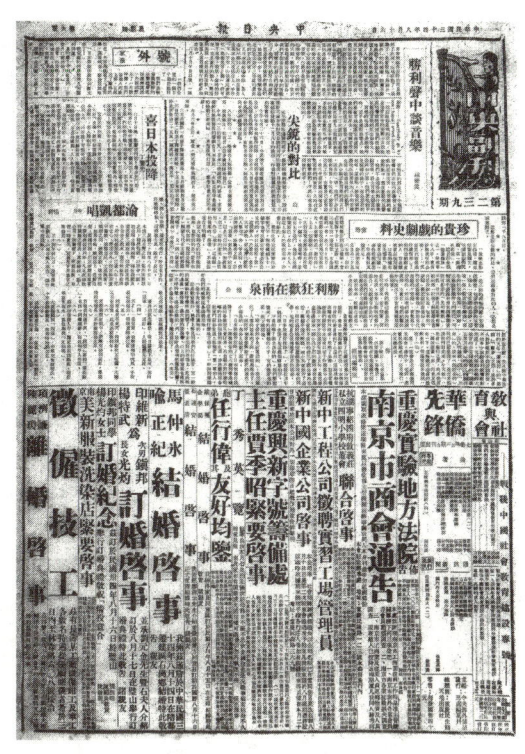

图163 《中央日报》的《中央副刊》

1945年，总编辑陈训悆利用日军在南京留下的设施，于9月10日复刊了

图164 《中央日报》抗战胜利号外1

图165 《中央日报》抗战胜利号外2

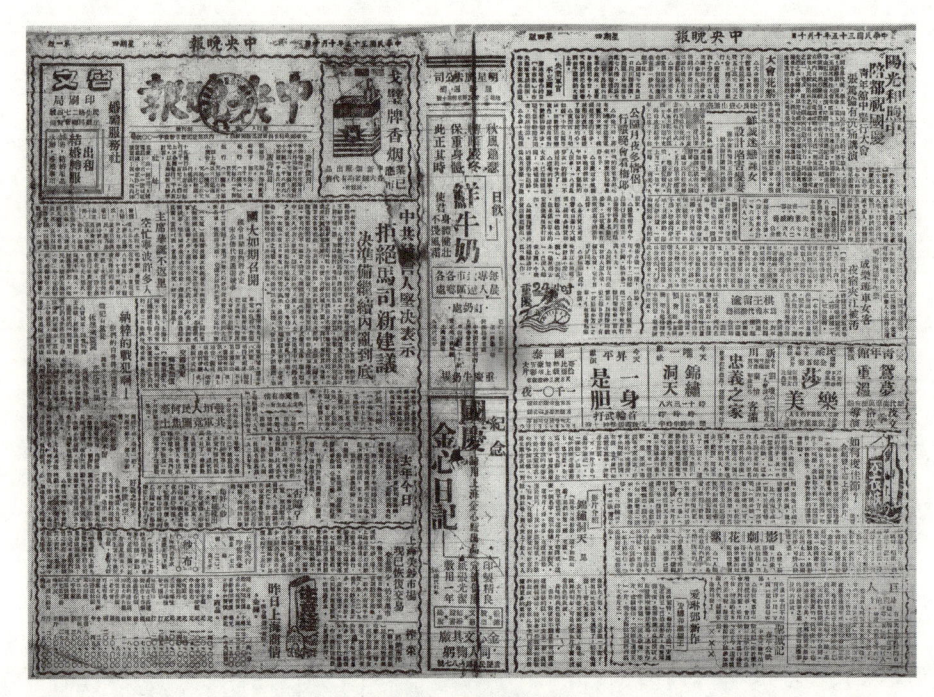

图166 《中央晚报》

南京版《中央日报》。1946年7月16日,国民党中央宣传部决定重庆《中央日报》继续出版,由刘觉民任社长,后改名为《陪都中央日报》。1949年11月30日,重庆解放,《中央日报》宣告停刊,随即被重庆军管会接管。

《中央日报》在抗日战争中积极宣扬爱国主义、揭露日寇罪行、号召民众抗日、争取国家地位,其积极作用难以忽视,但作为国民党的党报,在抗战相持阶段发表了很多破坏国共合作、团结抗战的言论,它是失败的。其失败的

图167 《中央日报》广告费收据

原因主要是因为《中央日报》始终不能摆脱国民党的控制，完全听命于国民党当局，对于政党在该报上进行的舆论宣传，报纸照单全收，新闻专业主义精神缺失；领导层更迭频繁，管理体制不顺。长期的恶性循环使《中央日报》失去了

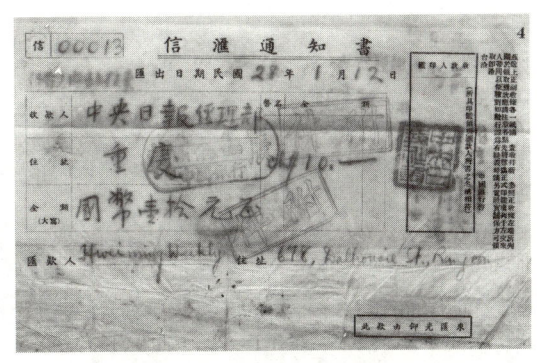

图168 《中央日报》经理部信汇收据

独立思考、独立生产的能力，随着政党政权的丧失，该党报的生命也就到达了终点。

《中央晚报》1946年10月10日创刊，是国民党《中央日报》的晚刊，社址在重庆中山一路239号。发行人刘觉民。该报只有新闻报道，没有言论。副刊有《集纳》《文艺》《不夜城》。小栏较多，有"生意经"、"大局动向"、"世界风云"、"去年今日"、"新闻侧面"、"陪都特写"、"重庆二十四小时"、"娱乐推荐"、"影剧评介"、"古人风趣"、"名人趣事"、"海外风俗志异"等。但因销路不佳，于同年12月16日停刊。

64. 扫荡报—和平日报—扫荡报（1938年）

《扫荡报》前身是国民政府军事委员会训政处处长贺衷寒创办的《扫荡三日刊》，1932年6月23日扩版改名为《扫荡日报》，1935年5月1日报社迁往汉口后才正式改名为《扫荡报》。

贺衷寒是"复兴社"三大理论家、宣传家之一，"扫荡报"的名称是先由他提出并由蒋介石核定的，最初完全是为"攘外必先安内，抗日必须剿匪"的反动主张而创办，实际其"扫荡"的对象就是中国共产党。该报初创时，由国民政府军事委员会政治训练处管辖，以国民党官方机关报的身

图169 贺衷寒
（1900—1972）

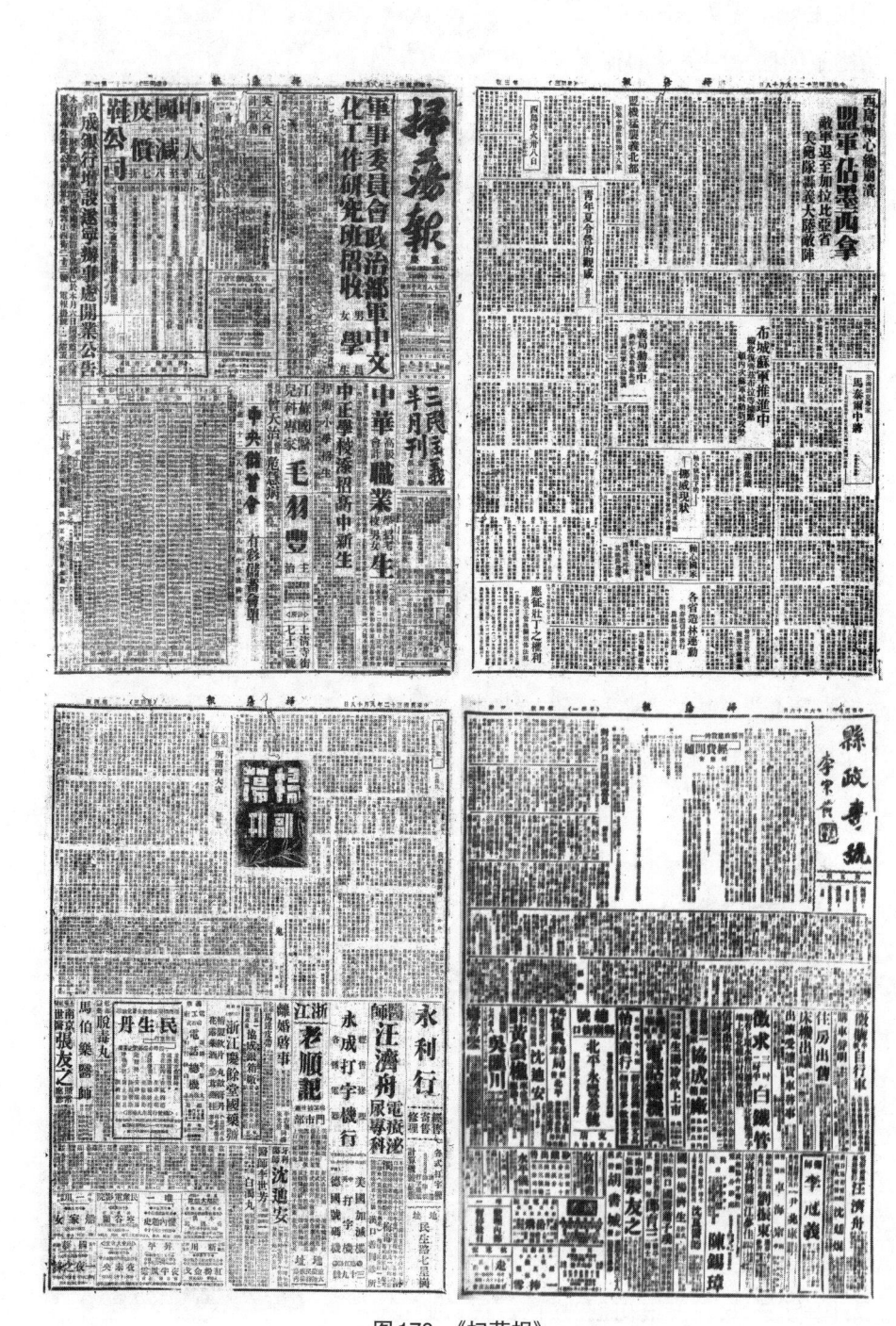

图170 《扫荡报》

份雄踞党报体系前列,被国民党视为其在军队中进行党化教育的重要机会和舆论宣传工具。

抗日战争爆发后,《扫荡报》迁往武汉,不久又分成两批撤退,一小部分迁往桂林创建桂林版,大部分由丁文安、刘威风等带到重庆。

1938年10月1日,《扫荡报》在重庆正式出版发行,社址在重庆小校场特17号,丁文安任总编辑,刘威风作发行人。这个时期,《扫荡报》的确有一股"扫荡倭寇"的热情和豪气,在新闻报道和言论立场上紧密配合"国家总动员"的战略部署,很快在重庆及大后方打开了局面。

1939年"五三""五四"大轰炸,重庆新闻出版业损失惨重,《扫荡报》报址被毁,设备受损。5月6日,重庆十家报纸共同推出"联合版",《扫荡报》参与其中,直至8月13日。其后,各报独立出版,《扫荡报》仍然毫无起色,只得与《中央日报》合刊,发行另一种意义上的"联合版"。

1941年,《扫荡报》李子坝新社址又遭日军轰炸,报社再度陷入困境。在这种情况下,报社人员只得白天躲在防空洞中编稿,晚上争分夺秒出报,条件十分艰苦。1942年6月1日,报社奉命与《中央日报》再度合刊,形式上是两个报头并列出版,《扫荡报》只保留报头三个字而已,实际上是两报合并,《扫荡报》停刊。

1943年,张治中奉命重建《扫荡报》。当年4月,《扫荡报》脱离《中央日报》单独出版。黄少谷兼任社长,总编辑黄卓球,副社长兼总经理万枚子。重庆社设编辑、经理两部。编辑部下面分编辑、采访、资料、副刊、整理五个组,后又增加了一个电讯组。经理部下面设总务、发行、广告、会计等组。有些组以下还分股,例如资料组,下面就分为图书股和撰述股。言论方面设总主笔和主笔,和编辑、经理两部平行。

黄少谷对《扫荡报》很重视,无论多忙,他每天晚上必定要到报社来,亲自看社论、专栏文章,并且亲自修改;重要的通讯、新闻他也要看。实在忙的时候,就要人把社论在电话中念

图171　黄少谷(1901—1996)

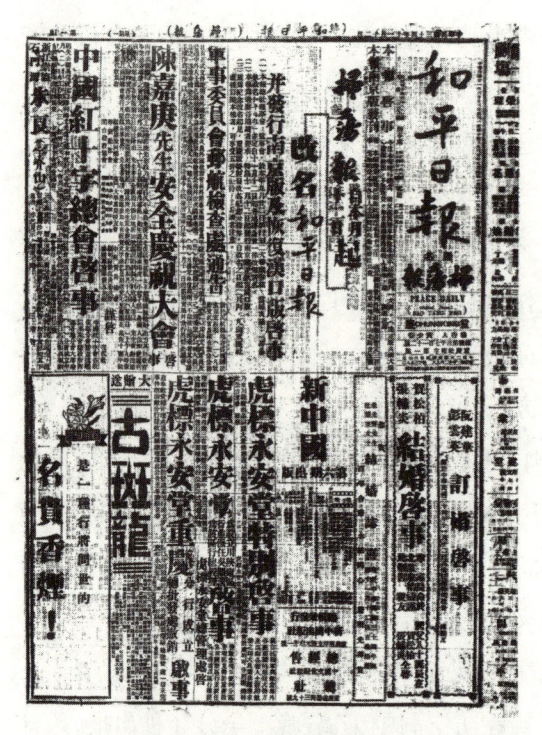

图172 《和平日报》第一期

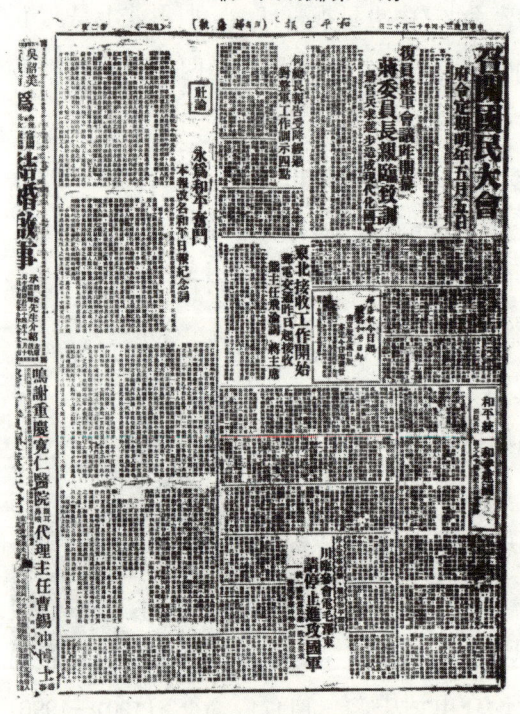

图173 《和平日报》社论《永为和平奋斗》

给他听,在电话中指示修改。在黄少谷主政期间,报纸大大增加了社论、专论和观察员评论的写作力量。

新闻方面,《扫荡报》基本上是刊载中央社的电讯,按照中央社的宣传意图来排版。黄少谷先后安排杨彦歧和刘某两人收听国外广播,即时播发国外新闻,作为报纸的特色。后来专设一个电讯组,用于收听外国通讯社的电讯,标上本报专电的字样,来争先抢登新闻。

《扫荡报》在国内各大战场都派驻了随军记者,利用军事系统的有利条件,对军中上自将军,下至普通士兵以及战俘等各色人物进行采访。重庆总社专门设立了电讯室,晚上定时联系各战区获取战况电讯,随时接收战地记者发回的密码电讯,经过编译后供新闻部采用。

《扫荡报》副刊种类繁多,内容丰富。其中最具影响力的副刊即名为《扫荡》,主编陆晶清,为当时著名女作家,且

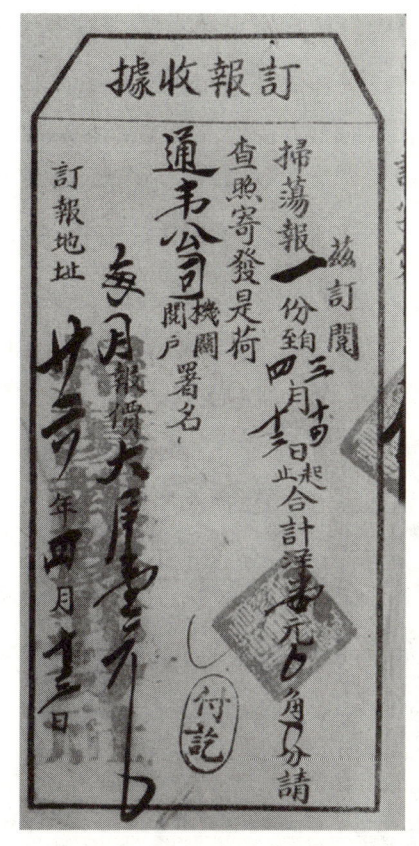

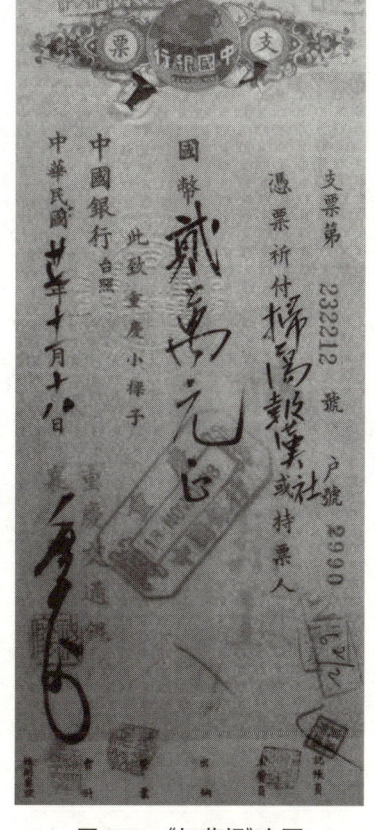

图174 《扫荡报》订报收据   图175 《扫荡报》支票

与文艺界名人相熟,因而能约到很多质量上乘的佳作。此外,《瞭望哨》《战地》等也是《扫荡报》较有知名度的副刊,刊载了各种文艺类和非文艺类文章,颇受欢迎。

1945年11月12日,报纸正式改名《和平日报》,于右任题写报头,不过在右旁注上"原名《扫荡报》,民国二十一年六月二十三日创刊"等字,保留贺衷寒的手迹。改名当天刊登了一篇名为《永为和平奋斗》的社论,文章总结了该报的历史,并表示了对于中国未来和平的期望:"一向以排除国内外和平的障碍,以期建立和平、康乐、统一的中国,与和平、幸福、大同的世界为一贯的立言纪事之方针,如今为更明显地标举本报对于和平的信念与拥护,特改称为和平日报。"

《扫荡报》改名《和平日报》后,总社迁往南京,同时发行南京、重庆、上海

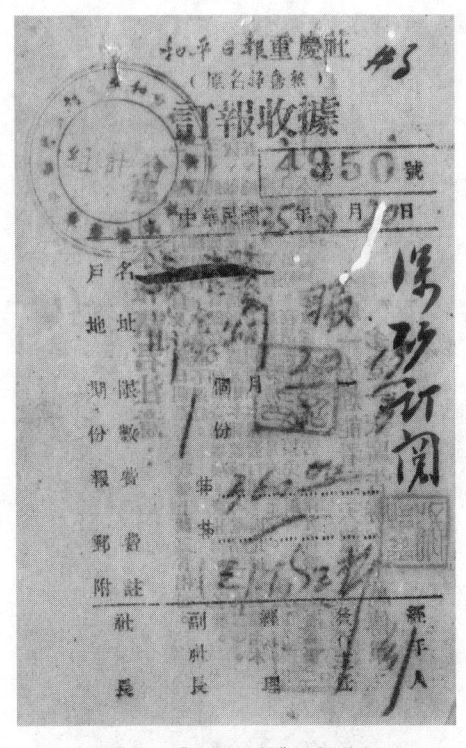

图176 《和平日报》订报收据

等9个版,依然受黄少谷主管。《和平日报》报道内容主要配合国民党的军事行动,对政治、经济、文化也作了充分报道。曾以一个半版的篇幅刊载"本报特稿",另辟有众多副刊和专刊。这些副刊和专刊有的是纯学术、纯文艺的,有的政治性、倾向性则极强。其中影响较大的有:安宇主编的"和平副刊"、刘百川主编的"教育"、杨宪益主编的"国学"、曾资生主编的"社会与政治"、林直圃主编的"国际政治"、丁伯镏主编的"妇女"和"中华儿童"、雷亨主编的"舞台与银幕"等,总数近20种。

到了国共内战爆发后,《和平日报》脱去了"和平"外衣,恢复了"扫荡"旧貌。1947年7月1日,恢复《扫荡报》报名,还发表题为《扫除障碍,荡涤妖氛》的社论,表明坚持"戡乱"立场。1949年11月30日重庆解放,该报被重庆市军管会接管。

65. 新华日报(1938年)

《新华日报》是抗日战争时期中国共产党在国民党统治区唯一公开发行的机关报,1938年1月11日在武汉汉口创刊,同年10月25日武汉沦陷,随即在重庆出刊。

《新华日报》迁至重庆后,报社隶属于中共中央南方局,由周恩来兼任董事长,南方局副书记董必武等直接领导,具体负责人先后为潘梓年、华岗、吴克坚、章汉夫和夏衍。

《新华日报》以"团结全国抗日力量,巩固民族统一战线,发表正确救亡言

图177 《新华日报》移渝出版第1期

论,讨论救亡实际问题,坚持抗战,争取最后胜利,为建立独立自由幸福的新中国而奋斗"作为报纸在整个抗战时期的神圣职责和任务。同时,该报作为中国共产党主办的一份报纸,始终站在宣传抗日的第一线,用舆论的武器呐喊呼号,在抗战的大后方肩负起了宣传抗日救亡、振奋民族精神、动员各界民众的责任。

1. 大力宣传党的抗日主张。揭露日寇暴行,是《新华日报》宣传党的

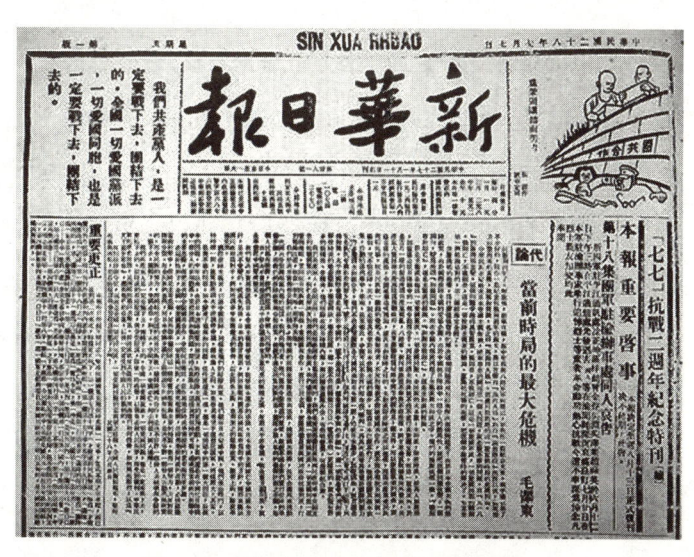

图178 毛泽东发表在《新华日报》的代论

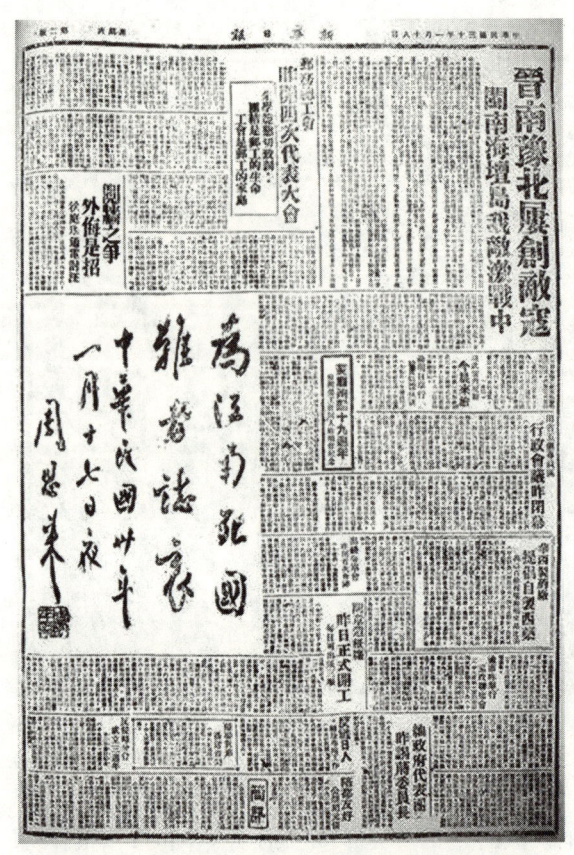

图179 《新华日报》刊载了周恩来的著名题词"为江南死国难者志哀"

抗日主张的一个手段,它能起到很好的政治动员作用,警醒百姓,激发民情,奋起抗日;它是一种正义的呼吁,呼吁国际社会对日本暴行的谴责,呼吁世界上爱好和平的人民在道义上的声援和物力上的支援;它也是强有力的舆论武器,通过对暴行的揭露,引导人民一条心,合力反抗抵御日本的欺压。①

1939年1月8日,《新华日报》以一版半的篇幅刊登八路军副总指挥彭德怀的一篇题为《华北抗战概况与今后形势估计》的长篇讲话,介绍了八路军在晋东南区、晋察冀边区津浦线一带收复了五十多个县的全部土地的战绩。这是抗日战争至今,人民突然在《新华日报》上看到收复了这么多失地的消息,简直鼓舞人心、令人兴奋! 1938年12月4日《新华日报》刊登了揭露日寇残暴将中国健康儿童抓去抽血,待血抽尽后又残忍地弃尸江中的文章,1939年9月连续报道敌机轮番轰炸重庆的惨状;对1941年6月日机轰炸重庆,一万多市民因躲避而窒息死于重庆市中区十八梯附近的"大隧道惨案",更作了连续十来天的报道,加强对日本的仇恨,促进全民抗日的进程。

在揭露日寇罪行的同时,《新华日报》也会刊登重要领导人的言论,来鼓励民众积极抗日,对抗日要有信心和决心。1939年《新华日报》用刊行单行本

---

① 唐正芒:《论〈新华日报〉的抗日宣传》,《湘潭大学学报》,2002年第9期。

发表毛泽东1938年所写的《论新阶段》，这篇宏篇巨著在当时王明任中共中央长江局书记时还不让在武汉时期出版的《新华日报》发表。后经过周恩来的指示，在重庆时期出版的《新华日报》上发表，这篇博大精深的论文对指导这个抗日战争全局有重大的实践意义。同年，《新华日报》特刊登载中共中央为纪念抗战两周年发表的时局宣言"坚持抗战到底、反对中途妥协；巩固中共团结、反对内部分裂；力求全国进步，反对向后倒退"。还通过本报专电、战地通讯等形式报道八路军、新四军对日作战的真实情况，发表彭德怀《华北抗战概况与今后形势估计》、邓小平《八路军坚持在华北战场》等文章，增强中共抗日武装力量的宣传影响。在广州、武汉失手，国民党产生动摇之时，发表时评《坚持持久战》，在报眼位置醒目地刊登毛泽东语录"坚持抗战，坚持统一战线，坚持持久战，最后胜利必然是中国的"，有力地鼓舞了人民的斗志。坚定广大人民群众取得抗日战争胜利的信心，树立抗日战争胜利的决心。这些种种，都从舆论上坚定拥护了抗日主张。

2. 揭露国民党破坏国共合作，坚持办报到底。虽然国民党被迫同意《新华日报》在国统区出版，但是在各个方面都对报纸进行打压，无论是采访到编辑，还是经营到发行无一例外。还会用检查法西斯新闻的借口来扣压许多新闻，以致不能刊登。《新华日报》的全体人员与其斗智斗勇，多次正面对抗。特别是皖南事变后，周恩来亲自主笔《新华日报》，直接参加战斗，带着《新华日报》的同志们从恢复言论着手，扭转乾坤，让报纸屹立不倒，重新活跃。1941年5月12日，周恩来与报馆总编辑吴克坚联名致电中共中央党报委员会，提出对国民党顽固派的反攻方案。同年5

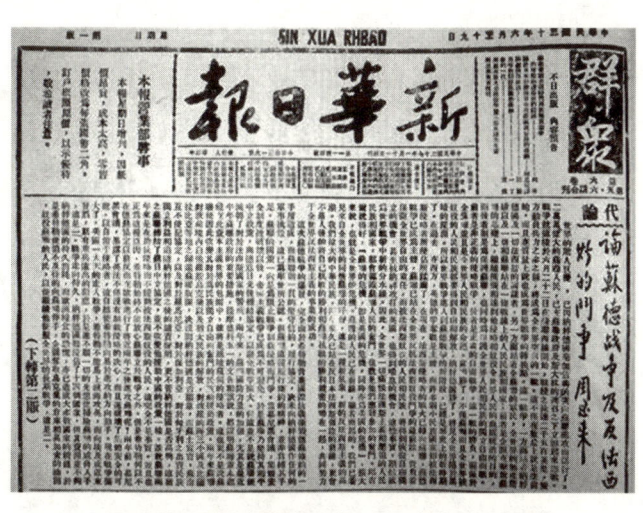

图180　周恩来发表在《新华日报》上的代论

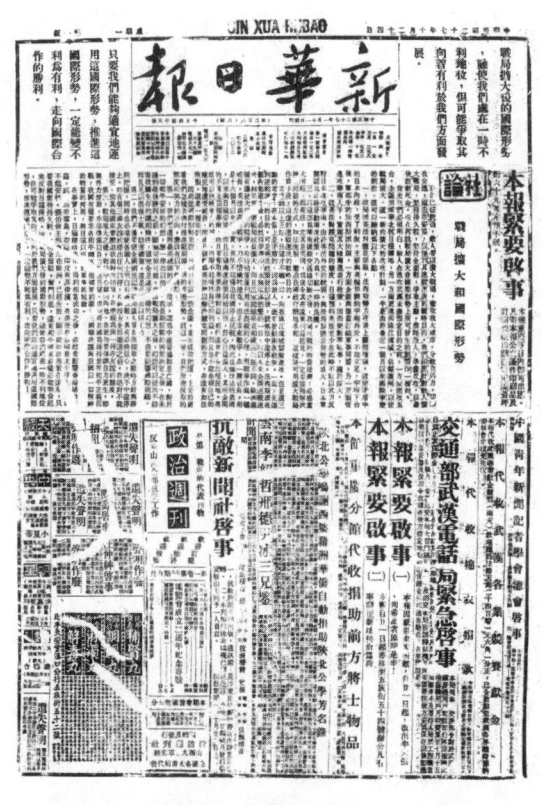

图181 《新华日报》

月22日，周恩来在肯定报纸前段时间对蒋介石政府做的反击同时也调整了报纸的宣传方针："第一，对蒋有计划、有组织的反动宣传，我们必须应战，并且采取攻势，这是非常重要的中心问题；第二，改善报纸的内容与形式，辅助上述任务的完成；第三，冲破发行的封锁"。从1941年5月25日起，《新华日报》在周恩来的部署下新出刊《星期增刊》，到7月20日止共出版8期。在这八期中，周恩来一人就写了八篇文章，大部分以代论形式发表，包括题目、署名，都用原稿上的笔迹，以木刻刊出，这让周恩来的文章无法被当局检扣，这也意味着蒋介石还不敢与共产党彻底撕裂。

报纸还曾以大开天窗的方式对国民党政府的镇压表示不满。《新华日报》原意刊登的两篇社论《论冬季出击的胜利》《起来，扑灭汉奸!》，都以国民党"系军事论文"为借口扣留，《新华日报》毅然采用开"天窗"的斗争手段以示抗议。在原社论的位置仅刊印了八个大字："抗日第一！胜利第一！"旁注两行小字，对"开天窗"缘由予以说明："本日两次社论：一、《论冬季出击的胜利（代论）》；二、《起来，扑灭汉奸!》均奉令免登尚望读者原谅是幸！"

图182 《新华日报》号外

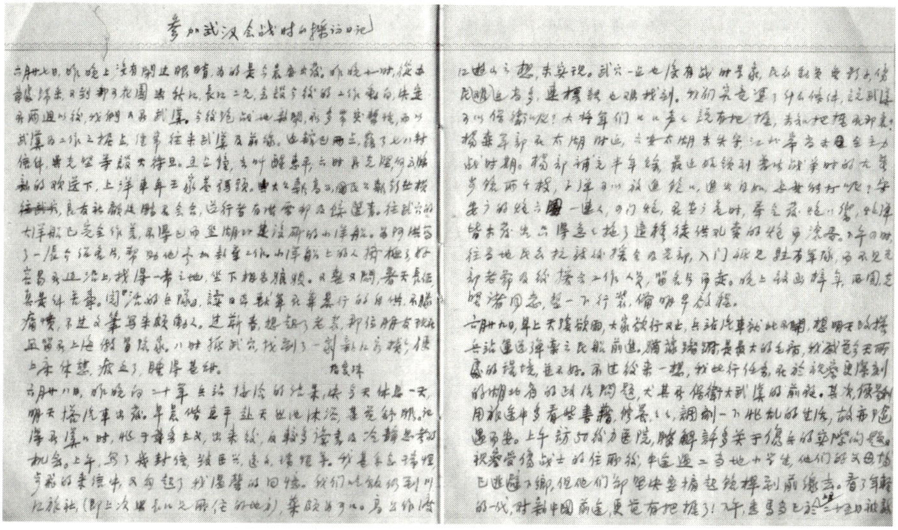

图183　抗战时期《新华日报》记者陆诒撰写的《武汉会战前采访日记》

3.巩固和发展抗日民族统一战线。1938年10月7日,《新华日报》发表的论述抗日民族统一战线的社论,对国共两党及其他抗日党派、无党派人士在抗战中生死与共的关系作了深刻生动的阐述:"覆巢之下无完卵,谁也不能离开民族的总的胜负,而单个的成功和失败,胜则俱胜,败则俱亡,这已经是明明白白的真理。我们为抗战努力亦不应该分辨彼此。今天团结在民族统一的战线中的各党派,是确确实实的患难之交。所以应有风雨同舟之感,唇亡齿寒之痛。"1938年10月6日,董必武在《新华日报》重庆分馆茶话会上再次强调了《新华日报》的工作方针:《新华日报》不仅要反映中央的政策主张,而且还要反映其他党派以及无党派的一切有利于抗战团结的意见和主张,不仅要表扬八路军、新四军英勇抗战的事实,而且要表扬一切抗日军队英勇抗战的事实。①

《新华日报》遵循这一原则,不仅报导了共产党平型关大捷的辉煌战果,而且也报导了国民党台儿庄大捷的盛况,并发表了《庆祝台儿庄胜利》的社论,强调了这次胜利的伟大意义,有助于提高民族自尊心和提高抗战胜利的信念。

《新华日报》还对建立反法西斯统一战线做了大量的宣传和动员工作。

---

① 董必武:《国民参政会第二次大会的展望》,《新华日报》,1938年10月26日。

1942年6月27日发表了周恩来同志的《论苏德战争及反法西斯的斗争》，7月20日刊登了《团结起来打击敌人》，21日发表了董必武同志的《联合起来打击法西斯》，以及后来刊登的周恩来同志的《太平洋战争的危机》《太平洋战争与世界战局》等。这一系列的报道，让国内民众意识到抗日战争是世界反法西斯重要的一部分，鼓励了全民抗日的热情，为统一战线的建立打下了坚实的基础。

《新华日报》还发表国民党及其上层人物的抗日言论，包括蒋介石发表的有利于抗日战争的宣言和国民党中爱国人士的政见、诗作、题辞。增设"友声"专栏，刊登各民主党派和社会各界朋友的稿件，为大家提供一个自由发表意见的平台。对于国民党顽固派破坏抗日、破坏国共合作的言行分别采取"有所为，有所不为"的灵活方针，展开有理有节的斗争。《新华日报》还会广泛团结在文艺界、工商界、新闻界各阶层的爱国人士，推动和发展进步文化运动。1942年5月2日和23日，毛泽东在延安文艺座谈会上发表了两次讲话，《新华日报》报道了此次会议，同年6月12日转载了肖军在5月14日于《解放日报》发表的"对于当前文艺问题之我见"，这些文章的发布，促进了各阶层的爱国人士成为国统区进步文化运动的重要阵地和坚定支持者。

4. 发布实时战况，用舆论力量鼓励大后方支援前线。《新华日报》不仅发表大量鼓励人们有钱出钱，有力出力的文章，也刊登共产党在前线作战的真实情况的文章，用实际行动支持全民抗战。1938年2月9日，《新华日报》发表了朱德的《八路军半年来抗战的经验与教训》；2月11日，《新华日报》又发表了毛泽东与新中华报记者的谈话；此外，《新华日报》还刊登周恩来、董必武、刘伯承等领导对于当前战争形势的解读，既明确地阐述了中国共产党对抗日战争的坚定立场和态度，又加深了当时国统区人民对共产党的理解与信任，充分发挥了党的喉舌作用。

从1939年2月起，《新华日报》还对活跃在大江南北的新四军作了全面的持续报道。先后发表了《一年来的新四军》《陈毅将军访问记》等文章，对中国共产党军队的抗战业绩以及抗日民主根据地建设进行了及时和准确的报道。1940年夏，八路军发动百团大战，《新华日报》对战争进行了连续性报道，先后发表上百篇报道,对战果、战局意义等进行了深入的解析,有力驳斥了国民党对八路军"游而不击"的谬论,让八路军的军威,迅速得到提升。在发表前方战况信息的同时,《新华日报》也不断呼吁,鼓励救护队上前线拯救伤员,募集资金买棉背心、毛巾、军鞋、药物等物资捐赠给前线战士,还给前线战士写慰问信来鼓励战士。《新华日报》通过自己的力量表达了中国共产党全心全意为抗战的精神,得到了社会各界人士和广大人民群众的热爱。

重庆时期的《新华日报》,有力地向国统区群众宣传了大量中国共产党的政策,扩大了党的影响力,积累了丰富的办报经验,是中国共产党新闻事业一笔珍贵的财富,成为国统区"团结人民,教育人民,打击敌人,消灭敌人的

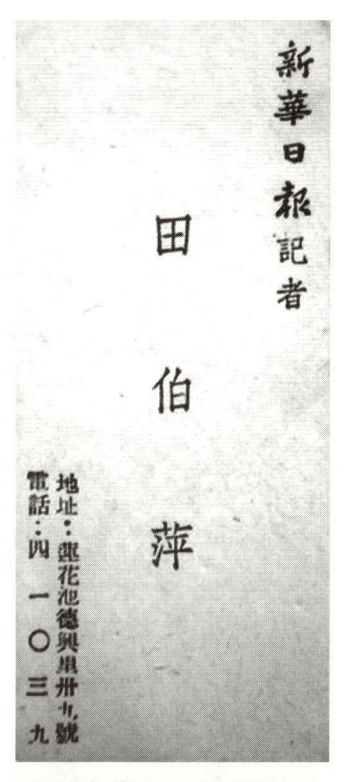

图184 《新华日报》记者名片

图185 1942年,重庆《新华日报》编辑部工作人员在进行学习

图186　1944年底左右周恩来在重庆与新华日报社同志谈话

有力武器",成为国统区中国共产党思想战线上的一面光辉旗帜。它的战斗历程,为巩固和扩大抗日民族统一战线起到了极其重大的作用,"在中国共产党的报刊史上写下光辉的一页"。[①]毛泽东对此有过高度评价,他曾经说过:"《新华日报》是八路军、新四军以外的又一个方面军。"[②]

1947年2月28日,《新华日报》在重庆出版最后一期——3231期,历时9年1个月18天,《新华日报》完成了自己的历史使命。

66. 大公报+大公晚报（1938年）

1902年《大公报》在天津创刊,创办人为英敛之。英敛之时期的《大公报》以"敢言"著称,在政治上,主张君主立宪,支持戊戌变法。在思想文化上,与维新派一样,提倡开风气,启民智,注重社会变革,这些在《大公报》的内容中都有所反映。在形式上,提倡白话文,设立"附件"一栏,采用白话文的形式来

图187　张季鸾（1888—1941）

[①] 吴玉章:《回忆〈新华日报〉》,《新华日报的回忆》,四川人民出版社,1979年版,第42页。
[②] 转引自《南方局党史资料(六)》,重庆出版社,1990年版,第3页。

讨论各种问题，包括反对妇女缠足，改良风俗习惯等。这些举措使《大公报》在当时获得了成功，成为天津地区颇有影响力的一份大报。

1916年，英敛之将《大公报》转售给安福系财阀王郅隆，此时的《大公报》作为安福系的机关报，有日益亲日的倾向，越来越不得人心，沦落到每天只出上百份甚至几十份报纸以供公开张贴的地步，终于，随着王郅隆在日本关东地震中丧生，以及安福系在争权斗争中的失败，《大公报》逐渐失去了其作用，这一份曾经在京津地区颇有影响的大报在1925年11月27日被迫停刊。

1926年9月，吴鼎昌、胡政之、张季鸾三人合组新记公司，接办《大公报》。由此，《大公报》进入其鼎盛时期。新记《大公报》培养了一批颇有影响力的新闻人物，除胡政之、张季鸾外，还有后来的总编辑王芸生，编辑何心冷、曹谷冰、金诚夫、徐铸成、萧乾、范长江、杨刚等人，还有曾在《大公报》任过职的金庸、梁羽生等。

《大公报》（重庆版）创刊于1938年12月1日，报馆设于新丰

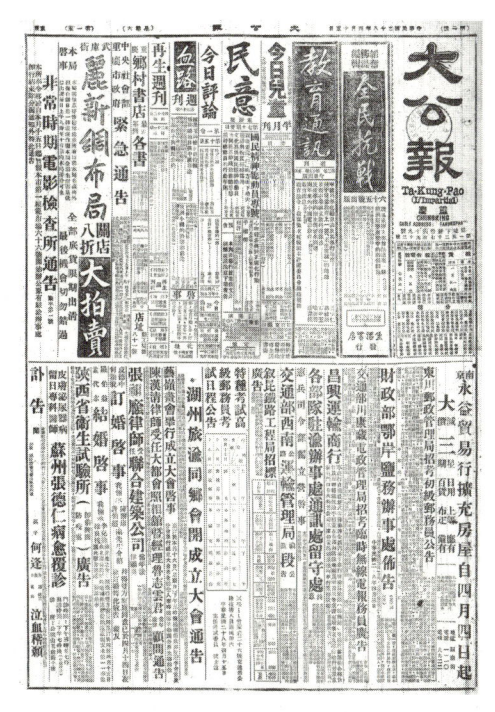

图188 《大公报》

图189 《大公报》的军事新闻与社论

街19号，每日出版一大张，一般是用土纸平版机印刷，并印有少数嘉乐纸、白报纸的报纸，发行量最高达10万份。《大公报》营业始终盈余，政治上也颇有影响，受到中上层人士和知识分子的欢迎。1938年12月1日，《大公报》重庆版正式诞生。

《大公报》的一大特色是报纸的社评。迁渝后的《大公报》毅然举起了抗战大旗，主张坚决抗战，反对投降。

首先，《大公报》用社评驳斥日本侵华谬论。1940年1月23日，《大公报》发表《敌汪阴谋的大暴露》一文，以《日支新关系调整要纲》为个案，将日本以平等、和平之名，行殖民、战争之实，淋漓尽致地揭露出来。文章说"看所谓'日支新关系调整要纲'暨附件的内容，假使见诸事实，就把中国亡得干干净净，日本军阀的大欲就完全实现了。试看这一串侵略文章的阴险狠毒，真实博大精微，无不极尽其致。"[1]《大公报》在《敌阁之所谓国策》一文中指出："日本失败的总前提，在于侵略中国。自九一八事变，它已开始失败；七七开战，又进一步失败；到现在困战三年，深陷侵华之渊，那便一切失败，再不能有所作为了。"[2]

同时，宣传中国抗战必胜，坚定军民胜利的信心。为增强民众的抗战信心，《大公报》不惜篇幅，在社评版极力赞美前线军官的英勇行为。例如，在1940年7月9日发表了题为《悼张自忠将军》的社评，文章歌颂了张自忠将军不怕死的精神。"将军之死，乃抗战三年以来第一个殉国之大将，故值得战史上为之振笔特书也。"[3]

《大公报》通过揭露日军的邪恶、残暴来强化民众的仇恨，激起民众的愤怒。社评《野蛮日本的真面目》说到，在沦陷区内，"不但物易主，人为奴，生杀予夺，为所欲为，而更深刻地摧残我们的文化。它奴辱我们的知识分子，不受奴辱的便残杀之。这种残暴的手段，一直用到童稚小学生的身上。"[4]

抗战进入相持阶段后，一小部分民族叛徒为一己私利，不惜卖国求荣，严

---

[1]《敌汪阴谋的大暴露》，《大公报》，1940年1月23日。
[2]《敌国所谓之国策》，《大公报》，1940年8月31日。
[3]《悼张自忠将军》，《大公报》，1940年7月9日。
[4]《野蛮日本的真面目》，《大公报》，1941年1月31日。

重破坏了全国的团结抗战。《大公报》把揭露和打击亲日派汉奸作为抗日宣传的重要内容,撰写了大量反汉奸的社论。如其在《揭破汉奸理论的罪恶》社评中驳斥汪精卫对孙中山大亚洲主义的污蔑,说汪精卫等为"无良无耻之人",应当被"鸣鼓而攻之"。

另外,《大公报》还发表了许多有关国内经济财政的发展与建设的文章。如在1941年太平洋战争爆发后,于12月9日发表社论《太平洋大战爆发暴日走向切腹之路》,指出"中英美苏荷等反侵略国家应该一致对德意日宣战,以争取反侵略国家的一致胜利"并郑重说明中国的立场,向日德意三侵略国宣战,统帅所有的兵力民力做英美等国的后援。又在12月13日发表社评《太平洋大战爆发后关于我国经济财政的几点意见》对当前战争形势下我国经济财政方面的工作提出建议。可见其关注国家经济财政建设,主张经济救国与强国。

《大公报》不压制任何意见。在自己内部工作人员发表评论的同时,报纸也积极采纳社会各界名流的意见,如著名的"星期论文"栏目。开辟"星期论文"这一专栏是张季鸾首先提出的,一来是因为《大公报》每日一篇社评,其中绝大多数由他来写,开辟"星期论文"可以减轻他的工作压力;二来也是为采纳多方意见,加强与文化界的交流。于是,从1934年起,《大公报》以极高的稿酬,邀请多位专家,在《大公报》上发表论文。首先公布的受邀名家有陈振先、傅斯年、胡适、丁文江、蒋廷黻、梁漱溟、翁文灏、杨振声八人,后来又有梁实秋、陶希圣、钱穆、吴景超、马君武、蒋百里、陶希圣等人,这些人都是文学、历史、哲学、经济,以及军事等各方面的专家。

重庆时期,《大公报》的消息、通讯表现出了报纸新闻本位的特性。从版面上看,全国军民英勇抗战的消息占报纸的主体。一般情况下消息分两种类型:国内政治军事动态和国际政治军事外交情况,分置于两个版面。国内消息多为军民抗日取得的成绩与进展,国际新闻则主要是盟国在世界法西斯战场的动态。

《大公报》的新闻通讯特点鲜明,内容翔实,并且时效性很强,因而成为《大公报》宣传全国军民积极抗日的一面旗帜。《大公报》上最为常见的通讯形

图190 《大公报》的专栏"星期论文"（左侧）

式是游记体通讯，大公报的记者、特派员行走在抗日根据地、周游在世界列国、游走于边疆僻野、亲身涉险潜入沦陷区，以真实的笔记录世间百态，用爱国之心感悟人间冷暖，既为读者介绍了各地的人情风貌，又使国人了解到各地的抗战形势，在使人们开拓视野的同时，也进行了抗日救国的舆论宣传。其时的杰出作品有萧乾于1940年2月间发表的《伦敦日记》，高集于1942年7月至9月发表的九篇《西北纪行》，萧乾于1943年10月至11月间发表的十篇《陷区进出记》。

《大公报》的通讯一般篇幅比较长，对于典型的事件、具体的人物，通常组合各种材料进行深度挖掘。例如《陷区进出记》，就有十篇相关的通讯，不仅涉及上海、南京、宜兴等多个地方，还从政治、经济、文化等多个方面展示日寇对沦陷区进行的奴化教育以及沦陷区的人民苦痛不堪的生活，揭露汪伪政权的卖国行径等多个主题，产生了较大反响。这种系列式的报道是《大公报》通讯采用的惯用方式，类似的通讯还有1941年3月份的《话说当今英格兰》系列，1942年7月至9月发表的《西北纪行》，1943年6月至7月发表的《鄂西纪行》系列等等，因此《大公报》的长篇通讯一般是以连载的形式刊登，这种方式也开启了我国报纸深度报道之先锋。①

---

① 曹炎：《抗战时期〈新华日报〉〈中央日报〉〈大公报〉舆论宣传研究》，湖南师范大学2011年硕士研究生论文。

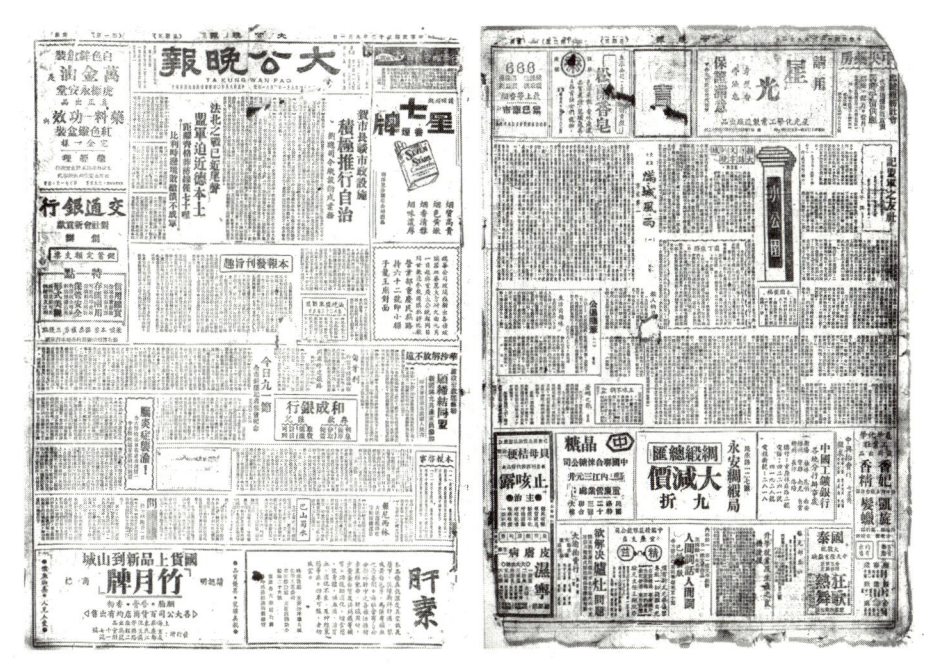

图191 《大公晚报》

迁渝期间,《大公报》的副刊主要有"战线"与"文艺"两种。此外,《大公报》也出版过许多特刊,每逢重大节日、纪念日或者政府有重要举措,《大公报》都会出特刊配合宣传。在抗战时期,《大公报》最为重要的副刊为"战线",1937年9月18日在汉口版上创刊,陈纪滢主编。到1943年10月31日停刊,历时六年,共出版996号。在谈到"战线"创刊时的情形,陈纪滢追忆道:"为了希望多刊载一些具有战斗性的文章和吸引青年作家起见,特把本刊取名战线。"因此,在"战线"出刊的六年多时间里,所发表的作品以抗战题材为主。"战线"作者群广泛,不仅包括当时文坛的一些名家写手,也有许多的平民文艺青年。"战线"上刊登的作品在语言上力求通俗易

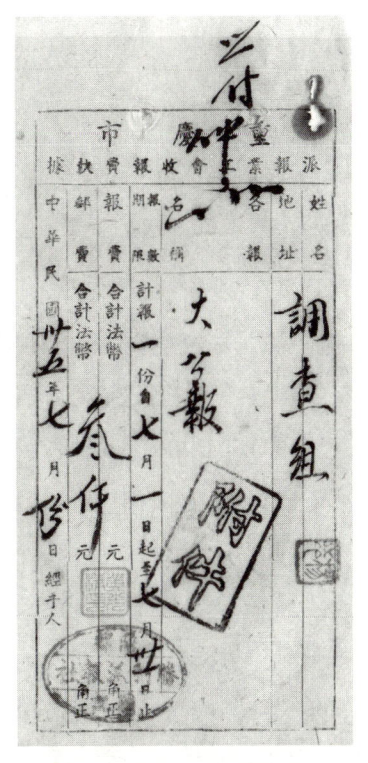

图192 《大公报》订报收据

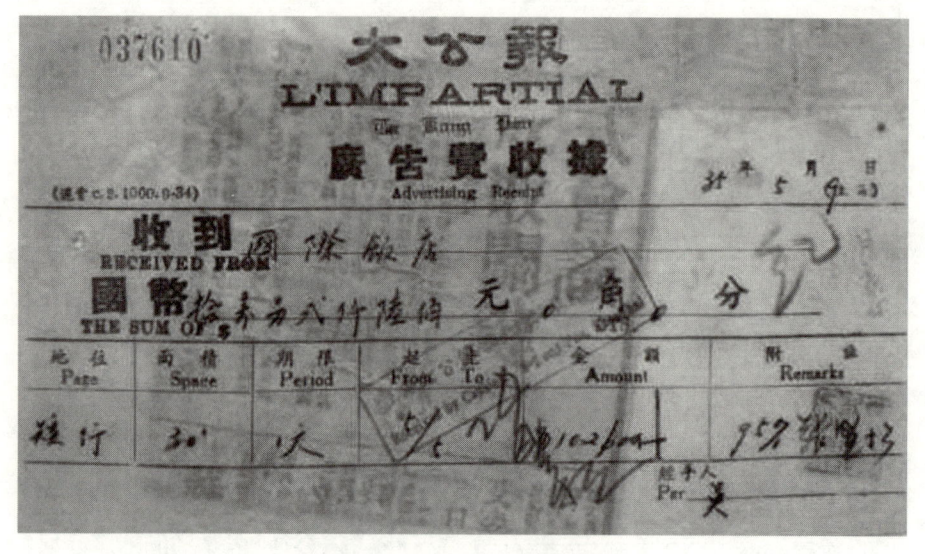

图193 《大公报》广告费收据

懂,提倡"用通俗的文艺作品教育工农士兵"。正如战线创刊号上所宣扬的"本刊欢迎投寄富有战斗性的报告文学、诗歌、速写、杂文、戏剧、木刻等作品"。"战线"的文章形式多样,充满趣味又不乏战斗性,在动员广大读者反对侵略、坚持抗战上发挥了重要的作用。

1943年11月7日,"文艺"替代"战线"开始出刊,杨刚任主编。"文艺"为周刊,在报纸上占半个版面,刊登的文章主要为小说、散文、诗歌、文艺短论、中外名作家生活片段、语录、书简、中外文艺界近状之综合等等。与"战线"主要刊登具有战斗性文艺作品不同,"文艺"副刊刊登的多为反映文艺界自身状况的作品,是一个纯文学性的副刊。这个时期,"文艺"上发表文章的数量不多,每期刊登一到三篇文章,直到抗战结束仍然如此。

1941年,鉴于《大公报》"刊行悠久,代表中国报纸……在中国遭遇国内外严重局势之长时期中,对于国内新闻与国际之报道,始终充实而精粹,其勇敢而锋利之社评影响于国内舆论者至巨。自创办以来之奋斗史,已在中国史上放一异彩,迄无可以颉颃者"[1]。美国密苏里大学新闻学院颁授荣誉奖章给《大公报》,这是中国报纸第一次受此殊荣。此前亚洲国家仅有日本的《朝日新闻》曾获得过密苏里大学赠与的这份荣誉,但《大公报》认为,"文人论政"这

---

[1] 张育仁:《重庆抗战新闻与文化传播史》,重庆出版社2009年版,第89页。

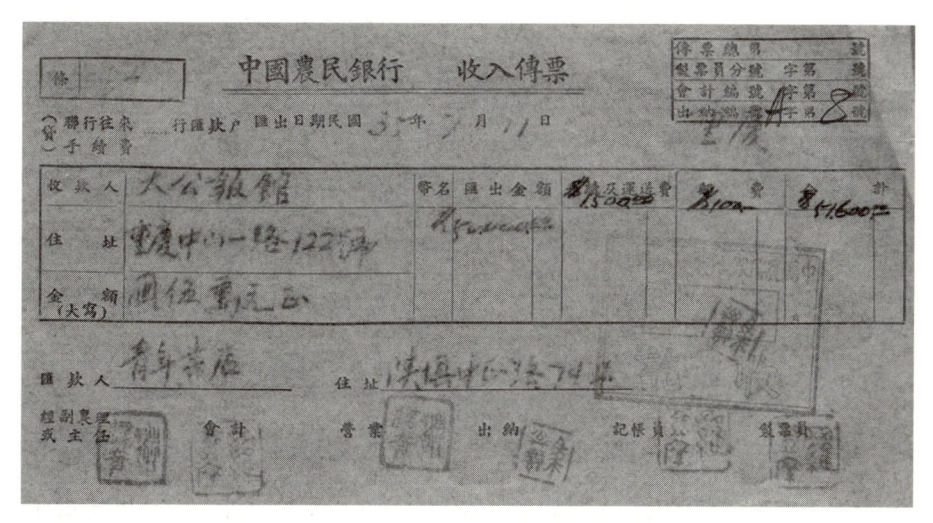

图194 大公报馆来往的金融票据

个中国自由主义报人的特征,是日本同行所不能比拟的。同一天,《大公报》被"国联"推选为全世界最具有代表性和影响力的中文报纸。

《大公晚报》1937年创刊于上海,日报。上海沦陷后,该报先后迁往香港、桂林。1944年9月1日第814号起,在重庆出版,社址在重庆李子坝建设新村3号,后迁中华路152号。发行人先后有曹谷冰、王文彬、彭革陈。该报4开2版,第一版新闻,并先后辟有《学宫汇报》《巴山蜀水》《市民信箱》《短评》《文化园》《工商琐闻》等栏目;第二版综合性副刊《小公园》,其杂文很有特色。曾长篇连载艾芜的《风波》,刘盛亚的《恩仇间》,老太婆(许光凯)的《县太爷》。抗战胜利后,先后出有《体育界》《青年界》《妇女界》《医药界》《影剧界》专刊,还出有《民间文艺》《工商界》《儿童》双周刊,以及《漫画漫谭》半月刊。发行量约三万份左右。

《大公报》在抗战胜利后复员上海,重庆版作为分版继续出版。直到1952年才停刊,并以重庆《大公报》版为基础,创设了重庆市市委机关报《重庆日报》。

67. 自由西报(1939年)

原在汉口出版,英文,系中美私人合资创办,发行人何凤山。1938年迁

图195 《自由西报》

渝,1939年3月1日复刊,艾寒松、史枚主编,地址在重庆武库街72号,生活书店发行。1946年4月终刊。

有资料说该报在重庆期间,因经营发生困难,经济拮据,被国民政府外交部收购。抗战胜利后,外交部积极插手上海的新闻活动,以英文《泰晤士报》附逆为借口予以接收,将《自由西报》迁至该报原址,更名《自由论坛》报,继续出版,由外交部驻沪代表尹葆余主持一切。

还有文章说是1945年日本投降后,由于器材不便《自由西报》在重庆宣布停刊,报社人员随政府去上海,将接收的一家 ShanghaiTime 报改名为 ShanghaiHerald 继续出版。

68. 重庆各报联合版(1939年)

1939年5月3日、5月4日,日军集中力量,联合轰炸重庆,制造了"重庆大轰炸"惨案。在这次轰炸中,《大公报》《国民公报》《西南日报》《新蜀报》等,均遭到不同程度的损坏,人员伤亡及财产损失空前。5月5日,国民政府军事委员会和国民党中央宣传部发布通知,由《中央日报》牵头,召集《新华日报》《大公报》《时事新报》《扫荡报》《国民公报》《新蜀报》《商务日报》《西南日报》《新民报》出版联合版。

《重庆各报联合版》自1939年5月6日发刊,8月12日停刊,持续3个月零7天,共计出版发行99期。

1939年5月8日,十家报纸负责人组成"重庆各报纸联合委员会",主持联合版相关工作,成员包括:《中央日报》的程沧波、《时事新报》的崔唯吾、《大公报》的曹谷冰、《扫荡报》的丁文安、《新蜀报》的周钦岳、《新华日报》的潘梓年、《新民报》的陈铭德、《国民公报》的康心之、《商务日报》的高允斌、《西南日报》的汪观之，委员会成员公推程沧波担任主任委员。联合委员会下面设置编撰委员会及经理委员会，编撰委员会主任委员由王芸生担任（王芸生与刘光炎轮流主持《联合版》的编务工作），黄天鹏作为经理委员会主任委员，负责联合版的编辑发行工作。为加强合作，减少矛盾，联合

图196 《重庆各报联合版》

图197 《重庆各报联合版》

委员会商定了编辑方针："不写社论，只发中央社发布的消息，不刊各报自行采写的新闻，10家报社分组轮流任值班编辑，报纸清样出来后由大家看。"[①]社址在《时事新报》的报社内，联合版在未遭受空袭的《时事新报》的防空洞内完成编辑。印刷工作分别由《国民公报》《时事新报》以及《新民报》承担。

《重庆各报联合版》为日报，在发刊之初只有一小张，后扩增为对开4版。联合版在版面设置上规定两版为新闻，两版刊载广告，新闻不足的时候，可以用广告（指各种遗失声明、寻人、寻物品启事）补充，版面设计上因纸张的大小有所调整，出版一中张的时候，第一版刊登国内新闻，第二版为国际新

---

① 周惠斌：《重庆十报〈联合版〉出版纪实》，《中华读书报》，2010年10月27日。

图198 《重庆各报联合版》

闻,且二版下端会刊登广告。当出版一大张后,报纸的第一和第四版为广告,第二版为国内新闻,主要为国内各种大事及军事委员会按期发表的《一周战况》等,第三版刊载国际新闻,也有少量本市新闻置于第三版下方,各报原有的副刊一律停办,但报纸每天会刊登一两篇"社论"或"评论",也会刊载一些专论、短评、重要人士的演讲词等。[1]7月25日和8月12日为对开6版,增加的第五六版均为广告,8月12日的终刊号登载的广告是前期积存的广告。联合版刊登的广告内容极具特色,有关焚毁启事、遗失声明的特别多。除此之外还有不少寻人启事,妻寻夫、母寻子等。这一特色,可以说是对敌人暴行的一种控诉。

抗战两周年到来之日,联合版增加对开的纪念特刊一张,版面增加到八版。内容除国内外新闻外,内容包括以下:国民政府主席林森致蒋介石的慰问电、致前方将士暨阵亡将士家属的慰问电,蒋介石、孔祥熙、于右任、叶楚伧、王宠惠、陈诚等的文章,另包括报纸本身的一篇名为《抗战两周年》的评论文章。抗战两周年特刊内容展示了当时的抗战情景。林森的《致前方战士暨阵亡将士家属的慰问电》写到,"抗战以来,绵历两载,战区之广,亘于南朔,自江海以至腹地,由都市以及乡镇,凡毒焰之所及,靡不焚荡一空,死伤相望,残忍不道,振古未闻。"同时联合版的评论也言及了战争的残酷,"两周年间,国

---

[1] 重庆抗战丛书编纂委员会:《抗战时期重庆的新闻界》,重庆出版社,1995年。

家丧失了多少土地,牺牲多少财产,又死伤了多少生命!这个纪录,在中国历史上是空前的,这一场战争的残酷,在世界战史上也是空前的!"①

联合版创刊后的最初一段时间,刊登的新闻主要内容是报道政府当局对善后工作的紧急处理,比如紧急救济款的拨放情况、临时收容所及儿童教养院的设立、居民疏散等。对各方捐款赈灾和来电慰问的情况连续登载多日,如5月6日《中外人士之同情愤慨与捐助》一文,刊出了国际宣传处王芃生的来信和所转

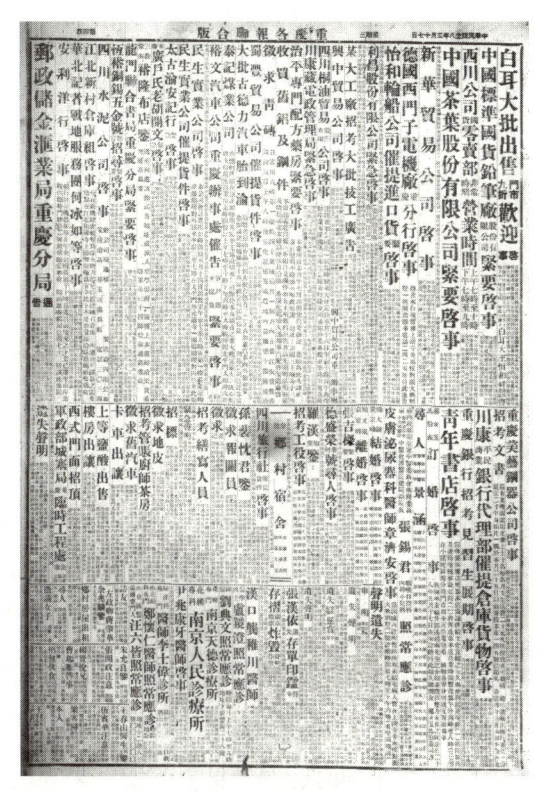

图199 《重庆各报联合版》

捐款。5月8日,以《沈钧儒、邹韬奋捐款赈灾》为题目,刊布两人各捐二百元的消息。6月2日,报道了唐式遵捐五千元,并令所属全体官兵捐饷助赈的事件等等。除此之外,联合版还刊登抨击敌寇暴行以及激励军民斗志的言论,如5月8日联合版发表的《仇恨愈深,奋斗愈勇!》的评论说到"只有英勇奋斗,才能算清我们的新仇旧恨,争取抗战的最后胜利!"在《乡村建设的问题》和《努力与镇定》两文中,对那些不顾国家兴衰,贪图个人享受的特权阶级进行了贬斥,"竹篱之舍,未尝不可栖身,何必大兴土木斗富争华呢?我们希望疏散下乡的同胞,切不要只顾享受园林之乐,而忘掉了本身应负荷的责任!""……厥系于全体国民要有昨死今生的觉悟,亲爱精诚的团结;只有大家卧薪尝胆,刻苦耐劳,才可以冲破艰阻,渡过难关。""重庆大轰炸"惨案后,重庆物价猛涨,联合版连续发文表达平抑物价的需要性,如《平抑物价的必要》《再议

---

① 转引自重庆抗战丛书编纂委员会:《抗战时期重庆的新闻界》,重庆出版社,1995年,第84页。

平抑物价问题》《论平抑物价》等。总之举凡国内国外新闻、一周战况、敌寇暴行、捐款赈灾、抗敌勇士、物价升降、针砭时弊，无不见诸报端。①不得不说的是联合版由国民党中央党部主办的国民党中央机关报《中央日报》牵头，因而对"最高统帅蒋介石进行了着力刻画，5月6、7、8日的联合版头版内容就是很好的证明。②

在发行方面，5月9日联合版发文："本会现已开始办公并议决广告价目。长行（八十字高）每行2元，短行（四十字高）一元，小广告（四十字内）一元二角，不折不扣，概收现金，并于每日下午六时前截止。接受广告发行价目每份零售五分，批发三分三厘，一律惠现。兹于新街口三十九号时事新报设置发行处外，并于新民中央国民新蜀新华各馆设分销处，统希公办。"6月17日《重庆各报联合版》刊登信息，长行广告上涨4角，短行广告上涨2角，小广告照常。中途因刊登广告拥挤，联合版采取广告补登及刊登暂停接收广告的通知，5月11日联合版刊登："兹因广告拥挤，本版限于篇幅，致连日接受之广告，无法按期刊出，至于歉意。誓言停止接受广告一日，将余存之广告刊出，自十二日下午四时起照常接受。所有未刊出之广告，将按逐日接受之前后次序照常刊出不误，敬请各刊户谅解。"③除了广告数量上的控制，联合版对广告刊登的频次也有规定，长期广告只有在特殊情况下可延长一周，一般以三天为限，普通医药商业广告刊登第一次后，下次刊登必须间隔两星期。抗战期间，纸张价格和运输价格飞涨，联合版为了增加收入，减少亏损，报纸价格曾几经调整，发刊之初，报纸零售5分，批发3分3厘，7月1日起零售调为6分，批发4分3厘。发行机构开始是向新民、中央、国民、新蜀、新华等各会员馆领批，委员会不直接办理零售及订阅事宜，因此对向分站和报贩订阅者，《重庆各报联合版》不承担责任。另外一方面增加发行量，联合版日发行量约3万份，发行量最高的时候达5万份，同时为便利读者起见，自7月20日起，各会员报馆留若干份报纸零售。联合版外埠发行事宜由各会员报馆办理，未在外

---

① 周惠斌：《重庆十报〈联合版〉出版纪实》，《中华读书报》，2010年10月27日。
② 重庆抗战丛书编纂委员会：《抗战时期重庆的新闻界》，重庆出版社，1995年。
③《本版广告课紧要》，《重庆各报联合版》，1939年5月11日，第1版。

埠设立分处或派员除外兜售。①联合版收入,各报均不分红,也不出钱,所赚的钱由"报联会"开支,每星期聚餐一次,地点经常在冠生园楼上,参加者为各报社长、总编辑、经理等。直至各报恢复独立出版,除去一切开支,盈利约16000余元。

《新华日报》正式参加联合版的时间是5月7日。大轰炸后,《新华日报》作为中共中央在国统区公开发行的机关报,损失不大能够继续独立出版,且鉴于1937年2月国民党曾发布《关于根绝赤祸之决议》及1938年4月蒋介石提出的"共产党要消融于三民主义之下"的言论,担心国民党借出版联合版为借口扼杀控制舆论权,于是在6日致函《中央日报》社社长程沧波及《时事新报》总编辑崔唯吾,申明"关于联合出版事,敝报尚待与中宣部交涉,所有关于联合出版事宜,敝报一概恕不参加"。所以,5月6日《新华日报》仍单独出版发行一小张。当日,国民党中宣部复函《新华日报》,内称:"查渝市各报,奉谕自6日起,一律停刊,改出联合版,5日曾通知各报在案,唯贵报本日仍照旧单独出版,有违前令。特此函知,务希即日遵令办理,7日起不得再行刊行,否则事关通案,当严予处分也。"旋即,周恩来指派《新华日报》社社长潘梓年找国民党中宣部部长叶楚伧,提出三点要求:一、不能利用"联合版"之机,取消《新华日报》;二、"联合版"版必须是暂时的,一俟各报迁移有定,筹备有序,应准各报立即复刊,单独出报;三、必须确定"联合版"的期限,否则不予参加。之后中共中央南方局主要领导人周恩来亲自与叶楚伧交涉,得到国民党中宣部的保证"各报出联合版只是临时措施,绝没有就此让贵报停刊的意思"的承诺后,几经权衡《新华日报》决定加入"联合版"。②

中共中央获悉《新华日报》停刊参加《重庆各报联合版》一事后,认为中共在国统区失去了独立声音,中共政治主张在国统区难以广泛宣传。5月17日,中共中央书记处致电中共南方局指出,要求南方局尽快与国民党当局交涉单独出版事宜,并要求在《新华日报》未恢复出版之前,充实和扩大《群众》(隶属中共中央南方局领导的周刊)内容,翻印《新中华报》以保证中国共产党

---

① 《本报启事》,《重庆各报联合版》,1939年7月30日,第1版。
② 《新华日报史新编》,重庆出版社,1998年,第49页。

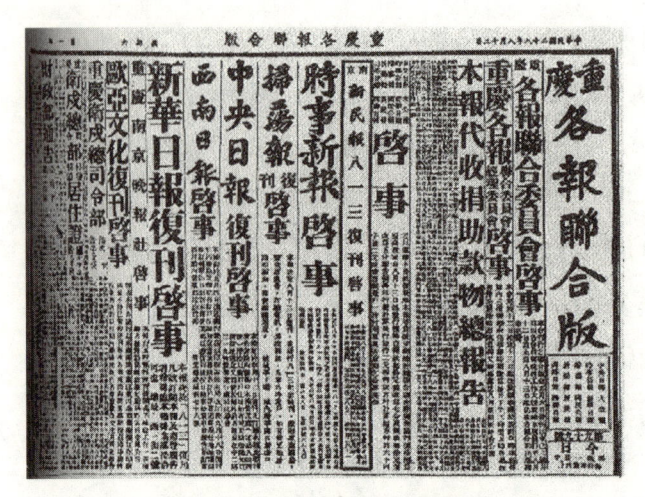

图200 《重庆各报联合版》最后一期

与国统区人民联系渠道的畅通。之后《新华日报》联合《大公报》《国民公报》《新蜀报》《新民报》等报社与国民党中宣部反复交涉,提出尽快恢复《新华日报》独立出版。并从7月7日起连续推出4期"七七特刊"。在各方要求下,最终"重庆各报联合委员会"于第七次会议决定:8月13日为各报复刊日期。

8月12日,联合版在其结束号中刊载了"重庆各报联合委员会"的启事:"查本会刊行之联合版自5月6日发刊以来,已三阅月。兹以各会员报疏建工作大体就绪,本版发行至8月12日止,自8月13日起仍由各报分别出版,诸希亮察。"唯有《西南日报》因损坏严重,延至9月8日复刊,改出《西南日报晚刊》。

至此,在中国报业史及中国新闻史上占有重要地位的《重庆各报联合版》宣告结束。抗战血火中诞生的《重庆各报联合版》,是中国新闻传播史上的一次壮举,更是一次能充分体现重庆陪都时期中国政治文化格局中兼容并蓄的历史奇观。该报的出版发行,适应了当时特殊形势下的特殊要求,也是战时中国新闻界团结奋斗、共同对敌的象征,是中国报业史和中国新闻史上前所未有的壮举。正如联合版5月6日刊登的《发刊词》写到的那样,"联合版所表现的精神,是最显著的团结……重庆的报界,现在本是集京、沪、津、汉的经营,今天结合在一个组织下面发行联合版,在人力、物力方面,比以前格外能充实,我们对抗的宣战,比以前格外能尽责,我们报界的这次联合组织,自信对业务上将更有进步,对读者更可尽我们的责任"。至于《重庆各报联合版》的意义,发刊词中也有所阐述:"我们《联合版》的发刊,在将来的中国报业史上,永久是惨痛悲壮的一页。中国现在与未来的新闻记者,决不会忘记这个《联合版》发刊时的惨痛环境。"①

69. 敌伪经济汇报(1939年)

1939年5月在重庆创刊。16开油印,封面印有"密件"字样,经济部秘书处编辑出版,月刊,但常脱期。主要介绍敌伪经济情况,包括物资掠夺、物资经营、物资走私以及财政、金融、交通等情况,1940年9月停刊。

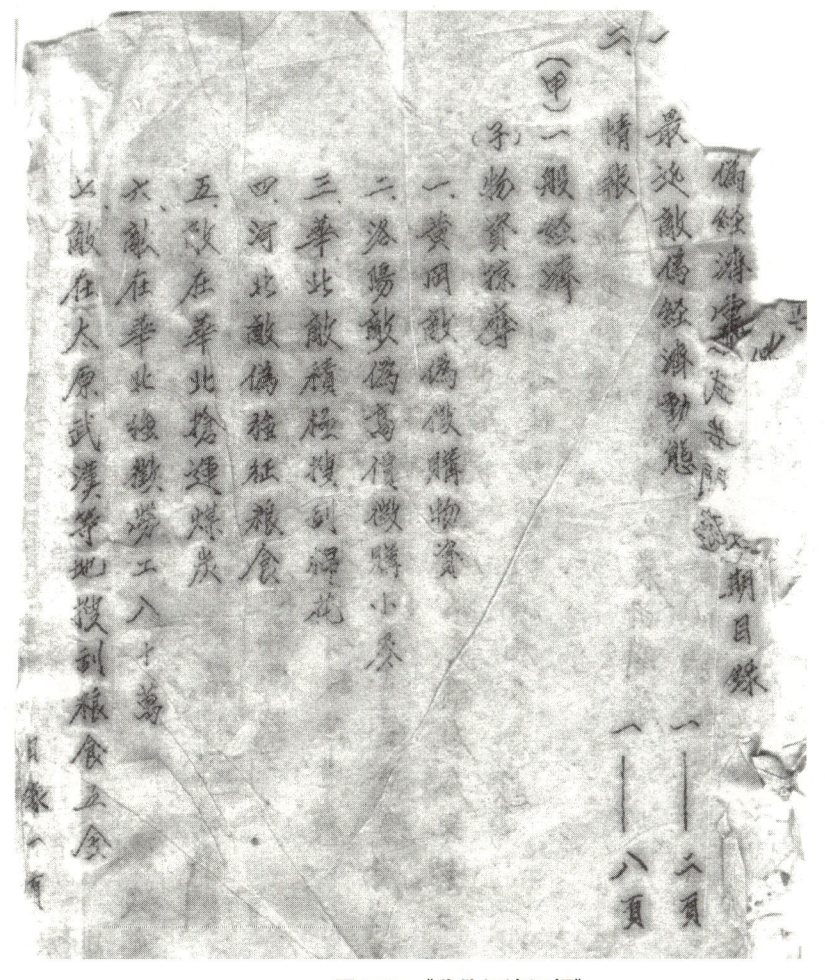

图201 《敌伪经济汇报》

---

① 《发刊词》,《重庆各报联合版》,1939年5月6日。

70. 中央党务公报(1939年)

1939年7月创刊,重庆国民党中央委员会秘书处编印,16开本,由国民党《中央党务月刊》更名而来。注有"党内刊物,对外秘密"字样。并特别说明:"本公报系党内重要刊物,所载系中央法令规章,且有一经登载,即不另行文者。各级党部收到本报,应全部检阅,妥慎保存,切勿任令散失,是所切盼!"属于国民党的党政刊物。

该刊以"公布国民党内部文

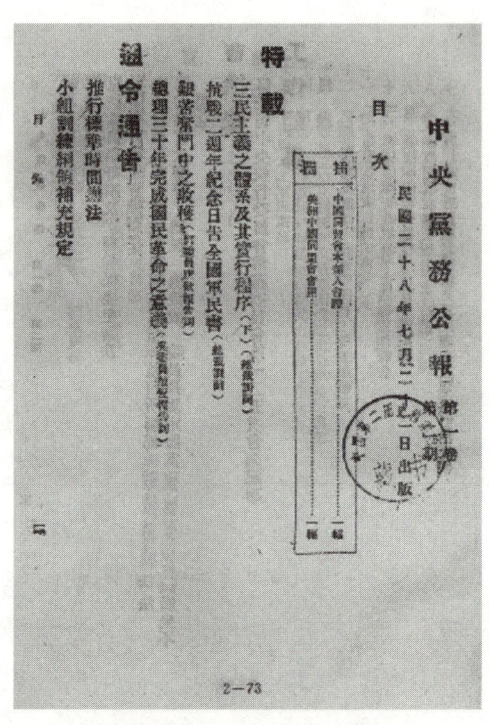

图202 《中央党务公报》

件为主,兼及社会事务的主旨不变"。《中央党务公报》体例完善、内容广博、栏目繁多。有:特载、通令、通告、会议记录、工作导报、组织、宣传、社会、革命勋绩审查、奖恤、法规、党政纲领、社会民运、教育训练、统计调查和国民党中央各部、会、处同志总考绩统计表等等。原为半月刊。1945年1月15日第7卷第1期起改为月刊。

抗战胜利后迁往南京出版,1947年12月停刊。

图203 《中央党务公报》第一期上的总理遗像

71. 重庆市政府公报（1939年）

1939年10月出版，月刊，重庆市政府秘书处编辑发行，扉页有孙中山头像及总理遗训，主要栏目设有计划、会议、法规、通行法规、人事、公牍、布告、报告、专载、特载、统计等。刊载市政府颁布的法令、法规、公文、会议记录等文件；公布市政建设计划；发表有关的统计资料。约1943年12月停刊。共51期。

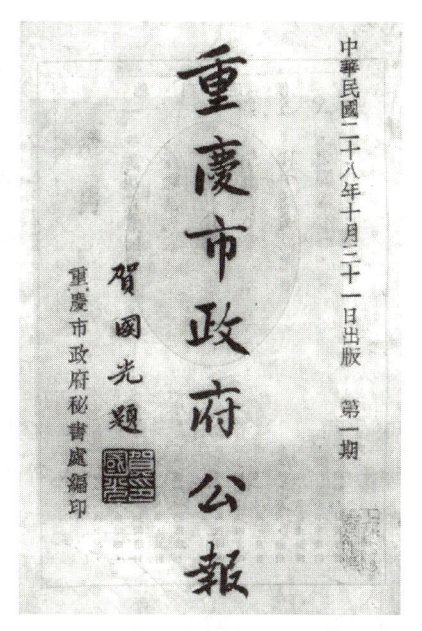

图204 《重庆市政府公报》第1期

72. 益世报（1940年）

《益世报》是罗马天主教教会在中国出版的一份中文报纸，1915年10月14日在天津发行。因日军侵占天津和《益世报》天津版总经理生宝堂被杀害，报纸被迫停刊。1940年，《益世报》由昆明迁到重庆复刊，社址在市中华路138号，编辑部在曾家岩明诚中学内。

重庆版《益世报》的社长是杨慕时，最初董事长为雷远鸣。雷鸣远去世以后，董事长由南京主教于斌担任。于斌出生于黑龙江，他曾在美国、意大利等地留过学，于1938年从欧洲回国，担任南京教区主教。他的人脉很广，不仅和美国在华教主蔡宁、中美合作所美国人梅乐斯有密切关系，还和蒋介石的关系非常密切，得到过蒋介石的大力支持。

1940年3月24日，《益世报》正式在渝复刊，编号8006。头版刊登《本报启事》，第二版刊登《发刊词》："本报自有生命以来，即为中华民族之独立自由而奋斗，从九一八起，我们始终一贯主张抗战；对内主张实现民主政治；本报为公教教友之报纸，有宣传教义之职责，我

图205 雷鸣远（1877—1940）

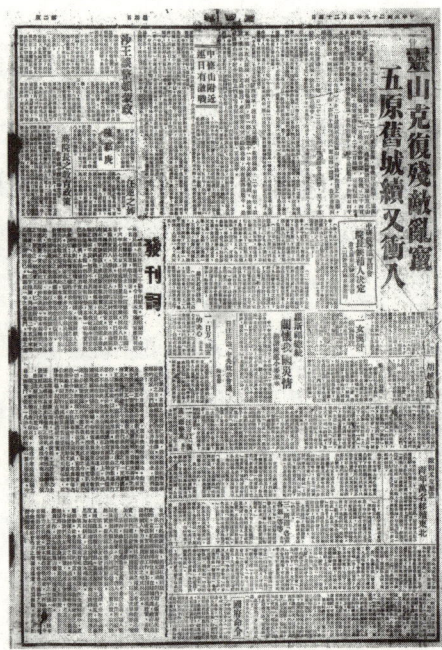

图206 《益世报》移渝出版第一期　　图207 《益世报》移渝出版发刊词

们遵循教义，对国际局面以促进世界和平，增加人类幸福为最终目的；公教教义，以人类生活精神重于物质；公教教友在智识方面，崇信真理……《益世报》是我国三百五十多万公教教友共同的舆论机关。今日中国全体国民一致拥护政府、拥护领袖，《益世报》迁来陪都是数百万公教教友拥护政府、领袖的具体表示。"文中还以决死的信念向社会各界宣誓道："《益世报》遭受牺牲越大，同人抗战之本愿愈坚决！"①在这篇言论文献中，除增加了服从战时政略需要和战略安排的价值内容外，基本宗旨与其创办以来的基本舆论立场和价值取向是一脉相承的。

在具体的实践运作中，《益世报》间或也掺杂了一些附和官方意识形态的内容。但总体评价，《益世报》仍不失为一份具有恪守公教立场、坚持团结抗战方向的抗日大报，因此，其社会影响也是积极有益的。

《益世报》的这种表现，与创办人雷鸣远关系密切。雷鸣远主张武力抗日，除在报纸上大力宣传之外，还提倡身体力行地切实投入抗战之中。他在

---

①《益世报》，1940年3月24日。转引自张育仁：《重庆抗战新闻与文化传播史》，重庆出版社，2009年版，第110页。

山西组建华北民众战地督导团,积极援助中国抗战。先后出任宋哲元部队的残疾军人教养院长,傅作义部的前线救护队队长等职,参加作战。1933年长城抗战的时候,雷鸣远已年近六旬,他将教会的一些成员组成救护队,自己亲任队长,带队到华北、西北各战区去抢救伤兵、进行救护工作。抗战中,报馆多次被炸,雷鸣远呼吁大家坚定信心,坚持把报纸办下去,为抗战在坚持《益世报》抗日宣传的同时,雷鸣远向自己的教会成员发出总动员令,亲率600多人组织救护队、野战医院和战地服务团,到前线抢救伤兵、赈济难民、教育失学儿童。雷鸣远神父的行动受到了国民政府的高度嘉奖,被誉为"国民党的白求恩"。1940年7月18日,国民政府以1287号令褒扬:"雷鸣远原籍比国,早岁呈准归化,历在平津等处创办慈善事业,并设立报社,久为社会所推重,此次抗日军兴,组织救护团队,在各地竭力救护,收效颇宏,为国宣劳,始终不懈,遽闻溘世,悼惜良深,应予明令褒扬,以彰劳勋,此令。"11月29日,重庆召开追悼雷鸣远神父大会,蒋介石亲送挽联悼念:"博爱之谓仁救世精神无愧基督,威武不能屈毕生事业尽瘁中华。"

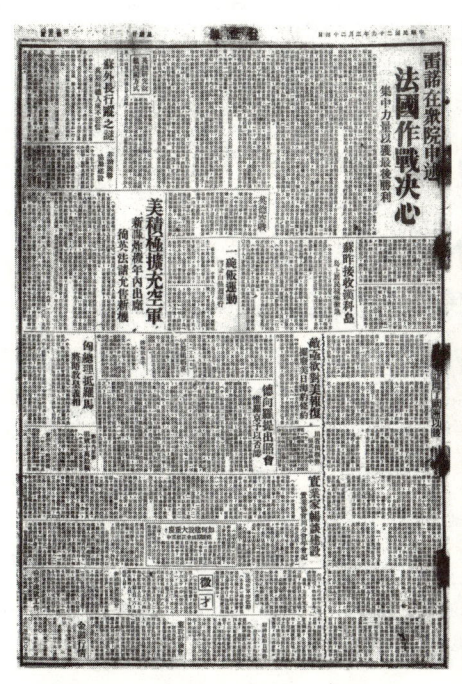

图208 《益世报》国内外新闻版　　**图209 《益世报》"宗教与文化"专栏**

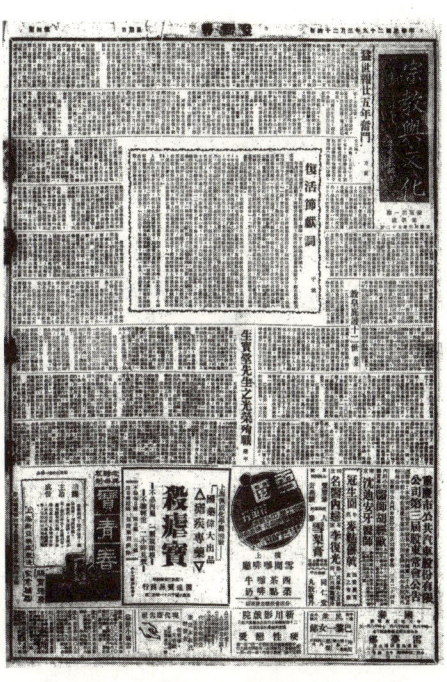

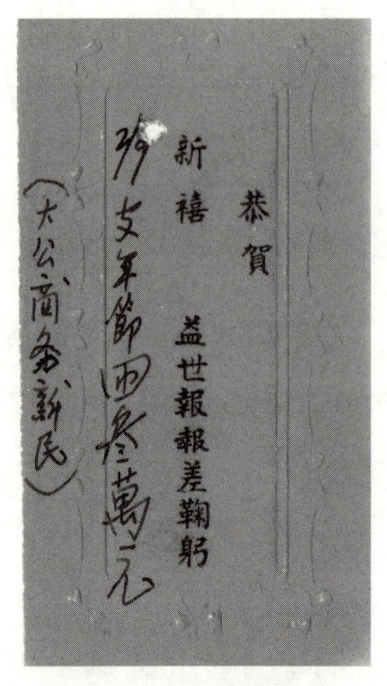

图210 《益世报》报差名片

不过，由于《益世报》更着重强调"拥护政府、拥护领袖"，加上于斌和蒋介石的密切关系，很多时候往往站在国民党一边。1941年"皖南事变"发生，《益世报》在1月18日二版头条刊登《为贯彻军令维持纲纪，叛敌之新四军解散，军长叶挺就擒交付军法审判，副军长项英在逃严缉归案》的新闻，并发表社论《处置抗令叛变之新四军》，颠倒黑白，造谣污蔑"叶挺、项英在抗日战争的紧要关头，图谋不轨，破坏团结；助寇张焰，此其罪大恶极，实加一等"。[1]1月29日再次发表新闻《处置新四军纯属整饬军纪》，配发社论《再论制裁新四军事件》，并答复读者的质疑，称"如果新四军真有背叛命令图谋不轨的地方，那么新四军解散是为国家除害，为抗日去障碍……虽失一臂，亦觉值得"，[2]与《中央日报》《扫荡报》沦为一丘之貉。

1945年后，《益世报》由重庆教区接办。社长为陈公亮。总编辑张绍曾。陈公亮代表主教请出四川财阀天主教徒刘航琛担任副董事长，后来担任董事长。刘航琛通过川康、川盐两家银行对报纸进行拨款资助。

《益世报》重庆版的发行不仅被国民党严格地控制，而且还成为国民党托派"中国共产党非常委员会"发表反共文章的唯一公开阵地。此时《益世报》提倡一个主义，一个政府，一个领袖，多次发表进攻解放区的反共拥蒋的文章。如1947年7月3日的社论《重振道德重振法纪》中说："毁法乱纪之最甚者，无过于共产党，毛泽东即为毁法乱纪的魁首。……中共的肆意猖狂，不自今日始，这多年来政府的政令军令，几曾下及于中共窃据的范围，然而，政府

---

[1]《处置抗令叛变之新四军》，《益世报》，1941年1月18日。
[2]《再论制裁新四军事件》，《益世报》，1941年1月29日。

对中共的态度，始终是委屈、忍让"。这种公然埋怨政府立场软弱的言论，比官方的公开立场还要更偏离正路。

《益世报》重庆版在解放

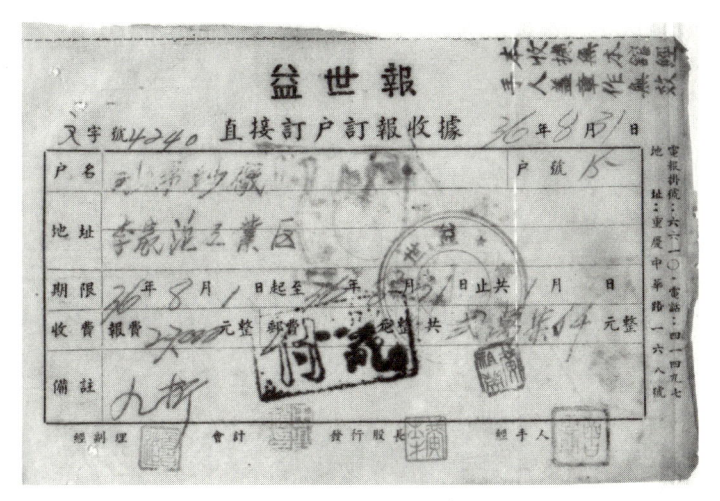

图211 《益世报》订报收据

战争后期依然坚持反共立场不变，大肆刊载"戡乱剿共"的文章，令其报纸销路日渐下滑，直到再也无法经营下去，于1948年11月8日不得不自动关门停刊。

73. 民众小报（1940年）

1940年10月10日创刊，4开4版，王世杰和吴敬恒先后书写过报名，民众小报社编辑发行，重庆中国文化服务总社总经售，通讯处在重庆青木关教育部国语推行委员会。所有正文文字均加注拼音，目标主要是为了扫除文盲、普及汉字与推广新闻。

该报第一版为国内外重要新闻；第二版社论、国际新闻；第三版各种专刊；第四版文艺性副刊。在第三版版心外白边处印有"会看报的人，讲给不会看的听"；在第四版版心外白边处印有"已经看过的报，要送给别人看"。第二三版中缝写有："本报可供三种人看：一、认识汉字的人，可以专看汉字正文；二、识汉字不多的人，可以参看旁边的注音；三、不认识汉字只会注音符号的人，可以专看注音符号，兼学汉字。"

该报三大优点：一、通俗浅易，适合一般民众口味；二、价钱便宜，看大报一月，可以订本报一年；三、本报字字注音，只要学会注音符号，便可无师自通。在第一、四版中缝刊登该报给县教育科、民众教育馆、中心学校的函，要求协助推销报纸，内称："本报应抗战建国之需要而产生。编辑的内容除重要

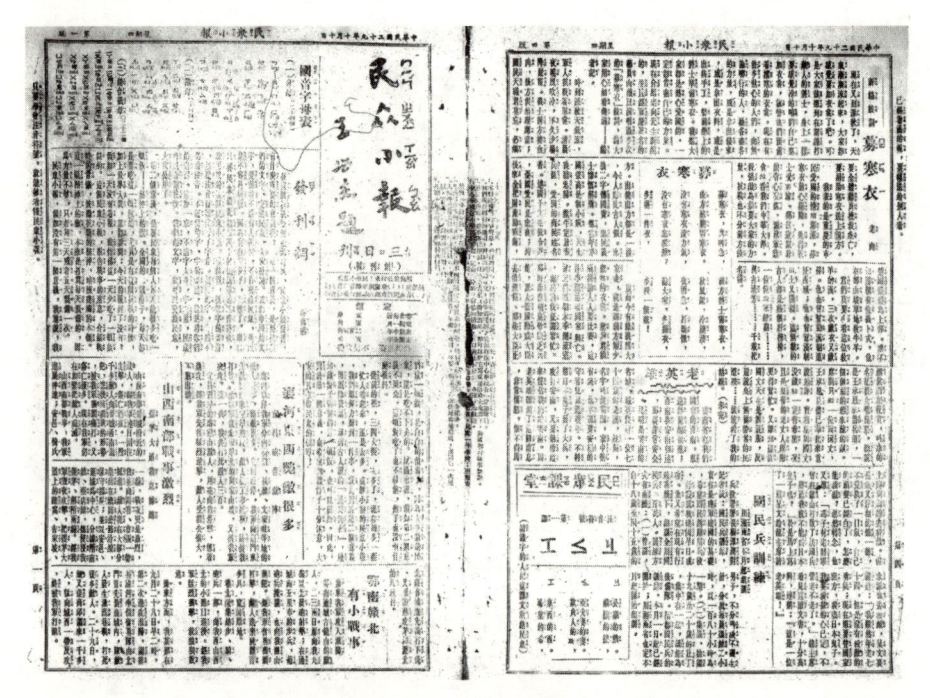

图212 《民众小报》

新闻,战时消息外,还有常识和文艺。都是以民众为对象,用纯口语写成的。本报的特点,不仅仅是一种话报,而且是用注音汉字排印的。因此,它有帮助识字的特效,即使没有上过学堂的民众,只要用很短时间,学会了注音符号,自己就会看得懂这个报,看长了,汉字也都认识了。所以本报是帮助识字,扫除文盲,顶快顶快的有效工具。现在本报为着广泛推行,收到更大效果起见,特希望全国各县教育科,民众教育馆及中心小学校,提倡订购,协助推行。用以教导民众,普及识字。"

另有资料称,1943年,《民众小报》与《千字报》合并改为《国语千字报》,由郭登敖任社长,从3日刊改为每日刊。

74. 国语千字报(1941年)

1941年3月12日创刊,日报,8开4版,陈立夫提名写报名。该报的发行人是郭登敖,社址在重庆九道门7号。由国民党教育部战区中小学教师第三服务团主办。

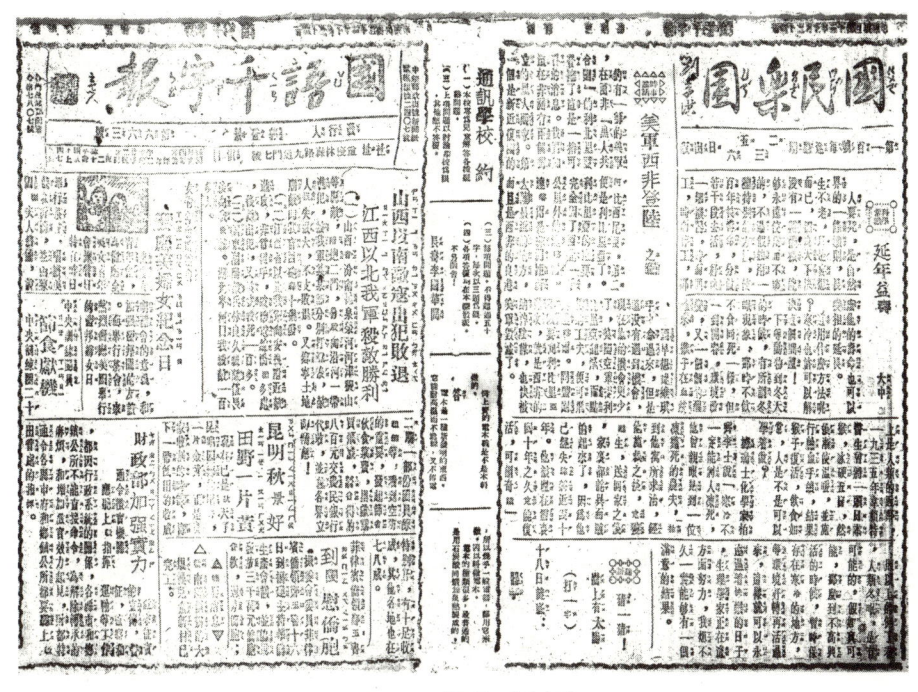

图213 《国语千字报》

《国语千字报》从小学教科书选择常用汉字一千个为基本用字，以通俗的语言报道新闻，力求适合一般民众与小学儿童阅读。后迁往北平出版，发行人仍为郭登敖。

有资料称该报前身为《千字报》。

75. 侨声报(1941年)

1941年7月7日创刊。该报是朱培璜受华侨领袖陈嘉庚的委托，在重庆办的三日刊，地址在中山三路11号。办报人还有朱培璜的同学陆铿、高怡伦，三人兼任采编工作。12月7日星期日，日机偷袭珍珠港，他们深夜从广播里收听到这一消息，立即用土纸通宵油印数千份号外，于次日清晨交报童沿街叫卖，轰动山城。

因经费困难，该报同年12月31日休刊，1942年5月16日复刊，编号另起，在第1期"本报启事"中说："本报奉令改为周刊，惟因登记证尚未发下，暂出版月刊，所有以前三日刊订户，仍一律寄送。"

图214 《侨声报》周刊英文第1期　　图215 《侨声报》周刊中文第2期

1943年3月18日,该报改出中英文周刊。该报站在华侨立场,以研究华侨问题为重点,也尽力探讨第二次世界大战的战势及战后各种问题。报道国内外要闻,尤重视引起国内外舆论界关注的战后华侨问题。

1946年4月,重庆《侨声报》迁上海,改为日刊出版,朱培璜仍担任原职,发行条件也大为改观。

76. 新闻类编(1941年)

1941年7月17日创刊,初为三日刊,曾改日刊,后又改为周刊。"非卖品",苏联大使馆新闻处编印,地址在重庆中山二路。主要内容是两个部分,一是介绍苏联对国际大事和中国问题的看法意见,二是积极介绍苏联的战争与建设情况。1946年3月停刊,不久迁南京继续出版。约1949年上半年终刊,共出1699期。

图216 《新闻类编》

77. 正气日报（军中版）（1941年）

1941年10月1日创刊，发行人黄寄慈，地址在重庆复兴关青村1号。14开4版，三日刊，军中版，青年军政治部编印。1945年7月14日重新编号为渝新1号，后改为日报。重新编号后，第一版社论、要闻；第二版国际新闻；第三版综合性文字；第四版副刊《新地》。逢星期日第三版是副刊《青年生活》，第四版是副刊《阵中文艺》。现存最晚一期是1945年9月16日出版的新63号。

图217 《正气日报》

78. 强者之报—强者报（1942年）

吴太威主办，1942年元旦创刊，地址在重庆民国路关岳庙内。吴原是上海童子军团成员，抗战初期是重庆大学体育系学生，又是国术馆的学生，所以该报以体育、武术、童军三方面为主要内容。申请登记时，以吴的重庆大学老师程登科为发行人，吴为总经理，江南鸥为主编。

抗战胜利后约1945年末或1946年初更名为《强者报》，吴太威任发行人，社址迁往中华路夫子池。该报一周或半月发行一次，均由吴一人编辑，约出

图218　《强者之报》

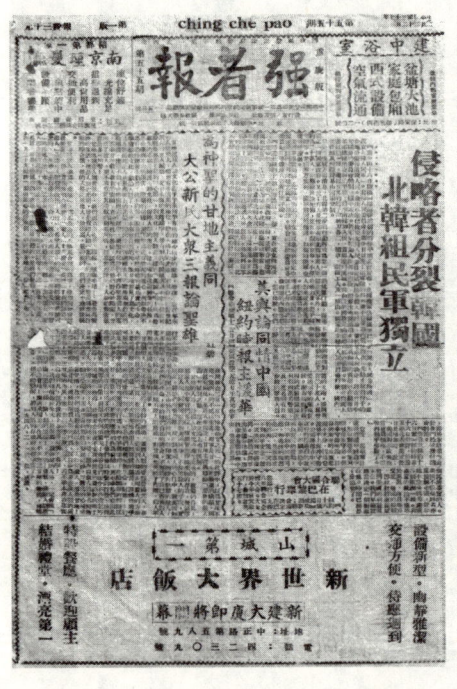

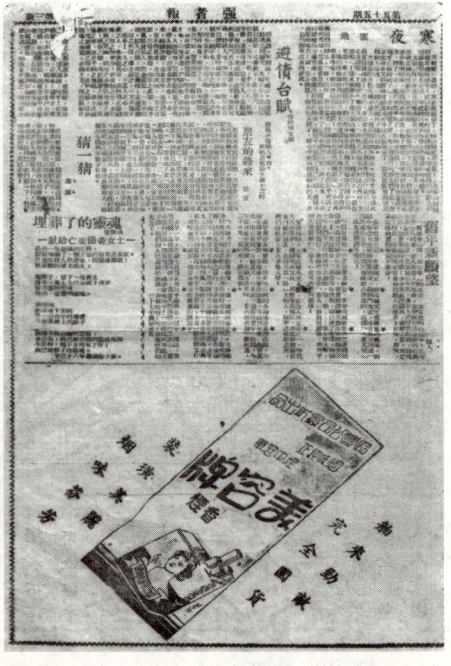

图219　《强者报》

了五六十期。陈兰荪曾帮助撰稿。1947年初,吴将该报出让给李四维。《强者报》现存最晚一期是1948年6月17日出版的第64期。

79. 中央日报·扫荡报联合版(1942年)

1942年6月1日,在"意志集中,力量集中"的目标下,国民党高层决定《扫荡报》与《中央日报》联合出版。《扫荡报》与《中央日报》总体目标一致,且在抗战的大环境下,人事和利益纠纷较难浮上水面,以一般的理解,这次联合将较为顺利。两报合并的形式上是两个报头并列出版,《扫荡报》只保留报头三个字而已,实际上是两报合并,《扫荡报》停刊。联合版基本由《中央日报》原班人马负责,《扫荡报》只有编辑四人参加。

很快,双方就在业务上出现无法调和的矛盾,《扫荡报》的军报属性使得来自《扫荡报》的工作人员在新闻版面安排上要求多向军事方面倾斜,而《中央日报》方面则势必要兼顾平衡,遂成为不可调和的矛盾。这次联合版也在坚持十个月后告终。

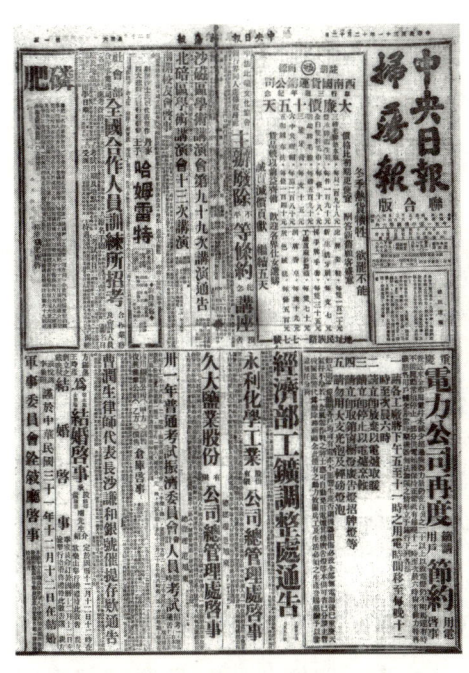

图220 《中央日报·扫荡报联合版》 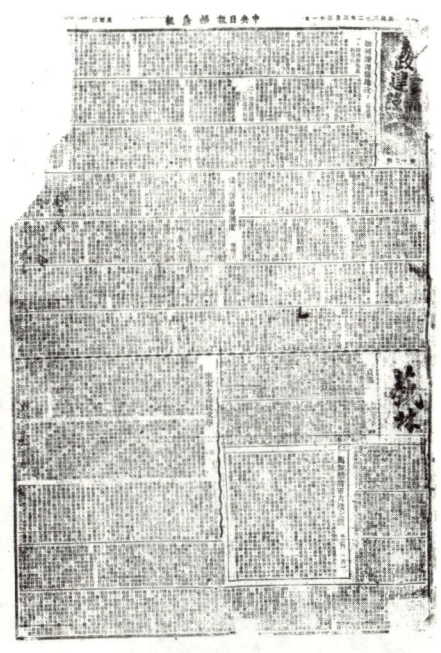　　**图221** 《中央日报·扫荡报》"县政建设专刊"

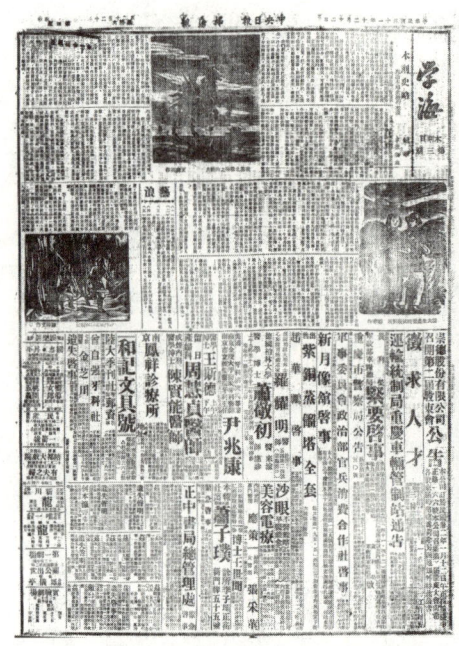

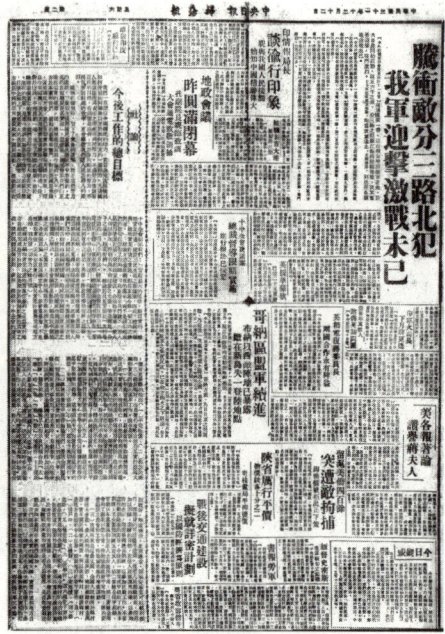

图222 《中央日报·扫荡报》"学海副刊"　　图223 《中央日报》《扫荡报》新闻版

80. 联合画报（1942年）

1942年9月25日创刊，周刊，逢星期五出版，4开4版，是以图片为主的画报，地址在重庆南岸玄坛庙中央电影厂内，后迁保安路211号，青年路特5号。发行人先后为温福立、司徒华、杭勤斯，均为美国人。主编舒宗侨。所以也有资料称该报为"同盟国宣传的战时画报"。

1941年，珍珠港事变后，太平洋战争爆发，中、英、美战时图片宣传机构"联合国幻灯供应社"，由美国驻华大使馆新闻处牵头，邀请舒宗侨创办《联合画报》。主办单位为联合国的幻灯供应社。创办之初每期发行3000份，也有说只印三四千份，为4开1张，三个月后增至万余份。于是美国新闻处就彻底接办过去，对外称"联合画报社"。该画报经费充裕，稿源丰富，越办越好，发行量增至50000份，在成都、昆明等地均设有办事处。

当时重庆的印刷、纸张、发行等都很困

图224　舒宗侨（1913—2007）

难，而《联合画报》却有许多有利条件，比如，(1)图版材料由盟国及时供应，中国及印、缅战场，随时有通讯部队拍摄照片；(2)在重庆还设有无线电传真接收站，重要新闻照片三四天即可见报(因为是周报关系)。(3)画报社自身也拍摄新闻照片，并与国内新闻单位保持联系，提供图片。还有其他的条件使得《联合画报》在大后方打开了销路。

抗战胜利后，属于美国战时情报处的美国新闻处被撤销，宣传工作移交美国驻华使馆文化参赞办理。于是美方与主编舒宗侨签订《联合画报》转让协议书，其中写明，为感谢舒宗侨对第二次世界大战宣传工作的贡献，将《联合画报》以美金一元象征性代价，转让给舒宗侨继续经营(不包括

图225 《联合画报》启事

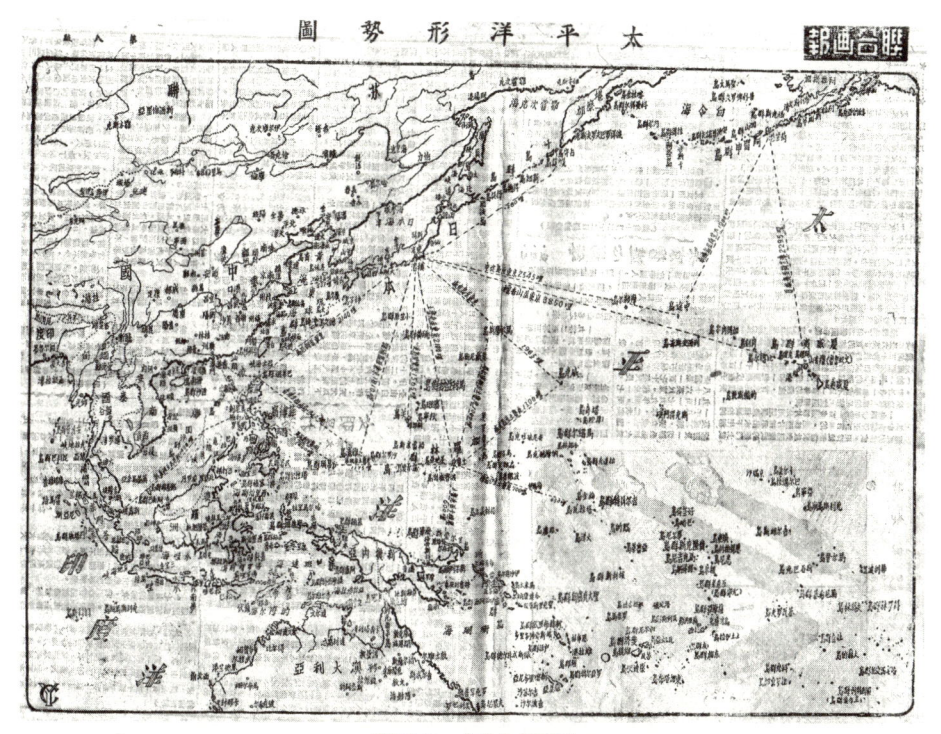

图226 《联合画报》

图227 《联合画报》　　　　图228 《联合画报》

任何物质财产)。因为这一变动,《联合画报》于1945年11月停刊。

该画报在出版二年多的时间里,留下了大量重要的抗日图片史料。1946年10月,《联合画报》在上海复刊,为杂志型的画报,月刊,刊期续前,发行人兼主编舒宗侨,地址在上海百老汇大厦,并在北京、南京都设有办事处。1949年4月终刊。

81. 世说—国际要闻周报—图画副刊(1942年)

1942年10月10日创刊,周刊,逢星期六出版,16开本,英国驻华大使馆新闻处编印,社址在重庆民生路。

《发刊词》中说:"我们这个小小周刊,目的只在介绍新知识,按期供给读者一些容易消化而略有滋养的精神食粮。……上自世界大事,下至日常生活,本刊无不尽力解答。"

除出正刊外,还出有《国际要闻周报》《图画副刊》,停刊时间不详。

图229 《世说》

图230 《国际要闻周报》

图231 《图画副刊》

82. 时兆月报（1943年）

该刊原名《福音宣传》。创刊于1905年11月，由美国外科医生米勒耳创办于河南上蔡县，是基督复临安息日会在远东的机关报；1908年11月迁到上海出版，改名为《时兆月报》；1941年11月该报停刊，1943年1月迁重庆复刊，卷期另起，抗战胜利后迁回上海复刊，1951年后停刊，后在新加坡复刊。该刊由傅忆文、苏清心、李宝贵、徐华先后主编，由时兆报馆编辑并发行。其他刊名《时兆》。月刊，综合性刊物。

该杂志内容广泛，材料丰富，一般包括以下几个栏目：中外新闻、时事片谈、守望台、通论、要闻日志、工商进化、时事释义、现代真光、注音字母、五洲杂志、妇女运动、卫生揭要等，到30年代，该报增加家庭乐园、农村问题、中外趣闻等栏目。其中只有"工商进化"世俗性较强；"注音字母"、"卫生揭要"两个栏目是知识普及性栏目；"现代真光"后改名为"论坛"，是纯粹的关于基督教教义解释性文字，刊登诸如《以利亚的信息》《基督——圣经的本旨》《耶稣要再来》等针对虔诚或资深教徒的信息。其他是借助书信、小说、讨论等方法进行的宣教。"要闻日志"，后来先后改名为"新闻提要"、"世界新闻"，为

图232 《时兆》月报

图233 《时兆》月报

新闻汇编,早期这个栏目后面都要有一段神学意义上的阐释,后取消。其他大多是世俗与宗教结合的栏目。从篇幅上,含有宗教性的内容占了大半。

该刊以"广布世末福音,发明得救要道,兴复古圣先知预言"为宗旨,所有言论皆以新旧两约为根本,探讨人的今生来世,介绍宗教领袖人物。该刊注重对人类和社会有重大影响的政治、军事、外交类新闻,以及和人类福祉有密切关系的自然灾害新闻,世界最新科技报道,世界各地风情人物的精美照片,以及中国发展过程中非常重要的新型行业及传统行业的发展状况、调查报告、出现问题与解决思路等积极而有价值的长篇报告。

该刊在社会生活上的积极姿态,试图以道德和知识的力量来影响社会。刊物的读者包括贫民、军人、商人、政府官员等,这些人在个人的品德、治理军队、了解时事、提升社会等方面均有积极作用。该刊物见证了近代基督教在中国的传播,中国世俗观念与基督教义的矛盾冲突和融合过程。

该刊发行一度高达7.5万份,被认为是基督教杂志中最杰出的代表。它很好地维护和宣传了本教派的主张,并将教义中晦涩的预言与现实进行结合,对研究近代中国基督教传播史具有重要的资料价值。

83. 盟利通讯社社稿—盟利通讯(1943年)

约1943年出版,重庆盟利通讯社编行。1945年1月改名为《盟利通讯》,号数续前,还办有"盟利副刊"。

另有资料称盟利通讯社1942年6月20日开始发稿。

84. 战士月报(1943年)

军队文化刊物,1943年3月15日创刊,战士月报社编辑发行,主编谢永炎,地址在重庆纯阳洞55号。撰稿人有:郭沫若、张治中、胡秋原、冯玉祥等。主要刊登如何开展军中文化运动的讨论,发表反帝反侵略的论文,报道抗战中的优秀妇女、优秀战士事迹,还辟有战士诗园、战士信箱栏目,刊载战士的诗歌和战士心里话。

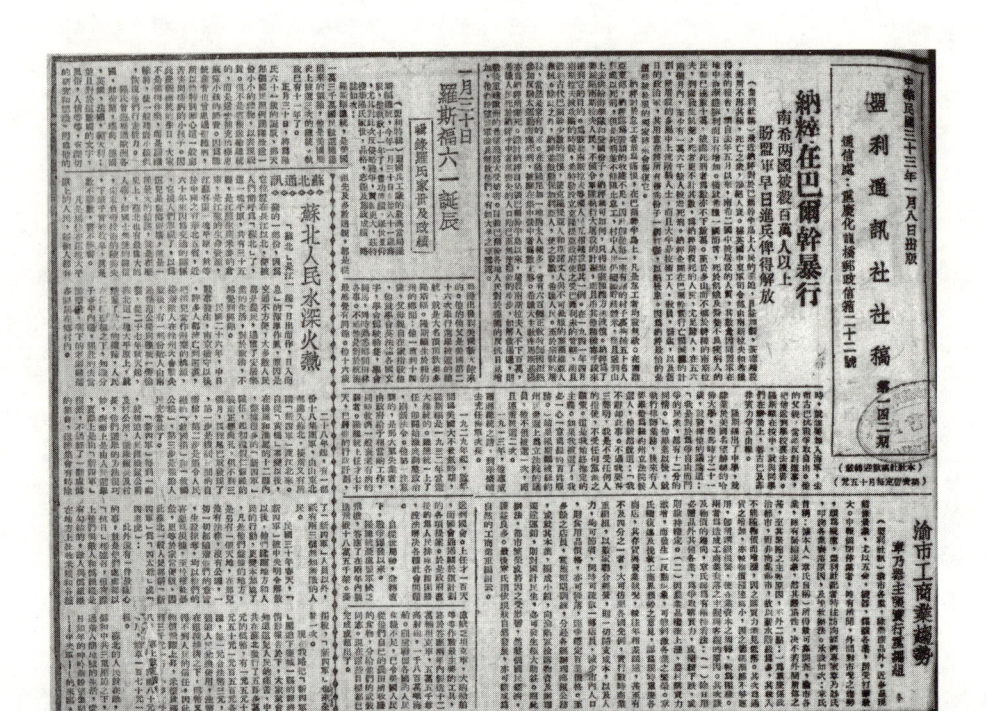

图234 《盟利通讯社社稿》

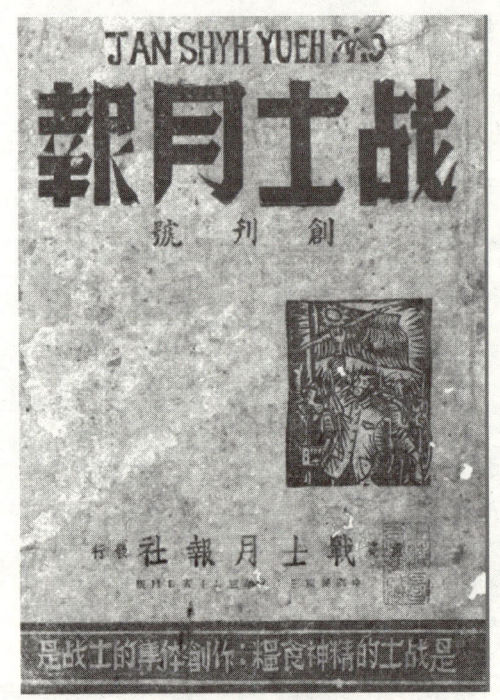

图235 《战士月报》

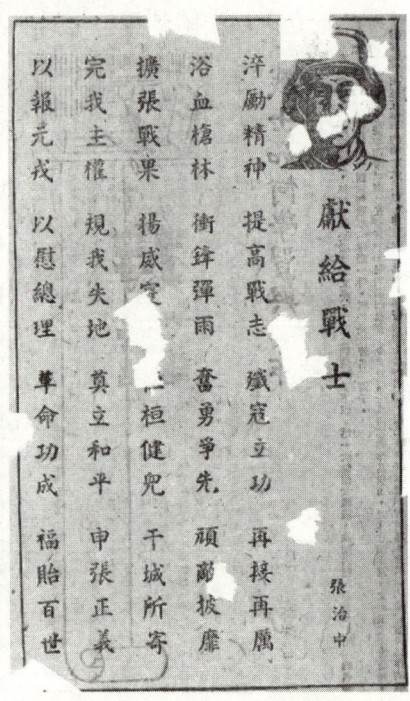

图236 战士月报创刊词《献给战士》

85. 中国评论报—中国评论报晚刊(1943年)

日报,发行人王乃昌,1943年2月1日创刊,该报以超越党派的民间报自诩,实际上与官方关系密切,社址在重庆江北。同年6月1日又出版《中国评

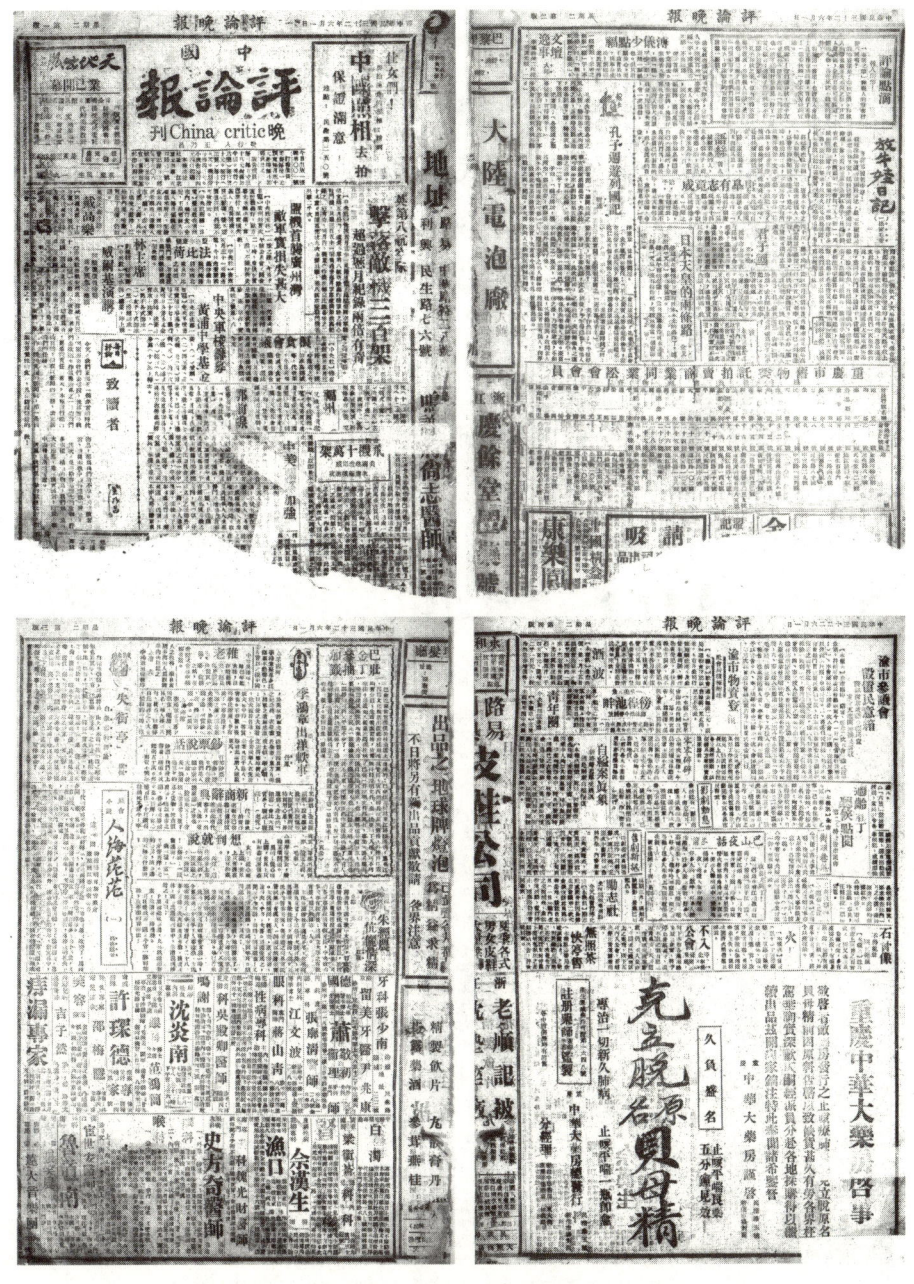

图237 《中国评论报晚刊》

论报晚刊》，又名《评论晚报》，王乃昌仍是发行人。《中国评论报》1947年1月1日迁往南京出版，停刊时间不详。

王乃昌曾通过种种手段，窃取中国青年新闻记者学会重庆分会主席的职务。

86. 南川实验简报—南川日报—南川日报·南川民报联合版—南川民众日报—南川人民日报（1943年）

《南川实验简报》于1943年3月29日创刊，社长周游，发行人李震涛，编辑皮钧陶、韦雅吕，记者曹寄依。报纸宣传抗日救国，揭露社会黑暗，因"立言正直"为读者所喜。1944年6月，还出版《南川实验简报号外》第1号，报道盟军在法国登陆的消息。

1946年，报社受国民党南川县党部迫害，改名为《南川日报》，由油印改铅印，社长李震涛。1947年国民党南川县党部以"合作"为名，将《南川日报》并入《南川民报》，更名为《南川日报·南川民报联合版》，社长陈仲亨、李能芳，发行人周榕邨。每日出8开1张，社址在南川西街63号。

1948年12月，县参议会决定改组报纸，更名为《南川民众日报》，社长谈明渊，总编辑金光德，进步人士卓绿波被迫离开报社。

1949年11月26日南川解放，南川县治安维持会接管此报，更名为《南川人民日报》继续出版，至30日奉令停刊。

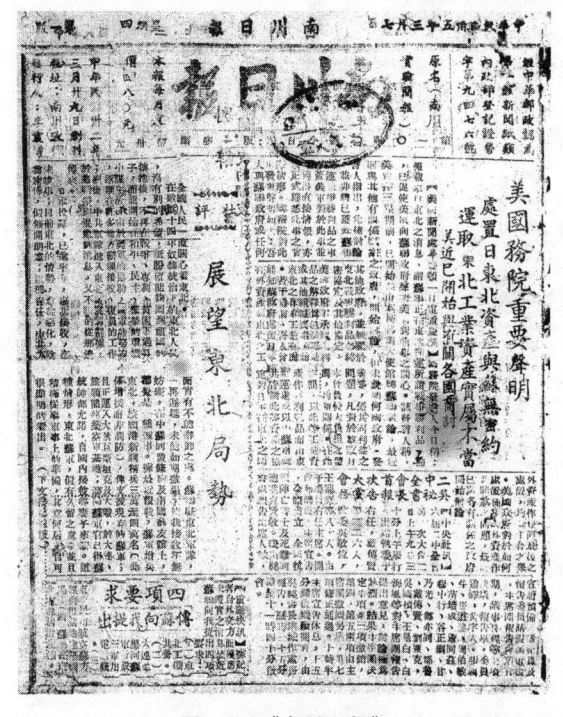

图238 《南川日报》

87. 征信新闻(1943年)

1943年4月5日创刊，联合征信所编辑发行，初名《联合征信所行情日报》。地址在重庆林森路下督学巷。初为油印，第二年改为铅印，16开约10页左右装订成册。除星期日及例假外，每天下午三时半出版后即迅速送至订户。联合征信所是国民党中央、农民、中国、交通四银行联合办事处（即四联总处）的金融征信机构，于1943年3月成立，受四联总处领导。总处除下辖四大银行外，还包括中央信托局、邮政储金汇业局，及其他公私银行钱庄。

《征信新闻》属四联总处的新闻组管辖。新闻组负责人杨爱全兼任《征信新闻》主编。《征信新闻》内部分为编辑、发行、广告、印刷四部，《征信新闻》的内容分两部分，一部

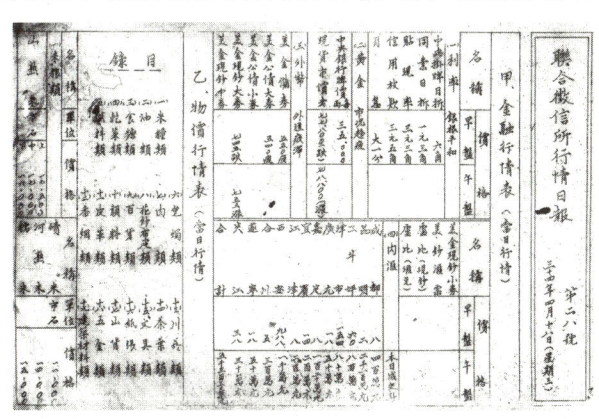

图239 《联合征信所行情日报》

图240 1947年6月21日《征信新闻》

图241 中华人民共和国成立后的《征信新闻》

分是报道国内和本埠的经济、金融财政、交通、工商业等新闻,有专职记者、外埠特约记者采访重要消息。凡政府发布的有关财政金融和工矿企业贸易等的公报,以及四联总处公布的贷款条例,均由《征信新闻》公布。另一部分为当日金融行情和物价行情,包括外埠和重庆的黄金、美钞行情,如当日上海和重庆金融市场上黄金、美钞开盘价与收盘价,以及重庆中央银行每日挂牌利率。市场物价行情分为粮食、棉纱、布匹、百货、五金、中西药、纸张、建材、文具等十余类,均派具有经济学识,富有商业经验的记者采访。每日还报道各市场行情动态,每周末发表一篇对各市场物价起落或平稳的概况及未来趋势分析。

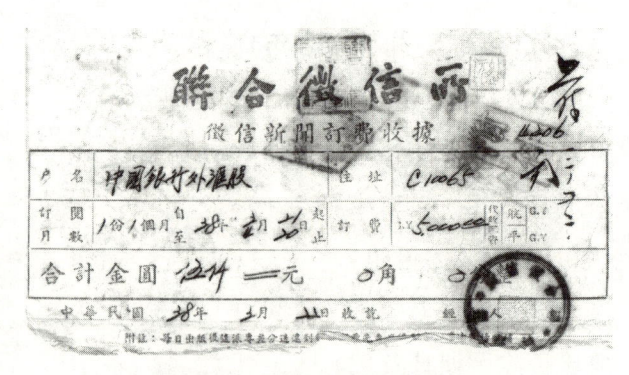

图242 《征信新闻》订报收据

《征信新闻》以金融业和大中型工商户为主要发行对象,《大公报》特辟专栏登载它的物价行情。抗战时期只在重庆一地发行,日销二千五六百份。抗战胜利后,联合征信所总所迁上海,重庆保留分所。1949年重庆解放后,由西南贸易部接管,《征信新闻》照常出版发行,并增出《西南商情》日刊。

88. 士兵周报(1943年)

约1943年上半年创刊,军事委员会政治部士兵周刊社编辑发行,通信处设在巴县三圣宫赖家桥。头版设有国父遗训及孙中山头像。栏目有"广播台"、"讲故事"、"小谜语"、"士兵文艺"、"士兵信箱"等。

图243 《士兵周报》

89. 营中日报(1943年)

1943年7月出版,重庆市青年夏令营营中日报社编发,内容主要是夏令营相关新闻,以及文艺副刊,每日出8开1张。8月停刊。

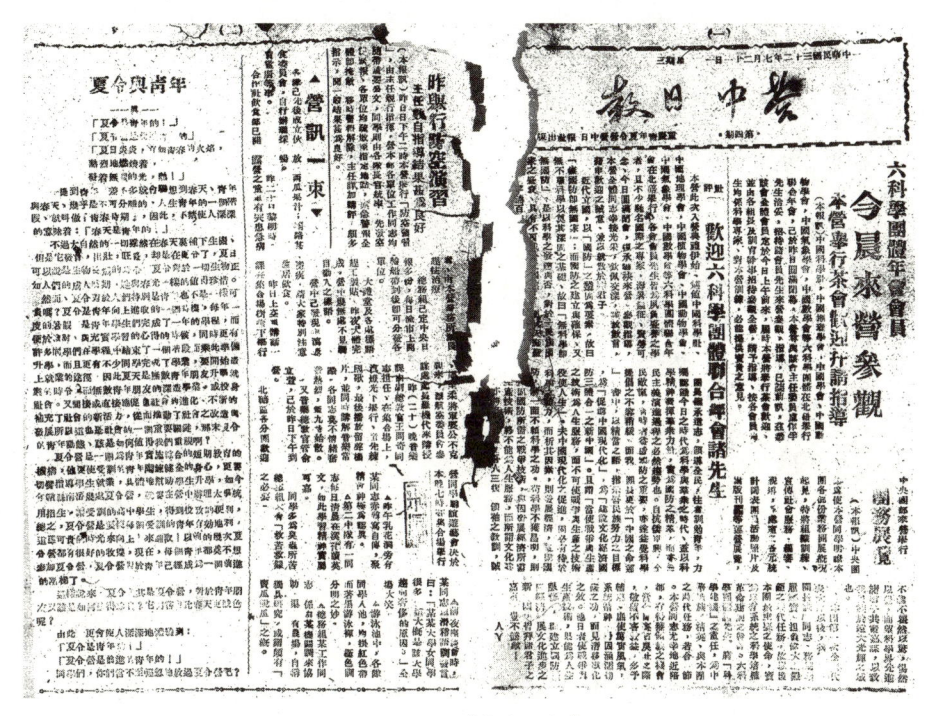

图244 《营中日报》

90. 重庆舆论周报(1943年)

1943年8月8日在重庆创刊,重庆舆论周报社编辑,发行人沈善宏,编辑杨丙初,旨在"宣扬三民主义文化,拥护抗战建国",社址在保安路保安里,内容主要介绍全国优秀社论,摘录全国新闻报刊中的优秀文章,并刊有国际大事、文艺小品等。该刊主要从重庆《大公报》《国民公报》《新民报》,成都《中央日报》、江西《正气日报》中摘录。

停刊时间不详。

图245 《重庆舆论周报》

91. 自由东方—自由导报（1943年）

1943年11月5日创刊，16开本，月刊，每期8页，孙科题写刊名。社长司徒德，主编马义，自由东方社发行，社址在重庆上清寺232号。出至第2卷第3期更名为《自由导报》，重新编号。

《自由导报》1945年11月17日创刊，是中国共产党直接领导下的进步报刊，社址在重庆中正路125号。创刊之初由杜国庠、邵荃麟、侯外庐、马寅初、田钟灵（笔名"苏东"）等人组成编委会。田钟灵任主编、李学民任经理，杜国庠任总编辑。报纸主要言论为争取和平、民主，反对内战，团结中小工商业，反对官僚资本。1945年12月民主建国会成立后，杂志社同仁大部参加，尤其是民主建国会重庆分会成立后，该杂志即转变为重庆分会的机关刊物。所以《自由导报》的政治倾向性十分明显。

1945年12月，民主建国会刚一成立，《自由导报》立即编辑"民主建国会成立特辑"，发表了民主建国会成立大会记、民主建国会成立宣言、政纲以及民主建国会组织原则等,把民主建国会的全部政治主张公布于世。

该报发行以来,宣传内容上以工商界为对象,其宗旨是为工商界争取民主,揭露四大家族独占中国经济命脉,扼杀民族工业的倒行逆施,宣传中国共产党的方针政策。因言论进步,而屡遭国民党当局迫害。1945年12月25日,重庆警察局四分局令三联书店停止经售《自由导报》,并到各书店查禁该报。

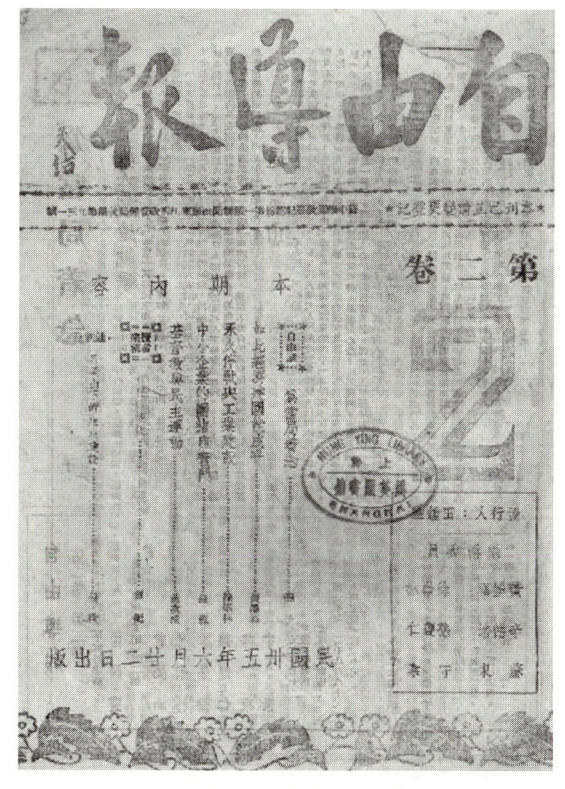

图246 《自由导报》

《自由导报》的停刊引起了全国人民的公愤。重庆文化、新闻、出版界和各民主党派、民主人士纷纷集会,抗议国民党的反动行为。重庆出版界联合会与27家杂志社联谊会于12月26日举行会议,各民主党派及各界代表人士也参加了会议。会议一致声讨、抗议国民党政府对《自由导报》的迫害,反对国民党对言论、出版自由的限制。

经过斗争,该报于1946年元旦恢复出版。

92. 夔光报(1944年)

1944年1月1日创刊(另有一说是1945年春节创办,也有称是1943年5月创办),间日刊,后改日报。发行人为奉节县县长曹葆章,社长为国民党奉节县党部执行委员罗玉策,后罗任发行人,曹明渊任社长,副社长为县政府秘书秦茂生,主编先后有邹达夫、冉崙,编辑潘作鲲,社址在奉节县中正路93

号。经费自筹，发行400份。同年12月县政府发出训令，饬令所属机关、学校、乡镇长期订阅。

1945年1月，经内政部核准发给登记证，还创办了夔光印刷厂。同年，四川省政府代电致巴万要塞指挥部，要求拨发收音机一台给《夔光报》社使用，由县长曹葆章经办接交。《夔光报》社用此收录新闻，发稿排印报纸，并配何天祥为报社收音员。

1946年，经国民党党部提议，由县政府动用经济建设资金，在武汉购回脚踏四开铅字印刷机一台，脚踏铅印圆盘机一台、手摇铸字炉一台，铅字铜模二付，交《夔光报》社使用。从此，报纸由石印改为铅印，并由免费发送改为向订户按月收费。

1948年11月5日四川省政府发出指令，以登记换证期间，"《夔光报》未经登记换证，应即交还原证"，并令其停刊。社长曹明渊在《关于奉令停止发行本报后呈省府签核继续发行》的呈文中申辩说："因夔光报社揭露了前任县长萧天石贪污之事实，以致换证时受阻"，"致本报以不可揣度之错误枉受处分"。11月28日又呈报更换登记证申请书于四川省政府。1949年2月省府以申请书漏列经济状况、考查意见两栏，并未加盖奉节县政府章为由，将申请书退回。该刊因此停刊。

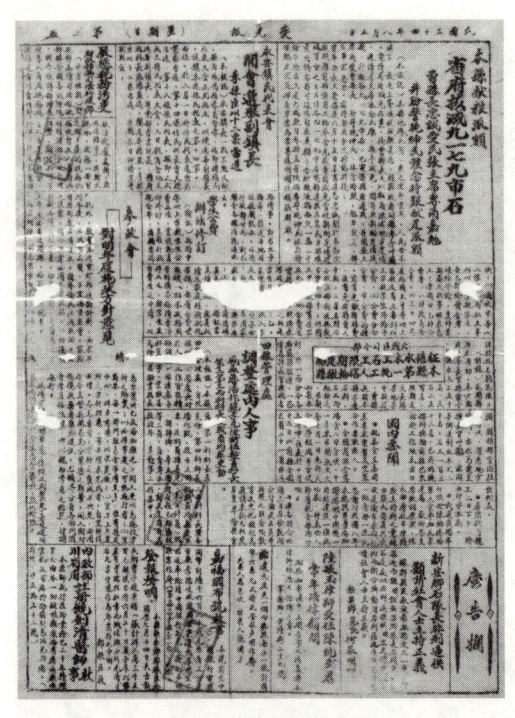

图247 《夔光报》

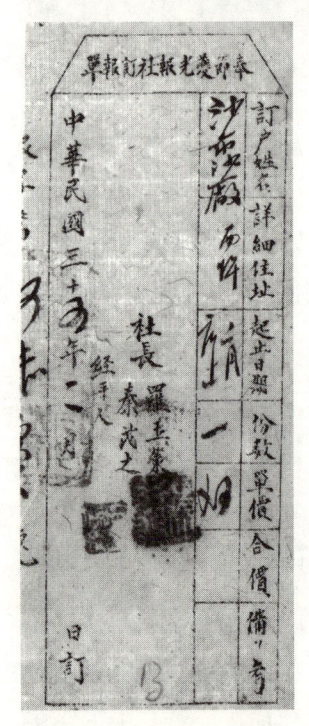

图248 《夔光报》订报单

93. 戏报—天地报(1944年)

1944年4月10日创刊,周报,发行人蔡光德,主编人俞宗鼎。社址在重庆民生路271号。《戏报》内容多为文艺界消息、梨园掌故、戏剧动态。约1947年秋冬改名为《天地报》,社址改在邹容路138号,由中统成员王宏力、赵翼、朱王杰负责编采及经理工作。该报每日出4开一张,由商务日报社代印。终刊时间一说1949年9月;一说因临近解放,工厂技工疏散,不予代印,于1949年11月2日停刊。

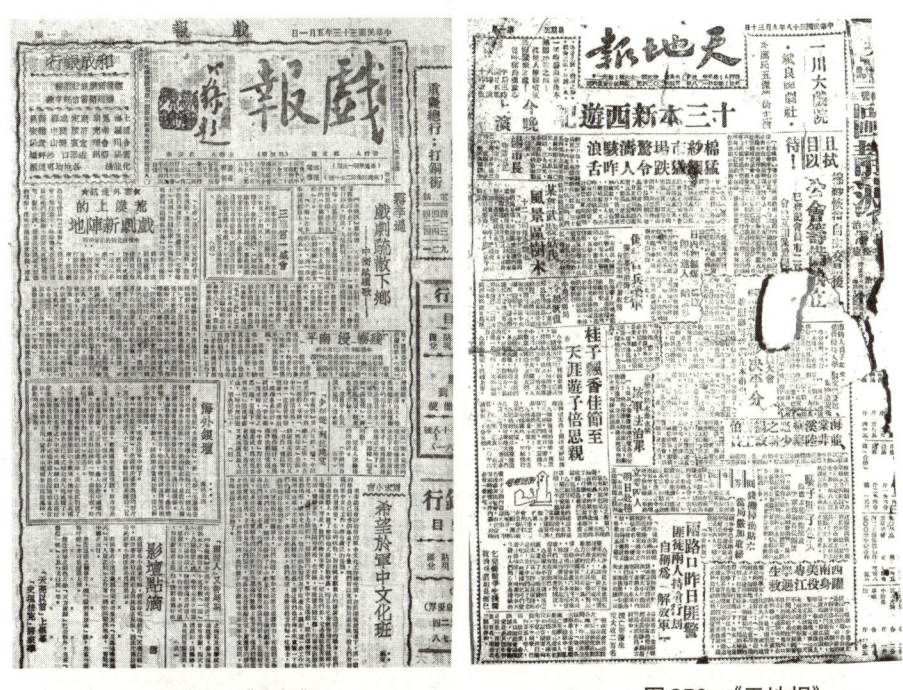

图249 《戏报》

图250 《天地报》

94. 小旬报—小时报(1944年)

1944年5月20日创刊,开始名为《小旬报》,黄锡琪是发行人,兼主编,主笔于去疾,社址在重庆太平

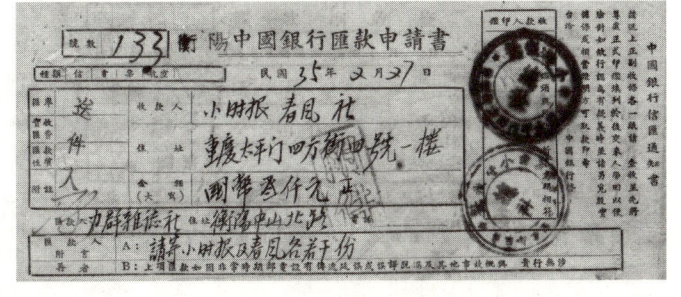

图251 《小时报》收款单

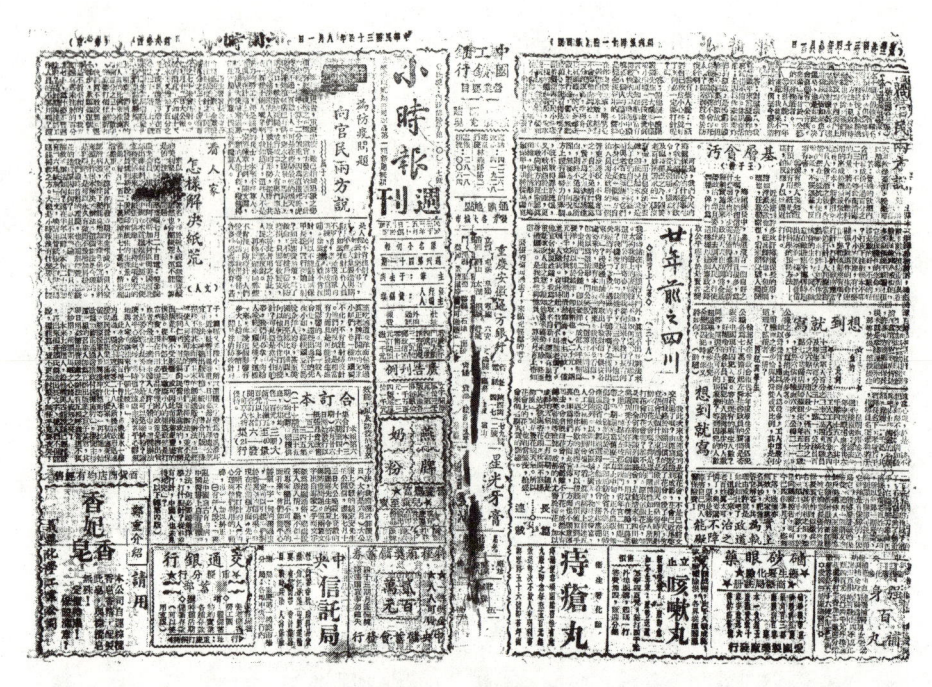

图252 《小时报》

门四方街4号1楼。出版6期后,同年10月18日改名为《小时报》,周报,4开4版,重新编号,内容上多以茶余饭后的谈资为主。1945年10月3日停刊,迁往南京后再出版,1947年2月14日出版第100期,第101期改为杂志。

95. 龙门学报(1944年)

1944年约6月出版,月刊,重庆龙门学报社编行,社址在南岸下浩鄂中里4号。同年11月停刊,共出6期。第4期登有《对于中学国文教育的一点意见》《文化运动的基本观念》《推行法治》《中国统一之症结》等文章,并有少量广告,第4版为文艺副刊。该报从第5期改为半月刊。

图253 《龙门学报》

96. 金融导报(1944年)

1944年9月6日创刊,三日刊,发行人是何伊仁,社址在重庆第一模范市场100号。该刊以"报道金融消息,研讨金融学理实务"为宗旨,内容有社评、时事要闻、金融动态、物价行情、金融专论、金融常识等,第四版为副刊"卮言"。约1945年末或1946年初迁上海出版。

图254 《金融导报》创刊号

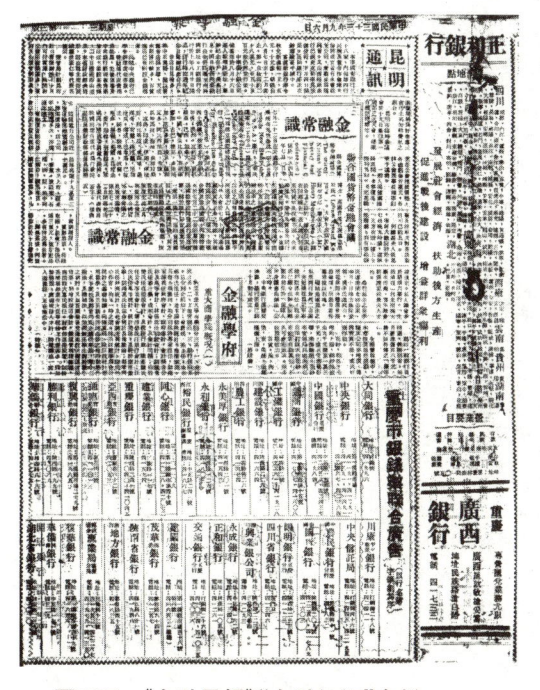

图255 《金融导报》"金融知识"专栏

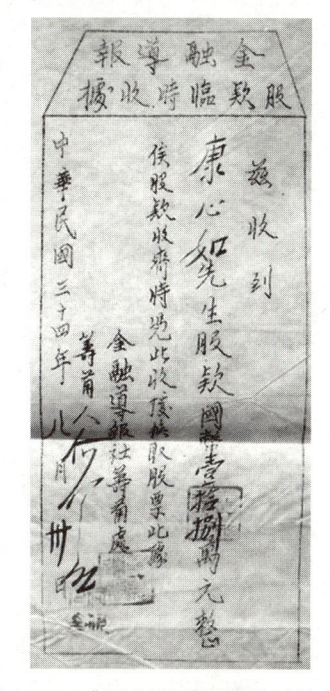

图256 《金融导报》股权临时收据

97. 民教导报(1944年)

1944年9月创刊,月报,重庆市立民众教育馆民教导报社编辑,重庆市立民众教育馆发行,地址在重庆朝天门沙井湾9号。发行人黄楚青。出至第6期终刊。载有社会教育理论、政论、经济、社会自然、史地、人生、时事等问题的论述,各种民众知识介绍、反映民众生活的文艺作品,有关民众生活文调查研究资料等。

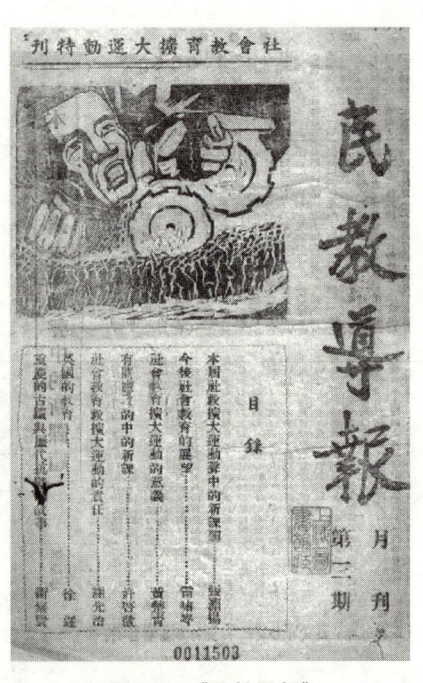

图257 《民教导报》

98. 艺声周报(1944年)

1944年12月16日出版,重庆艺声周报社编辑发行。只出一期。

图258 《艺声周报》

99. 中国学生导报(1944年)

《中国学生导报》是抗日战争末期在重庆出版的进步学生报纸。1944年7月复旦大学的进步学生在筹办和正式出版《中国学生导报》的过程中,成立了"中国学生导报社"。1944年12月22日报纸在重庆创刊发行,1946年5月以后,报纸在上海和重庆两地发行,分为重庆版和上海版。创刊这日出版的《新华日报》,还在报纸第一版右上方刊登了一个醒目的广告:"《中国学生导报》出版了"。

《中国学生导报》的社员主要是复旦大学的学生和重庆许多大中学校的一些学生和老师。社员当中音乐学院、育才学院、社会大学的同学较多,重庆大学、中央工专、四川教育学院、女子师范学院的同学偏少。

《中国学生导报》的社址在北碚的复旦大学校园内,社长是杜子才,副社长是陈以文,总编辑是戴文葆。1946年以后,由于复旦大学迁往上海,总社也随之迁往。重庆成立报纸分社,原来的副社长陈以文任重庆分社的社长,总编辑由范泰枢担当。此时社址改在育才学校内,但报纸其实并没有固定的社址。

陈以文,1923年出生在沙市红门路一个小商人家庭。他和复旦大学的学生成立了"中国学生导报社",任"中国学生导报社"推进委员会主任,《中国学生导报》正式出版后,任核心小组副组长。为了更好地团结和发动广大青年学生参加反对内战,争取和平民主的斗争,经中共南方局青年组同意,在"中国学生导报社"的基础上,建立了"中国

图259　陈以文(1923—1949)

图260　甘祠森(1914—1982)

学生社",他是这个组织的主要组织者和领导人之一。他利用合法的身份,巧妙地把公开合法的斗争和党对群众的教育、组织等秘密工作结合起来,做了大量的工作。

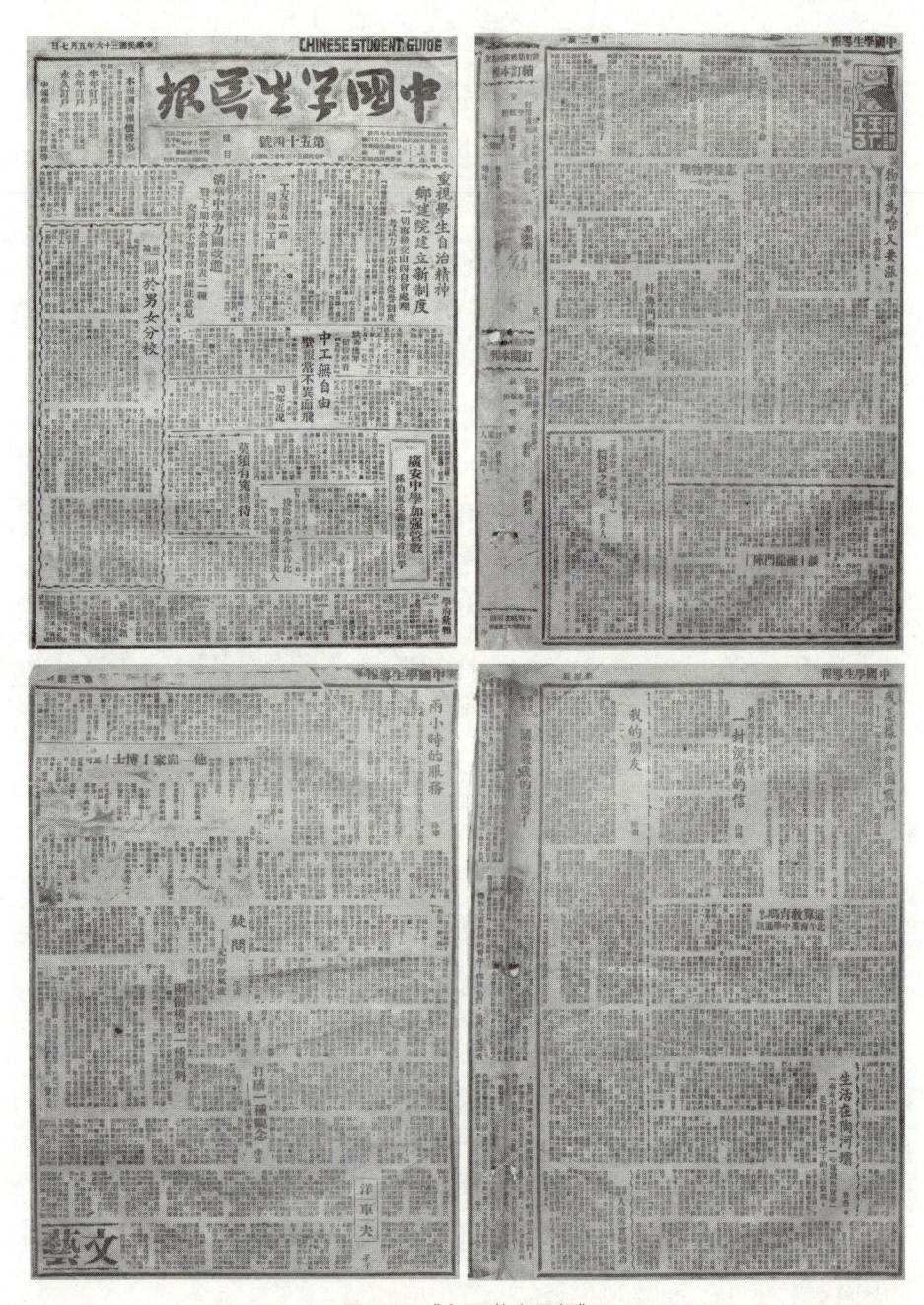

图261 《中国学生导报》

《中国学生导报》由甘祠森任发行人,复旦大学毕业生廖毓泉任编辑人。发行人甘祠森对《中国学生导报》在经费周转、稿件组织、争取社会支持等方面都给予帮助,作了不少工作。沈钧儒、史良、邓初民、张志让、洪琛等给予了大力支持。难能可贵的是,甘祠森即使在以后日益险恶的环境下,仍坚持承担发行人的名义,毫不动摇。

《中国学生导报》这张学生报纸,没有一个领薪水的工作人员。组织编辑、印刷、发行,所有出版经营工作,都由学生自己承担。办报经费除南方局青年组每月补给三万元外,全由学生自己募集和捐助。但是发行一直没有间断,除因为寒暑假休刊外,报纸一直都坚持出版。每周出一期,每期基本发5000份,多时达7000份,读者对象主要是当时国统区的大中学生,同时也向西南地区各界社会人士发行一小部分。到1947年11月,《中国学生导报》转入地下,与《挺近报》并肩作战出过一期地下版。

《中国学生导报》是四开四版的小报。以"报导学生动态、反映学生生活、加强学生学习"为办报内容,把正在兴起的学校民主运动推向高潮作为办报宗旨。第一版为重要的教育新闻和学校新闻,主要报导校园内学生的抗日民主活动和学习生活;第二版是为时事政治描评和各种专论;第三版是文艺版;第四版是校园通讯。该报对国民党反动势力在学校的倒行逆施进行由浅入深、先晦后明的揭露、抨击。同时大量报道昆明联大、乐山武大、成都燕京、川大、重庆复旦、中大以及其他一些学校的民主运动和学生运动情况,号召"从没有路的地方,踏出自己的路来。"并大力宣传国际民主力量战胜法西斯反动势力的必然趋势,介绍美、英、苏学生维护民主的战斗情况,宣传"五·四"、"一二·九"学生运动战斗精神,宣传要胜利必须要团结、要团结必须要民主的指导思想,动员号召广大学生团结起来,为建立一个独立、民主、幸福的新中国而战斗。其文艺版则始终贯穿着劳动人民是历史变革的主要力量这一观点,指出发动农民的必要,引导广大学生接近人民,了解人民,向人民学习,为人民服务。

《中国学生导报》是重庆唯一的进步学生报纸。它在中共中央南方局青年组织领导下,曾多次组织、发动重庆各大、中学校的学生运动。例如,1945

年昆明"一二·一"血案发生后,《中国学生导报》除了在报纸全部版面刊登学生争取民主、反对内战的运动外,还与重庆另外25家媒体(包括报纸杂志)向全国和全世界发出"不要内战"的呼吁,还联合中央大学的《大学新闻》、中华大学的《渝南新闻》和叶圣陶主编的《中学生》杂志发表告全国同学及同胞书,声援昆明死伤师生,愤怒讨伐国民党当局的倒行逆施。文化界名流郭沫若、茅盾等很支持《中国学生导报》,该报第11期上曾发表郭沫若的《我仍然是一个学生》的文章。

《中国学生导报》因为政治立场鲜明,态度明确坚定,出刊后日益表现出锋利的战斗力,导致其新闻时常受到国民党检查机构的扼杀和删改。其中第三期总编辑戴文葆写的《古城枪声》就被全文扣发。面对删除和扣发稿件的情况越来越多,该报索性"开天窗"以示抗议,1946年6月1日四个版面就有三个版面开了"天窗",第四版几乎整版是个"大天窗",只是在"天窗"上保留了标题。

在白色恐怖最严重的时刻,在党的领导下《中国学生导报》团结、教育青年,坚持做好党的青年教育工作。1946年12月底,北平发生美军强奸北大女学生事件,重庆各大、中学校师生在党组织的领导下,掀起了一场"反内战,要民主,要自由"的群众运动,《中国学生导报》的社长陈以文还用记者的身份出席了抗暴委员会举行的记者招待会,并亲自撰文在《中国学生导报》上发表,愤怒声讨美军的暴行。

该报还是"陪都庆祝政协会议成功大会"发起团体之一。大多数社员后来都直接参加了中国革命行列,比如参加沧白堂、较场口的民主集会,同时是"较场口血案的目击者"。在较场口事件过去后,国民党利用青少年爱国心理,借用东北问题煽动一万多名大中学生举行反苏游行,还鼓动大家捣毁民生路《新华日报》的营业厅。事后目击者——《中国学生导报》的社员向晓写了一篇公开信《二·二二是一个阴暗的日子,而你们的血是一注永远不灭的光!》,并且报纸同仁一起亲笔签名送交到《新华日报》社。后来,《新华日报》以《人民慰问本报增刊》为题,刊登了此封信。信中最后说道"我们确信在血泊中成长起来的中国共产党及其作为人民喉舌的报纸,为人民拥护的党和报纸……绝不会为他们的野蛮所吓退！"

在长期艰苦的战斗中，不少同志奉献出自己的生命。重庆版社长陈以文是在川东武装起义中被捕，于1949年11月14日，与江竹筠烈士等被杀害于"中美合作所"集中营。曾一度负责该报财务工作的王朴烈士，也在同年10月28日和陈然烈士等，一同被害于大坪。

《中国学生导报》在1946年出版到第37期，于同年5月10日北漂停刊。但为争取民主、反对内战，后来分别在上海和重庆继续出版。分成两版后的《中国学生导报》，沪版出了4期，因政治形势急剧变化停刊。渝版直到1947年6月份停刊，共出版了56期。后来，重庆地下党市委为了向广大人民报道解放战争第二年的基本任务和我军捷报，曾半公开地出版过一期，因形势险恶，自动停刊。《中国学生导报》在争民主争自由反内战的学运中，发挥了不可磨灭的作用。

100. 新闻周报（1944年）

1944年9月1日创刊，重庆新闻周报社编行，地址在重庆林森路110号附4号。约1945年2月停刊，共出26期。

图262 《新闻周报》

101. 艺新画报（1944年）

1944年9月1日创刊，月刊，重庆艺新图书社编辑发行，主编郑克基。该报为综合性画报，内容有新闻摄影、漫画、美术作品，以及小说、散文、诗歌等文学作品。约1945年11月停刊。

图263 《艺新画报》第2期　　图264 《艺新画报》的报道《希特拉的溃败》

102. 铜营（1945年）

约1945年初在铜梁出版，青年远征军201师铜梁旬报社编辑，社址设在铜梁青年远征军602团督导室。第一、二、三版辟有"时事综述"、"新闻天地"、"文苑"（副刊）等栏目，第四版为602团的相关新闻或者"青年生活"等专版。

出版至第14期后，曾短暂停刊。第16期重新改版续出。

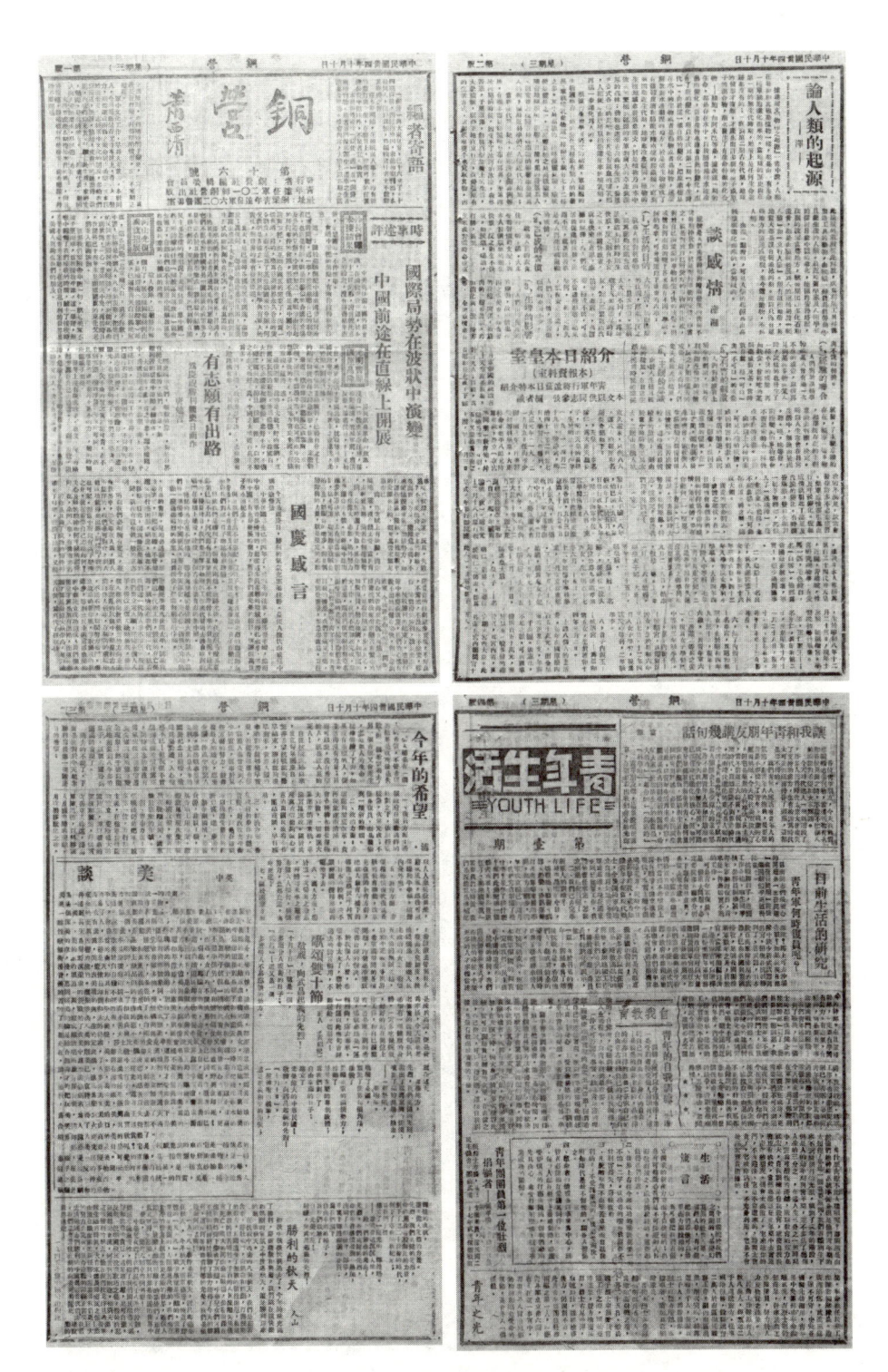

图265 《铜营》旬刊

103. 国际新闻（1945年）

1945年2月10日创刊，4开4版，重庆国际新闻社编辑出版，周刊，逢星期六出版，总发行所重庆五十年代出版社，发行人刘达人。主要内容为国际新闻、社论、副刊"重庆夜话"以及其他转载的新闻。

图266 《国际新闻》

104. 人生画报（1945年）

1945年2月28日创刊，月刊，16开本，人生画报社出版发行，社址在重庆夫子池大同路17号。主编为复旦大学学生周俊元，编辑张有为、张仲庆、姚正基，发行人许君武。该刊称："无非是供给并提高读者的人生趣味"，刊登"一切阐述人生意义，指示人生途径，激发人生向上的，有光有热的图画和文字"。

张同、张默生、吴泽、薛仲薰等人曾为该刊撰稿。设有农家乐、重庆生活、长篇连载、生活漫谈等板块，也曾收录丰子恺与张乐平的漫画作品资料。刊物刊载当代历史伟人画像、名贵摄影

图267 《人生画报》

作品，如《近代印度文化创造者——泰戈尔》等；也记录世界猎奇异志，发表漫画漫文等，如"重庆生活"板块中的《公交汽车上的"挤一挤"》《雅俗共赏》等，反映了重庆的生活百态；"图的说明"栏目分别介绍了几件科学界新的小小发明，如防水绝缘物、八角办公桌、风镜等，为时人了解世界新知提供帮助。

同年5月停刊。

105. 训练导报（1945年）

1945年3—4月间创刊，重庆三民主义青年团编印。该报以三民主义为中心评论当前时事政治，探讨中国青年团工作的方针，研讨青少年文化教育及政治教育问题等方面的文章，也刊载该团组织活动以及各地分团团务动态等消息。封面印有"团内刊物，对外秘密"字样。

图268 《训练导报》

106. 中国儿童（1945年）

1945年4月4日创刊，发行人是儿童文学作家胡伯周，每周三出版。地址在重庆中山一路258号特1号巷内。

该报是当时大后方唯一的儿童报纸，创刊号登载社论《中国儿童团结起来》，报纸特点是"形式画报化，内容杂志化，文章儿童化，材料趣味化。有文又有图，有说又有笑，有唱又有玩"。创刊号刊有陶行知、郭沫若、潘公展、子冈、丰子恺的作品。

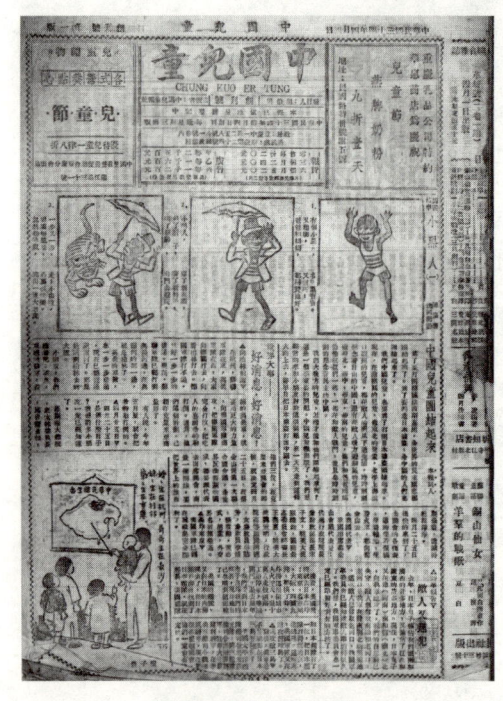

图269 《中国儿童》

107. 星期快报(1945年)

赵敏恒与陈丙一合办的报纸，发行人赵恒敏，约1945年4月19日在重庆创刊，社址重庆中一路153号。后因赵敏恒担任《世界日报》总编辑，不久停刊。

赵敏恒(1904—1961)，江苏南京人。1923年毕业于清华学校，即官费进入美国科罗拉多大学文学院攻读英国文学，一年后进入密苏里大学新闻学院学习，1925年到美国哥伦比亚大学新闻学院学习，同时在纽约环球通讯社当编辑，1926年获硕士学位。1926年被留美学生公推任《中国留学生月报》总编辑。1927年回国后担任北京《英文导报》副总主笔，兼任中国大学教授。1928年曾任民国政府外交部情报处副科长兼秘书，同年8月参加英国路透通讯社工作，先后任南京特派员、汉口特派员，中国分社兼重庆分社社长，并兼美国联合通讯社驻南京特派员，路透社远东司长。九一八事变后，美国国际新闻社、英国每日电讯报、日本朝日新闻社、苏联塔斯社都曾聘请他发布新闻。1945年创办

图270　赵敏恒(右)(1904—1961)

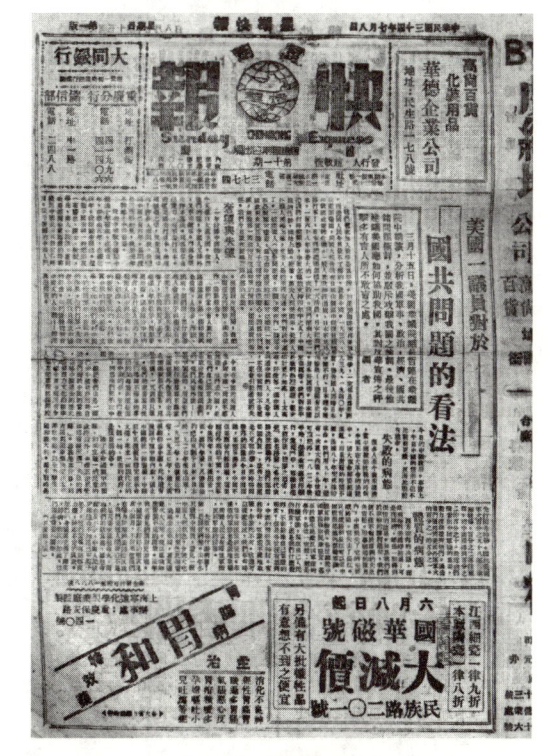

图271　《星期快报》

《星期快报》,任重庆《世界日报》总编辑,兼任复旦大学教授。1945年10月,任上海《新闻报》总编辑。1949年以后担任复旦大学新闻系教授,新闻采访与写作教研室主任。

赵敏恒是少有的新闻奇才,极具新闻敏感性,多次在国际领域首发新闻,引起世界轰动。

108. 世界日报(1945年)

1945年5月1日在重庆市中区中一路正式复刊。《世界日报》1925年在北平创刊,由成舍我独资经营。

成舍我,湖南湘乡人。辛亥革命时曾一度参加北伐,失败后离家外出谋生。成舍我曾到过沈阳、大连,当过报馆的校对员,在上海《民国日报》做过助理编辑。1918年经陈独秀特许考入北大国文系,后来到北平《益世报》作编辑。1923年加入北平联合通信社任编辑。1924年初,他拿出自己的200元创办了一张日出四开的《世界晚报》;1925年2月10日出版《世界日报》;同年10月1日出版单张《世界画报》。初时,这三家报对外的名称为《世界晚报》,后以《世界日报》为总称。

抗日战争爆发后,北平《世界周刊》停刊。1944年成舍我到重庆,与相识的程沧波共同创办"中国新闻公司",集资旧法币1000万元,在重庆办起《世界日报》。

《世界日报》社长为成舍我负责全社的工作,程沧波以"中国新闻公司"董事的身份为总主笔,并聘从英国路透社退下来的名记者赵敏恒为总编辑。由于在特定的环境,又有CC系的特殊身份,该报曾替国民党政权作一些宣传,事实上已不纯是民营的报纸。但成舍我仍看重民营报纸的作用和价值,他一再强调报人应有的新闻观点,争取更多的读者。《世界日报》的发刊词中说道:"今天我们若要宣示我们的目标,就是要实现孙中山显示的三民主义与罗斯福总统的理想。我们本着过去的志趣与精神向着我们的目标前进,一切为人民,一切属于人民"。

总编辑赵敏恒的主要工作是:指导编采方法;收听外国新闻广播来改写

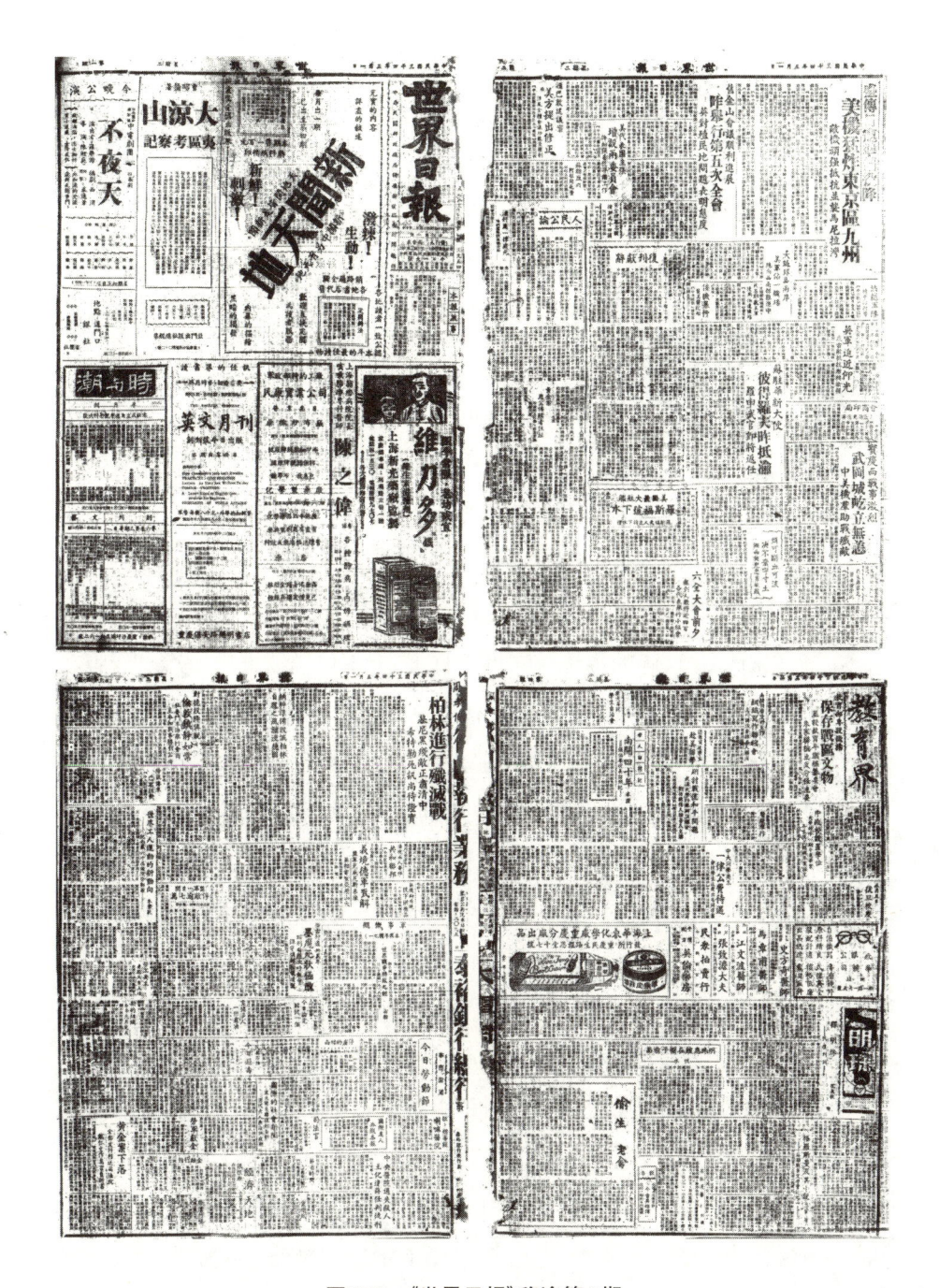

图272 《世界日报》移渝第1期

国际外交的重要消息；征求外国报人的文章，例如：1945年8月20日在《世界日报》署名发表的《军阀主义思想必须彻底消灭，日本人应抓紧时机努力新

图273 成舍我(1898—1991)

生》一文,就是美国前亚洲舰队司令颜露尔所写,后被赵敏恒采用刊登在报纸上。他还不断向报馆驻欧记者毛树清、陆铿、乐恕人发信提出国内关心的通讯采访课题。例如:毛树清、陆铿两人在1945年8月以《解放后的世界花都是残破还是新生?》为题,和以《柏林废墟巡礼——饥饿、凄凉、毁灭!》为题,先后从巴黎、柏林寄回两篇通讯,以及乐恕人随后以《红色的南斯拉夫》为题,写来的巴尔干通讯。既丰富了报纸的新闻内容,更引起了读者的广泛兴趣。后来赵敏恒要回南京老家安顿生活,适逢《新民报》准备在上海筹办晚刊,拖他去协助工作,他才离开《世界日报》。

成舍我沿袭北京版的传统,在《世界日报》上不仅继续推出《教育界》版和副刊《明珠》两大专栏,而且还办得更有特色。报纸中时常有些同情青年,关注知识分子,憎恨社会腐恶,表示向往进步的文字出现。成舍我除选派得力记者分别采访文教界名流学者和学校当局,陆续在《教育界》发表专访稿件外,还在各种遍布通讯网,挑选特约通讯员,扩大这个版面的消息来源,吸引社会注意。《教育界》从刊登南开大学校长张伯苓、著名史学家顾颉刚和师范教育老专家李建勋等人的访问记开始,陆续登载了教育界许多新闻人物的专访,颇受社会欢迎。《明珠》先后发表老舍的中篇小说《偷生》、茅盾的《格罗斯曼及其小说》、田汉的七绝八首及臧克家写的《岂非世道之隐忧哉?》等。

1945年9月1日起,重庆《世界日报》由报人陈云阁经营。这段时期,重庆版《世界日报》的定位发生了一些变化。陈云阁自称"我们是无党无派的独立报纸"。实际上"一直是站在维护旧社会制度基础和偏袒国民党政府权力一边"。该报认为:"既不能走腐化之路,又不能走狂暴之路",主张走第三条路线,说是"一种温和的、理智的、民主的方式去达到彻底革新的目的"。

《世界日报》无论言论和新闻,在反苏反共的宣传上,在所有重庆的民营报纸中都表现得十分突出。例如1945年11月,正当国共两党还在就政协成员名额、人选和召集日期争执未决之际,该报就根据国民党CC要员透露的"特殊消息",于11月1日在头版头条位置用《延安方面别具肺腑,政协会议召开无期》的大字标题,把它作为"特讯"登载,指责中共缺乏履行《国共和谈纪要》的精神,没有通过政协会议解决国是之诚意。对此,《新华日报》用中共发言人谈话方式,澄清事实,并以《谁在歪曲事实》为题发表短评,加以反驳。但重庆《世界日报》随后又发表《中共报国之机》《快来吧,中共代表》等带有讽刺意味的社论,继续进行指责,说中国需要一个第二大党,我们也寄希望于中共。并支持国民党所谓"团结、统一、和平、民主"的"正确"主张。当时中共提出的是:"和平、民主、团结、统一"。这是1945年10月10日国共双方代表签署会谈纪要以来各执一词的政治用语,显然,两者提法的顺序不同,其含义是有着本质的区别的。

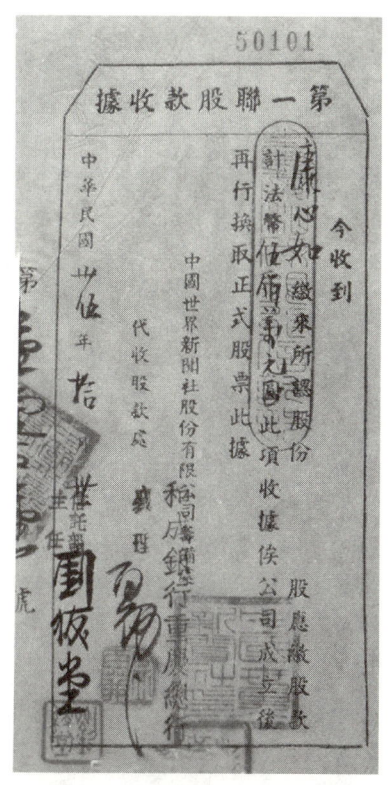

图274　中国新闻公司股份收据康心如股份

由于该报违背了客观公正的立场,失去大量读者,业务一落千丈,经济上很难维持。继任社长陈云阁不得不征得中国新闻公司董事会同事,进行增资改组,筹得合计共为五千万的资本总额,新聘社评委员李泰华、傅筑夫、王铁岩、陈剑恒、罗志如、吴贞安等教授共同商讨后,于10月2日发表由陈剑恒执笔的《中国需要新革命运动》的社论,明确提出报纸应该走"第三条路线",即中间道路的主张,号召中国的自由主义分子团结起来,进行政治革新。表明其超然于国共两党之外的中间立场,既反对共产党的武装斗争,也反对国民党政府的专制独裁、贪污腐败。

由于全国大规模的内战,以及通货膨胀、物价上涨,《世界日报》经济再度陷于困境,1948年,报社进行第二次增资改组。经过第二次增资整顿,《世界

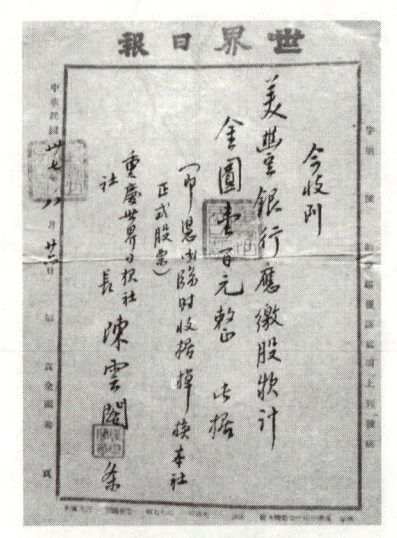

图275 陈云阁收条

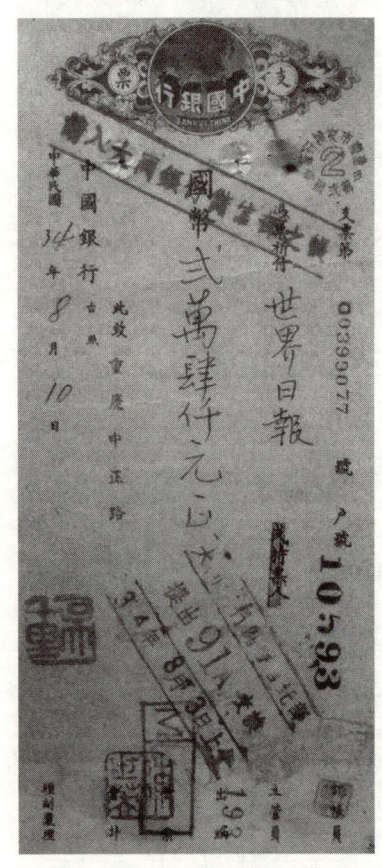

图276 《世界日报支票》往来的金融票据

日报》的全体职工生活也得到了一些改善，大家的工作情绪逐渐有所恢复。此后，报纸的言论、主要内容已不再为国民党政权打气，转而要求当局"正视现实，坦率认输"。在新闻方面，主要是报道群众生活、青年心理、经济财政、社会动态，从而揭示了当时国民党统治区风雨飘摇、怨声载道、末日降临的真实状况。

1949年以后，陈云阁有意推动重庆和平解放，《世界日报》先后发表了《赶快停战谈和》(1月21日社评)、《停战言和》(2月3日"人民公论")、《迎接伟大的时代》(2月28日专论)、《时代要求和平》(3月3日社评)、《识时务、收人心》(3月22日社评)、《和谈之症结——应承认失败》(4月3日"人民公论")、《暗潮与逆流》(4月14日社评)、《不可太爱面子》(4月18日社评)、《不要把大西南拿来殉葬》(4月25日"来论")等文章。同时，《世界日报》大量采用外电，收听并刊登延安广播，转载香港报纸文章。2月5日转载了北平《人民日报创刊词》。2月18日转发了《上海商报》刊登的《吴晗报告共区见闻》。以后，又陆续转载了新华社社论、评论以及上海密勒氏评论报文章《北平的新面貌》，等等。在专栏位置，还专门转载了《毛泽东主席关于工商业政策的报告》及《论人民民主专政》，受到读者群众的欢迎，从而改变了社会群众对报纸的观感,使报纸发行和营业大有起色。

1949年7月报纸发表了一篇指名向四川省主席王陵基、重庆杨森的《请西南执政诸公拿话来说》的文章,其内容就是直接指责和抨击四川、重庆的"应变措施",是在妄图作垂死挣扎的防共部署,适逢王陵基25日来渝出席重要会议,惹怒了两位地方政要人,于1949年7月24日深夜派武装军警将该报查封。出刊了4年又3个月的重庆《世界日报》,从此终结。由国民党重庆市党部派宣传处长吴熙祖夺了这块招牌,自任社长,又以宣传处科长王蕴卿为总编辑仍以原报名继续出版了三个多月,变成国民党重庆市党部的报纸。

重庆解放后,报纸由重庆军管会派员接管。

109. 民间报(1945年)

1945年5月1日创刊,周报,4开4版,在报头上方印有"我们来自民间,说的是老实话"十二个字。该报发行人王知行,是国民党重庆市党部的宣传科长。编辑为其弟王明宪。地址在重庆大同路32号。第一版为国内外重要新

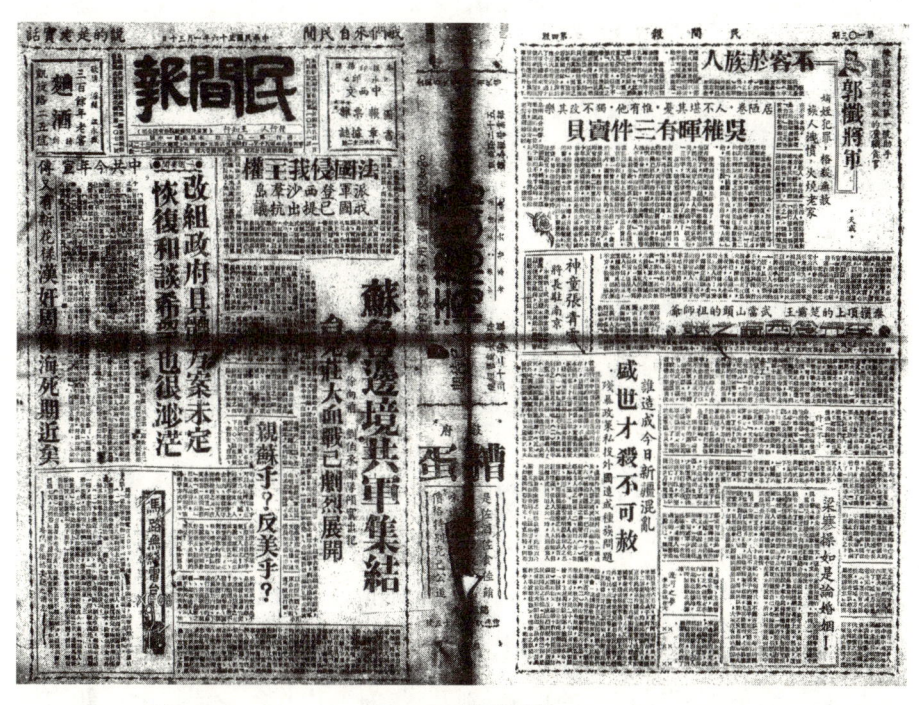

图277 《民间报》

闻,第二三版为市内新闻,第四版为副刊。内容上以反共为主。约1947年停刊。

110. 中国国民党第六次全国代表大会日刊(1945年)

1945年5月5日在重庆出版,是配合中国国民党第六次全国代表大会专门刊行的日刊。中国国民党第六次全国代表大会秘书处主办,中央秘书处中央宣传部新闻事业处及中央日报社等机构合编。报纸中缝提出"会内刊物对外绝对秘密"。5月22日会议结束,报纸遂停刊。总共18号。

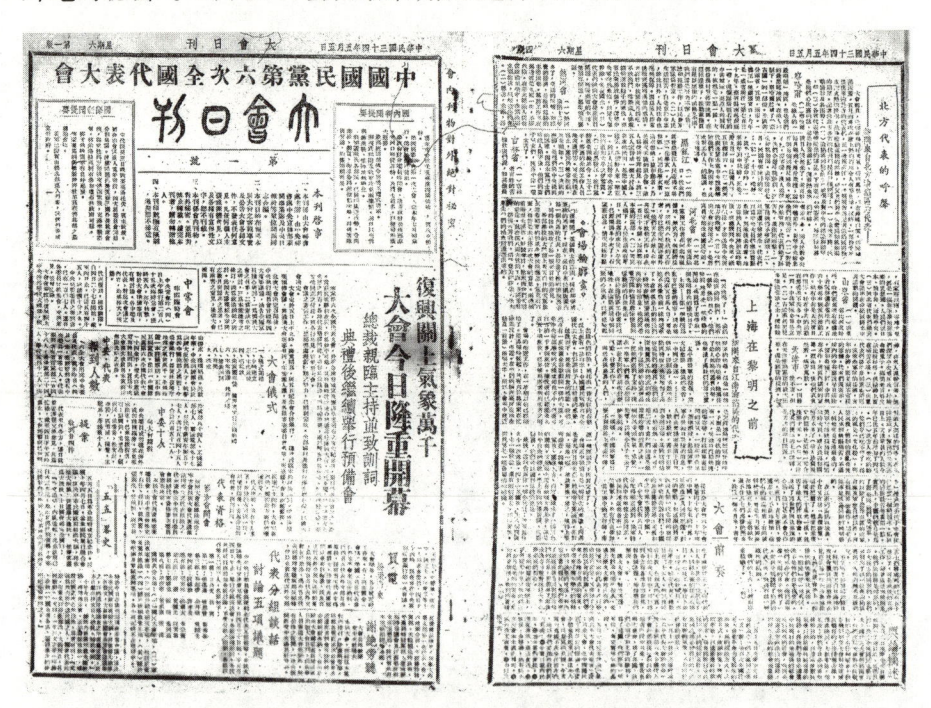

图278 《中国国民党第六次全国代表大会日刊》

111. 中国星期报(1945年)

1945年5月6日创刊,发行人周心万,周报,逢星期四出版,社址在重庆上清寺春森路12号。该刊自称是"时代综合的报道,人民忠实的喉舌"。设有"星期评论"和"星期春秋"栏目,刊登专栏文章;"时事纵横"栏目主要分析国内大事;"新闻侧写"是该报的特稿;副刊《星海》,由作家轮流执笔;"新幻想

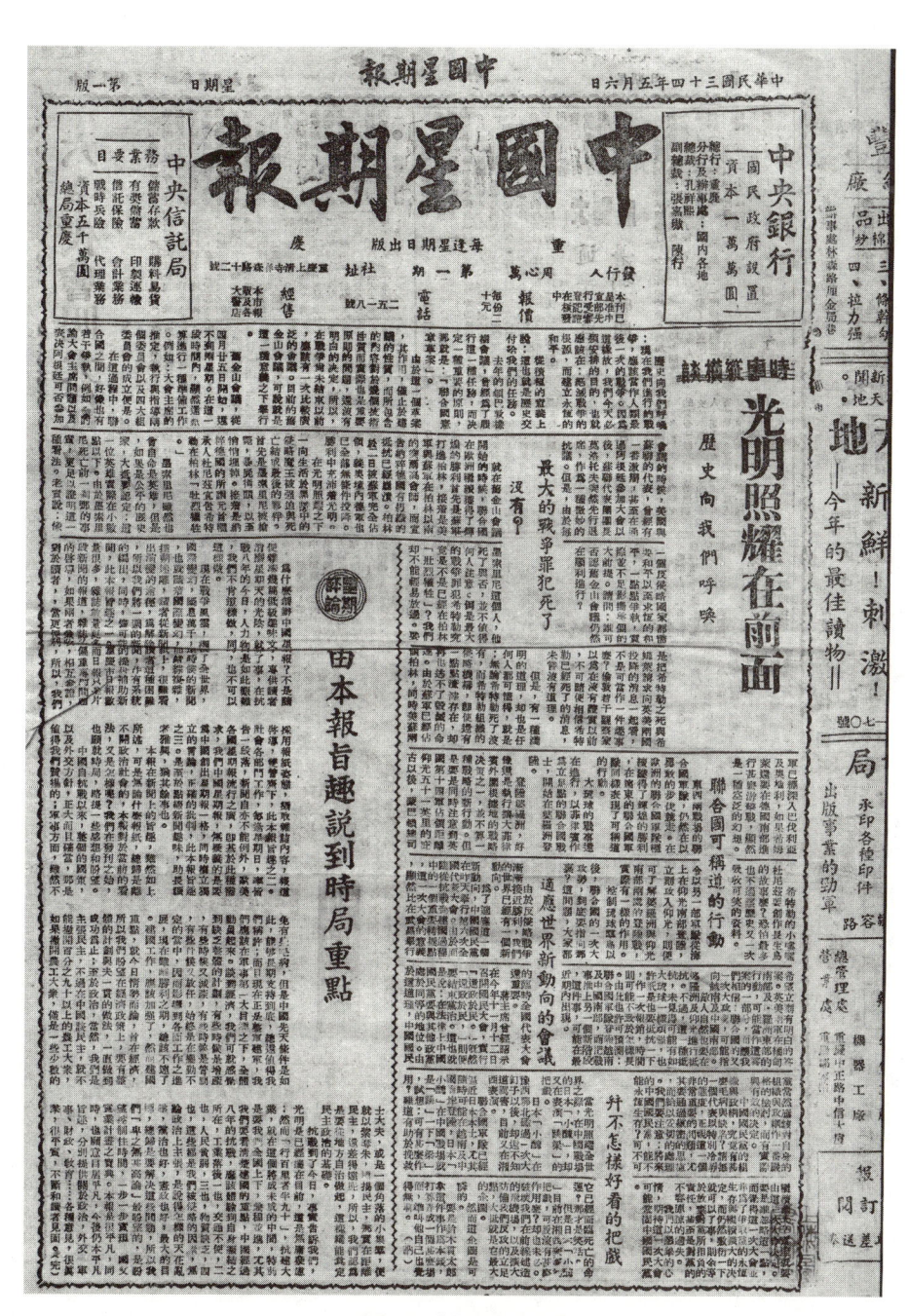

图279 《中国星期报》

曲"、"大重庆"栏目报道山城故事;"经济圈内"报道工商界动态。另外,还有"星期座谈"、"人物圈内"等目。5月13日出第2期,以后未再出版。

112. 民力周报（1945年）

中国合作事业协会机关报。1945年5月5日创刊，4开小报，主办人秦松元，民力周报社发行，社址在重庆储奇门羊子坝12号，编辑部设在中国合作事业协会。创刊号登有寿勉成撰写的"发刊词"《民力与国力》，并有《欧洲战事的结束》等述评。

该报后随中国合作事业协会迁往南京继续出版。

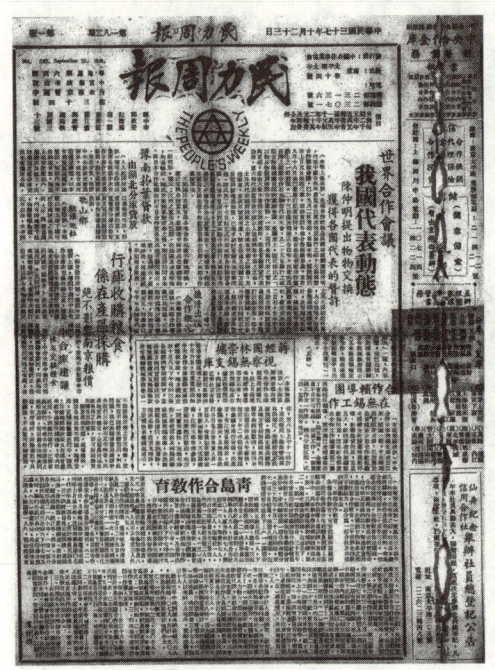

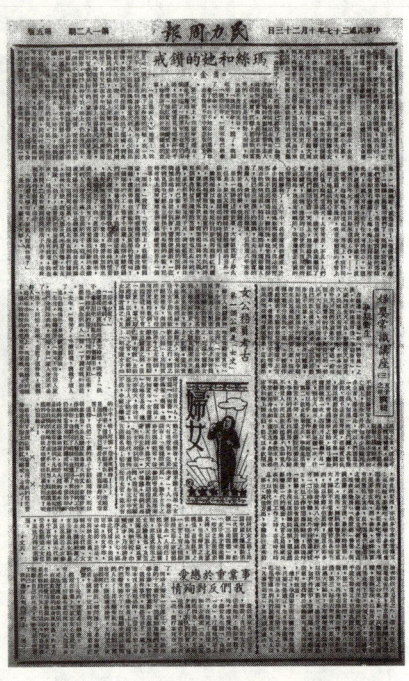

图280 《民力周报》　　图281 《民力周报》"妇女周刊"

113. 褒贬周报（1945年）

《褒贬周报》约1945年上半年出版，韦晓萍所办，地址在重庆中正路老街7号。第一版辟有专栏"时事春秋"，第四版副刊"笔剑"。因经费问题同年停刊。

图282 《褒贬周刊》

114. 农会导报(1945年)

1945年8月创刊于重庆,停刊于1947年7月。农会导报社编辑并发行,地址在重庆张家花园72号。乔启明主编,陆京士为发行人。月刊。属于农会工作刊物。

该刊以"研究农业理论,探讨实际问题"为宗旨,宣扬有关政令,辅导各级农会业务的发展。载文包括农会理论、农会业务动态、农会工作报告、农业科学知识、农业文艺等。本刊主要是希望通过农业的发展,农民的努力能够担负起建国的重任。主要栏目有时事摘要、短评、农业新闻、资料、农会消息、讨论、小统计、通讯、法规等。主要撰稿人有杨琪、蒋荫松、樊子良、乔启明、任碧瑰、陈鸿佑等。

1946年2月迁往南京出版。

图283 《农会导报》创刊号

115. 天文台(1945年)

1936年11月在香港创刊,周刊,陈孝威主编,后停刊。1945年5月迁渝,9月正式复刊,卷期另起,发行人陈孝威,主笔韦晓萍,地址在重庆中正路育婴堂街道老7号。

陈孝威,早年毕业于福州武备学堂,1924年兰封之役中,陈孝威采用"左回旋"大军作战战术,击败军阀部队万余人而闻名全国,并被提升为泰宁镇守使兼第七军援军总司令。后来因与军界保守派不合,于1929年辞职。1937年,陈孝威加入白崇禧部参加浙

图284 陈孝威(1893—1974)

沪作战,同年10月再次离开军界,并携家到香港。11月,陈孝威在香港创办《天文台》报。此后,陈孝威在《天文台》报上发表了很多军事预言无不应验。其中有:《论大不列颠之战应使用之政略、战略、战术》,预言德国必将对苏联开战;《德、日、意对苏、美、英三国作战的前景判断》,预言日本将南进,发动太平洋战争等等无不应验,他对形势的精辟见解,对战事的准确预测,令世人惊异,被人称为"神奇的军事预言家"。

图285 《天文台》

　　《天文台》纵谈天下事,介绍风云人物等,销路颇广。内容涉及外交、军事、政治、经济、哲学、历史等方面,主要刊载有关中日关系、抗日战争和抗日战争胜利后的国共关系、建国问题等方面的文章,同时也发表诗歌、杂文等文学作品。初为周刊。出至1946年3月第40期停刊。该报自称"宁为独角兽,不做两头蛇"。

　　第38期头版曾刊登文章《毛泽东新位置》,和大幅标语《制宪第一！行宪第一！》。《天文台》1947年迁上海复刊,改为月刊。1949年2月终刊。

116. 民主导报（1945年）

　　1945年9月26日创刊,周报,4开4版,发行人刘曼华(女),实为中国民主党机关报,社址在重庆陕西路63号。

该报创刊时,抗日战争刚刚胜利,编者在《发刊词》中说:"这不是陶醉胜利的时候,我们虽然赢得了战争,还没有赢得和平。我们虽战胜了敌人,但今天国家的建设还得从头做起。""我们认为,今日建国唯一前提是'民主'。……这绝不是少数党派的要求,而是客观环境的必然趋势。因此,我们在这民主的怒潮中,不甘缄默,我们愿尽小小力量,为国际间的民主而努力,尽一点报道的责任。""我们将尽自己之所及,为中国的民主运动尽一点报道的责任,我们将竭诚的为关心民主的读者服务。"

创刊号第一版除发刊词外,还刊登有中国民主党中央执行委员会对当前时局的宣言和社论《民主必须立即实现》;第二版是中国民主党中央执行委员会秘书长侯野君写的《民主统一与和平建国》;第三版是中国民主党发表第二次对时局之意见;第四版国际述评。在"专载"栏中,登有中国民主党为团结商谈提出的六点意见。同年12月9日出第9、10期合刊,在第四版登出启事:"自下期始,改在上海发行。为了继续为读者诸君保持文化上的接触,《民主导报》重庆版改为半月刊。今后专注重民主理论的介绍,与中国实际情形的报道"。

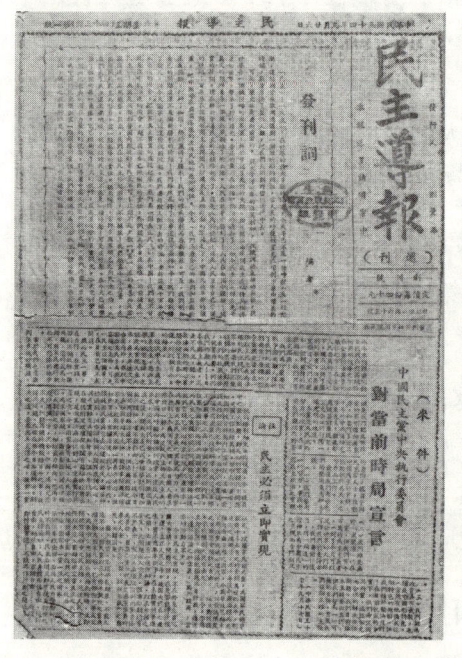

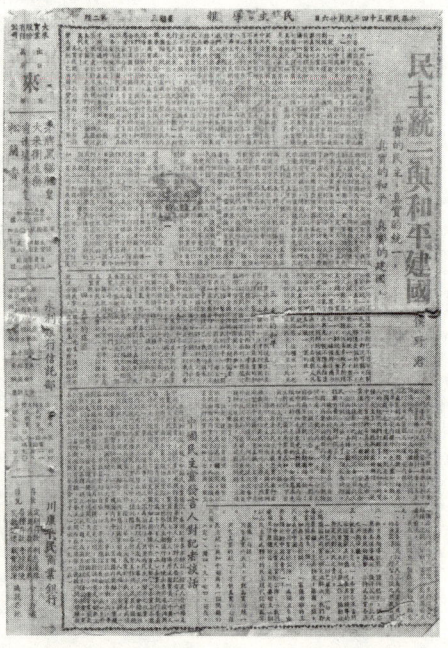

图286 《民主导报》

另重庆民主导报社1945年9月也编辑发行同名报纸一份,周刊,同月内出3期后未再出版。

117. 义声周刊(1945年)

1945年10月15日创刊,4开4版,周报,发行人杨良、陈行健,编辑刘云非、曾庆名,社址在重庆中正路箭道子街10号。

《发刊词》中说:"揭正义的旗帜,高举公理的明灯,为政府的先导,为民众的喉舌。庶几将来我中华民族能集中力量复兴文化,进而给予世界人类文化、和平,尽伟大崇高的贡献,此实为本报唯一之鹄的"。其言论的基点是:"一、建立革命哲学,改造社会风气;二、促进民主政治,发扬法治精神;三、报道社会需要,主持严正舆论;四、刊载司法新闻,普及法学常识"。

另有一份《义声周刊》在1944年前后由章伯钧(中华民族解放行动委员

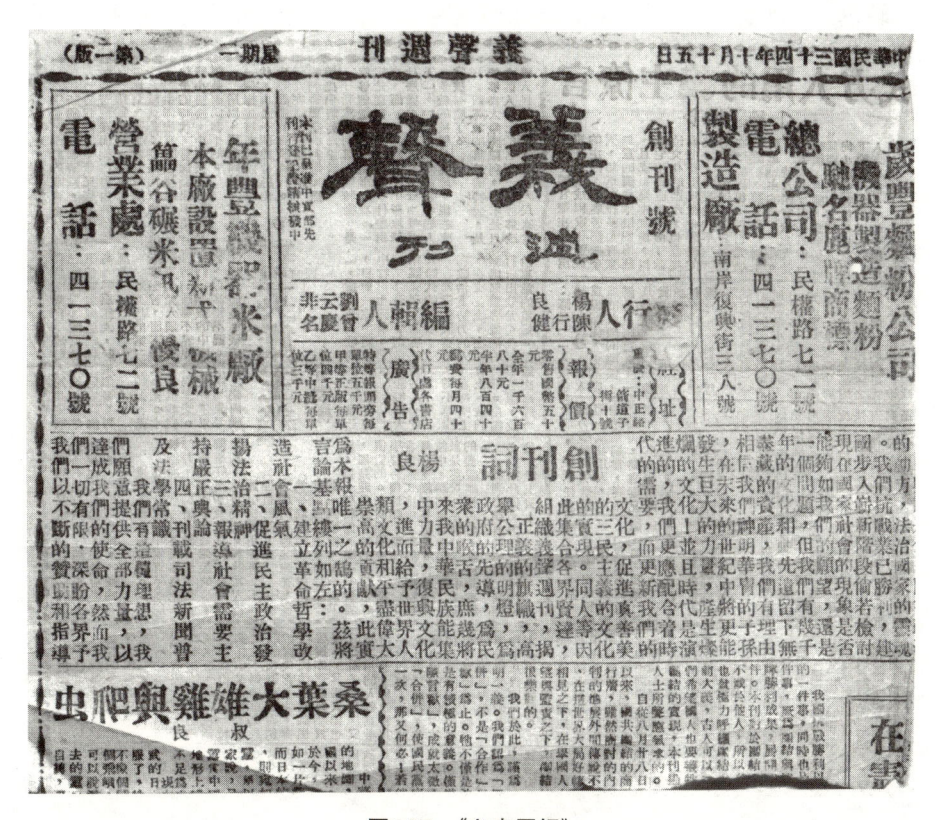

图287 《义声周报》

会主委)与杨坤义(重庆岁丰面粉公司总经理兼厂长)创办。杨任社长,汤海任总编辑,万钧涛任总经理,经费由杨坤义负担。周刊。社址在重庆民权路27号。

此外,刘野樵也曾在1946年组织发行一份《义声周刊》,社址冉家巷,后又改名《社会时报》,卖力替国民党作反共宣传,充作袍哥"群义社"的喉舌。

118. 奉节青年报—正声报(1946年)

三民主义青年团重庆支团奉节分团机关报,1946年1月1日创刊,另有一说是1945年1月1日创刊,社址奉节县野园,发行人陈唯践,编辑严希贤、孙必培、傅强。四开石印版,旬刊,免费发送。10月1日改为《正声报》,间日刊,8开石印,发行为人国民党奉节县党部副书记王增琪,编辑谭丽生,社址在奉节县城内新公馆8号。经费自筹,发行400份。1947年5月呈请四川省政府核转内政部发给登记证。5月22日省政府以"正声报申请登记手续与规定不合"为由退回原件,但该报仍继续出版。1948年11月5日省政府发文,指其"未经核准登记,擅自发行",勒令停刊。

另有一份同名报纸,1947年6月16日创刊,初为三日刊,4开4版,后改为日报。发行人兼社长张之良,副社长毛光运,社址在重庆学田湾29号。第一版要闻、社论;第二版省内新闻、广告;第三版《正声副刊》、广告;第四版国际新闻、本市新闻。

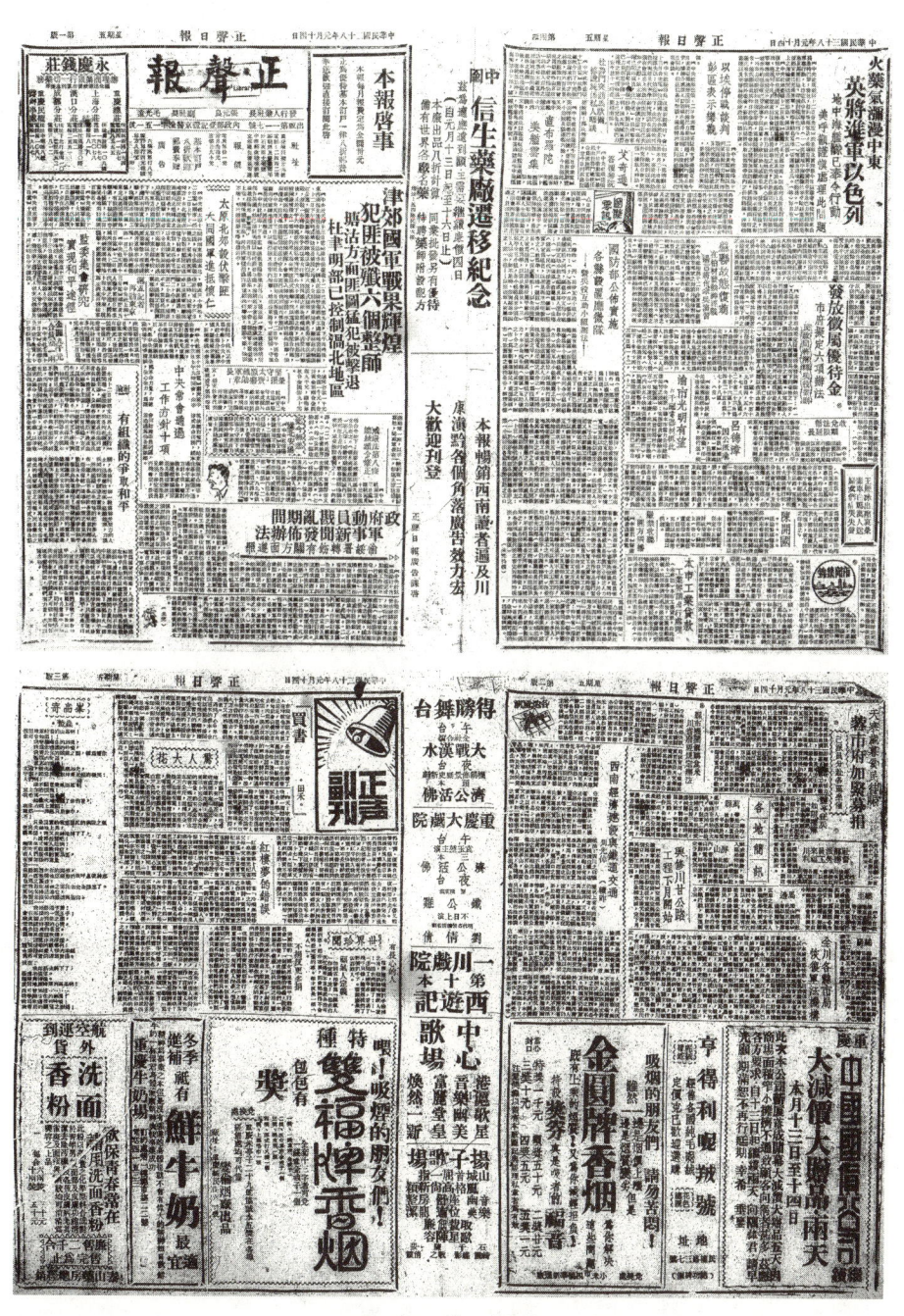

图288 《正声报》

119. 报报(1946年)

1946年1月创刊,文摘性周刊,专门摘登各地报纸重要新闻,总共出版三卷三十九期,当年9月停刊。《报报》内容丰富,每期栏目超过30个。封面上刊有报纸的口号"大众性历史性的记事刊物,报道性建设性的综合新闻",主要刊登一周的要闻、时论、文献、统计。材料摘自全国的各类报章。内容分二十四门类,有国际关系、各国要闻、中央要闻、宪政与政党、外交、国防与军事、经济建设、财政、交通、社会、教育、考监司、侨务、卫生与医药、对外贸易、金融与商业、地方新闻、边疆。

报报出版社董事长茅以升、秘书董事王镂冰、会计董事张自立。另有发起人22名,《报报》总经理王镂冰,总编辑欧阳敏讷。另有编辑主任、编辑、特约编辑等七人。

图289 《报报》

120. 民主日报(1946年)

1946年初创刊,4开4版,发行人为国民党元老孔庚。《民主日报》社长为重庆国民党市党部主任委员龙文治,总主笔为市党部宣传处处长吴熙祖,总编辑为市党部宣传处编审科科长王蕴卿,采访主任毛普东,记者马俊良、陈钟灵等。报社社址最初设在巴县县政府内,后迁往中华路249号。该报是国民党CC派所办,目的为"以民主招牌对付民主同盟"。不过,号称"民主"的《民主日报》,内容上以反民主为主,前后也只办了不长时间,1947年6月停刊。

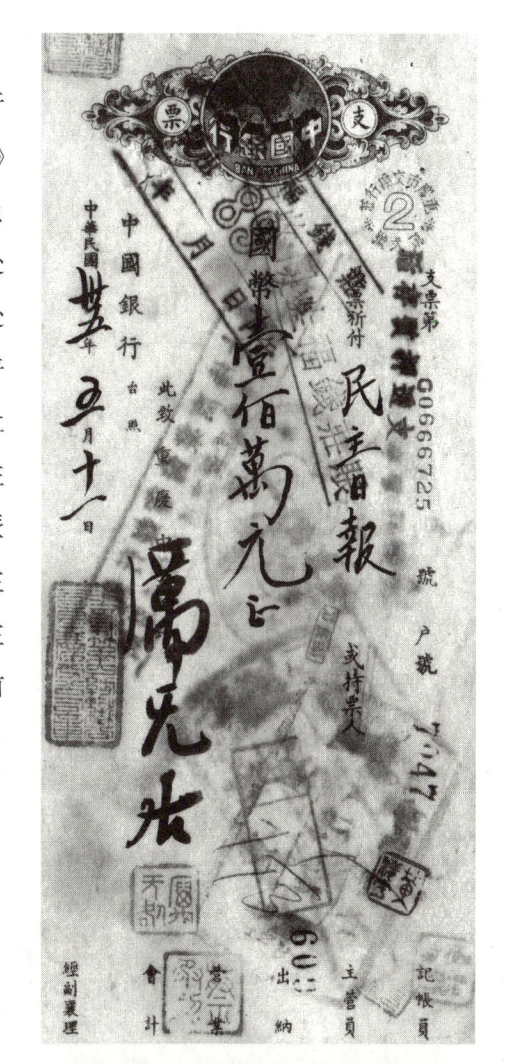

图290 《民主日报》往来的金融票据

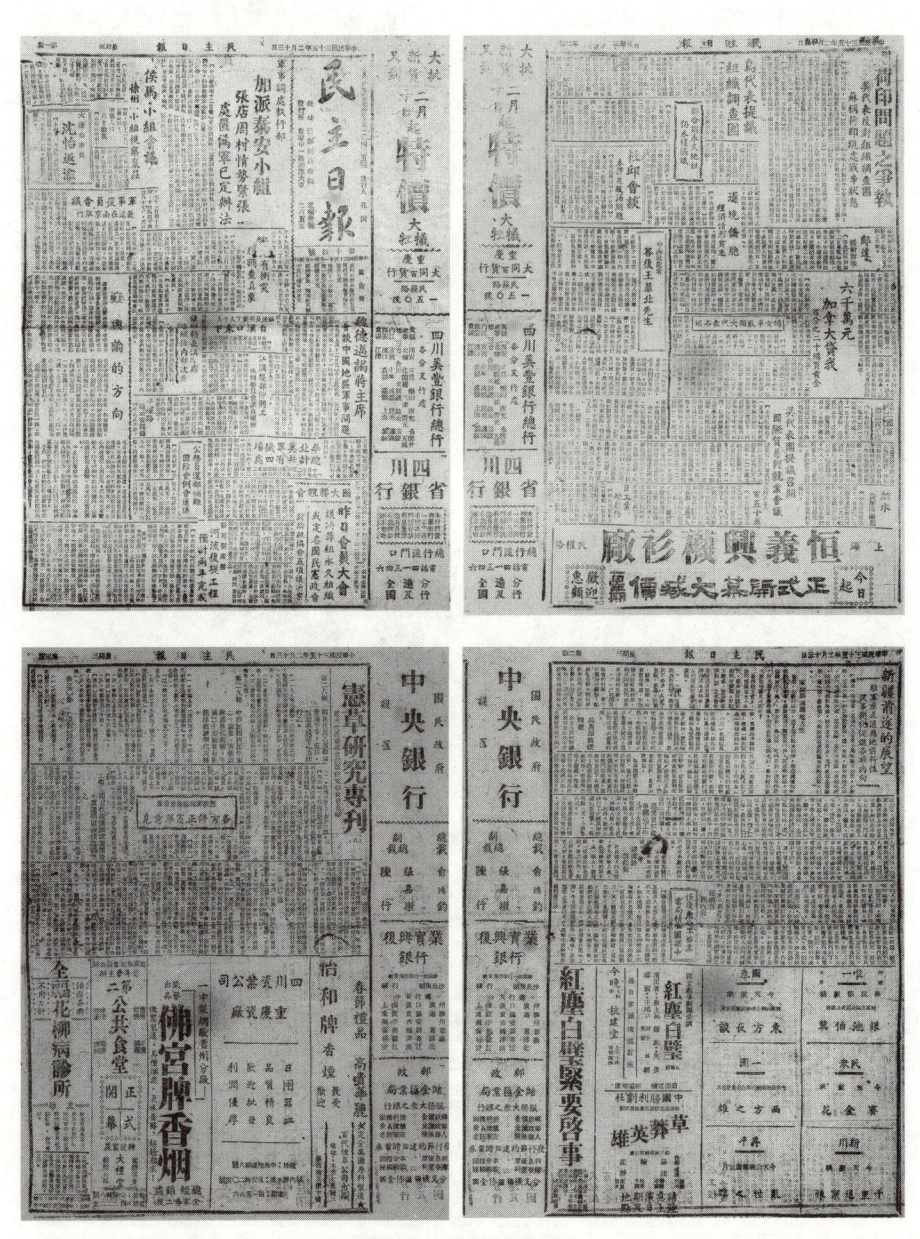

图291 《民主日报》

121. 民主报(1946年)

中国民主同盟的机关报。1946年2月1日创刊,日报,4开4版一张,为"重庆临时版"。发行人张澜,社长罗隆基,总编辑马哲民,编辑部由叶丁易主持,社论委员会有郭沫若、章伯钧、张东荪、梁漱溟、张申府、陶行知、马寅初、邓初民等。社址最初设在重庆民生路178号,后迁往国府路300号民盟总部。

该报创刊号刊登《民盟代表要求释放张学良、杨虎城》的消息,第三版刊登了茅盾《祝民主》的六点希望:(1)不做调和派,(2)明辨真假民主,(3)开放读者信箱,(4)文字语体浅近,(5)少登大人先生官样文章,(6)副刊不怕曲高和寡。①这些宝贵意见也成为《民主报》的编辑原则。

《民主报》作为民盟的机关报,旨在加强民主舆论,表达民盟和其他民主党派、人民团体的政治主张。在抗战胜利后全国民众呼吁民主自由的口号下,《民主报》顺应时代,陆续发表了诸如《人权保障必须兑现》《打倒官僚资本》《联合政府如何成立》《不要把人民作炮灰》《还像不像一个政府》和《取消特务组织,保护爱国运动》《法治·宪法·特务》等一系列立场鲜明的社论、消息、文章,被誉为"民主号角"。

《民主报》作为民盟的机关报,它的主要任务就是反映和发表民盟和其他党派、人民团体的政治主张,声援、响应党所提出的各种政治口号,揭露国民党反动派在国统区的黑暗统治,反映广大

图292 发行人张澜
(1872—1955)

图293 社长罗隆基
(1896—1965)

图294 总编辑马哲民
(1899—1990)

---

①《祝民主》,《民主报》,1946年2月1日。

人民群众真实的心声,报道民盟和其他民主党派、人民团体的进步活动。它一直都跟《新华日报》紧密地配合,相互地支持,所以政治主张跟《新华日报》非常一致。两报的合作可以说是发挥了战斗的历史作用,反映了党的统一战线工作的力量,被誉为国统区的"两大火炬"。

《民主报》在周恩来和中共代表团以及民盟中央的一些领导相继离开重庆后,一些重大事件和遇到的较大困难都是通过各个不同的渠道与中共的地下党员——张友渔、于刚、熊复等人商量,让事情得到解决。并一直和中共四川省委吴玉章、张友渔以及《新华日报》的于刚、邵子南等继续保持密切联系,同时和川东地下党刘国錤、吴宇同、黄可一直都有相当密切的合作。《新华日报》许多社内活动,《民主报》的同志也会参加,小到扭秧歌,大到听报道,两报的同志联系紧密,休戚相关,配合默契。

图295 《民主报》创刊号

图296 《民主报》专版"民主之家"

当时的重庆社会混乱，一些特务报纸如《新华时报》《民主日报》每天都会刊载一些对《民主报》污蔑、威胁的文字，比如说："斩断这根共产党的尾巴，砸烂共产党的工具"。但是《民主报》依然一如既往，没有被打倒。7月12日，李公朴同志殉难的第二天，《民主报》发表了《抗议！抗议！抗议！》的社论，7月15日闻一多先生被暗杀，《民主报》和《新华日报》大量报道了这起血案的真相以及人民的愤怒、控诉、哀痛。并连续发表了《杀的教育》《血债》《最严重的关头》《正告国民政府》《等待政府答复》《取消特务机关》等社论。7月28日，《民主报》还参与发起李公朴、闻一多的追悼会，并发表社论《埋在活人心里——献给李公朴、闻一多两同志追悼会》。

1946年8月1日，《民主报》扩版，由原来的每天4开一张扩大为对开一张。在扩版第一天的《民主报》上，报社在一则启事中说："本刊创刊半年，备受读者爱护，惟以版面狭小，内容不克增强。……兹应各方瞩望，经同人于万端困难中，艰辛筹备两月，完成印厂设备，于8月1日改出对开大张，仍本人民立场，推进和平民主。"①扩版后的《民主报》，增加专论、时评、通讯、特写等栏目。第四版为副刊，周一到周六上半版为《呐喊》，下半版依次为《现代史萃》、《民主青年》（与《民主妇女》单双周轮流刊出）、《漫画》（与《音乐》单双周轮流刊出）、《大家说》、《社会服务》、《舞台》，周日为全版的《呐喊文艺》。

1947年3月1日，《新华日报》被迫停刊后，国民党当局也要求《民主报》停刊。国民党市党部还派出大批军警到国府路300号查封《民主报》编辑部和工厂，限令报社三天内撤出。《民主报》只能被迫停刊，前后共出版409号。

《民主报》在问世第一天的发刊词中，公开表明：它是"民主同盟的言论机关……但不限于只发表民盟这一政团的意见……是一切民主信徒的工具"。②《民主报》在其短短存在的一年多时间里，没有一天背离过这一宗旨：宣传民主，反对专制；主张和平，反对内战；要求进步，反对倒退，深深记载下中国民主同盟在民主革命时期奋战到底的丰功伟绩。

---

①《本报启事》，《民主报》，1946年8月1日。
②《发刊词》，《民主报》，1946年2月1日。

122. 扫荡简报(涪陵版)(1946年)

1946年2月出版,石印,8开2版,初为周刊,后改为三日刊,每期发行500份左右。社址在涪陵大庙。

抗日战争胜利后,国民党军事委员会政治部为适应内战的需要,将军委会机关报《扫荡报》扩大为全军的各师级单位组成"扫荡简报班"。涪陵为第117班,隶属陆军新编第25师政治部。117班班主任王秋实兼《扫荡简报》发行人,编辑有滕百权等3人。该报也被称为《扫荡简报》涪陵版。

图297 《扫荡简报》

该报刊头登载"委座训示",除转载重庆新闻外,主要刊登军委会政治部编发的"一周宣传提纲"。一次因转载了重庆暴徒捣毁《新华日报》的消息,被军委会责令追究。后曾停刊,同年10月10日复刊,4开4版,不再隶属25师,而隶属重庆行辕政治部。

123. 青年导报(1946年)

约1946年2月创刊,8开4版,周报,地址在铜梁县北街三青团内,后迁保安路47号。青年导报社报务委员会发行,社长宋雪庄,后辞去职务,由罗良继任。副社长杨昌质,总编辑黄美瑚。该报出16期后,"因整理社务停刊月余"。同年12月12日续出第17期,为8开2版,并刊登《复刊漫谈》,宣布其宗旨是"首在阐扬国父遗教,促进社会文化,指导青年进修。言论要求公正,报道绝不偏私,主张均对事不对人为原则"。

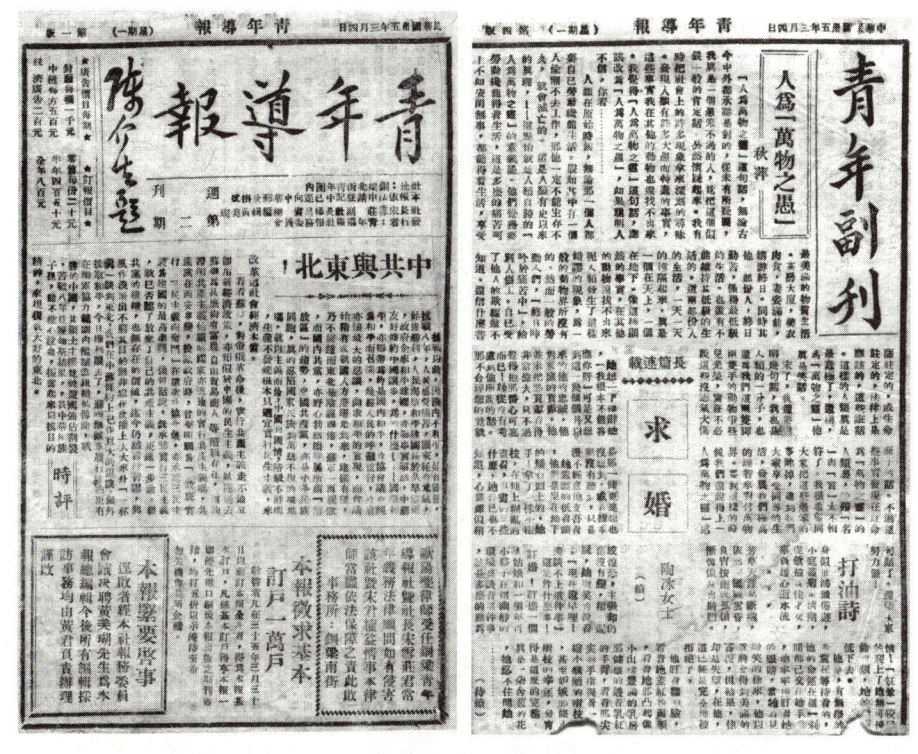

图298 《青年导报》

该报初期关注国际新闻和国内大事，第四版为副刊"青年副刊"，有长篇连载《求婚》，后期内容转向本地化。

124. 民语（1946年）

创刊于1946年2月15日，发行人张正之，"民语社"主办，社址在重庆沧白路48号，总经销社设在重庆新中国文化社，并在重庆、上海、南京、西安、柳州等地设立分销处。

图299 《民语》

125. 说文（1946年）

1946年3月1日创刊，发行人为任重庆"说文社"理事长卫聚贤，周报，逢星期一出版，地址在重庆中山一路96号。4开4版。每期都有一篇社评。第二、三、四版多是名流学者的文章，内容较宽。每期各版内容安排基本相同。同年10月7日出第32号。

另《重庆报史资料》第11辑第82页载有《说文日报》，创办人也是卫聚贤，地址也是重庆中山一路96号，但为1946年10月12日创刊。不知是否《说文》的更名和期号另起。

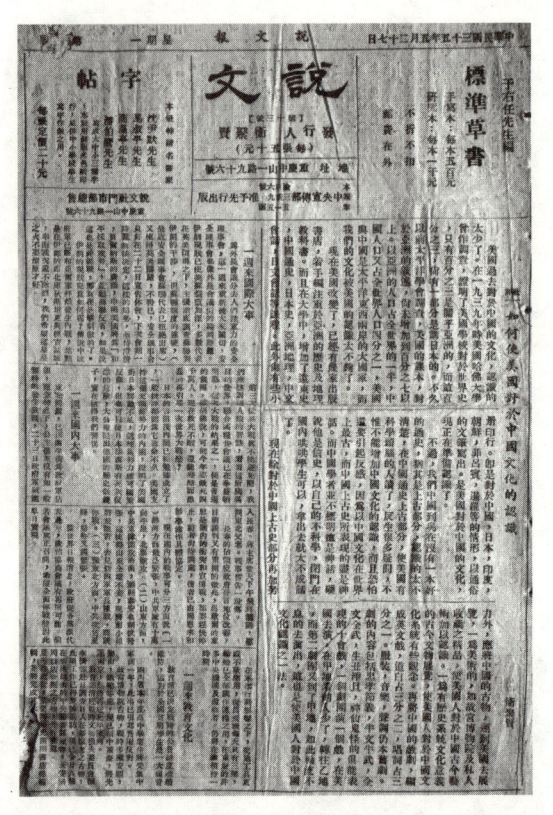

图300 《说文》

126. 文化新报（1946年）

1946年3月18日创刊，周报，《文化新报》社为发行人，社长袁珂，社址在重庆沙坪坝下中渡口19号。许寿裳题写报名。

《文化新报》以"重科学、争民主、求进步"为宗旨。《发刊词》更是宣称，我们无党派，却有立场。立场为何？曰国民大众。扩而言之，更可说便是世界人类。后因报社人员回迁南京，加上经费困难，报纸前后共发行5期就停刊了，作者有马寅初、许寿裳、杨晦、吴组缃等人，主要侧重文化类新闻。

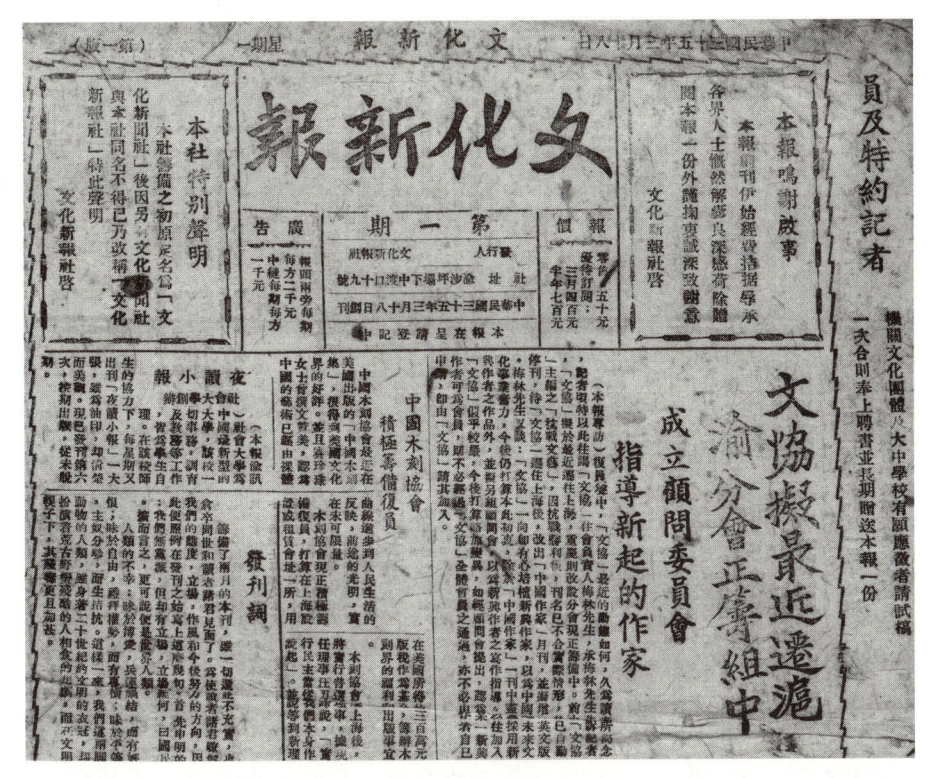

图301 《文化新报》

127. 荣昌报(1946年)

1946年3月29日在荣昌创刊。该报4开4版,周报,社址在荣昌县昌元镇玉屏街23号,又迁大北街30号,最后迁到县党部内。由国民党县党部吕君实、县训练所张涛扬、教育科周道望及其他公职人员刘荣芳、蒋席珍等筹组成立荣昌报社特种股份有限公司,董事长吕君实。名为招股,实由县党部主办。由荣昌文化服务社代理印刷发行。发行人先后有吕君实、郑献征,主编甘白水,社长王介福。该报标榜"宣扬政令,表达民情"。创刊号为红色油墨印刷。

《荣昌报》创刊后,曾与荣昌县文具消费合作社合伙经营文化用品,后亏本散伙。报纸因经费困难,于同年底停刊。1947年10月17日复刊,仍为周报,4开4版。1948年9月曾要求县政府每月补贴2400万元,但因物价飞涨,同年底再停刊。从现存的几张该报看,内容广泛,本县新闻居多,既有揭露国

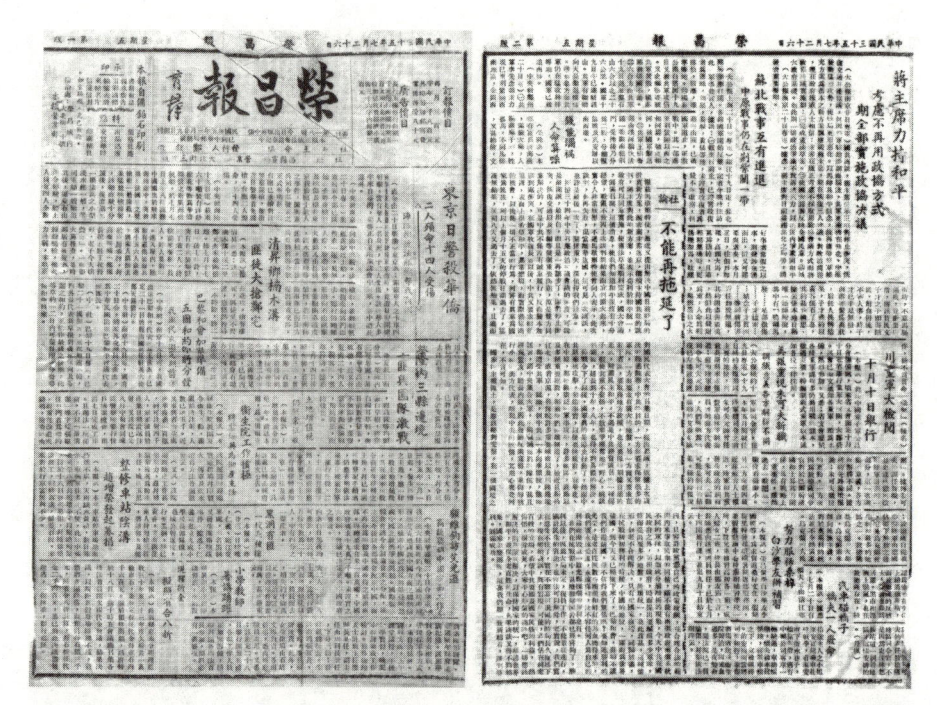

图302 《荣昌报》

民党搞民主宪政选舞弊真相的言论,也有反映民众疾苦的报道,还有诗歌、散文、杂感。重庆市图书馆存有1946年7月26日和8月2日出版的第18、19号,荣昌县志办存有1947年11月28日出版的复刊第8号。

128. 联合三日刊(1946年)

1946年4月10日,重庆杂志联谊会组织的《联合三日刊》创刊。该报是一张四开小报,内容上以评论时局为主。

《发刊词》写道:"今天的中国,仍然在生死的歧路上,是走向民主团结,还是维持独裁分裂。民主团结则生,独裁分裂则死"。"关于人民自由的四项诺言,被声明保障以来已经三四个月了,政治协商会议的五项协议也有了两个月历史,然而一切都还是纸上的文章,而且还在不断地被吞食和涂改。人民在苦难中伸长颈子望了两三个月,所望到的是什么?顽固法西斯分子的愈演愈丑的闹剧,漫天的扯,遍地的灾荒,一直到今天,法西斯瘟疫在大蔓延,竟至闹到了'人心思汉(汉奸)'的地步了。""这样还可以忍耐吗?一切都临到了破产——道德破产,政治破产,经济破产,社会破产。""我们所争取的是民主只是在实现民主有了保障之下,各党各派或社会贤达要参加政权,我们是拥护的。但如民主实现毫无保障,便有人轻率地愿当花瓶,对于任何党,任何贤达,我们都要加以鄙弃。""我们要为民主精神的彻底实现而不淫于富贵,不移于贫贱,不属于威武。"

该报内容主要是揭露国民党制造血案、镇压人民,歌颂解放区等。创刊号还登载有《向国民党说教》《要求一切民主的支票赶快兑现》《人民才是原子弹》等文章,作者多系当时的影响力人物。此外报纸还登载少量诗歌和杂文。在《新华日报》与《大公报》就长春之战的辩论中,该报曾发表黄雨秋的《论长春之战》和张雪岩的《驳大公报》,支持《新华日报》的正义立场。

《联合三日刊》在重庆只出了8期,5月17日就结束发行。该报5月17日在《新华日报》上刊出终刊启事:"本刊将移沪出版,渝版自本期起停刊。"虽然出刊时间不长,期数不多,但因为都是名家执笔,立场鲜明,对重大政治事件做出了反映,因此在当时产生了相当大的影响。

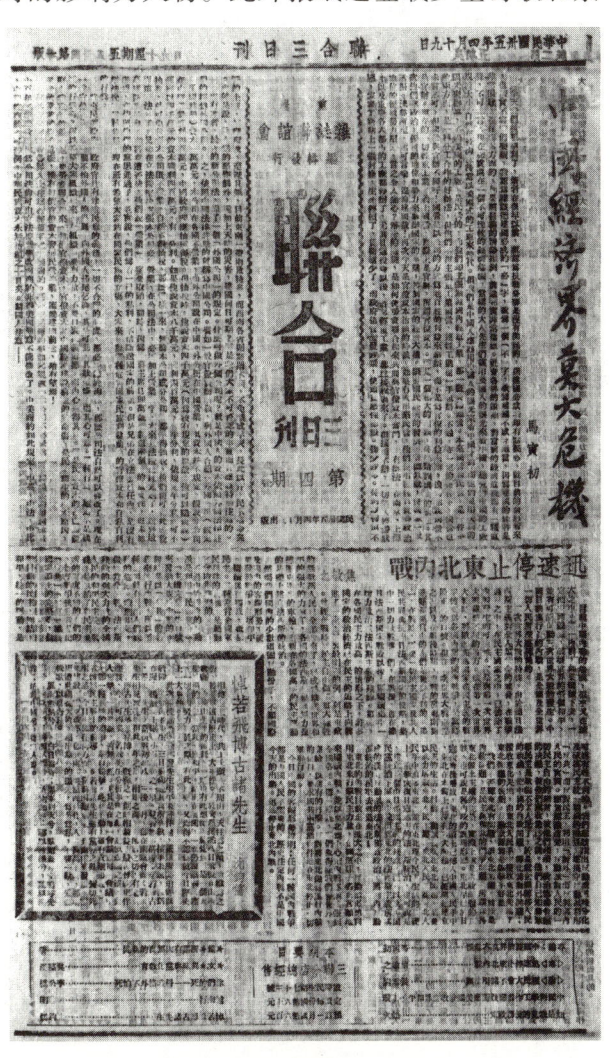

图303 《联合三日刊》

129. 自由报（1946年）

1946年4月23日创刊，周报，发行人赵有涛，社址在重庆林森路262号。第一、二、四版以评论为主，第三版设有流沙主编的副刊"自由谈"。

图304 《自由报》创刊号

130. 新闻快讯—美国新闻处电讯稿(1946年)

重庆美国新闻处发行的一份报纸,大概在1946年三四月间出版。原名《新闻快讯》,后改名为《美国新闻处电讯稿》,每日约发10条左右的新闻,手写,16开油印。主要内容为美国新闻和美国对中国的报道和评论。如1947年3月4日曾登载美国纽约《前锋论坛报》的评论《进攻中共不如改善民生》。

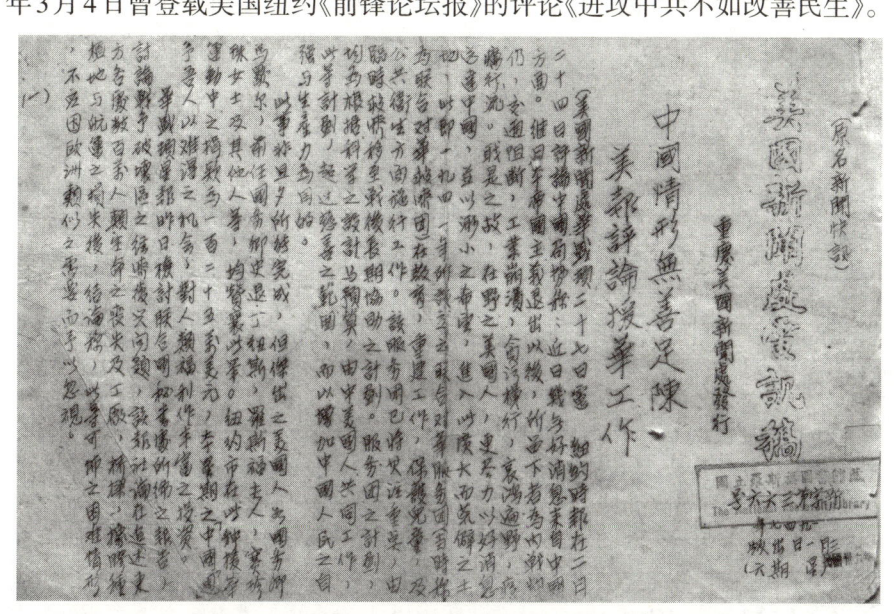

图305 中国情形无善足陈 美报评论援华工作

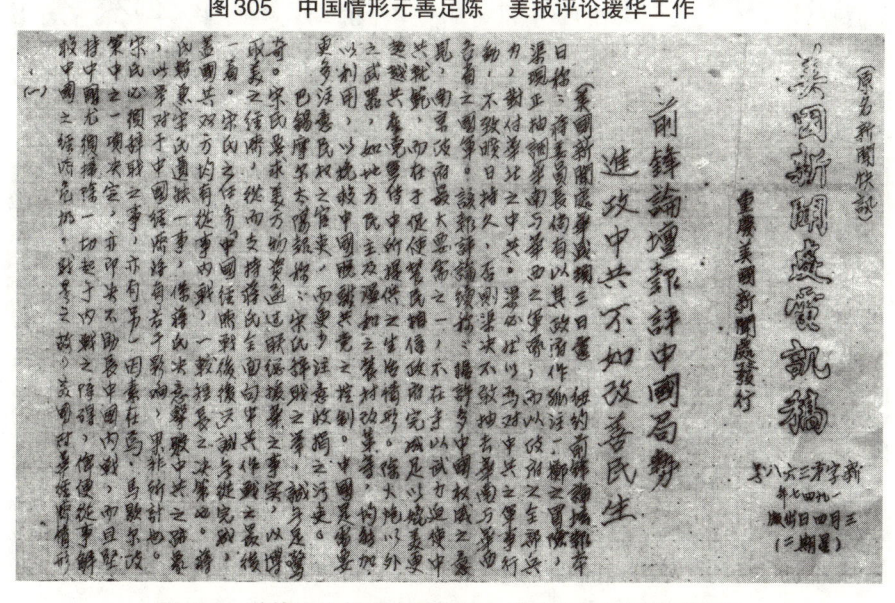

图306 前锋论坛报评中国局势 进攻中共不如改善民生

131. 中国午报—中国夜报(1946年)

约1946年春创刊,由国民党中统特务谭慧浓、刘俊三筹办,有青帮背景。地址在重庆民生路271号。由谭慧浓的妻子罗逸芳任社长,谭慧浓任总编辑,王北辰任记者。该报出版后发行量很少,无法维持,不久《中国午报》停刊。后谭慧浓甩开刘俊三,以罗逸芳的名义申请改名为《中国夜报》,但获准后又无力出版。

此后,重庆李家沱中国毛纺厂的老板刘同楷买下《中国夜报》刊号,报纸于1947年6月5日再次出版,日出1开4版。罗逸芳任发行人,社长龚曼华,总编辑谭慧浓。1948年4月14日改组,发行人为刘同楷。报纸重新编号,日出对开一大张,为重庆第一份对开的晚报。但该报却只有一个专职编辑成文辉,负责第一版的国内外要闻和第四版的本市新闻。第二版是综合性文艺副刊《小夜曲》,由在《国民公报》任编辑的艾白水主编,每天有半版篇幅。副刊以杂文和散文为特色,艾白水以"潘尼西"笔名写作时事杂志"灯下私语"栏,很受欢迎。第三版是轮流见报的专业性周刊,每天半版,有《法律生活》《剧场生活》等七个专刊,均请外人兼编。中共地下党员成天木、程谦谋、李累先后

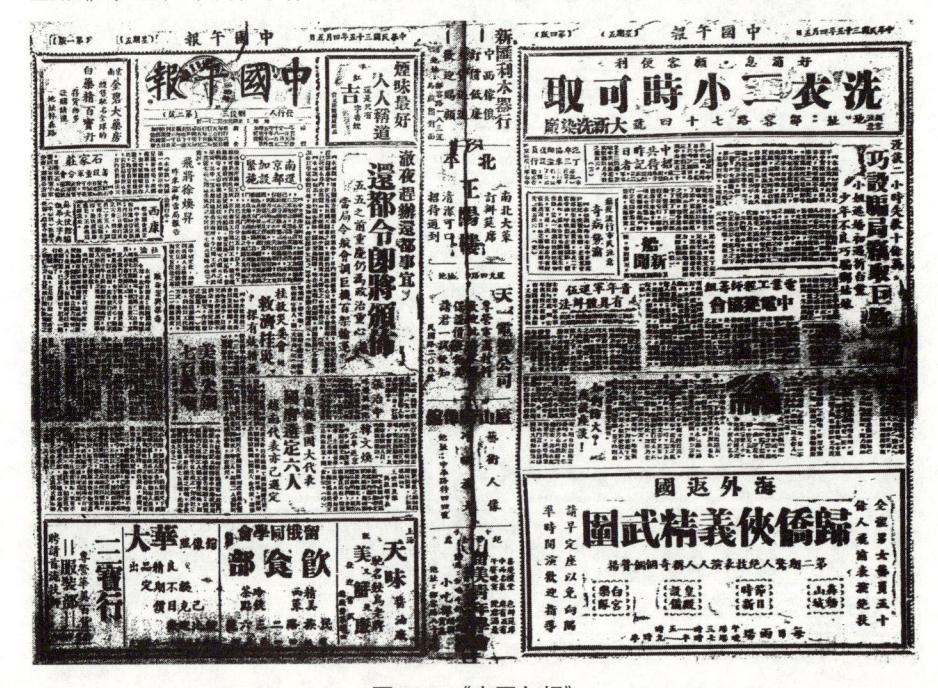

图307 《中国午报》

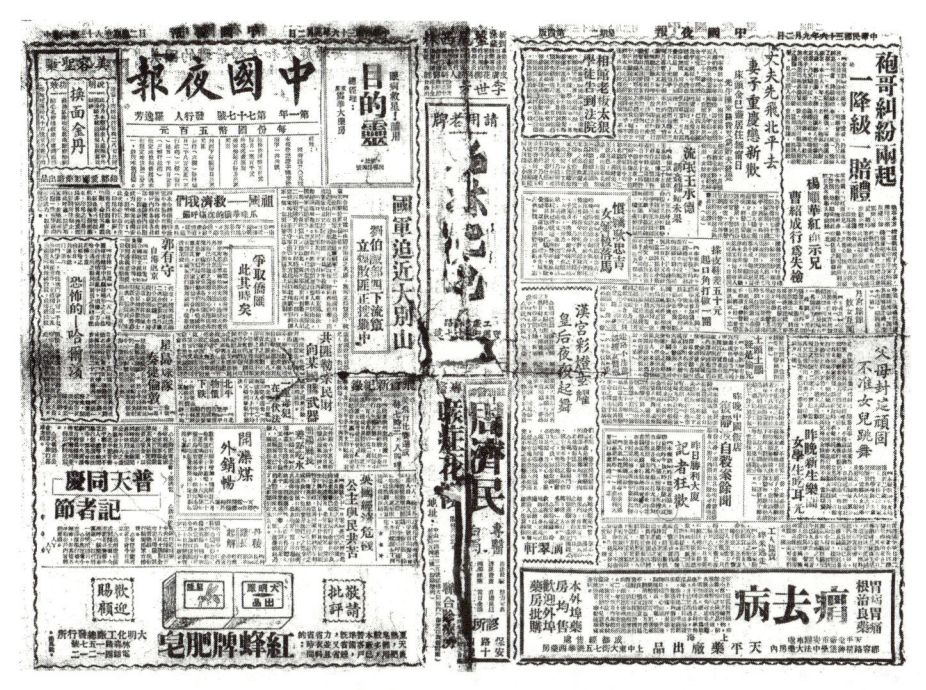

图308 《中国夜报》

编辑过《剧场生活》专刊。总编辑由《国民公报》的总编辑曾俊修挂名,因此可以借用《国民公报》编辑部白天空闲的办公室编报,报纸也由国民公报社印刷厂代印、代发,节省了物力人力。

《中国夜报》在这种条件下办得很有生气,重庆警备司令部企图收买,遭到刘同楷拒绝,后被扣上"为共匪张目"的帽子,1948年9月被迫停刊。

有资料将刘俊三记载为刘俊山。

132. 中国民声报(1946年)

1946年5月5日创刊于重庆,周报,主编周德侯,发行人高显鉴,社址重庆林森路394号。该报宣称宗旨为"人民喉舌、持论公正、内容隽永、消息确实"。高显鉴在《发刊词》中写到该报的办报目标,"一是真正为人民说话,二是为新闻而新闻的真实报道,三是有严正之批评,去无稽之漫骂,四是普及国民教育促进民主"。创刊号上登有程立夫的题词"民之喉舌",约1949年停刊。

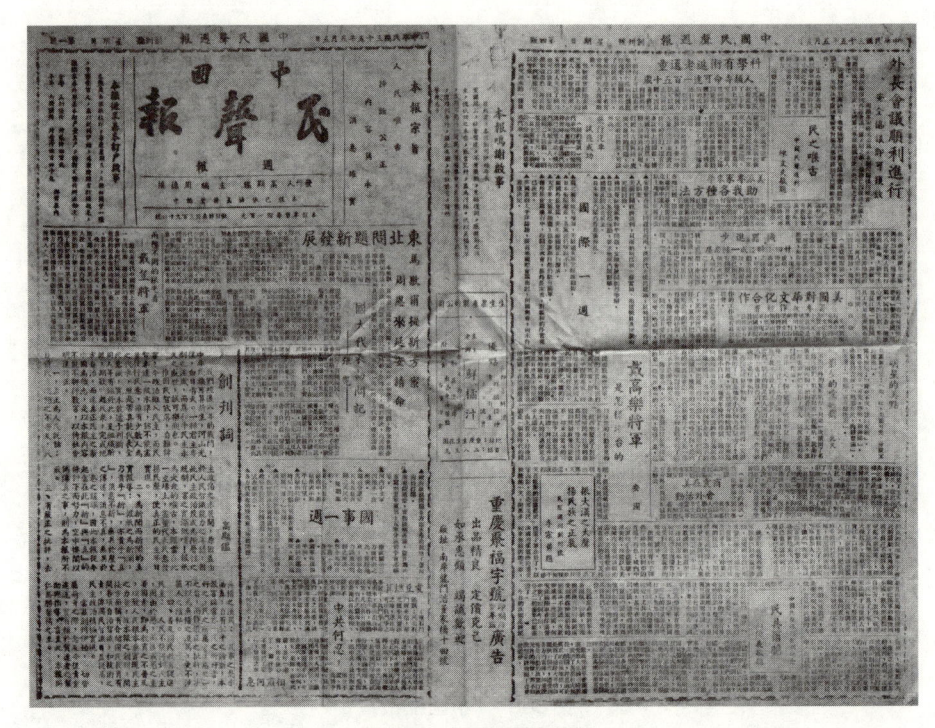

图309 《中国民声报》

133. 陪都晚报（1946年）

1946年5月12日创刊，发行人胡林，总编是鲁炯，总经理胡中逵（胡林的哥哥）。编辑先后有李冰若、单本善、潘光军、李文诗、陈光甫、苏岚等。记者先后有杨竞、詹述（詹光）、邬子渊、胥正邦、徐帜、卢伟涛。社址在重庆民生路262号，后迁上安乐洞街51号。

该报是胡林与胡中逵所办，鲁炯是其得力助手，胡、鲁曾是重庆民治新闻专科学校的同学。办报经费由胡氏兄弟支付。报纸4开4版，日报，第一版主要是社会新闻，多是凶杀、奸情、抢劫等消息，以及"今日金融"不定期发表"陪都人语"（即短评）、"陪都花絮"。第二版副刊《夜花园》，多是名人逸闻趣事，辟有"新世说"专栏和"丁兰信箱"。后者以书信形式与读者谈交友、求学、爱情、婚姻等。第三版是文艺性副刊《西南风》，并辟有"社会服务"专栏，回答读者有关法律、生活知识等方面的问题，还经常刊有高龙生的漫画。第四版主要是本地新闻，也有国内外政治动态、时人行踪、财贸信息等简讯。还办有

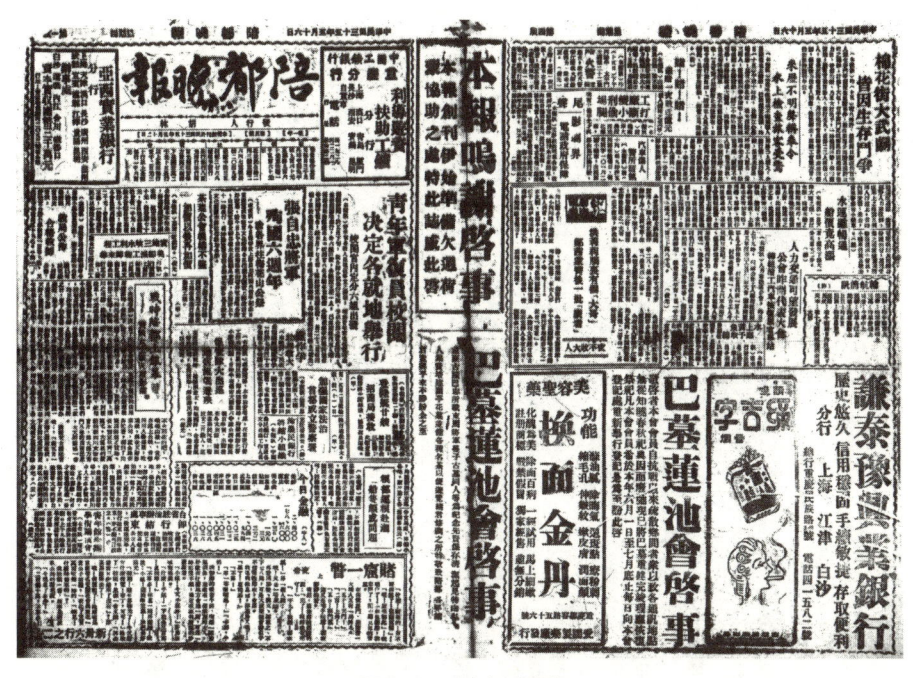

图310 《陪都晚报》

《新闻天地》专刊。四个版面除第一版外,各版文字与广告均各占一半;中缝广告。

该报追求荒诞离奇的新闻,因此也常常捏造新闻,在标题上采用耸人听闻、夸张的词语以吸引读者。发行量最高时达8000份。在报社内部,不少人由于对胡林的办报方向不满,加之胡林的作风吝啬独断,先后离开报社。1949年11月30日重庆解放,该报改变了面貌出到同年12月31日终刊。

134. 大同报—大同晚报(1946年)

《大同报》约1946年5月创刊,三日刊,实为不定期出版。社长金国瑞,编采艾正修。《大同报》曾著文指责王陵基"剿共"不力,而被勒令停刊。约1947年9月19日,改名为《大同晚报》恢复出版,地址在市区保安路170号,编辑部设在左营街中央大楼。副社长李四维,总编艾正修,主笔孔弄笙,采访主任李庆成,记者孔幼梨等。创刊号上曾登出启事,宣称《大同报》将改为周刊出版。周刊社社长汤进,副社长艾正修,总编李庆成,主笔孔弄笙,采访主任与记者由晚报社原任人员兼任。

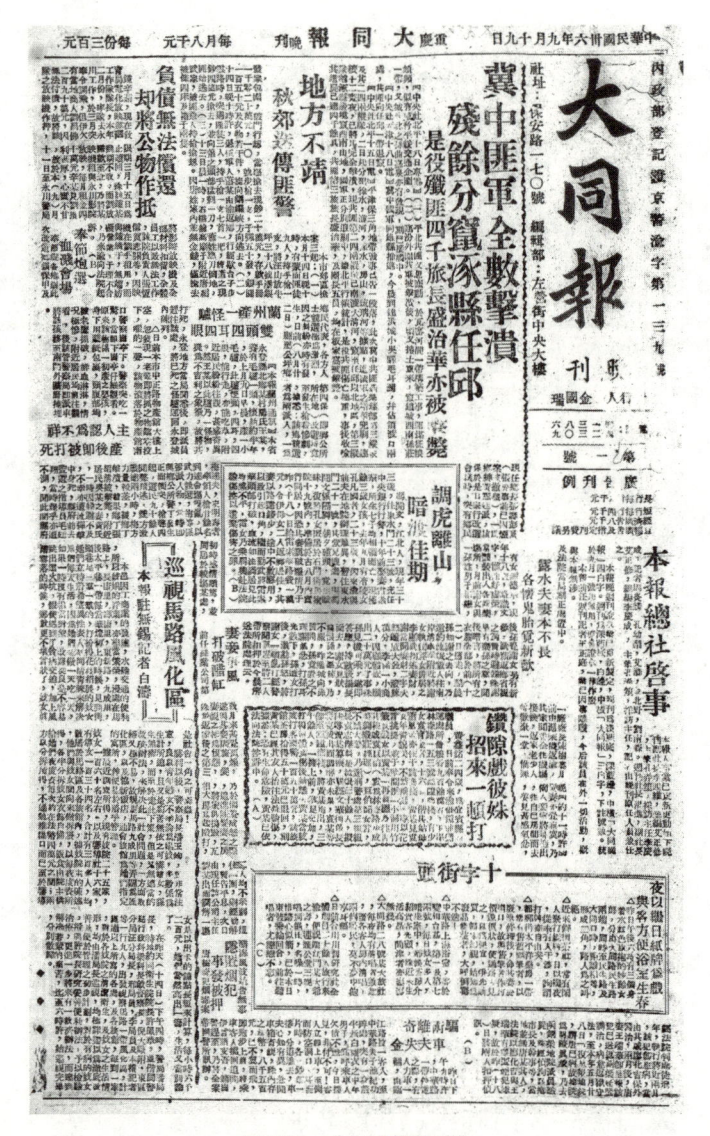

图311 《大同报晚刊》

《大同晚报》出版不久,同年内停刊。

135. 民联日报(1946年)

1946年复员期间,蒋介石为冯玉祥安排一艘"民联"号轮船由重庆去南京,同船下行者,还有李济深、王宠惠、邹鲁诸氏及眷属、侍从。附搭该轮的,还有一大批文化学术界人士,如徐悲鸿、侯外庐、吴组缃、安娥等多人。途中,多次举行报告会、讨论会、游艺会,气氛热烈。

途中,冯玉祥发起创办了一份《民联日报》,冯自任社长,谭平山任编辑。船过万县时,又买得一架油印机。经与船长借用该轮通讯设备,抄收广播,一张自编自印的八开油印小报就此诞生。

1946年5月29日的报纸创刊号上,发表了冯玉祥富有深意的《发刊词》,全文如下:

说民联,道民联,民联果然如所愿。多少好朋友,共乘一条船,连连挥着手都说:四川再见,重庆再见!说不了的情怀,道不尽的依恋,一路江景皆大观。眼下一片绿水,岸上两排青山,还有名城和胜迹,过了一站又一站。抗战胜利今还都,应当欣跃又狂欢。为什么心头不轻松?为什么心头不轻松?为什么面上

图312　冯玉祥(1882—1948)

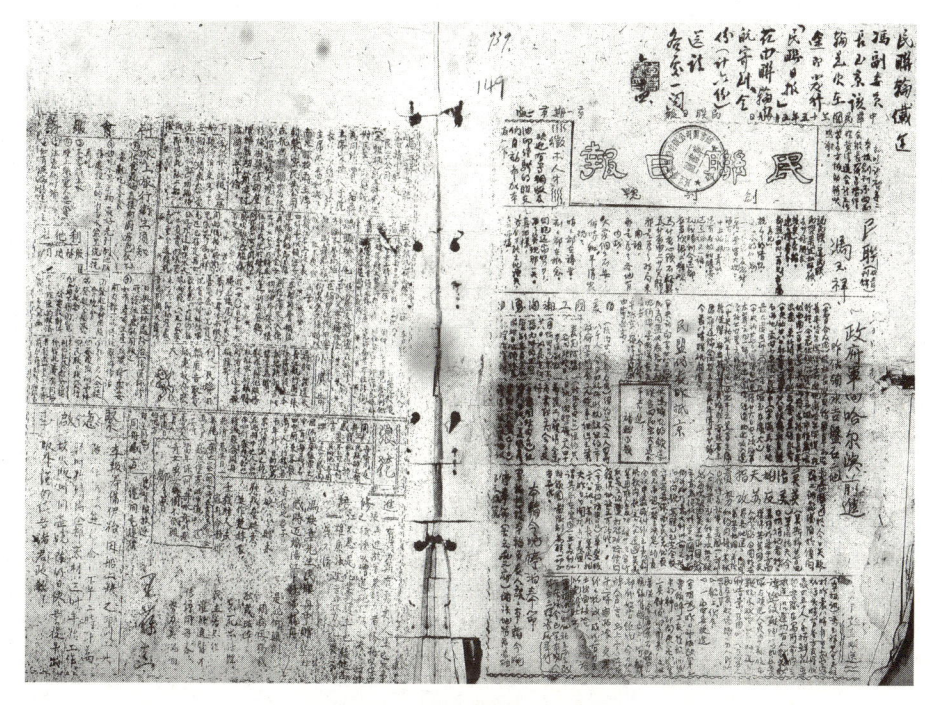

图313　《民联日报》创刊号

少笑颜？那是为了政局未开明，那是为了各地有内战，大家个个皆不安，何时和平能实现？时时都在祷告，刻刻都在挂念，同胞还须努力，为了实现那一天。

冯玉祥的《发刊词》代表了当时爱国民主人士反对独裁要求民主、反对内战要求和平的正义呼声，也是全国人民的共同愿望。

报纸每期印刷100多份，前后总计7期。报纸出来后，大家争相传阅，不少名流、学者、爱国民主人士也纷纷向报纸投稿。民联轮快到南京时，冯玉祥和各界知名人士临别聚会，题诗作画，互赠留念，徐悲鸿成为热门人物，许多人请他作画，他欣然命笔，有求必应。这是民联日报最后一期的报导。

《民联日报》是我国报刊史上有特殊意义的一份报纸，时间虽短，印量也少，且只在民联轮上发行，但其作用、影响不可低估，实际上这是当时冯玉祥等爱国民主人士积极投身民主革命运动的一种反映，是珍贵的历史文献。

136. 白沙日报（1946年）

1946年6月1日创刊，发行人邓石士，报社地址借用当地"乐园饼干厂"楼上的一间房舍。名誉社长夏仲实。新本女中校长邓石士、白沙商会会长夏培德曾先后担任过该社社长。主编凌承梓，编辑钟治彬、夏菊阳，采访廖征年，出纳廖征才。

报刊内容有国内国际新闻，本地消息、社论、评论以及文艺副刊等。消息及资料来源有以下几个方面：（一）转载当时《大众公报》《新蜀报》《中央日报》《新民报》等大型报上登载的可取部分；（二）记录聚奎中学收音机收听来的广播消息；（三）特约写稿和部分采访稿件。报纸办有副刊《沙风》和《翡翠集》。该报发行量不大。

1948年江津师范学校抗议校方不按时发放教师薪金，贪污学生伙食费，举行罢课，该报发表社论对此进行攻击，因而激怒学生，将报社捣毁而停刊。

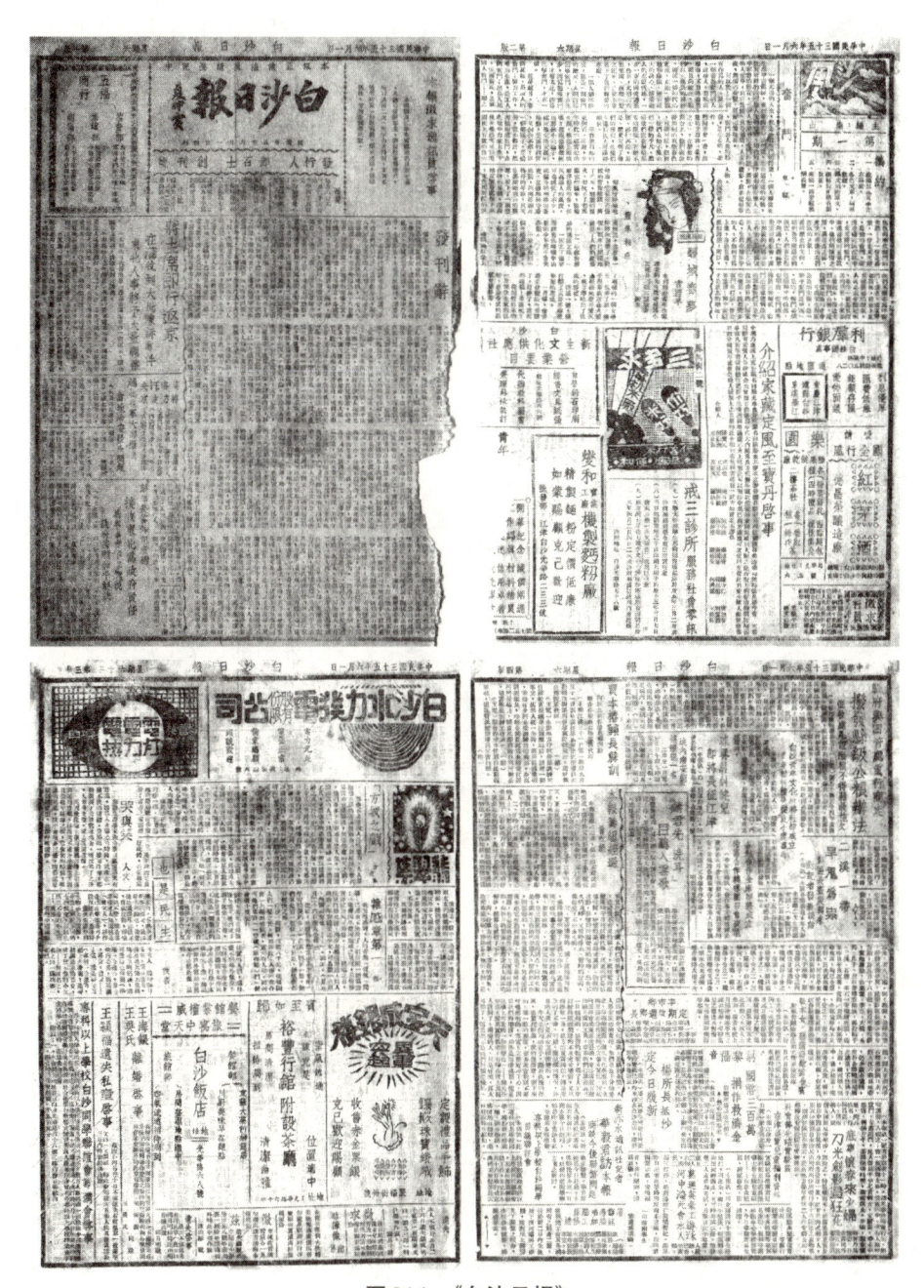

图314 《白沙日报》

137. 文化导报(1946年)

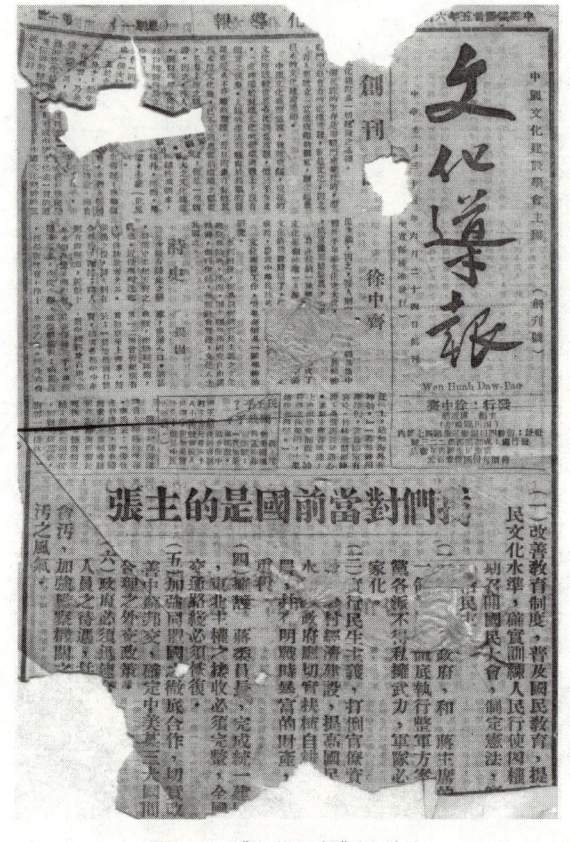

图315 《文化导报》创刊号

1946年6月24日创刊,中华文化建设学会主办,发行人徐中齐,总编辑卢莲舫,社址设在铜梁保安路47号。在成都与重庆两地设立发行处。

该报创刊号登载有徐中齐的《发刊词》,文章认为"文化建设是一切建设之基础",报纸的出版也是以三民主义文化建设为宗旨。创刊号还提出了《我们对当前国是的主张》。

另有一份同名报纸,发行人乔诚,1948年5月20日注册登记,地址在重庆枣子岚垭53号。

138. 大中日报(1946年)

1946年6月30日试刊,亦有一说是1945年4月15日,7月1日正式创刊,日出对开一张,对开4版,历时将近三年,于1949年3月底停刊。地址在重庆临江路200号。

开始的时候,报纸为独资创办的。发行人是郑能。郑能原为陆军师长,时任中央警官学校教育长。他创办《大中日报》的原因,有两种说法,一种是说他是为参选国大代表建立宣传阵地,另一种说法是他怕受人攻击,想办个报纸作为舆论工具,进行自卫。

他聘请原《扫荡报》总编辑许任飞任总编辑,另有副总编辑王炽如,编辑

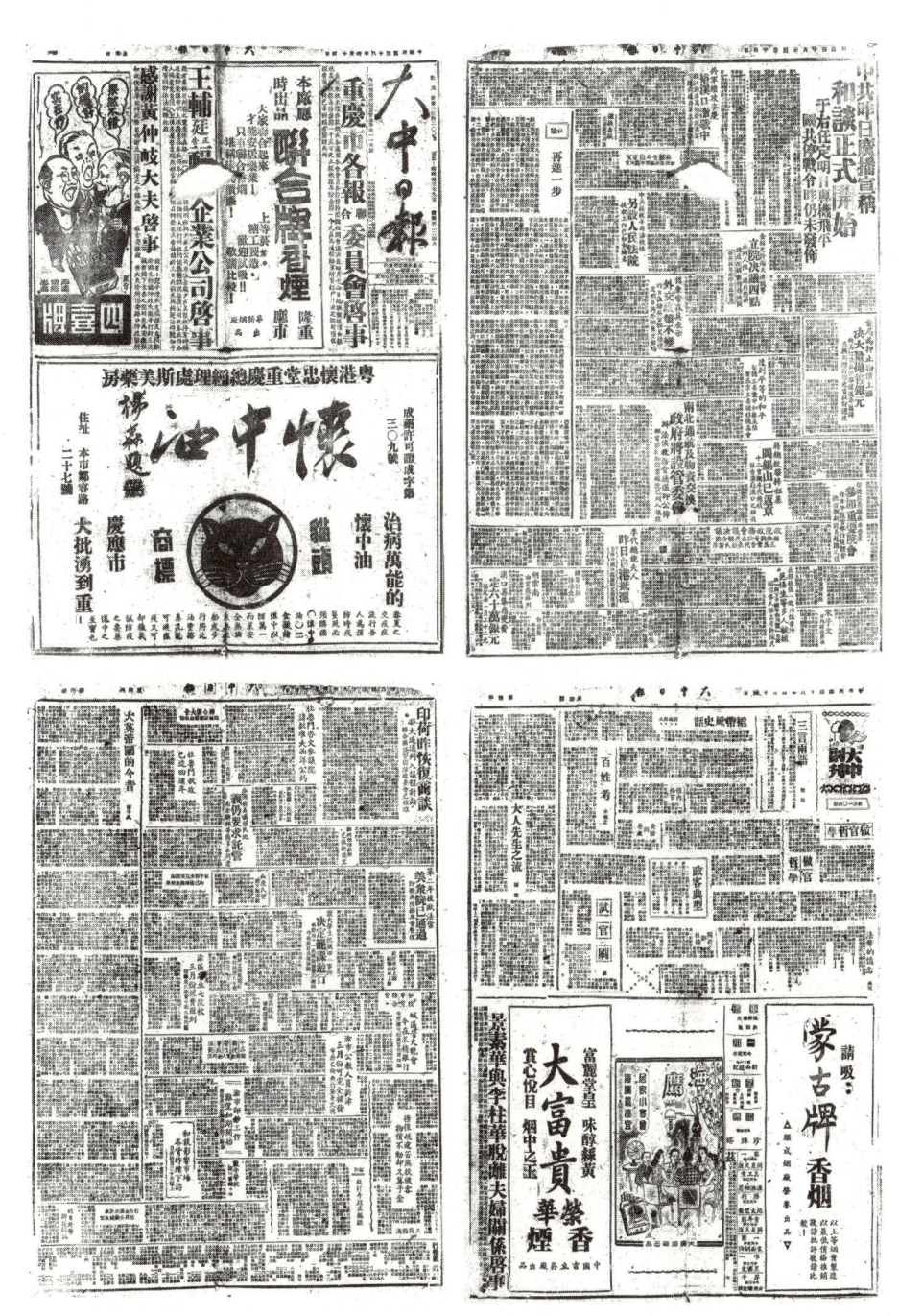

图316 《大中日报》

主任洪晓青,副刊编辑陈迩冬,采访主任赵慕归,后是廖济航,记者杨竞(中共地下党员)、张行健、王公悦、陶天白、黎树基,经理陈志彬、涂志荣,总务主任是周湘。

两个月后,郑能去往南京任职,该报被转给重庆警备司令孙元良。孙于同年10月9日接办,由孙的叔父孙动庐任发行人,其兄孙希圣挂名经理,具体工作由刘邦达负责。该报第二版是要闻版,除照刊国民党中央社稿件外,每天登有社论。星期天有"星期论坛"。第三版是国内外新两版,包括"工商小志"、"学府风光"、"山光城影"、"艺文拾掇"等栏目。还有"各地通讯"、"十日国际"、"陪都行情"等。

另有四种副刊:星期一是"翅讯版",星期二是"七日文萃",星期三是"大中副刊"、星期六是"小沙龙"。该报特稿少,业务困难。在1947年"元旦特刊"上,刘邦达写有《大中日报的前瞻》一文,提出要把《大中日报》由地方性报纸,发展到全国、全世界,举办各种文字的译版等等。

孙元良调离重庆时,该报即转卖给大庆新闻股份有限公司。该公司由以陈鼎卿为董事长的袍哥组成,经营有《大中日报》《重庆夜报》、大庆印刷厂。《大中日报》社社长易涤非,副社长叶培根、李樵逸(军统,重庆袍哥礼字总社社长),经理何正华、帅永廉,总经理王尚志,副总经理陈光荣,总编辑李征榆,副总编辑孙逦煌,副刊编辑萧军,编辑曾良巨、许可、许诚、邹光海,记者张行健、潘中闳、周德纯等。

该报于1949年3月31日终刊,当时出版的是第1034号。在将近三年的时间里,该报两易其主,亦有说三易其主,但都自称是"民间报纸"。

孙动庐在《本报一周年》一文中说:"新闻本身应该成为一个独立的事业,有高瞻的眼光,超脱的态度,出入于宇宙万象,而不为任何一方所拘束。我们虽不反对政治性的报纸,坚持新闻事业应以事业为家,应保持新闻多面性,超然性。才能去主观,存客观;去偏见,存真理。"又说:"必须稳健自持,中正不倚,而后更能去主观,这是我们服务的信条"。实际上,《大中日报》自始至终都站在执政的国民党一方。但其内部成员也有进步的,甚至虽是国民党员,也对现实不满,所以报纸的言论、立场,有时也能反映一些群众的心声,需要客观地看待这份报纸的意义。

139. 童军周报（1946年）

1946年上半年创刊，发行人张正亚，社址在重庆中央公园7号童军理事会，陈介生题写报名。

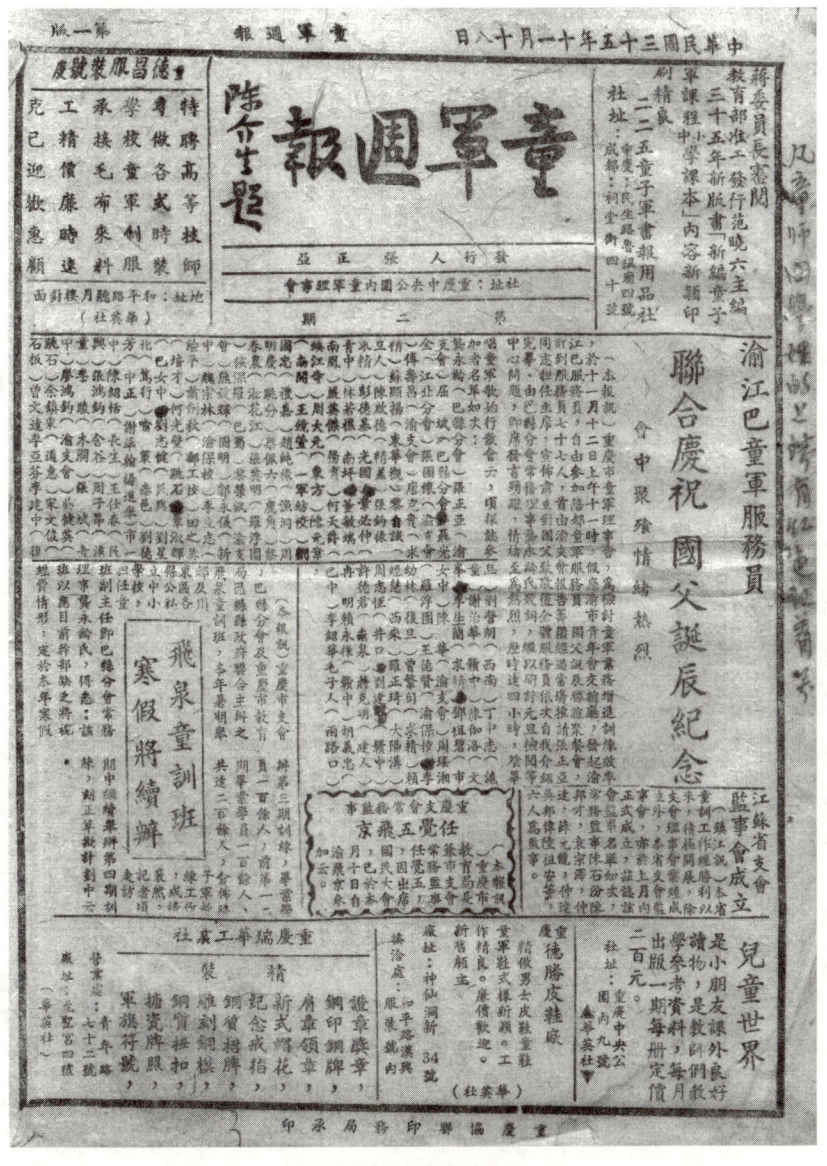

图317 《童军周报》

140. 重庆人报晚刊(1946年)

约1946年上半年创刊,地址在重庆节约街17号,另有一说在青年路7号。第一版主要刊登新闻,第二、三版为副刊,设有"重庆夜话"专栏,第四版为社会新闻。1946年10月1日重庆社会局禁止《民主生活日刊》《民主星期刊》《重庆人报晚刊》等20家报刊发行,以未行登记或手续不完备为由,通知警察局将其取缔。10月2日重庆市杂志联谊会发表声明,抗议压制言论自由。

10月10日《重庆人报晚刊》恢复出版,日出4开4版,发行人宣战。《复刊词》中说:"我们想以诚恳的态度表示意见,我们想以客观的态度传达新闻。我们要鼓吹的是人的自由平等。要保障的是人的权利。"

此前,重庆曾有一家《重庆人报》,不知与《重庆人报晚刊》是否有关。《重庆人报》,1946年前后创刊,另有一说是1945年创刊,发行人宣扬,社长是重庆水上警察分局局长曾祥麟,总编辑李鲁子,采访主任雷禾村,副主任张建,经理吴启文,出版未及三月停刊。

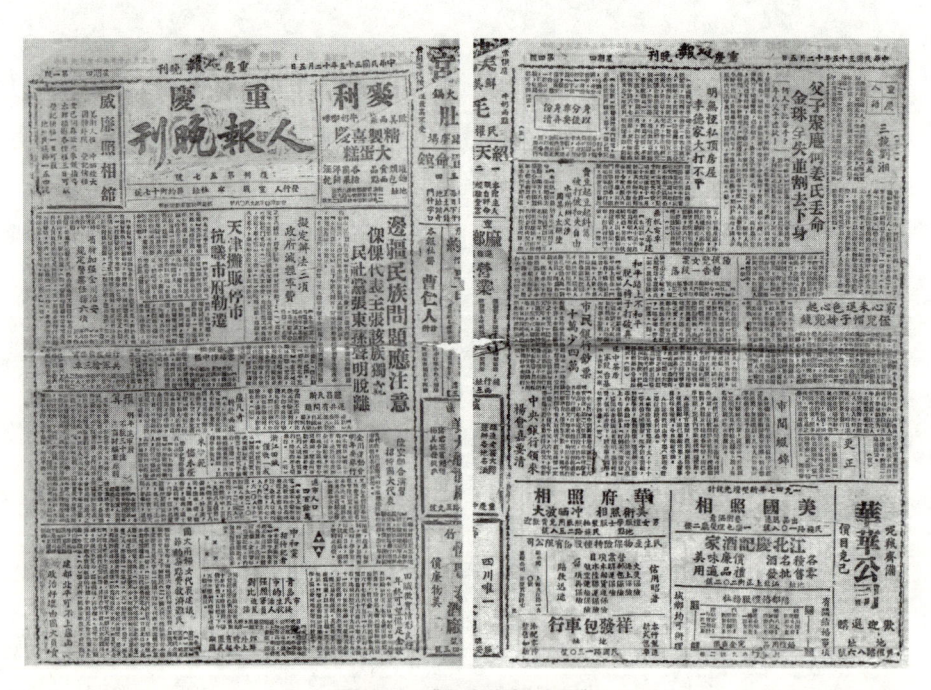

图318 《重庆人报晚刊》

141. 自治报（1946年）

1946年7月15日创刊，发行人马世闻，社长冯炎，副社长钱楚雄、陈鉴之，社址在巴县参议会内，编辑部在重庆凯旋路57号。4开4版，周报。

第25期《自治报》的第一版有本市新闻，"国防部电令"栏，短评《正视"六腊之战"》；第二版文艺性副刊《声铎》；第三版是第二版的延续，以广告为主；第四版是"中央训练团"、"人民呼吁"、"青年团筹募基金"三个栏目。

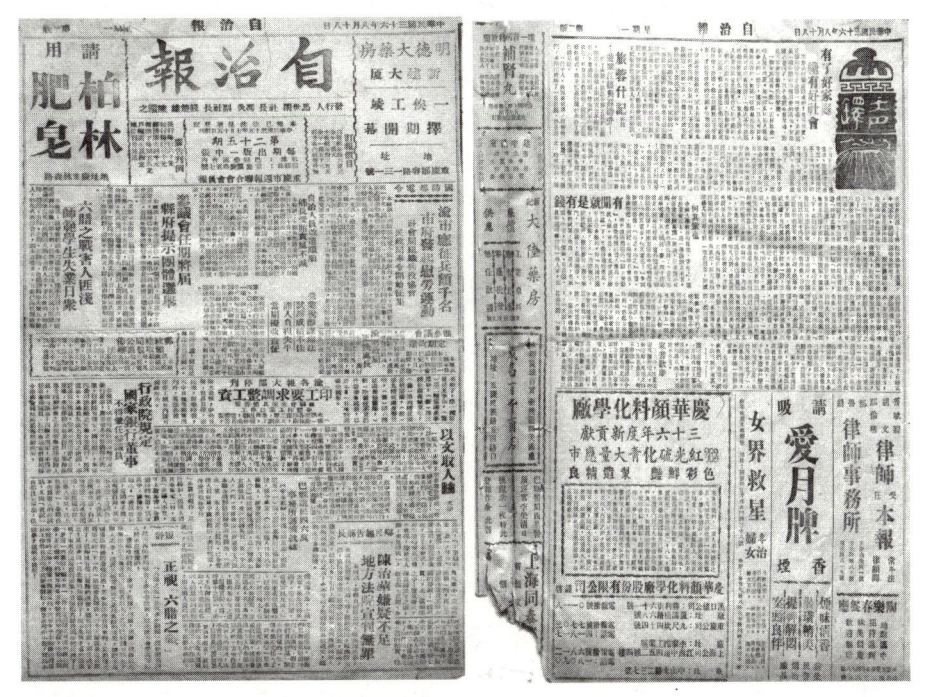

图319 《自治报》

142. 新华时报（1946年）

《新华时报》于1946年8月1日在重庆创刊，社址最初在较场口石灰市17号，后迁至民生路33号重庆市稽查处内。

抗日战争胜利后，《新华日报》和各种不同政治势力的报刊纷纷出版"反内战，反独裁"的声音，让国民党在舆论界相当受孤立。在这种情况下军统特务组织用"时报"与"日报"的一字之差，出版《新华时报》，企图鱼目混珠。

《新华时报》的发行人是重庆市警察局刑事警察处处长谈荣章，社长是其

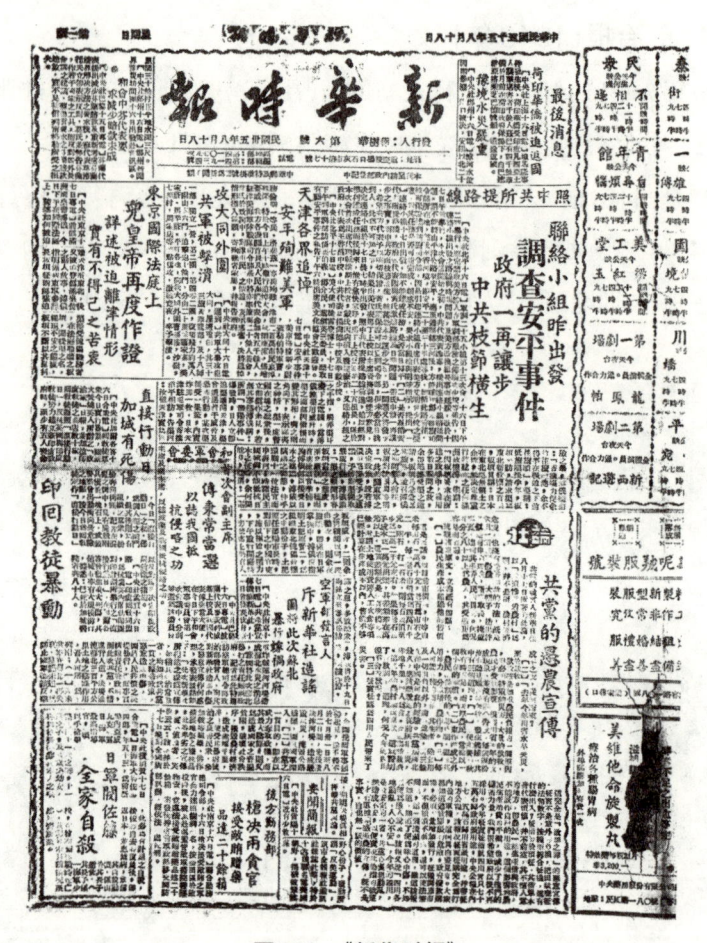

图320 《新华时报》

妻薛树华。原《午报》总主笔张客公为该报总主笔,胡丹流为总编辑,廖凌云为编辑,谢启明为编辑助理,副刊编辑雷禾村、刘玉声。

《新华时报》最初为四开一张,发行时除了在国统区各大报纸上大肆鼓吹外,还会派出刑警大队的队员,分流到各个商店,强迫商人和市民订阅。后在市长张笃伦的支持下改版为对开一张,最后又改回四开。

谈荣章办《新华时报》就是为了反共。并且他表现得尤其猖狂,他要求报纸上所有文章,包括副刊在内,都要骂共产党,每则消息不管怎么编,都要编到反共上,要是他发现编辑部改的文章不能满足他的反共要求,他就会亲自操刀东拼西凑、胡编乱造修改文章,有时改得面目全非,原作者也哭笑不得。

《新华时报》最初的二、三版为雷禾村的《尖兵》和刘玉声的《雄鸡》,《尖兵》中雷禾村用"火撑"做笔名写反共文章,多用"匪"和"尾巴"等谩骂词汇。胡丹流则用"高尔础"、"鲁速"为笔名,写关于反共和讽刺民盟的杂文小品,因为这个副刊每次都要出版三到四篇这样的反共文章,所以深受谈荣章赏识。由刘玉声主编的《雄鸡》,本意是除"重庆掌故"外,写些轻松的文章,但是谈荣章觉得没有反共文章,不能凸显报纸目的,硬要刘玉声写反共文章,刘玉声对此力不从心,所以不到两个月时间《雄鸡》停刊。

1947年6月1日,国民党对爱国学生、民主人士在国统区四个地方行动进行了大肆抓捕,《新华时报》因为其地位的特殊性,得以允许随队拍摄采访,得到了一次所谓的"独家新闻"来大肆诬蔑共产党,进行反共、反民主宣传。

《新华时报》除了当国民党"反共"、"反民主"的喉舌外,还积极辅助国民党破坏民主进步的活动。

1947年2月28日到1947年6月2日的这段时期,是重庆市"反美、反蒋"学生运动高潮期。国民政府为镇压这些活动无所不用其极,还让《新华时报》当其帮手——用舆论恐吓、威胁。《新华时报》每天都要刊登一些"骇人听闻"的所谓"本报专讯",用各种严肃词汇来起到震慑作用。这些"本报专讯"的信息都来源于国民党在重庆的各个情报机构。比如,沙坪坝当时是全市学生运动的中心,"市学联"召开议会,会中的行动、决定和斗争步骤都带有保密性质,这些开会内容的情报就由三青团驻派沙坪坝的学运侦查机构供给《新华时报》。在学运活动鼎盛时期,三青团每天晚上都要在该区青年馆向《新华时报》汇报消息,使得"市学联"一些尚未公开的计划,次日见报,公诸于众。并且报纸还对学运的领袖进行人身攻击,威胁恐吓。这种颠倒是非、恶意诋毁的胡乱报道直到"六二"大逮捕才结束。

不过,《新华时报》在一段时期内言论方针改变为揭露贪污腐败,出现过短暂的销售黄金期。报纸对重庆市议长胡子昂这样的首要人物进行批判,同时把老百姓所不齿的"较场口血案"打手刘野樵作为目标进行批驳。最令人意想不到的是公开攻击重庆市市长张笃伦,连续报道他在西昌"贩毒"事迹,此时的《新华时报》能够把国民党政府的一市之长,作为批判对象,着实让人惊讶,使得报纸销量不断攀升,日销逼近8000份大关。当时重庆市报纸销售最好的是《新华日报》日销两万到三万份,民办《大公报》《新民报》日销将近一万份,其他均未超过一万,所以《新华时报》此时的销售额算达到重庆报纸销售的中上水平了。虽然揭露贪污腐败甚得民心,但这也不过是为《新华时报》加强"反共"功效的一个途径。①

谈荣章为加强言论上的"反共"效果,思考再三,决定由张客公出面组织"主笔团"。团中成员除了《新华时报》刘昭、饶孝善、雷禾村之外,还有王平陵(《扫荡报》主笔)、刘觉民(《中央日报》社长)、许任飞(《大中日报》总编辑)、李良政(《世界日报》主笔)等等。张客公为"主笔团"负责人,组织大家每月聚餐一次,促成每个成员写稿一至两篇,除《新华时报》本报人员外,其他都是特邀性质,除按月付车马费外,稿费高于其他报纸一倍。

国民党重庆市党部宣传处乘机将"主笔团"进而扩大为"重庆笔会",继续让张客公召集人。"重庆笔会"除了主笔团的成员外,还增加了一些文艺界人士、各报主笔、总编、采访主任等。召集这些人其目的就是统一"反共"步调,用社论、短评以至新闻、文艺的形式来全方位反共。

《新华时报》副刊在1948年扩大为《戡乱》,此版的负责人由雷禾村变为了叶青。1948年,因为蒋介石反人民的内战节节溃败,叛徒叶青(当时任国民党中宣部部长)逃窜到重庆贩卖其《戡乱》,并选中《新华时报》,妄图使其起死回生。《戡乱》副刊的稿件供应来自三个机构,一为国民党中宣部;二为国民党国防部政工局"心理作战室";三为国民党国防部政工局"军事新闻社"。这些稿件的内容始终如一,都是制造谣言、恐慌,诬蔑诽谤,恶意攻击共产党、民盟活动。

1948年8月,国防部保密局(原名军统)西南特区办事处在泸县成立,《新华时报》从重庆迁到了泸县(现泸州市)城内。此时的报纸主办人是四川省第七区行政督察专员公署专员、保安司令兼军统泸县组长罗国熙,泸县本地人张家琪(张家齐)任社长,采编人员有陈卓如、苏岚、张羽等5人,社址在中平远路杨春芳公馆内。

所谓的《新华时报》泸县版,实际上就是重庆《新华时报》的延续,不仅报

---

① 陈兰荪:《反共尖兵〈新华时报〉出笼前后》,《重庆报史资料》,第10辑。

纸名字相同,登记号与重庆一样,而且连隶属关系都没有改变。宣传方针和特点也沿袭重庆版,几乎没有做任何的变动。主要刊登中央社的电讯稿和少数的当地新闻。其间仍然用夸大事实、危言耸听的材料鼓吹"反共反民主"。

1949年12月3日泸县解放的前一天,《新华时报》自动停刊。

143. 凯旋报(1946年)

1946年10月10日出版,三日刊,4开4版。社长张锡君,经理郑伯康,总编辑吴太威,副刊编辑欧阳平,采访主任李鲁子,记者李官林,社址在重庆临江门川盐三里6号。出版不久即停。

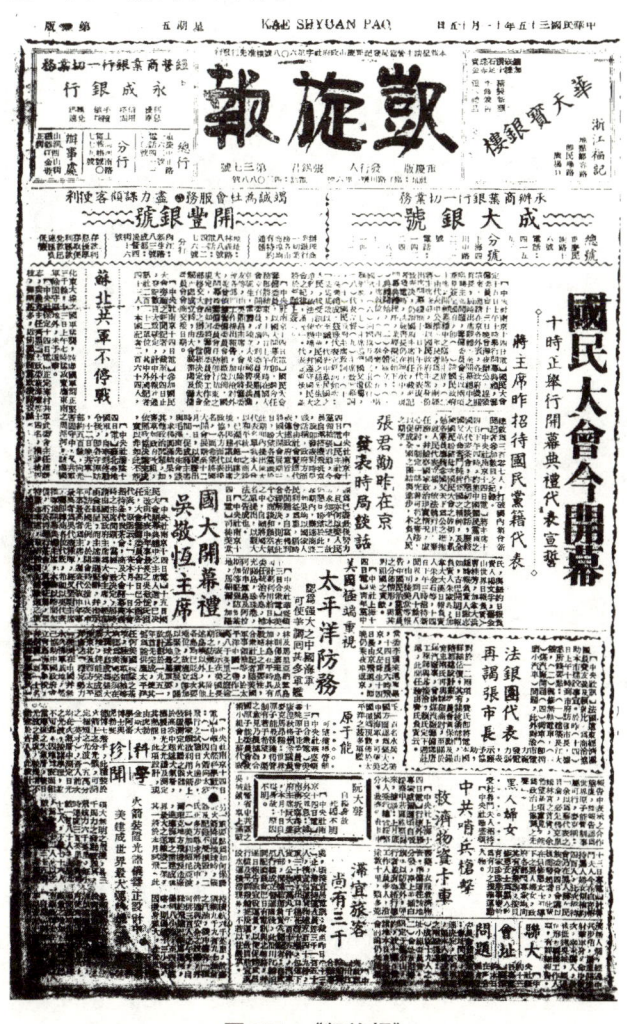

图321 《凯旋报》

144. 蜀东报（1946年）

三青团云阳县分团部机关报，发行人蒋计生，社址在云阳县帝主宫。1946年11月15日创刊，日刊。开始为8开2版，后改为4开4版。第一版为国际国内消息，第二版为杂谈、文艺。中张四版，第一、二版为国际国内新闻，第三版为地方新闻"云城鳞爪"，第四版为杂论、启事，辟有副刊"晓云"。

1949年10月由人民政府接收改建为云阳县印刷厂。

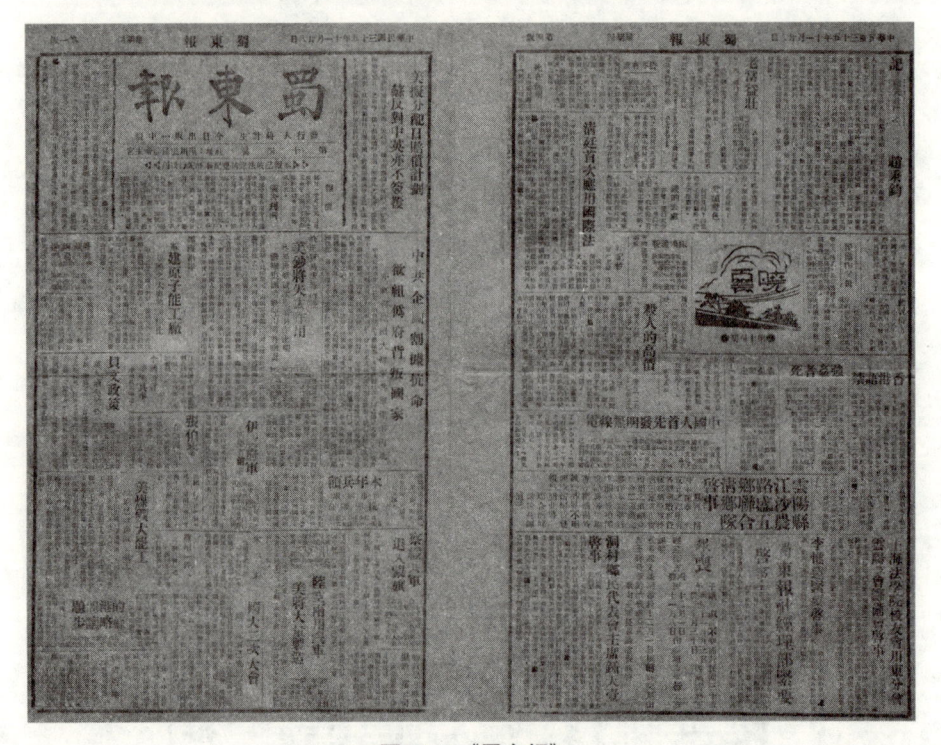

图322 《蜀东报》

145. 中外春秋—春秋新闻（1946年）

《中外春秋》原为上海法学院教授章苍萍在上海所办。该院抗战迁建万县建分院后，仍由章苍萍主持在万县出版，初为16开本杂志，后改为每周4开1张的报纸。编辑、记者由该院师生担任，一定程度上是该院报业专修科学生实习性质。抗战胜利后，章苍萍随学院迁返上海，报纸交由他的学生盛超群。

盛超群将报纸改名为《春秋新闻》，并邀请中统万县区室主任的段启高为发行人。该报编辑部名义上设在环城路，实际上并无固定的编辑场盛超群,重庆云阳县桑坪乡桃树坪人。1936年在武汉期间,盛超群受李公朴影响,不满国民党消极抗日和军校的专制黑暗,冒着"抓回枪毙"的危险逃出军校,想北上投考延安抗大。他先入山西民族革命大学,并在1938年顺利进入抗大学习。回万时初任万县"新生活运动促进会"书记,被撤换后到《川东日报》任编辑,又被解聘,赴渝后到国民党军委会战地服务团当团员,1942年回万后,又任《川东日报》采访。

在《春秋新闻》工作期间,盛超群以幽默讽刺的手法,写了许多揭露贪官污吏、土豪劣绅丑恶面目和国民党政治腐败的文章。1946年夏,盛超群写了一篇题为《万县三首长动荡之谜》的内幕新闻,闹得满城风雨,使万县的专员、县长和警察局长几乎丢官罢职。警察局长艾兴权气急败坏,扬言要枪杀盛超群。盛超群毫不畏惧,立即写了一篇揭露艾兴权压制民主、迫害进步人士的文章:《记者笔下一

图323　盛超群(1912—1949)

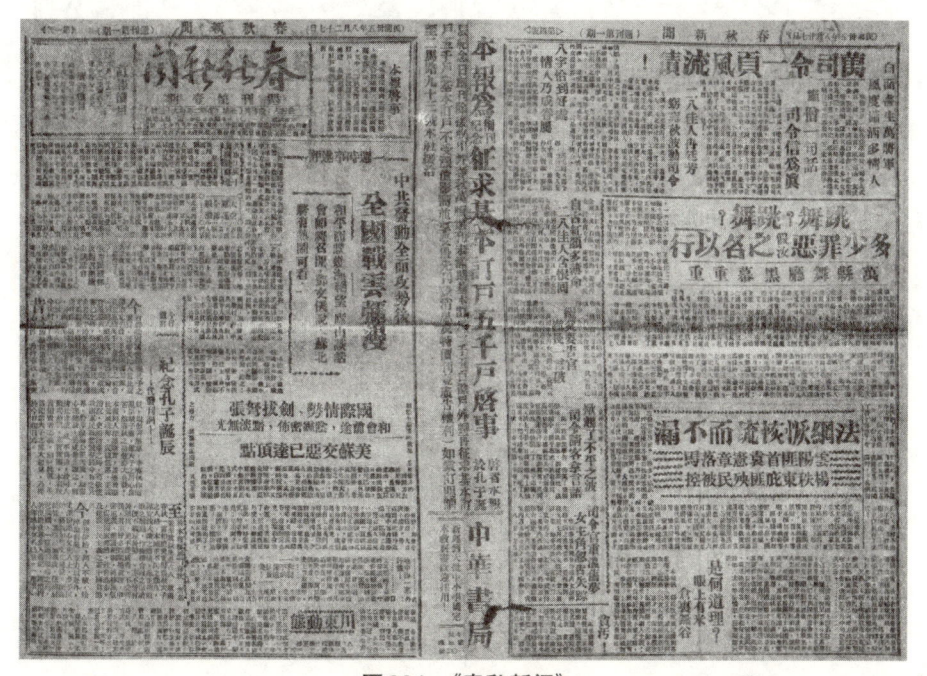

图324　《春秋新闻》

点墨,局长枪口一滴血》。艾兴权大怒,立即派十几名警察来抓盛超群,盛超群在轮船工人的帮助下逃脱。

1947年,盛超群改名盛建华在云阳县税捐稽征处当课长期间,他揭露了中统特务税捐处长邹新校营私舞弊;控告县党部书记长杨秋东纵匪殃民、残害孤儿,搅得云阳县党部、县政府惶恐不安。于是,反动头目们联合起来,纷纷向西南长官公署二处控告"盛超群是云、万区共党组织的领导人,在云阳、万县一带宣传赤化,煽动暴动"。在二处密令下,万县、云阳的反动派经过密谋策划,在万县将盛超群秘密逮捕。1949年,盛超群在重庆"渣滓洞"大屠杀中遇难。

146. 十日新闻(1947年)

1947年2月创刊,发行人杨敬年,社长赖超,主编马军风、包直,社址在重庆张家花园5号。每月10日、20日、30日出一中张。

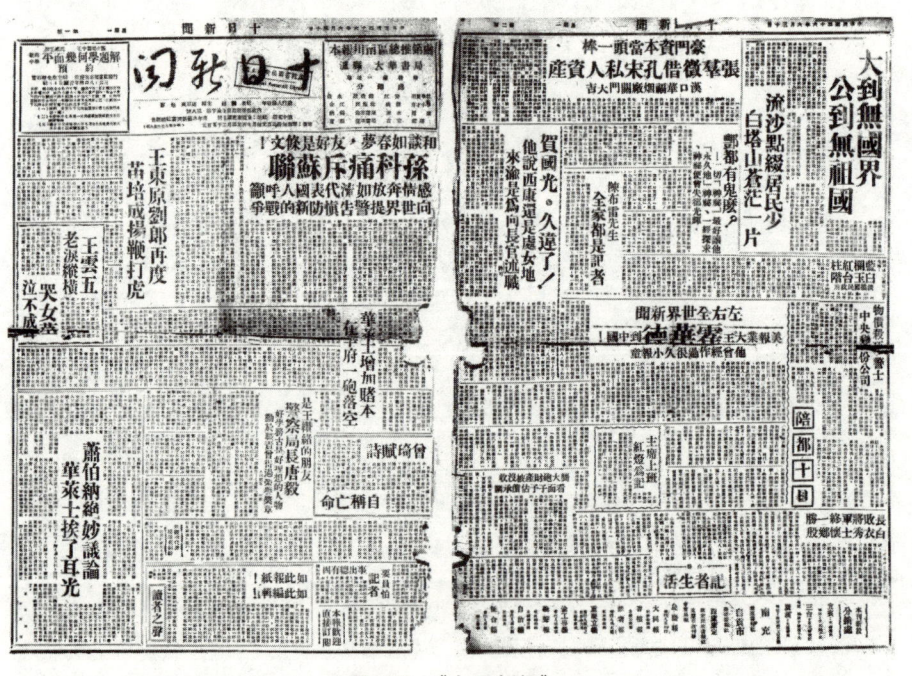

图325 《十日新闻》

147. 世界青年（1947年）

1947年3月21日创刊，日报，由重庆世界青年筹备会编辑发行，社址为重庆市复兴路64号。创刊号登载有洪长铭、张笃伦的题词，第二版刊登国民党重庆市党部副主任委员陈介生的文章《世界青年团结起来。》

图326 《世界青年》

148. 学府导报（1947年）

重庆大学部分同学创办的报纸。1947年3月23日创刊。重大校长张洪沅题写报名。

《发刊词》阐明了办报的宗旨、立场及观点，阐述了青年学生对理想和学习的追求："我们希望这块园地，是永远地保持着一课余之后来培植的，它的目的，只是在把我们的思想具体化；换句话说，就是我们理想的试验记载。我们希望能从现实的生活圈内，有一片纯洁的净土。"同时，办报者也希望，"这块园地，是属于全国各大中学生们的。不仅是借此作为双方感情思想交流，而且还在借此作更进一步彼此生活上之了解。汇千秋成片刻，集四海于一家，我们诚挚地愿与诸位共同生活，共同学习。同时，我们更谨以至诚的心情期待着社会先进和作家们的无上同情与宝贵的助力，来指示我们如何学习。怎样生活！"

在创刊号的第一版，头条报道了全国各地的学生运动，涉及南京、北平、长春、沈阳、青岛、汉口、广州、桂林、成都、昆明、贵阳、西安、郑州等十几个城市的大学。同时报道了各地的教育新闻，如"平津国立院校将成立大学课程研究会"、"华东联大筹建研究所"、"复旦募建登辉堂"、"远东教育会议将在我国举行"、"北大近讯"，还反映了学生生活，如"寝室好比冰窖（东北大学）"、"候水要摆长蛇阵"等。

第二版由重庆大学校长张洪沅撰写的"当前高等教育问题"，他从公费、学风、学生的量与质、师资、经费等5个方面阐述了教育存在的急需重视和解决的问题。该版还介绍了美国读书俱乐部和美国纽约大学百年纪念会上毕业生的讲演。

第三版是副刊《嘉陵潮》。内容有散文、诗歌、小通讯等，反映了学生们的思想状态以及对现实的感受等。其中长诗《饿殍》，描写了作者在路上见到因饥饿而死去的人，抒发了自己的震撼及悲切之情。

第四版是重庆地区教育界的新闻。其中"沙坪剪影"报道重庆大学的新闻就有15条之多，其他学校的新闻有11条。

报纸的中缝还刊登了广告，如照相馆、书店、餐厅、药房、合作社等。

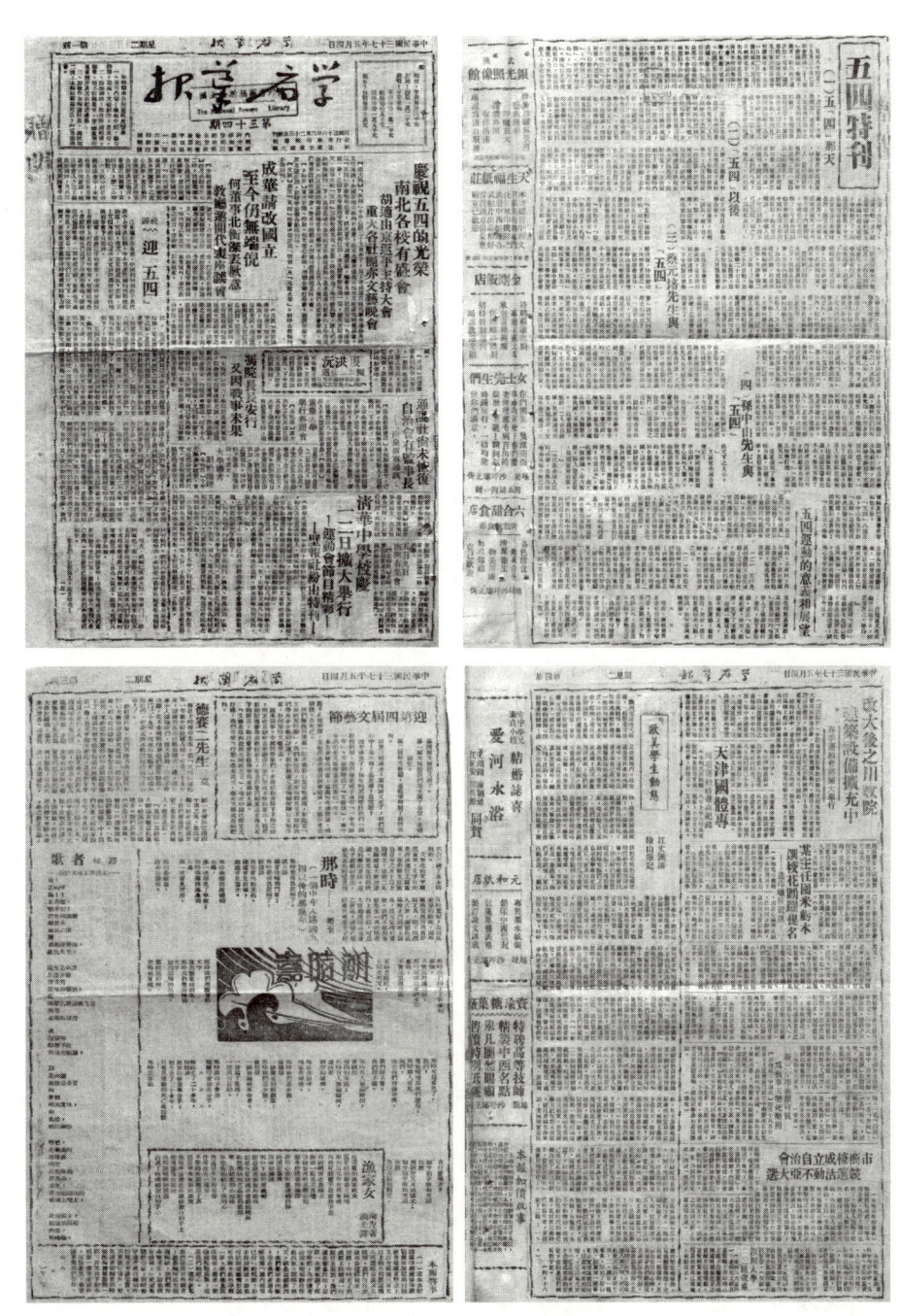

图327 《学府导报》

《学府导报》置身于时代之中,刊登了大量反映时局动荡、各地汹涌的学潮情况,及时报道了国民党当局对进步学生的逮捕迫害,以及国统区的反饥饿、反迫害的斗争。同时。报纸全面报道了抗战胜利后各地的学校恢复建设、复课以及学术研究等情况。刊登的文章有本报记者采写、知名教授学者撰稿、学生亲身经历记等,或消息及专论,或通讯及见闻,或调查报告及心得体会,内容丰富多彩,从多种角度反映了那一历史时期教育界的各种状况,受到重庆读者乃至全国读者的欢迎。

149. 重庆夜报(1947年)

创刊于1947年4月6日,日出四开纸一张。发行人是"重庆夜报股份有限公司",没有标明具体负责人。另有一说《重庆夜报》的社长为军统特务李樵逸。①《发刊词》称该报"来自民间","站在人民立场说话"。副刊《夜市》先后刊有长篇连载:《落花飞絮》《长江春梦》《奇异随录》《奇趣文章双夫记》《女学生随笔》《重庆女人》《重庆福尔摩斯》《重庆杂志》《巴渝春秋》《巴渝剑侠传》《放牛娃门记》等等。

1947年8月,5日,《重庆夜报》公开宣布接办《大中日报》。

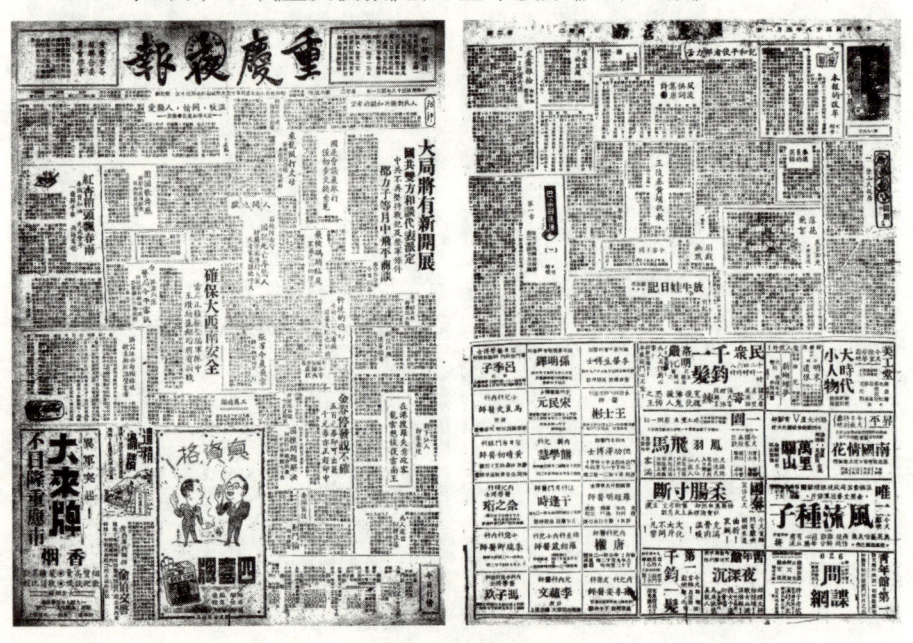

图328 《重庆夜报》

① 参看:欧阳平:《昙花一现的黄粱梦——抗日胜利后的一些寿命不长的报刊》,《重庆报史资料》,第5辑;丁孟牧:《如此党报——会议巴渝晚报创办始末》,《重庆报史资料》,第7辑。

150. 巴县县政府公报（1947年）

约1947年5月出版，旬刊，巴县县政府编行，巴县县长杨思慈题写报名，为巴县县政府公布相关法令政策的定期刊物，要求巴县所属各机关均需订阅。

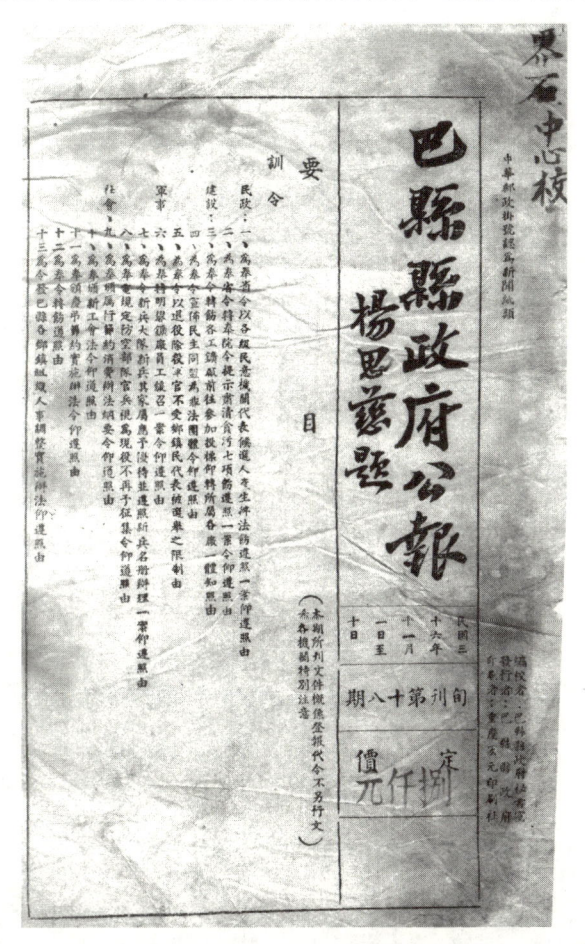

图329 《巴县县政府公报》

151. 中工报（1947年）

重庆国立中央工业学校校友总会编辑发行，负责人为许传经，1947年5月4日出版，半月刊，1949年10月停刊。社址设在沙坪坝中央工校内。

该报创刊号曾发表社论《建设才是中国的出路》，内容上最初主要关注高校新闻和本校新闻，并辟有副刊《工园》，后来逐步关注全国工业建设状况，并积极介绍新兴技术。

图330 《中工报》

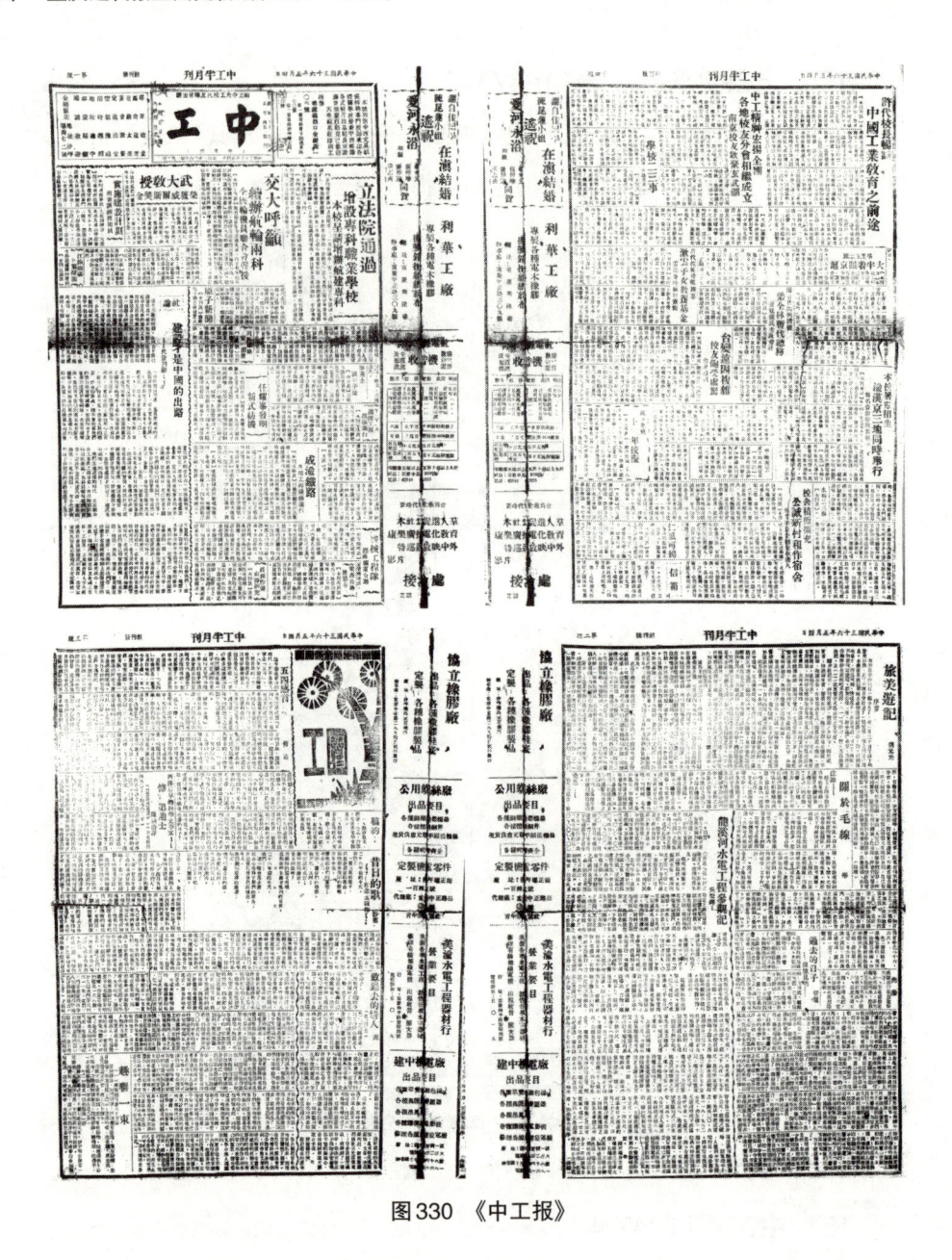

152. 挺进报(1947年)

《挺进报》是解放战争时期我党重庆市委的机关报,是一张在国民党统治区地下发行,进行秘密斗争的红色报刊,为宣传中央政策,传播解放战争胜利消息,揭露敌人的欺骗宣传,团结教育党员人民的使命,发挥过重要的作用。

1947年3月5日,《新华日报》被迫撤离重庆。舆论大旗的倒下,使得重庆消息闭塞,反动谣言充斥,白色恐怖愈显狰狞,许多进步人士和群众感到苦闷焦虑,甚至悲观失望。他们急切地想要知道解放战争的最新进展,在这样的环境下,《挺进报》犹如黑夜中点燃的火炬一般诞生了。

《挺进报》的前身叫《彷徨》,是一份在国统区领有合法登记证而公开出版的杂志。虽然形式上是灰色的,但该杂志却是一份以谈青年切身问题为内容,借此联系群众,深入社会青年,从而在长期隐蔽中发展聚集革命力量的红色报刊。在中共南方局四川省委的领导下,当时主要的编辑和有关工作人员有蒋一苇、刘镕铸、陈然等。

中共四川省委和《新华日报》突然被迫撤走后,《彷徨》失去了领导,但几个同志决定先隐蔽下来,继续坚持"灰皮红心"的方针把杂志办下去,"独立作战,在斗争中找党。"①

1947年6月,蒋一苇从《彷徨》信箱中收到了新华社香港分社寄来的油印新闻稿,上面报道了解放军在华北、东北和西北等各个战场取得胜利的消息,阅后交给刘镕铸,刘爱不释手,反复熟读几近背诵后便通宵将新闻稿翻印成16开的油印小报散发出去。这份没有取名的油印小报在地下党和进步群众中广泛传阅,深受好评。此后他们又从自己的《彷徨》和《科学与生活》杂志的信箱中收到更多的来自香港的新闻电讯稿,于是二人同陈然商量决定,继续办这份转载电讯稿的这份小报,并命名为《读者新闻》。又出了两期后,感觉报名过于平常,缺乏战斗性。于是同新加入的吕雪棠、吴子见(盛儒)开会商议改名,会上采纳了吴子见的意见,从第3期起改名为《挺进报》。

通过《挺进报》的出版,1947年7月,市委委员彭咏梧在一番周折之后终于和刘镕铸接上了关系。市委根据当时实际情况和斗争需要,决定《彷徨》停刊,将主要刊登新华社电讯稿的《挺进报》作为重庆市委的机关报,由市委直接领导,并由彭咏梧直接联系,报纸增加印数,主要交由市委发行。并建立了以刘镕铸为特支书记,恢复党籍的陈然任组织委员,新入党的蒋一苇任宣传委员的《挺进报》特别支部,以及成员有成善谋、程途、朱可辛和张永昌等的电

---

① 吴子见:《回忆彭咏梧领导期间的〈挺进报〉》,《重庆报史资料汇辑》,第十二期。

台特别支部。两个支部均在市委的直接领导下,但严格分开,分头单线联系。电台特支由市委书记刘国定联系。同年冬,彭咏梧和江竹筠前往川东领导武装斗争,吴子见随行,《挺进报》便由市委常委兼宣传部部长李维嘉(黎纪初)领导。

《挺进报》每周出版两期,版面大小为8开一张或两张,每期2至3张,由相关人员分头散发。由市委领导后,印数大幅增加,从每期约200份不断上升至每期800份至1000份,最多时达1200份。版面也随之增加,最多时有4张。该报的工作流程大致如下:每天由电台特支的成善谋抄收邯郸新华社的记录新闻以提供电讯稿,由江竹筠负责转交给吴子见整理,之后再交给蒋一苇进行编刻。报纸的印刷则在重庆南岸玄坛庙野猫溪中国粮食公司机器厂陈然家中进行。印好后,由熟悉沿途和各渡口特务盯梢情况且擅长伪装的陈然过江送到时事新报馆三楼,交给吴子见,然后江竹筠取走大部分,剩下的由吴子见交给刘国定,整个过程都是单线联系。后来吴子见随彭咏梧、江竹筠离开重庆后,陈然便将报纸直接送到民生路开明书局,交给刘镕铸。刘镕铸收到报纸后,通过委托转发和邮寄的方式发行。

《挺进报》的主要内容分为五个部分。第一部分是战局综述,编辑人员根据收听记录到的新华社播发的新闻,将人民解放军在各个战场的战况进行报道。第二部分是评论文章,主要刊载川东临委和重庆市委对地下斗争的指导意见和地下组织发展的工作思路。第三部分是特载,全文或部分地转载一些重要的文告。如第十四期《挺进报》就节录转载了苏联领导人日丹诺夫1947年9月在波兰举行的共产党情报会议上所发表的《论当前国际局势》。第四部分是新闻简报,刊发一些国内发生的政治性的新闻。第五部分为警告并开导敌特人员的内容。如第十九期就刊载了《重庆市战犯特务调查委员会严重警告蒋方人员》等文章,用以瓦解和动摇敌人。到了1948年春,《挺进报》还增出了毛主席的《目前的形势和我们的任务》《论大反攻》《耕者有其田》和《被俘人物志》共四篇文章,作为特刊出版。

当时受重庆市委领导的还有一个地下油印刊物,叫《反攻》,由赵隆侃、苏心韬、向洛新、张亚滨、王大昭、黄冶和文履平等负责。它和《挺进报》各有分工,《反攻》主要发表政论性文章,《挺进报》主要刊登新闻消息并配小评论,两份红色刊物在言论上互为犄角,互相支持。到了1947年底,因赵隆侃等另有任务,市委决定把《反攻》也交给《挺进报》接办。然而由于各种原因,刘、蒋等接手后的《反攻》只办了一期,于1948年1月出版,之后未再继续发行。

1948年初,负责领导川、康、云、贵地下党活动的中共中央南京局上海分局下达指示,川康地下党组织要加强统一战线工作,对敌采取攻心为上的策略。为了能有效按

图331 陈然烈士(1923—1949)

照此项斗争策略开展对敌宣传工作,《挺进报》在内容上做出调整,除了继续大量报道人民解放军胜利进军的消息以外,还有针对性地增加了用来对敌人发动思想攻势的文章。并在发行方针上作出改动,从第十五、第十六期起,该报开始大量地邮寄给敌方人员。《挺进报》的工作人员周密地考虑了邮寄方式,所使用的信封都是印有机关头衔的,包括重庆警察总局和中央银行在内的共有四五十种,都是平时通过诸如索取印刷样本等光明正大的渠道和方式搜集来的。承担此项工作的同志们在书写信封内容时十分注意经常变换笔迹,而且在寄送时频繁变更寄出地。这些谨慎而细致的措施使得敌人很难追查。就这样,一封封"亲启"信源源不断地送到了大小敌特头目的手上,里头的一份份《挺进报》令敌人惊骇万分,万万没有想到在自己的眼皮之下和要害之处,地下党竟有如此强大的活力。《挺进报》像一把插入敌方心腹的利剑,既起到了震慑敌胆瓦解斗志的作用,也引起了敌人的高度重视。

1948年4月初,由于叛徒的出卖,重庆市委的主要领导人相继被捕,而被捕的主要领导人中意志不坚定者的迅速变节,尤其是重庆市工委副书记兼组织部长的冉益智和市委书记刘国定将所知情况的全数出卖于审讯特务的无耻行为,给《挺进报》带来了惨重的损失。4月负责电台支部的成善谋被逮捕,原定3月就应遵循组织决定撤离重庆的陈然因为担心工作无人接替,在屡次

收到地下党同志告警的情况下依旧在危险的环境中坚守岗位,于22日晚在家中被捕,同时被查抄的还有未印完的第二十三期《挺进报》,第一代《挺进报》被迫停刊。

由于各种原因,这次国民党对地下党组织的疯狂破坏行动被称为"挺进报事件",然而不仅是《挺进报》,整个重庆和川东的地下党组织也因此同时遭受了灾难性的破坏。据解放初期的统计,从1948年4月至1949年1月,受"挺进报事件"直接或间接影响而被捕

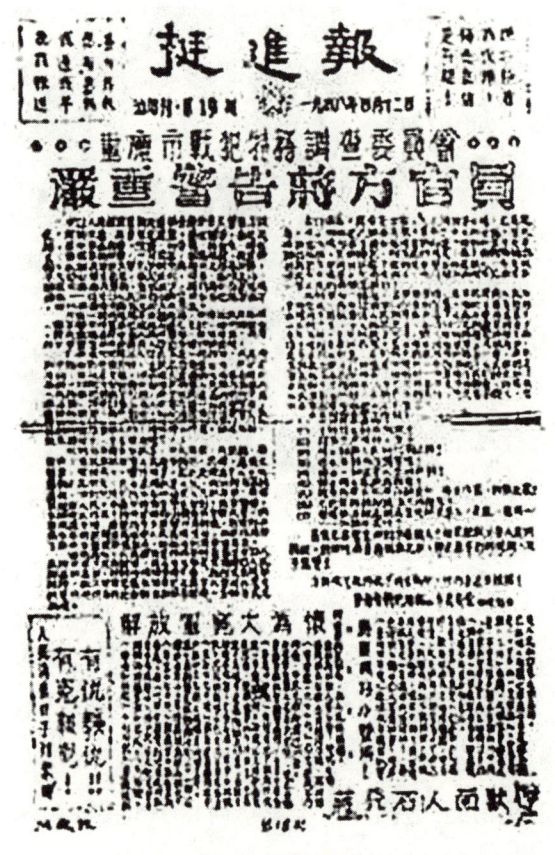

图332 《挺进报》

的共133人,其中重庆67人,上下川东41人,川康17人,沪宁8人。133人中,被直接杀害的有58人,下落不明(一般是秘密杀害)的38人,脱险和释放的仅25人,自首变节后仍被杀害的4人,叛变后参加特务组织的8人。

"挺进报事件"中,大批同志被捕,大量组织被破坏,并出了少数危害深重的叛徒,但大多数共产党人和革命志士在监狱里,在法庭中,在刑场上,面对死亡,却是临危不惧,宁死不屈,连审讯的特务都叹服为:"慷慨悲歌之士。"①表现了共产主义者的坚定信念,显示了无产阶级的浩然正气,在我党的新闻史和斗争史上留下了光荣而悲壮的一页。

虽然重庆和川东地区的地下党组织遭受了极大的破坏,但留下的同志们迅速集结起来,继续牺牲者未竟的事业,仅仅三个月后的1948年7月,川东特

---

① 程途:《有关〈挺进报〉的一些情况》,《重庆报史资料》(第十二期)。

委副书记邓照明就做出了要恢复《挺进报》的决定,随即成立"挺进报小组",由李累任组长,负责收听电台,记录新闻电讯稿,并进行编辑整理,由唐祖美、吴宇同和廖伯康负责刻印,程谦谋负责发行。1948年9月,在第一代《挺进报》被敌人查获不到五个月后,第二代的《挺进报》又出现在了重庆。

新的《挺进报》接过了前代的宣传任务和斗争精神,也适当调整了自己的办报方针和内容,为此邓照明曾对第二代《挺进报》成员郑重交代:"要吸取前届《挺进报》的经验教训,不能再搞对敌攻心,要以党员和进步分子为主要阅读对象,也不扩大发行范围,内容以战局报道、政局评论为主。也可适当加些地方局势的分析。"①于是该报采取不定期出版的方式,通过党的各个系统内部发行,每期刊印三百份至四百份,只在地下党的和进步群众内流通,不再邮寄给敌特头目。在新第二期中,该报编辑室曾发出启事:"这是我们自己的报,不可靠的朋友别拿给他看。自己看后,不要乱丢,最好把它烧掉,免得落入敌手。"这一系列调整是对原《挺进报》被破坏的教训的反思和吸取,也是对中央给逐渐恢复起来的重庆和川东地区地下党组织的"保存力量,保护城市,迎接解放,配合接管"这一指导方针的遵守和贯彻。同年十二月程谦谋被捕,李累和唐祖美等被迫转移,《挺进报》第二次停刊。

1949年初,邓照明又与马华滋、董遐民和宋志开等组成新的《挺进报》班子,交由重庆社会大学支部书记朱镜直接领导,第三代《挺进报》很快又送到了地下党和群众的手中。1949年7月17日朱镜被国民党当局逮捕,《挺进报》至此终刊。

在严酷的斗争环境下,《挺进报》存在的时间并不算长,而且道路曲折屡遭重挫,但其影响范围之广,宣传鼓舞作用之大,是无法被历史忽略遗忘的。该报除了由中共重庆市委主持刊印发行外,川东临委各级组织和周边地区的中共党组织也在积极传播翻印,有的地区如合川、垫江等地还专门组织力量油印再版,从而形成了一个庞大而严密的发行网。从重庆、川东各地到周边地区,甚至贵州思南地区和中共黔东北游击支队活动的九个县,都可以看到《挺进报》活跃的身影。浓重的白色恐怖之下,《挺进报》是一面高举的战旗,

---

① 唐祖美:《复刊后的〈挺进报〉》,《重庆报史资料》(第十二期)。

起到了传递信息、宣传政策、打击谣言、教育人民、鼓舞斗志的重大作用。不仅是重庆市委和川东临委对其高度重视,该报在地下党和进步群众也享有很高的威信,在当时的情势下阅读进步报纸是有危险的,但百姓们一拿到《挺进报》就爱不释手,冒着生命危险也要传看和翻印,很多人将其看成是"小《新华日报》",足见该报在群众心目中的地位。

153. 綦江日报(1947年)

该报是解放前綦江唯一的一份日报。1947年8月创刊,由刘国镒、何琦、刘兆芬等人筹资创办而成,社长由刘兆芬担任。报纸为四版四刊,铅印、自办发行。报社借用綦江县民众教育馆作社址。

该报内容多为针砭时弊,鞭挞邪恶。如该报曾揭露税捐处的贪污行为,报道綦江县中、小学教师的罢教运动,引起国民党綦江县党部的注意,并用请吃饭、许愿、经费补助等手段拉拢收买该报,但均遭拒绝。

同年11月,报纸被国民党綦江县党部强行接管报纸,并继续以《綦江日

图333 《綦江日报》

报》的名义出版。新的《綦江日报》由萧朝镛任编辑,高志远任记者。

《綦江日报》被接管时,曾在《綦江周报》上发表《綦江日报是怎样被迫停刊的》一文,揭露县党部从收买到强行接管的经过。报纸被接管后,实际上成为了县党部机关报,销售量下滑,于1948年终刊。

154. 新闻时报(1947年)

1947年9月10日创刊,8开2版,周报,每周三出版。社址在铜梁县中山路65号。发行人周泰岳,社长黄定文。第一版主要登载新闻、社论,后设有"九一信箱",专门回答读者的问题。第二版设有文艺性的《青梅副刊》。

图364 《新闻时报》1947-11-05

155. 大众报晚刊(1947年)

1947年11月12日创刊,日出4开纸一张。发行人是"大众报股份有限公司"。该报在发刊词中说,是"报人之报"、"陪都职业报人业余大组合",并说:"除读者大众之外无立场,除办报之外无目的","既无官僚资本为支柱,更无后台老板给撑腰"。

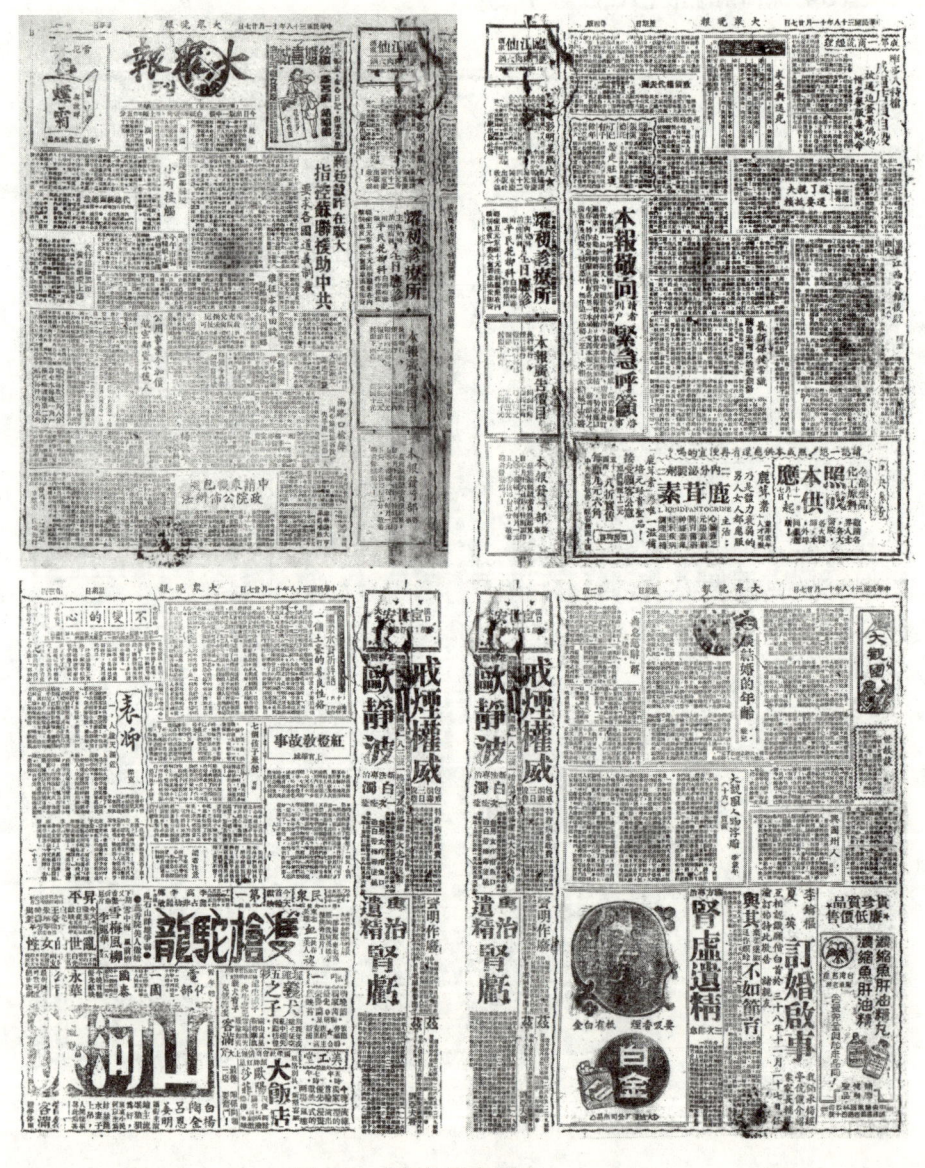

图335 《大众报晚刊》

该报自我介绍有"六大特色"：1. 经济绝对独立，不受任何外援；2. 消息迅速正确；3. 采取综合编辑，图文并茂；生动活泼。4.正视社会新闻，不厌求详；5. 注意计划新闻，注意人物介绍；6.副刊《大观园》，包罗万象；《七人谈》，约集专家七人轮流执笔。"十大专栏"分别是：1."世界一日"；2."重庆24小时"；2."仕林杂志"，4."通讯拔萃"；5."重庆掌故"；6."重庆人物"；7."新书精华"；8."文艺情报"；9."人间猎奇"；10."艺人访问"。

后来《大众报晚刊》由重庆《中央日报》总编辑王能掀任发行人、社长、总编辑，原《新民报》记者施白芜任总主笔。1948年4月1日，施白芜针对当时的群众心理，编造出一条"内幕新闻"，说"蒋介石杀孔宋以谢天下"，当时引起重庆社会轰动，影响黄金，美钞市场交易。许多人向该报追问这条消息来源。施白芜说："今天是愚人节，世界各国的报纸都可以编造愚人新闻，不受法律约束。如果当局把我关起来，《大众报晚刊》更可打开销路"。次日，该报刊出启事，说明4月1日是愚人节，读者可作笑话对待。王能掀因受有关方面严加责难，被迫脱离该报社。

《大众报晚刊》，1949年1月3日宣布改组，由解宗元、王能掀、淦康成、熊克勤、淦康成、汪定符等人任董事，王能掀任发行人，解宗元任总经理，淦康成任经理兼采访部主任。重庆解放后，经批准继续出版，到1950年春停刊。

有资料称该报为《大众晚报》。

156. 重庆日报(1948年)

四川军阀杨森于1948年由贵州省主席调任重庆市市长后创办的一份报纸，创刊于1948年9月20日，对开4版，次年11月停刊，历时仅1年零2个月，社址在重庆中山一路143号。

《重庆日报》的班底多为杨森在贵阳所办《贵州日报》的人马。社长由杨森过去的参谋长向廷瑞担任，总编辑郑千里，经理刘运谋，编辑主任曾萍若，采访主任薛熙农，编辑郭尼迪、孙音（罗泗，中共党员）、许仁泽（中共党员）、曹开

图336　杨森(1884—1977)

晶、周亚夫。

该报最初日出4开4版,一、四两版是广告,第二版是国内新闻,第三版是国际新闻。另外,每天发表社论,并配发市场行情。

报纸初创时,杨森借用行政权力建立发行网络,最高时达两万份,后因印刷质量差,报纸内容也无特色,销量降至数千份。加上报社内部混乱,1949年6月曾暂时停刊,并进行整顿。整顿过程中,大量吸收杨森所办的成都天府中学在渝校友。天府中学副校长姜芸丛任名誉顾问,并由他组建社务委员会。社长张明达,副社长颜尧江,总编辑薛熙农,总经理王家臻,主笔兼秘书谢树清,采访主任陈毓菁,其他社务委员也都担任主笔工作。另外又聘请尹从华、胡佛之为专职主笔,邓泽华、罗志明为主编,副刊编辑潭天。

该报于1949年8月复刊。不过由于重庆临近解放,报社内部矛盾加剧,外部发行也不如人意,勉强维持到1949年11月末就彻底瘫痪了。

图337 《重庆日报》

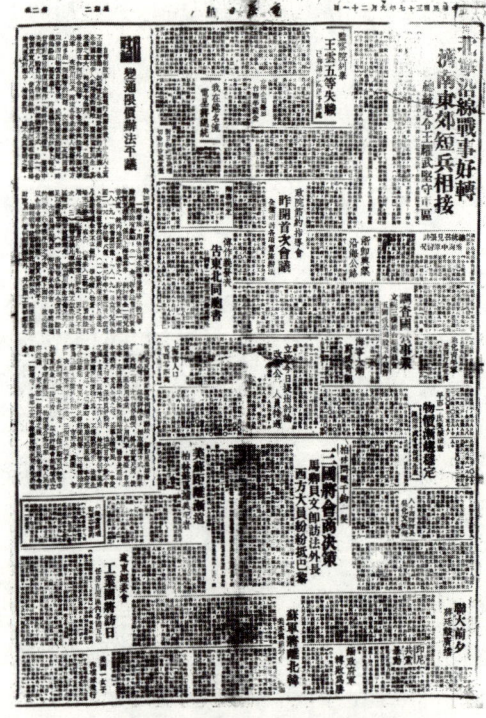

图338 《重庆日报》新闻版

除1904年版和1948年版的《重庆日报》,重庆历史上还有多份同名报刊。

1912年11月,陈禅生在重庆创办一份《重庆日报》,1915年秋季停刊。

1926年11月6日,由汪云松、温少鹤等人发起创刊了一份《重庆日报》。社长刘翌叔,社址在重庆左营街侧,启文印刷厂印刷。1929年9月被查封。

据《成都快报》1932年6月18日第三版重庆特约通讯报道:"顷有李某等组织一《重庆日报》,经费已筹,编排印刷均力求改良,闻已定于7月1日出版。"是否出版不详。

157. 巴渝晚报(1948年)

国民党重庆市党部的党报,1948年11月24日创刊,4开4版,社址在重庆正阳街46号。该报名誉董事长是国民党重庆市党部主任委员龙文治,董事长是何兴隆,经费也由何兴隆提供。社址设正阳街46号,编辑部设和平路28号《巴渝晚报》发行人为重庆市党部宣传处长吴熙祖,并兼采访部主任。社长是重庆市警察局股长李文治,总经理是警察局侦缉队大队副吴本初,经理王

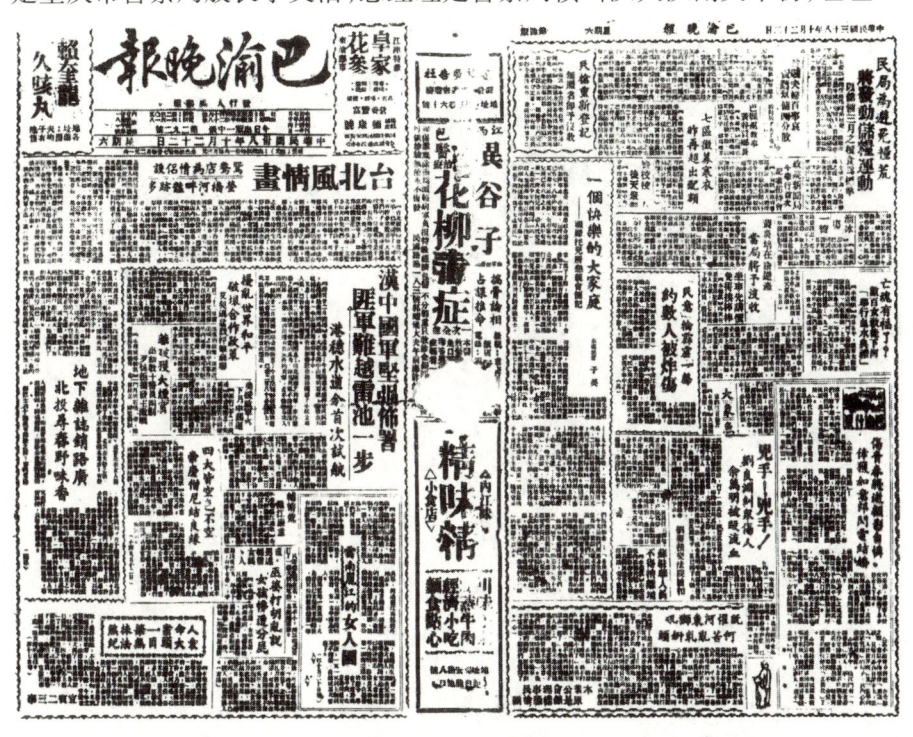

图339 《巴渝晚报》

文远,兼采访部副主任。副经理董维新,秘书长李克愚,总编辑韩永龄,副总编辑兼编辑主任丁孟牧,是市党部宣传处编审科科长。主笔王蕴卿、吕伯申,编辑游鸿钧、刘又新、周夏恂(荧)、周其超、廖世钊等。

该报第一版要闻;第二版省市新闻;第三版副刊《巴山》;第四版副刊《欲曙天》。该报反共色彩浓厚。重庆解放后,报社全部财产由重庆市公安局接管。

158. 西南风晚报(1949年)

1949年1月17日创刊,日出4开纸一张。发行人曹儒森,社址设在枣子岚垭雪庐,5月10日迁中山一路156号,10月12日迁七星岗德兴里26号,营业处在中一路143号。

报纸第一版专辟"散兵线"专栏,内容主要是攻击共产党。最初每天有短文章发表,有时有几篇之多。后来,国内形势大变,这个"散兵线"就自行消失了。同年4月2日,该报刊出国民党立法委员夏斗寅起草的《孙科墓志铭》一

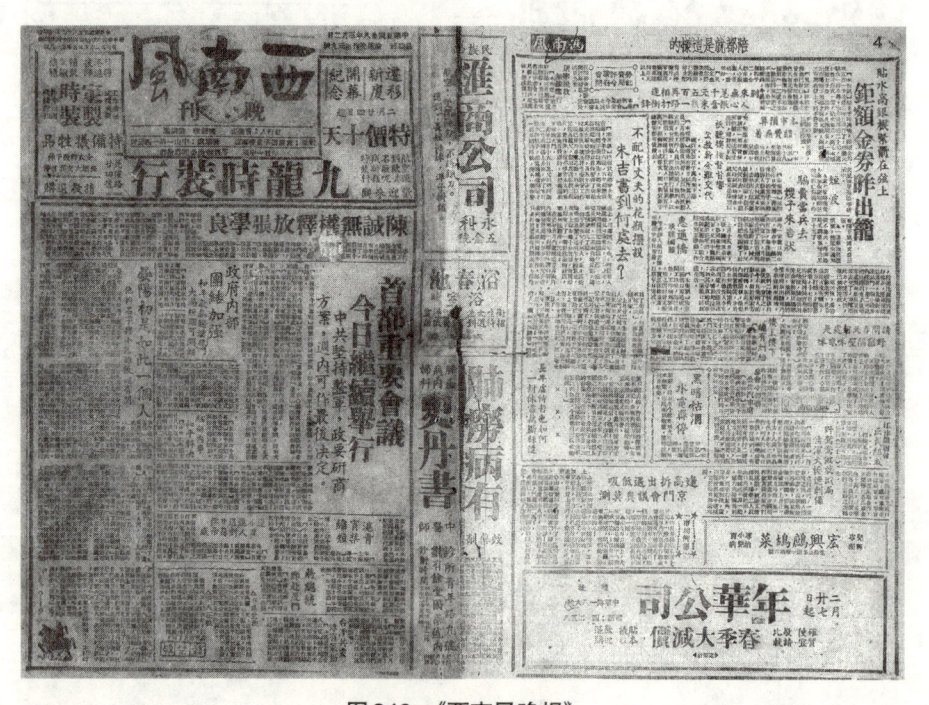

图340 《西南风晚报》

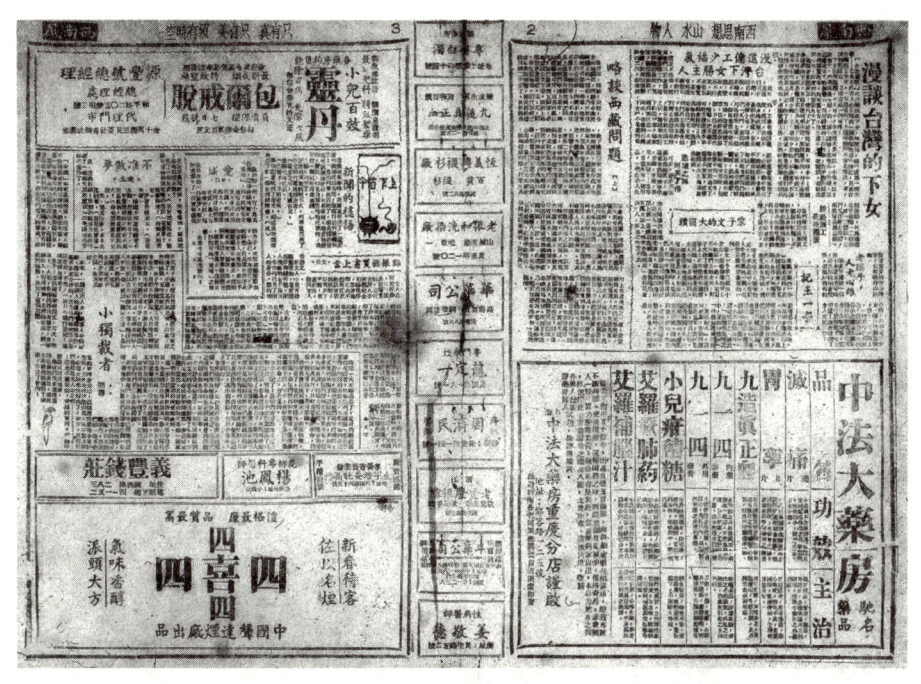

图341 《西南风晚报》

文,内容是立法委员写给孙科的一封公开信,要求孙科"以国家安危为重,人民意志为重,即日引退"。该报的综合性副刊是《上下古今》,还有长篇连载:《女县长的故事》《广播员日记》《大河藏龙记》等。《西南风晚报》在同年11月终刊。

红岩烈士黄细亚曾以《西南风晚报》记者的身份作掩护,协助策反国民党部队。

159. 黎明日报(1949年)

该报1948年3月创刊于西安,为西安绥靖公署军中报刊,宣传宗旨是"戡乱建国"。发行人为胡宗南军政总部的党政处处长张砚田。1949年2月,《黎明日报》部分印刷器材先行运抵重庆,准备一旦西安撤守,就将全部人员、器材转到重庆,再行筹备出版。但是由于胡宗南的军队不断败退,《黎明日报》只得同年10月16日在重庆匆忙出版。发行人仍为张砚田。总编辑兼编辑主任孙阳光,副总编辑兼采访主任刁攀楠,社址在重庆夫子池。每日出对开一张。重庆解放后,该报于同年12月24日由重庆市军管会接管。

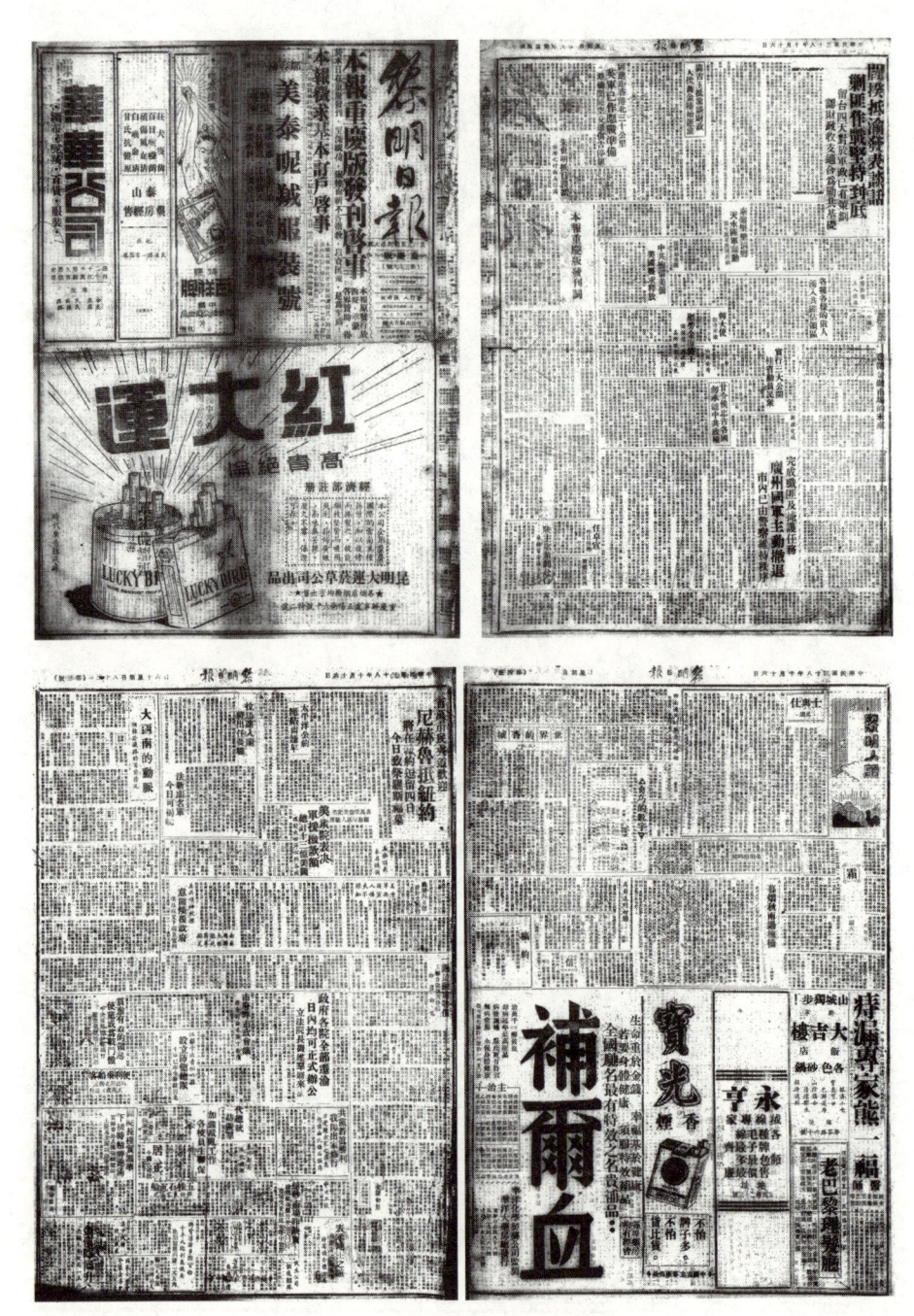

图342 《黎明日报》移渝出版第一期

160. 西南新华日报(1949年)

1949年12月10日创刊,对开4版,中共中央西南局机关报。地址在重庆黄家垭口原《中央日报》旧址,1950年3月迁至解放西路原国民党长官公署所在地。为区别抗日战争时期的《新华日报》,一般称此次出版的报纸为西南《新华日报》。

西南《新华日报》创刊号社论《庆祝重庆解放,为解放全部西南而奋斗!》指出,"重庆是西南政治、经济、文化的中心,重庆已经解放了,这是支援和解放全部西南的战略基地的获得,今后它又将是建设新的人民的大西南的领导城市。相信重庆市一百余万人民,在中国共产党毛主席领导之下,亲密合作,共同努力,建设人民的重庆和解放全部大西南的任务,一定会胜利实现。本报愿意与全体人民团结一致,为完

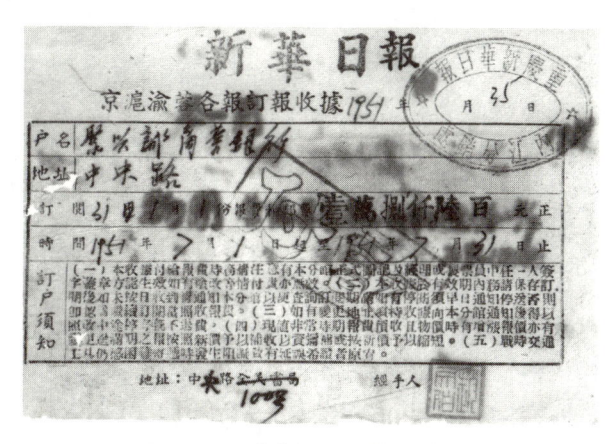

图343　西南《新华日报》订报收据

图344　西南《新华日报》创刊号

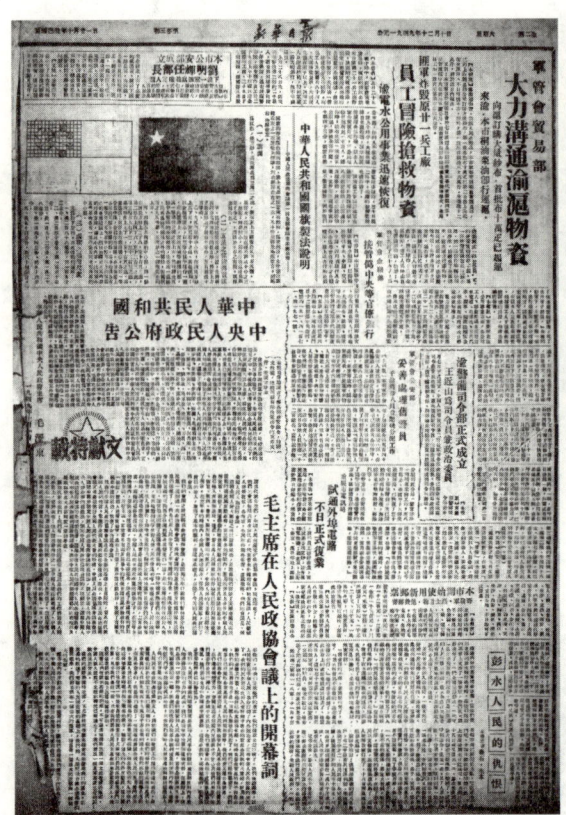

图345 西南《新华日报》刊载的《中华人民共和国中央人民政府公告》

图346 常芝青(1911—1985)

成这个光荣伟大的历史任务而奋斗!"

西南《新华日报》的社长最开始是西南局宣传部副部长廖井丹兼任,副社长是《晋绥日报》原社长常芝青。后期由于廖井丹不兼任的缘故,社长改为常芝青。报社设有党组织部门,由常芝青任书记,领导大家工作。报纸的总编辑先后由高丽生、袁毓明担任。

西南《新华日报》的发行工作最初由报社自身负责,后来才与邮电部门合作,开展"邮发合一"让销量稳步上升,由开始的一万多份,增加到停刊时的九万多份。

西南《新华日报》创刊之初,重庆解放才10天,西南还有大部分地区没有解放。在西南局的直接领导下,报纸发扬老解放区党报和原《新华日报》的传统,结合西南地区的实际,首要任务变成宣传党的路线、方针、政策,反映人民群众的呼声,及时报道了党和政府的政策、法令,以及在各地执行的情况、存在的问题和经验。报纸还在解放全西南,建设革命政权和革命秩序,三反五反,宣传过渡时期总路线和恢复发展国民经济发挥了有效的宣传作用。

西南《新华日报》创刊初期，报道方向主要以重庆为主，农村主要以川东为主。但随着西南全区的逐步解放和社会秩序的平稳恢复，工农业各方面有序发展，报纸在四川省内的川东、川西、川南、川北四个行署和云南、贵州、西康都分别建立了地方记者站。为使报纸的报道版面扩大，还逐步建立起了各地的通讯网，加强了报纸和群众的联系。

西南《新华日报》初期曾在第二版设立了《文献

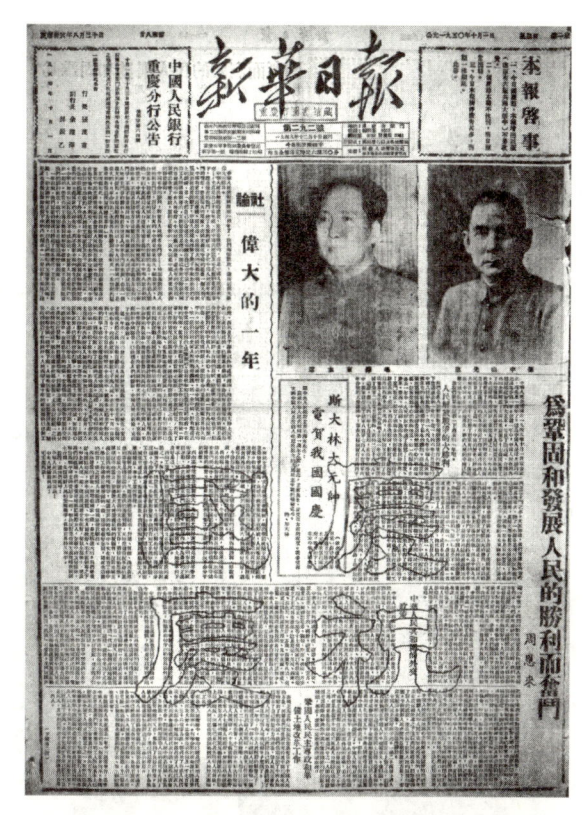

图347 西南《新华日报》"国庆特刊"

特载》专栏，陆续刊登了1949年10月1日中央人民政府公告，政协共同纲领，妇联有关文件。报纸还会通过发表社论、通讯等来及时发布中央和大区的重要政策。

为丰富大众的文化生活，西南《新华日报》在1950年7月起创刊《新华画页》，出版时间为一周或者十天左右，一期的篇幅为一个整版，到1952年9月终止，共出86期。1951年，报纸还主办了《大众画报》，为四开单页，半月一期，一面是绘画，一面是摄影图片，面向整个西南发行，发行量最高时能达到50万份。

随着大西南区的撤销，西南《新华日报》在8月31日发表《终刊告别读者》，文章中说道："四年多来在中共中央西南局的直接领导下，在全区广大通讯员同志的帮助和支持下，报纸在贯彻党的方针政策，开展批评与自我批评，反映和指导全区的各项工作以及人民生活方面，都发挥了一定的作用。……

本报应有历史作用与所负的历史任务已基本上实现和完成。在此报纸终刊并与大家告别之际,我们对于通讯员的支持与爱护,谨表衷心的感谢,并望继续发扬对党、对国家、对人民负责的精神,积极地参与《人民日报》和其他报纸的工作。"同天报纸停刊,在4年多的时间里报纸共出版了1628期。

图348　西南《新华日报》"图画专版"

参考文献

戈公振:《中国报学史》,商务印书馆1927年版。
方汉奇:《中国新闻事业通史》,中国人民大学出版社1992年版。
方汉奇:《中国新闻事业编年史》,福建人民出版社2000年版。
王桧林、朱汉国:《中国报刊辞典(1815—1949)》,书海出版社1992年版。
李彬:《中国新闻社会史》,清华大学出版社2008年版。
陈昌凤:《中国新闻传播史》,北京大学出版社2007年版。
重庆抗战丛书编纂委员会:《抗战时期重庆的新闻界》,重庆出版社1995年版。
重庆报业志编纂委员会:《重庆市志·报业志》,重庆出版社2000年版。
四川省地方志编纂委员会:《四川省志·报业志》,四川人民出版社1996年版。
马光仁:《上海新闻史》,复旦大学出版社1996年版。
王文彬:《新闻工作六十年》,重庆出版社1990年版。
王文彬:《中国现代报史资料汇辑》,重庆出版社1996年版。
王绿萍:《四川近代新闻史》,四川大学出版社2007年版。
王绿萍:《四川报刊五十年集成》,四川大学出版社2011年版。
杨钟岫、文世昌:《风雨传媒》,重庆出版社2006年版。
张育仁:《重庆抗战新闻与文化传播史》,重庆出版社2009年版。
魏国英、方延明、汤继强:《中国高校校报史略》,北京大学出版社2010年版。
重庆新闻志编辑部:《重庆报史资料》系列。
中国人民政治协商会议四川省重庆市委员会文史资料研究委员会:《重庆文史资料》系列。

中国社会科学院新闻研究所《新闻研究资料》编辑室:《新闻研究资料》系列。

中国社会科学院近代史研究所文化史研究室丁守和:《辛亥革命时期期刊介绍》系列。

周勇:《重庆通史》(第一、二、三卷),重庆出版社2002年版。

周勇、王志昆等:《中国抗战大后方历史文献联合目录》,重庆出版社2011年版。

蔡斐:《近代重庆新闻传播史稿》,重庆出版社2016年版。